经济刑法

第 25 辑

涂龙科 主编

法律出版社
LAW PRESS·CHINA
——北京——

图书在版编目（CIP）数据

经济刑法. 第 25 辑 / 涂龙科主编. -- 北京：法律出版社，2025. -- ISBN 978-7-5244-0383-8
Ⅰ. D924.334
中国国家版本馆 CIP 数据核字第 2025P9F876 号

经济刑法（第 25 辑） 涂龙科 主编
JINGJI XINGFA（DI-25 JI）

策划编辑 张　岩
责任编辑 程鹏瑶
装帧设计 贾丹丹

出版发行 法律出版社	开本 710 毫米×1000 毫米 1/16
编辑统筹 重大项目办公室	印张 30　　字数 410 千
责任校对 李慧艳	版本 2025 年 7 月第 1 版
责任印制 吕亚莉	印次 2025 年 7 月第 1 次印刷
经　　销 新华书店	印刷 河北虎彩印刷有限公司

地址：北京市丰台区莲花池西里 7 号（100073）
网址：www.lawpress.com.cn　　　　　　销售电话：010-83938349
投稿邮箱：info@lawpress.com.cn　　　　客服电话：010-83938350
举报盗版邮箱：jbwq@lawpress.com.cn　　咨询电话：010-63939796
版权所有·侵权必究

书号：ISBN 978-7-5244-0383-8　　　　　　定价：128.00 元

凡购买本社图书，如有印装错误，我社负责退换。电话：010-83938349

《经济刑法》(第 25 辑)卷首语

涂龙科*

"如竹苞矣,如松茂矣",值此万物葳蕤之际,《经济刑法》(第 25 辑)如期与各位读者见面了!本辑共收录了 18 篇文章,分为 7 个栏目呈现给读者。

——全球首发。全球首发是《经济刑法》致力于打造的重点品牌栏目,本辑该栏目刊登的是汉斯·库德里希与约翰娜·哈恩所著、邹宏建翻译的《法益保护与经济刑法中法益的去实体化趋势》。该篇文章对目前经济刑法中出现的法益去实体化趋势进行了分析,认为德国刑法逐渐将受刑法保护的法益模糊化,该现象不仅出现在《德国刑法典》中,也出现在大量的附属刑法规范中,这种去实体化的趋势在部分犯罪中的设计缺少必要性,造成构成要件行为与法益关联性之间的模糊,在司法实践中会导致措施惩罚与法益保护缺失关联性,背离立法原意。

——前沿问题研究。本栏目专注于对当前经济刑法领域的前沿热点问题的研究,收录了 4 篇论文。张勇所著的《数字经济犯罪代际更新与刑法因应》关注利用数字技术的新型经济犯罪,认为传统刑法理论在面对新领域数字经济犯罪时具有滞后性,刑法应当顺应数字经济时代的发展,确立和贯彻适度的预防刑法观,把握实质解释的限度,加强民行刑衔接,强化

---

* 《经济刑法》主编。

平台管理。陈俊秀与余惠芳所著《体育刑法生成的正当根基及其教义学展开》，针对体育界屡见不鲜的黑哨、假球等现象，提出单纯从体育界内部管理的角度不足以制止此类现象，刑法应当加强对体育界严重违法违纪行为的介入。该文将体育犯罪分为赌博型、伤害型与欺诈型三类，并对体育刑法的生成根据以及犯罪构成进行了梳理，提出了针对体育犯罪的刑罚制度设计。范淼所著的《我国生态环境刑法的体系化理论模型与实践展开》，提出生态环境犯罪与传统犯罪相比具有法益结构复杂、侵害手段多样化以及危害结果修复难且不可逆的特点，认为应当建立起更加系统的生态环境刑法理论来应对环境犯罪。通过对域外环境犯罪模型体系的利弊分析与借鉴，提出了对我国生态环境犯罪分级模型的本土化构建路径，并分析了该路径在具体实践中的适用路径。刘柳明所著的《风险泛化与规范缩限：民营企业刑法公平保护意蕴的解释方向与司法适用》，以《刑法修正案（十二）》新增的背信条款为视角，倡导对国有企业和民营企业之间的背信行为进行差异化制裁，在针对民营企业坚持限缩适用刑事法的原则下，梯次性地建立具体规范的适用路径。

——基础理论研究。本刊历来重视经济刑法的基础理论研究，本辑该栏目共选取了2篇文章。黄何的《经济犯罪侵犯双法益之反思——兼经济刑法解释类型化的提出》认为经济犯罪侵害的法益，应当限定为市场经济秩序，将经济刑法的解释与生活领域的刑法解释进行区分，为经济刑法解释的类型化奠定了根基。张金玉、周婧与陆军豪的《刑事司法解释与刑事立案追诉标准在冲突格局下的适用路径——以操纵证券市场罪"情节特别严重"为视角》通过操纵证券司法解释与立案标准的不同，指出了司法解释与司法解释性质文件存在适用冲突的问题，将操纵证券市场犯罪作为研究对象，针对具体案例中的规范冲突进行剖析，明确司法解释与立案追诉标准间的适用位阶与规则，从而推动刑事司法解释体系的制度化与统一化。

——破坏金融管理秩序犯罪研究。本栏目共选取4篇文章。刘科与许燕佳的《内外勾结骗取贷款"数额巨大"情形的共犯问题研究》指出内外勾结骗取贷款"数额巨大"的情形不构成骗取贷款罪,并对贷款工作人员的行为构成违规发放贷款罪时,借款人成立何种类型的共犯进行了分类。蒋昕所著的《虚假申报型操纵的比较研究》针对虚假申报型操纵证券,聚焦于申报行为、撤单行为以及反向交易等操纵行为的细化,同时借鉴域外国家的相关做法,建议以申报行为作为认定的核心来提升对市场的监管。任尚肖所著的《转贷经营行为教义学分析的两重视角》以存量房贷转经营贷为例解释了转贷行为的内生逻辑,明确了转贷经营行为会对金融工具调节有效性产生破坏。同时从转贷行为与放贷行为的角度构建出高利转贷罪的认定逻辑,将获取金融机构信贷资金所产生的后果分为抽象后果与实害后果,将后果发生的原因分为项目自身风险与个人不法获利并进行"原因—结果"的组合,以此为根据对贷款类犯罪进行进一步的区分。杨继春所著的《反垄断领域犯罪与刑罚的历史连接及范式转移》对国内外刑事反垄断的立法与司法历史脉络进行了梳理,认为基于我国目前鼓励科技创新的发展现状、德主刑辅的法律文化、现阶段反垄断执法的现状等因素,我国目前的反垄断执法尚不需要适用刑事手段。

——**信息网络犯罪研究**。近年来,随着网络刑法的立法演进,以及实践中网络犯罪的高发态势,有关信息网络犯罪研究一直是学界关注的重点。本栏目共有3篇文章。周铭川的《论拒不履行信息网络安全管理义务罪的作为形态》认为拒不履行信息网络安全管理义务罪的行为样态既包括不作为,也包括作为,法条中的"经监管部门责令采取改正措施而拒不改正"并不是一种作为义务,而是一种法律义务。该条不属于本罪的实行行为,而是起到对本罪处罚范围限缩的作用。陈玲的《身份数字化刑法保护的法益证成》基于社会经济发展与国际文化交流背景,主张身份具有三种不同的内涵,并据此界定了数字化场景中的"身份"所指,进而揭示了针对身份的犯罪行为所具有的双重危害,即其一方面扰乱依赖身份识别唯一性的社会信任机制;另一方面损害基于真实信息的社会秩序。因此,针对身份的刑法保护不仅关乎个人法益,也内含对超个人法益的维护。杨雪与徐之涵所著的《场景理论下敏感个人信息侵害性的民刑界分》提出敏感个人信息由于具有变动性的特征,对其保护不应限于特定场景,而是通过借用场景理论明确个人敏感信息的初始场景,同时以处理目的为连接点对前后场景变化进行类型化分析。

——**实务研究**。实务研究关注实践中重大、突出的理论与实践问题,本栏目共选取3篇文章。兰跃军的《刑事涉案财物处置程序的规范》认为,目前刑事涉案财物的处置、返还以及随案移送是影响整个刑事诉讼程序的关键,但目前对其规定过于简略。文章通过对这三项制度所存在的问题进行分析,分别提出各自的完善路径。张栋、张爱菁与郑逸风所著的《检察直接侦查权的职能定位与实践优化》认为,目前的检察直接侦查权与监察调查权之间存在职能上的交叉与重叠,针对目前检察直接侦查权所存在的困境,提出从以一体化原则为指导的办案理念、确立检察优先并优化检察监察衔接的机制、完善直接侦查权运行的配套机制等方面破解当下检察直接侦查权所面临的问题。王杰所著的《土地使用权人无证采矿案件的现状检视与处置归正》针对土地使用权人无证采矿问题进行研究,认为现行的"地权与矿权的分离模式"与"地权对矿权的限制模式"两种入罪途径都存在不妥之处,提出土地使用权人必要的开采行为应当予以实质出罪,但对其擅自售卖矿产资源的行为,仍应当以非法采矿罪进行规则。同时对该类案件应当落实刑行衔接,实现犯罪治理的优化。

——**域外译文**。本栏目选取的是西贝吉晃所著、钱日彤翻译的《日本的侵犯商业秘密研究——保护法益与行为类型》,该文认为侵犯商业秘密罪中,公平竞争秩序不需要作为独立法益被保护,而应当纳入个人法益之中。通过对商业秘密的进一步界定得出本罪具体保护的法益应当是基于商业秘密有用性的利益以及对商业秘密的管理利益。通过对这两种利益的梳理,从而类型化地归纳出本罪的行为模式。

在本辑编校过程中,法学所尹琳、郭晶、王佩芬、陈玲、邹宏建五位老师参与了稿件的审定,其中邹宏建博士为本辑的执行编辑,承担了大量的约稿、联络、统稿、校稿等具体工作,对他富有成效的辛勤付出表示感谢。

"丘山积卑而为高,江河合水而为大。"从本辑开始,《经济刑法》将改由法律出版社出版发行,双方携手开启经济刑法学术传播的新征程。众所周知,作为国内法律出版的权威机构,法律出版社以"为人民传播法律"为理念,深耕出版行业七十余载,对我国法学研究影响深远。我们期待在双方的合作下,《经济刑法》能以更加卓越的专业水准、更为精美的装帧设计,呈现在各位读者眼前,并进一步提升刊物品质、扩大学术影响。

初心如炬,使命如磐。愿这本焕新之作不负读者期待,亦能于法学研究的时代变迁之中如竹守正,如松常青!

目　录

全球首发

法益保护与经济刑法中法益的去实体化趋势
　　／［德］汉斯·库德里希　［德］约翰娜·哈恩　著　邹宏建　译　　3

前沿问题研究

数字经济犯罪代际更新与刑法因应／张　勇　　31
体育刑法生成的正当根基及其教义学展开／陈俊秀　余惠芳　　55
我国生态环境刑法的体系化理论模型与实践展开／范　淼　　75
风险泛化与规范缩限：民营企业刑法公平保护意蕴的解释方向
　　与司法适用／刘柳明　　106

基础理论研究

经济犯罪侵犯双法益之反思
　　——兼经济刑法解释类型化的提出／黄　何　　141
刑事司法解释与刑事立案追诉标准在冲突格局下的适用路径
　　——以操纵证券市场罪"情节特别严重"为视角
　　／张金玉　周　婧　陆军豪　　155

破坏金融管理秩序犯罪研究

内外勾结骗取贷款"数额巨大"情形的共犯问题研究
　　／刘　科　许燕佳　　177
虚假申报型操纵的比较研究／蒋　昕　　209
转贷经营行为教义学分析的两重视角／任尚肖　　235
反垄断领域犯罪与刑罚的历史连接及范式转移／杨继春　　273

信息网络犯罪研究

论拒不履行信息网络安全管理义务罪的作为形态／周铭川　　303
身份数字化刑法保护的法益证成／陈　玲　　319
场景理论下敏感个人信息侵害性的民刑界分／杨　雪　徐之涵　　343

实务研究

刑事涉案财物处置程序的规范／兰跃军　　371
检察直接侦查权的职能定位与实践优化
　　／张　栋　张爱菁　郑逸风　　394
土地使用权人无证采矿案件的现状检视与处置归正／王　杰　　415

域外译文

日本的侵犯商业秘密罪研究
　　——保护法益与行为类型／[日]西贝吉晃　著　钱日彤　译　　437

全球首发

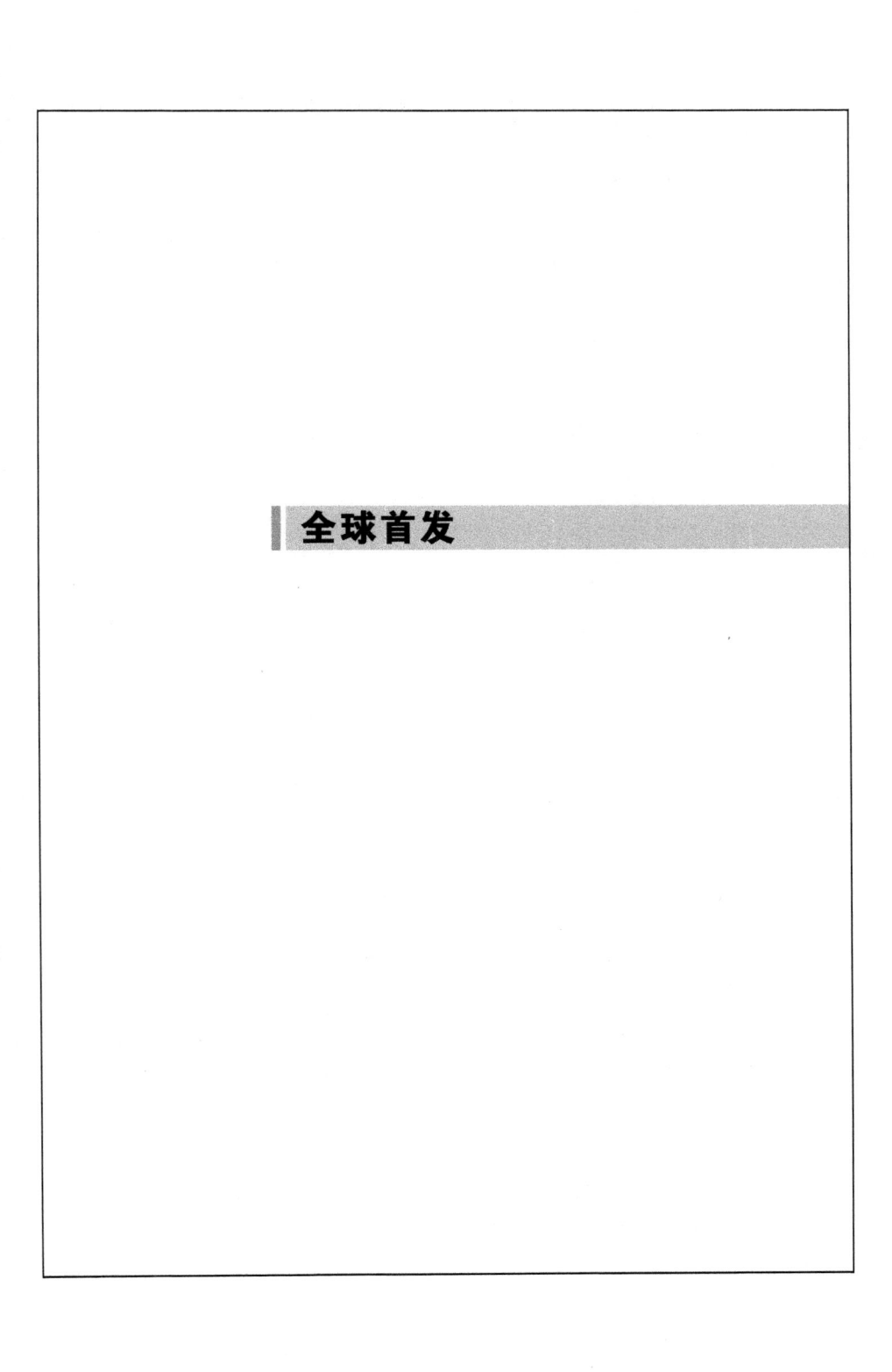

法益保护与经济刑法中法益的去实体化趋势

[德]汉斯·库德里希[*]　[德]约翰娜·哈恩[**]　著
邹宏建[***]　译

目　次

一、引言：通过刑法保护法益
二、对于法益教义特别是法益理论和比例原则的批判
三、经济刑法中法益的去实体化趋势
四、结论和评价

摘　要：尽管在细节或功能方面，对于法益这一教义学概念还存在各种各样的争议，但刑法服务于法益保护这一点已经基本成为共识。在"乱伦判决"中，虽然德国联邦宪法法院否认了刑法规范所追求的目的能够从刑法的法益理论中推导出来，但即便从比例原则出发，在考察刑事制裁所

---

[*]　德国埃尔朗根-纽伦堡大学刑法、刑事诉讼法、法理学教席教授。
[**]　法学博士、德国埃尔朗根-纽伦堡大学网络犯罪与司法信息学研究中心研究人员。
[***]　法学博士，上海社会科学院法学研究所助理研究员。

威胁的相关行为规范的适当性时,也必须基于法益教义作出具体判断。不过,法益教义确实面临着来自另一方的实践威胁,即所谓的法益去实体化趋势。从内涵上看,其大致意味着法益的"流体化、精神化、非实体化"和"去个人化";从表现上看,无论是在经济刑法中,还是在附属刑法中,也无论是在刑法构成要件的设计还是在其具体应用方面,此种趋势均显而易见;从效果上看,虽然此种趋势能够提前刑法保护的阶段并因此扩张刑事保护的范围,具有一定程度的合理性;但当受保护的法益并不具体,并且为保护这些法益所要求的行为与法益之间只有间接联系时,或者构成要件行为与值得保护的法益之间的联系几乎不可辨认时,便有违罪刑法定原则,欠缺正当性。

关键词:法益保护;经济刑法;抽象危险;比例原则

一、引言:通过刑法保护法益

虽然在许多地方可以看到对法益教义的细节①(及其功能②)的争议,但仍应认为,刑法是服务于法益保护的。③ 国家刑罚合法性的问题与刑

---

① 参见以下文献(刻意挑选且有意识地涵盖了不同时间段的不同理论观点):Roxin/Greco, AT I, 5. Aufl. 2020, § 2 Rn. 9 ff.; Frisch, in Küper/Welp (Hrsg.), Stree/Wessels-FS, 1993, S. 69 ff. (71); Beckemper, ZIS 2011, 318 ff.; Gimbernat Ordeig, GA 2011, 284 ff.; Greco, in Heinrich u. a. (Hrsg.), FS-Roxin II, 2011, S. 199 ff.; Hefendehl, Kollektive Rechtsgüter, 2002, S. 5 ff.; Koriath, GA 1999, 561.; Kudlich, ZStW 127 (2015), 635 ff.; Stratenwerth, in: Eser u. a. (Hrsg.), FS-Lenckner, 1998, S. 377.; Swoboda, ZStW 122 (2010), 24 ff.; Vogel, StV 1996, 110 ff.; Wohlers, GA 2002, 15 ff.; Neumann/Saliger, in Nomos Kommentar StGB, 6. Aufl. 2023, Vor § 1 Rn. 108 ff.; Zabel, ZStW 122 (2010), 833 ff. 。

② Frisch, in Küper/Welp (Hrsg.), Stree/Wessels-FS, 1993, S. 69, 71 ff.; Jakobs, AT, 2. Aufl. 1991, Abschn. 2 Rn. 14., 16.; Pawlik, Das unerlaubte Verhalten beim Betrug, 1999, S. 46 ff.; Roxin/Greco, AT I, 5. Aufl. 2020, § 2 Rn. 5 ff.; Scheerer, in Lüderssen (Hrsg), Aufgeklärte Kriminalpolitik oder Kampf gegen das Böse? Bd. I, 1998, S. 179 f.

③ Wessels/Beulke/Satzger, AT, 54. Aufl. 2024, Rn. 9.

法的这一任务密切相关：由国家通过制定禁令并在禁令（已经证明）被违反时施加严厉的制裁，干预其公民的法律领域，从根本上说，即脱离所有具体个案的考虑，只有在与之相关的、刑法应为之作出贡献的某种更广泛的利益得以实现时，这一行为才是可接受的。这种利益存在于对法益的保护中，这不仅得到了学术界主流观点（尽管在细节上存在一定差异）的支持，①而且在立场上也得到了联邦宪法法院（BVerfG）的认同，②尽管该法院在备受争议的"乱伦判决"③中明确否定了由此产生的刑法法益理论相对于一般比例原则教义的"特殊地位"（参见下文第二部分的详细讨论）。

历史上，比尔鲍姆（Birnbaum）常被归功于提出了将"利益"作为犯罪客体的思想，④他在1834年的一篇文章中虽然尚未使用"法益"（Rechtsgut）这一术语，但却首次创造了作为犯罪客体概念的"利益"（Gutes）。⑤ 由此，他超越了当时广为流传的由费尔巴哈（Feuerbach）提出

---

① Jescheck/Weigend, AT, 5. Aufl. 1996, § 1 III 1.；Armin Kaufmann, Die Aufgabe des Strafrechts, 1983, S. 5. 在源自学术界的替代方案（因此也可归入学说）中，1966年备选草案的第2条第1款规定："刑罚和措施服务于法益的保护……"即使是那些（同时）致力于为刑法寻找社会理论基础的作者，大多数也并未完全否定利益保护的思想。关于历史发展中不同法益概念的集中概述和大量参考文献，可以参见 Staechelin, Strafgesetzgebung im Verfassungsstaat, 1998, S. 35 ff.。对于"1945年后法益理论范式"的概述，参见 Müssig, Schutz abstrakter Rechtsgüter und abstrakter Rechtsgüterschutz, 1994, S. 25 ff.。有关将德国的法益概念与英美刑法中的"危害原则"（harm principle）进行比较的内容，参见 v. Hirsch GA 2002, 2 ff.。

② 仅参见 BVerfGE 45, 187 (253)。它认为，"刑法的一般任务是保护社会生活的基本价值"。

③ BVerfGE 120, 224.

④ 关于刑法中法益概念的法学史，简要参见 Marx, Zur Definition des Begriffs „Rechtsgut", 1972, S. 5 ff.，详细参见 Sina, Die Dogmengeschichte des strafrechtlichen Begriffs „Rechtsgut", 1962, 以及 Amelung, Rechtsgüterschutz und Schutz der Gesellschaft, 1972, S. 16 ff.；Staechelin, Strafgesetzgebung im Verfassungsstaat, 1998, S. 35 ff.。

⑤ Birnbaum, Archiv des Criminalrechts, Neue Folge BD. 15, 1834, 149 ff.

的观点,该观点认为,犯罪的客体必须始终是一个主观权利。① 在 19 世纪中叶,受德国唯心主义,特别是黑格尔学派的影响,利益概念的思想一度也在法学界退居幕后,②其后是宾丁(Binding)重新提出了法益这一概念,并使这一术语在刑法学中占据了稳固的位置。③ 除在纳粹时期,法益概念受到具有政治色彩的攻击之外,④将法益视为实质犯罪概念的客体,从而将法益保护作为刑法的任务的观点(即使存在不同的概念与主张⑤),长期以来一直主导着刑法学。例如,许多刑法评论者的解释,首先是通过对被保护的法益的阐述来展开,(这)体现了"被保护的法益"所具有的重要意义。在刑法分则部分,这实际上几乎是没有争议的,即特定的受保护法益的理念为构成要件的体系化提供了宝贵的线索,⑥并在具体个案中为构

---

① Sina, Die Dogmengeschichte des strafrechtlichen Begriffs „Rechtsgut", 1962, S. 19 ff. 仅将其视为相对于主观权利的一个(关注)重点的转移;对此的批判参见 Amelung, Rechtsgüterschutz und Schutz der Gesellschaft, 1972, S. 11,其认为这是一种质的飞跃,因为仅凭此,诸如宗教犯罪等行为就可以被纳入刑法的范围(而不仅仅像费尔巴哈所说的那样属于警察法的范畴)。Schulz, in Lüderssen (Hrsg.), Aufgeklärte Kriminalpolitik oder Kampf gegen das Böse? Bd. I, 1998, S. 208, 216.

② Sina, Die Dogmengeschichte des strafrechtlichen Begriffs „Rechtsgut", 1962, S. 28 ff.

③ 关于宾丁的影响以及法益概念的辩论,参见 von Liszt, die Darstellung bei Amelung, Rechtsgüterschutz und Schutz der Gesellschaft, 1972, S. 52 ff.; Sina, Die Dogmengeschichte des strafrechtlichen Begriffs „Rechtsgut", 1962, S. 41 ff.。

④ Amelung, Rechtsgüterschutz und Schutz der Gesellschaft, 1972, S. 216 ff., 231 ff.; Sina, Die Dogmengeschichte des strafrechtlichen Begriffs „Rechtsgut", 1962, S. 70 ff., 79 ff.

⑤ 特别是关于第一次世界大战后法益保护的发展,详见 Amelung, Rechtsgüterschutz und Schutz der Gesellschaft, 1972, S. 216 ff., 231 ff.; Sina, Die Dogmengeschichte des strafrechtlichen Begriffs „Rechtsgut", 1962, S. 70 ff., 79 ff.。

⑥ 这与法益保护思想的法政策意义密切相关:如果针对某个可能是新产生的或刚被明确发现的法益,尚未建立(或至少尚未建立与变化的威胁可能性相适应的)保护机制,立法者便必须问自己一个问题,即是否需要通过刑法保护相应的利益,以应对威胁。Sieber, Computerkriminalität und Strafrecht, 2. Aufl. 1980, S. 254 ff.

成要件①的解释②提供了指导。在此也基本体现了法益教义所多次强调的"批判性潜力",即排除那些虽然受到刑法保护,但"实际上"(在超越体系的法益理论意义上③)并不应受到保护的利益。

二、对于法益教义特别是法益理论和比例原则的批判

然而,在过去,如果法益教义超出了一般比例原则的要求,则尤其会受到联邦宪法法院质疑。联邦宪法法院在其著名的"乱伦判决"中,对于法

---

① 当然,这不能类似于基于"用严厉的刑罚最能保护法益,因此必须广泛解释该规定"这一说法的惩罚性的超级论证。然而,即使在目的论解释中,也存在这种"滥用"的风险,例如在被反复提及的将"马车作为机动车"的例子。[BGHSt 10,375] Herzberg, JuS 2005,1.; Schmitz, in Münchener Kommentar StGB,5. Aufl. 2024, § 1 Rn. 81. ,92. 关于刑法中的目的论漏洞填补,参见 Kudlich, in Jahn/Kudlich/Streng (Hrsg.),FS-Stöckel,2010, S. 93 ff.。这并不意味着它因此在刑法中被认为不可适用或毫无意义,恰恰相反,仅参见 Wessels/Beulke/Satzger,AT,54. Aufl. 2024, Rn. 84.; Rengier, AT, 16. Aufl. 2024, § 5 Rn. 14.; Simon, Gesetzesauslegung im Strafrecht, 2005, S. 401 ff., 471 ff.; Jescheck/Weigend, AT,5. Aufl. 1996, § 17 IV. 1.; Dannecker/Schuhr in Leipziger Kommentar,13. Aufl. 2020, § 1 Rn. 247 ff.,316.; Sax, Das strafrechtliche Analogieverbot,1953,S. 94 ff., 142 ff.; Kaufmann, Analogie und „Natur der Sache",2. Aufl. 1982, S. 52 ff., S. 62 ff.; Krey, Keine Strafe ohne Gesetz,1983,S. 50 ff., S. 140 ff.。

② Maurach/Zipf, AT/I, 8. Aufl. 1992, § 13 Rn. 14.; Gaede, in Hefendehl/von Hirsch/Wohlers (Hrsg.), Die Rechtsgutstheorie, 2003, S. 183 ff.; Freund, in Nomos Kommentar StGB,6. Aufl. 2023, Vor § 13 Rn. 62. ,73.; Walter, in Leipziger Kommentar, 13. Aufl. 2020, Vor § 13 Rn. 8.; Roxin/Greco, AT I,5. Aufl. 2020, § 2 Rn. 4.; Kudlich, in Satzger/Schluckebier/Werner, StGB,6. Aufl. 2024, Vor § 13 Rn. 5.; Hecker, in Schönke/Schröder, StGB,30. Auflage 2019, § 1 Rn. 48.; Wessels/Beulke/Satzger, AT,54. Aufl. 2024, Rn. 12. ,84.; Eisele/Heinrich, AT, 3. Aufl. 2023, Rn. 103.; Amelung, Rechtsgüterschutz und Schutz der Gesellschaft,1972,S. 135. "根据'法益'解释构成要件是一件理所当然的事"。Stratenwerth, in Eser u. a. (Hrsg.), FS-Lenckner, 1998, S. 377,378. "作为解释的指导方针,具有核心意义"。Jescheck/Weigend, AT,5. Aufl. 1996, § 26, I. "法益是解释构成要件的公认基础"。

③ 关于体系内在法益概念和超越体系的法益概念的区分,参见 Hassemer, Theorie und Soziologie des Verbrechens,1973,S. 19.。

益教义与比例原则之间的关系作出了如下阐述：①

"某一刑法规范必须是适当的和必要的,以实现所追求的目的。当凭借某一手段能够促成所期望的结果,其就属于适当的。并不必须在每个个案中都实际实现或至少能够实现结果；只要有达到目的的可能性即可……"当立法者无法选择其他同样有效但较少限制基本权利的手段时,某一法律就是必要的。在评估、预测实现预期目标而选择的手段的适当性和必要性,以及在此过程中个人或公众可能面临的危险时,立法者拥有一定的裁量余地,联邦宪法法院根据所讨论的领域的性质、处于风险中的法益和形成充分可靠判断的可能性,只能在有限范围内进行审查……

最终,在对介入的严重性与正当化该介入的理由的权重和紧迫性进行总体衡量时,必须确保禁令接受者的可接受性界限(严格意义上的比例原则)得到维护。该措施不得对其造成过度负担。在国家刑罚领域,根据罪责原则和比例原则,罪行的严重性和罪犯的责任必须与刑罚之间保持公正的比例。刑罚的威胁在种类和程度上不得与被处罚行为完全不相称。与构成犯罪的行为相比,刑罚威胁在其种类和程度上不能显得完全不相当。构成要件和法律后果必须适当地相互协调。

原则上,立法者的任务是,考虑各自的情况以确定可罚的行为范围。联邦宪法法院仅需监督刑法条文在实质上是否与宪法规定相符,以及是否符合不成文的宪法原则和基本法的基本决定。

从宪法上讲,在刑法规范所追求的目的方面,其不受任何进一步的、更严格的要求(约束)。尤其是,这些要求不能从刑法的法益理论中推导出来。关于法益的概念,至今尚无统一意见。如果按照规范性的法益概念来理解"法益",即理解为立法者根据现行法律所认为的具有法律保护价值的(事物),那么这一概念就被简化为对各个刑法条文的立法理由的表达；它也就无法为立法者发挥引导作用。相反,"如果采用'自然主义'的法益

---

① BVerfGE 120,224 (240 ff.).

理论,仅将某些'社会生活的既定事实'作为合法法益加以承认或以其他方式从超实证的法益概念出发,那么这种概念——作为宪法审查标准的一个要素来理解和应用——就与以下观点相冲突:根据基本法秩序,经民主合法化的立法者的任务是,就像确定刑法的目的一样,还要确定通过刑法手段而需要保护的利益,并使刑法规范适应社会发展。这种权力不能基于所谓的已存在的或通过立法者之外的机关所'认可的'法益而被限制,且只要宪法从一开始就排除了对特定目的的追求,在刑法领域及其他领域,它的边界便实际上仅在于宪法本身。至于法益保护观念对法政策和刑法教义学可能作出的贡献,在此无法评判;无论如何,它并未提供必须被强制纳入宪法的内容性标准,因为宪法的任务是为立法者设定其立法权力的最大边界。"

但是,即使在强调宪法教义学的优越性之前,并且即便不考虑这一点,法益理念有时也认为被过分高估了。在此虽不可能也不必要对这一批评及其相关争议①进行详细讨论,但还是要简要地指明:

(认为)法益概念的自由主义传统"不过是一个传说"②的反对意见,无法令人信服,因为 50 多年来,甚至可能更早,法益这一概念就与划定合法的刑法规范范围的思想相关,而这一思想又与启蒙时代以来的自由传统相关。在这种背景下,是否在过去 250 年中始终统一使用该概念并不具有决定性的作用。今天所理解的体系批判性的法益概念,至少在原则上是自由的,并且与相应的传统相一致。③ 当然,这并未改变什么,即尽管这一概念已经众所周知,但在纳粹时期,它并未能遏制刑法中违反人权的倾向。④ 但如果要这样论证,就必须怀疑这些在 1933 年之前就已经存在,却未阻止纳粹罪行

---

① 在关于乱伦判决的特别意见中也可以看出,BVerfGE 120,224 (255 ff.)。
② Amelung, Rechtsgüterschutz und Schutz der Gesellschaft,1972,S. 91 f.
③ Kudlich, ZStW 127 (2015),635,641 f.
④ Amelung, Rechtsgüterschutz und Schutz der Gesellschaft,1972,S. 216 ff.

的独立司法或保障基本人权的宪法,所带有的潜在暴力倾向。①

宪法法院的反对意见,即刑法及刑法的法益理论不能对合法的(刑法)规范设定超出宪法比例原则②的特殊要求,初看可能具有塑造全法域统一标准的吸引力,而且,若将"刑罚作为法律后果"这一要素充分纳入比例原则考量,从而形成严格的正当性要求,则从实质内容上亦可推导出类似结论。但是,双重审查模式是否足以实现这一目标?③ 即行为规范依据相关基本权利(必要时结合《德国基本法》第2条第1款的一般行为自由)进行审查;在次级制裁规范中,自由刑对应《德国基本法》第2条第2款的人身自由进行审查,④罚金刑对应《德国基本法》第2条第1款的经济行为自由进行审查。更有说服力的观点将刑法规范看作一个整体,即作为一种带有刑罚的行为规范:⑤如果首先在行为规范上较为宽松地审查某种行为是否比另一种行为更理性、更有利于社会,然后再根据《德国基本法》第2条第1款中界限不太明确的保障条款单独审查制裁规范,⑥就容易忽视这一点,即对相关基本权利而言,行为规范的违反所产生的法律后果也会有所不同。正是这一点,在与刑事的制裁威胁相关的行为规范的适当性上,

---

① Kudlich,ZStW 127 (2015),635,641 f.

② Lerche, Übermaß und Verfassungsrecht, 1999. Remmert, Verfassungs-und verwaltungsrechtliche Grundlagen des Übermaßverbots, 1995. Clérico, Die Struktur der Verhältnismäßigkeit,2001. 源自联邦宪法法院判例中的部分仅参见 BVerfGE 19,342 (348 f.); 23,127 (133).; 55,159 (165).; 65,1 (44).; 80,109 (120).。

③ 对此,参见 Appel,Verfassung und Strafe,1998,S. 559 ff. (其中第167页和第168页也有关于联邦宪法法院判例的索引); Lagodny,Das Strafrecht vor den Schranken der Grundrechte, 1996,S. 6,72 ff. (其中讨论了行为和制裁规定); Pauldoro, Die Verfassungsmäßigkeit von Strafrechtsnormen,insbesondere der Normen des Strafgesetzbuches,1992,S. 112.; Staechelin, Strafgesetzgebung im Verfassungsstaat,1998,S. 111 ff. 。

④ Appel, Verfassung und Strafe, 1998, S. 590 f. Lagodny, Das Strafrecht vor den Schranken der Grundrechte,1996,S. 133 f.

⑤ (在略有不同的语境中)令人信服的观点,参见 Staechelin, Strafgesetzgebung im Verfassungsstaat,1998,S. 163 f. ; Kudlich,JZ 2003,127,128 f. 。

⑥ Lagodny,Das Strafrecht vor den Schranken der Grundrechte,1996,S. 145 ff. ,157.

考虑了某一刑法法益的要求。在这一概念(刑法法益)中,某种程度上可以说已经涵盖了一个检验,即"是否应该通过刑罚手段强制实施保护法益的行为"①。只要或当基本权利教义学中的实际应用尚未完全被理解,法益教义即使不是合法刑事立法的先决条件,也因此具有其自身的正当性,②哪怕其只是作为刑法理论和法政策的要求。

三、经济刑法中法益的去实体化趋势

(一)出发点

因此——至少根据本文所持的观点——一个通过纯粹刑法法益理论来合法化刑法规范的存在和适用的命题,在理论上是完全可以(得到)支持的,然而,它确实面临着来自另一方的实践威胁:软化、精神化或流体化,也即通过立法者和判例法中的个别判决(而形成的)针对法益观念或法益概念的去实体化趋势。特别是克吕格尔(Krüger)在其2000年出版的专著③中,已详细探讨了哈塞默(Hassemer)等人在25年前就观察到的这一趋势,④并在经济刑法领域提供了例证。⑤

在这本对我们主题至关重要的专著中,克吕格尔并没有提出"去实体化"的真正定义,而是通过"流体化、精神化、非实体化"这一趋势,或通过用"大规模的"、"混浊的"或"空泛的"法益取代"传统的个人法益,如财产或生命、身体和健康"这一趋势,来描述或诠释典型的"去实体化"。⑥ 他也将"去个人化趋势"这一概念与之("去实体化")联系在一起,该概念表

---

① Staechelin, Strafgesetzgebung im Verfassungsstaat, 1998, S. 163 f.
② Kühl, in Hilgendorf/Rengier (Hrsg.), Heinz-FS, 2012, S. 766, 767, 775. 其一方面谈到对比例原则的高估,另一方面则说"有意义的是,应该参考一个成熟的法益概念"。
③ Krüger, Die Entmaterialisierungstendenz beim Rechtsgutsbegriff, 2000.
④ Hassemer, ZRP 1992, 278, 383.
⑤ Krüger, Die Entmaterialisierungstendenz beim Rechtsgutsbegriff, 2000, S. 20 ff., 40 ff. 如果愿意将环境刑法也归入广义的经济刑法概念中。
⑥ Krüger, Die Entmaterialisierungstendenz beim Rechtsgutsbegriff, 2000, S. 15.

明,不是传统的"个人法益",而是超越个人的法益,被符合趋势地肯定;这些超越个人的法益并非传统的"共同体法益"(如法律交易和其中提供证明的可能性),而是将更广泛的社会或经济现象(如"竞争"、"信贷体制"或"资本市场的功能性")作为对象。① 在这方面,详尽阐述一个独立的"去实体化概念"将超出本文的范围。至少从大致上说,由克吕格尔所使用的描述和形象清楚地表明了"去实体化概念"的含义,使其显而易见。

更精准地界定也是不必要的,因为并不存在一个教义,认为"去实体化"完全是不被允许的(因此需要明确界定何时可以被称为"去实体化")。相反,评估是在越来越厚重的"灰色梯级"(Graustufen)中进行的:与个人利益的联系越不具体、越不强烈,适用范围越不明确,界限越模糊,越不具有关于存在严重、刑法相关不法行为的说服力,法益就越是去实体化,相应的刑事构成要件的合法性也就越难以确立(尽管可能无法完全排除)。

(二)《德国刑法典》的经济刑法中的著名例子

对此,克吕格尔在25年前就已将经济刑法确定为法益概念去实体化趋势的典型,并在此列举了几个不同的例子:

1. 补贴诈骗(《德国刑法典》第264条)

关于补贴诈骗,克吕格尔察觉到,根据对《德国刑法典》第264条的通行看法,除国家的"补贴财产"(国家用于进行补贴的资金),以及通过这些补贴所能实现的调控效应之外,国家的规划和处分自由、对补贴制度本身的保护,或者有效的国家促进经济的公共利益,还应视为受保护的对象。② 但是,如果像补贴制度这样模糊且没有明确轮廓的"利益"③,(得到)与作

---

① 在所有没有提到这种现象,而仅仅提到该现象的功能性之处,这一趋势尤其明显,即仅仅对某些流程的干扰就自动成为对法益的侵犯。克吕格尔在25年前就已将经济刑法确定为法益概念中去实体化趋势的典型。他在这里特别列举了作为例子的衍生品欺诈、破产刑法、根据《德国刑法典》第266条第1款规定的滥用支票和信用卡以及暴利罪。

② Krüger, Die Entmaterialisierungstendenz beim Rechtsgutsbegriff, 2000, S. 20 f.

③ Krüger, Die Entmaterialisierungstendenz beim Rechtsgutsbegriff, 2000, S. 23.

为被相对明确塑造的国家财产这一法益平等的并列保护(甚至替代保护),那么这就属于一个去实体化的情形。

2. 资本投资诈骗(《德国刑法典》第264a条)

克吕格尔还认为,在《德国刑法典》第264a条中,资本投资诈骗的规定是另一个例子。根据通说观点,这一规定不仅是为了保护资本投资者的财产,而是为了保障资本市场的功能性。这种制度保护与关注功能性的结合,正是对于去实体化趋势的"强有力的证明"①。

3. 保险滥用(《德国刑法典》第265条)

《德国刑法典》第265条规定的并不是一个真正的诈骗衍生犯罪(Betrugsderivat),而是规定了一个针对后续诈骗的预备构成要件,因为其惩罚的不是一个交流行为,而是对被投保物的影响。正因为本条特别规定了对财产犯罪的预备行为的刑罚处罚(而且甚至还规定了犯罪未遂的可罚性,参见《德国刑法典》第265条第2款),学术界认为,本条不仅涉及对财产保险公司的财产的保护,还涉及对超个人法益的保险业在社会和国民经济中的重要支付能力的保护。② 即使《德国刑法典》第265条的背后最终是一个传统的个人法益(财产),但该具体的、延伸至前阶段的刑事可罚性只能通过额外假设一个超个人的、相应去实体化的法益来加以论证。

4. 贷款诈骗(《德国刑法典》第265b条)

克吕格尔对基于《德国刑法典》第265b条的诈骗也作了类似的判断。③ 尽管在此,贷款方的个人法益也得到了保护,但此外(同时或者甚至优先)还保护了作为超个人法益的信贷业的运作能力。这一模式——至少根据克吕格尔在2000年的分析——在《德国刑法典》第265b条中虽然尚未像在资本投资诈骗中那样得到强烈体现。但即便如此,作为典型的预

---

① Krüger, Die Entmaterialisierungstendenz beim Rechtsgutsbegriff, 2000, S. 25.
② Krüger, Die Entmaterialisierungstendenz beim Rechtsgutsbegriff, 2000, S. 27.
③ Krüger, Die Entmaterialisierungstendenz beim Rechtsgutsbegriff, 2000, S. 32 f.

备罪名,其犯罪既遂的成立仍然不要求存在财产损失。

5. 破产刑法(《德国刑法典》第283条及以下条款)

从早期的附属刑法(前破产法)转入核心刑法的破产犯罪,也被克吕格尔作为了例子。① 当然,这些罪名也服务于作为个人法益的债权人的财产(的保护)。此外,破产刑法总体上还支持"破产制度"的"运作",该制度旨在保全资产并随后实现债权人的平等清偿;因此,拖延破产申请的可罚性(《破产法》第15a条第3款)旨在确保破产程序的启动(否则这些程序无法发挥其效力);《德国刑法典》第283条主要用于保全资产;《德国刑法典》第283c条禁止不公平地清偿债权人。因此,破产刑法的刑事规定整体上也保障了"破产制度"的运作。

虽然可以说,这些条款最终还是仅仅服务于作为传统法益的债权人财产的保护。但即使最终能够实现对债权人的合理清偿(无论是完全清偿还是至少以远高于典型破产清偿率的比例清偿,且这一比例也不超出非犯罪性操控的破产中的通常比例),在某些情况下仍然可能存在该当构成要件的行为,②这一事实清楚地表明,即使背后的个人法益受到的影响相对较小,这些条款仍可以通过对制度本身的刑事保护来介入。

6. 限制竞争的协议(《德国刑法典》第298条)

《德国刑法典》第298条也是一个典型例子③。因为针对本条,将投标协议归类为诈骗行为,并确定一个非常明确可控的保护个人法益(财产)的构成要件并非易事。在此需要强调的是,(确定)诈骗刑事可罚性的问题并不在于行为本身,而恰恰在于财产损失的认定所导致的法益侵害的判断问题。相对于第263条,(对于)通过《德国刑法典》第298条所提供的

---

① Krüger, Die Entmaterialisierungstendenz beim Rechtsgutsbegriff, 2000, S. 33 f.
② 例如,参见 BGHSt 61,180 (Rn. 9.)中的事实,其中提到了95.9%的清偿比例。
③ 对于《德国刑法典》第298条,参见 Krüger, Die Entmaterialisierungstendenz beim Rechtsgutsbegriff, 2000, S. 37 f.。

更广泛的刑事保护,立法者是这样论证的,①即《德国刑法典》第 298 条除保护招标方的财产外,还应保护作为经济秩序制度的竞争。

(三)来自(包括较新的)附属刑法立法中的其他例子

此前(包括克吕格尔专著中列举的)所有案例均源自《德国刑法典》。如果说在核心刑法领域——这里的刑法规范通常并非典型地作为经济行政法中行为规范的附属条款,而是存在于具有明确法益指向的构成要件体系之中——已然显现出去物质化趋势,那么,在附属刑法中发现此类趋势就更不足为奇了。这里以三个截然不同(从历史维度看也分属不同时代)的领域为例:

1.《德国企业组织法》(BetrVG)第 119 条

《德国企业组织法》第 119 条是一条已经存在超过 70 年的刑事规范,其形式上与(核心刑法的)刑事规范(尽管更加狭窄,基本上仅限于将"暴力"作为犯罪手段)类似。② 该条文将对职工委员会活动的不同形式的干扰——虽然在现象学上通常是由雇主实施的,但在教义学上绝不一定是由雇主实施的——规定为犯罪。③ 其对那些可能表明这既不是核心法益,也不是特别恶劣的攻击手段的行为,即(1)通过施加或威胁不利益,或通过提供或承诺利益来干扰职工委员会或类似代表机构的选举;(2)妨碍或干扰职工委员会或类似机构的工作;(3)因其工作而歧视或优待职工委员会或类似机构的成员或替代成员,威胁(施加)最高可达一年的监禁或罚金这种相对轻微的刑罚。该条文的三种情形所保护的法益都是职工委员会活动在各种情况下的不受干扰和影响(状态)。④ 在此,所有条款都存在解释上的难题,这些难题一方面来自相对模糊的法益,另一方面源于立法者

---

① BT-Drs. 13/3353,S. 10;BT-Drs. 13/5584,S. 13.
② § 123 BetrVG a. F. in der Fassung von 1952,BGBl. I 1952,S. 681.
③ Kudlich,in Löwisch/Kaiser/Klumpp,BetrVG,8. Aufl. 2022,§ 119.
④ Kudlich,in Löwisch/Kaiser/Klumpp,BetrVG,8. Aufl. 2022,§ 119. Rn. 9 ff.

试图通过刑罚威慑来广泛保障《德国企业组织法》中分散规定的行为规范义务。因此,在第1项中,出现了(下文将进一步讨论的)问题,即是否必须以影响(积极或消极)选民投票权的方式干预选举;第2项的适用难点则在于:在职工委员会与雇主的利益博弈过程中,如何区分(达到可罚程度的)实质性阻碍与一般性干扰,抑或仅属社会相当性范畴的权益维护行为。①

鉴于抽象的受保护法益以及在此所关注的去实体化的问题,第3项尤为值得关注:如上所述,职工委员会不受干扰与影响的活动本身已经或多或少地显得模糊不清;相较而言,从法益的角度来看,对该机构选举的影响或对该机构工作的干扰——抛开因行为范围广泛而产生的适用问题——至少是相对明确的:若要确保职工委员会有效工作,其选举必须尽可能地不受影响,并且其活动不得受到妨碍。而这两个核心要素又可能会直接受到可以归入该条第1项和第2项的行为的影响。

这在《德国企业组织法》第119条第1款第3项中更是一个难题,该条款涉及刑事的禁止歧视和优待规定。在德国近期的司法判决中,这些禁止规定(尤其是以优待禁止规定的形式)因"大众汽车"案件中过高的职工委员会报酬而成为激烈讨论的对象——尽管这主要是从《德国刑法典》第266条②的角度出发,而不是从《德国企业组织法》第119条的角度进行讨论。③其与《德国企业组织法》第37条和第78条相关,根据这些规定,职工委员会成员属义务任职,且不得因其工作而受到歧视或优待。适用难点除报酬

---

① 参见 Kudlich, in Löwisch/Kaiser/Klumpp, 8. Aufl. 2022, BetrVG, § 119 Rn. 27 ff. 中的案例分析。

② 《德国刑法典》第266条规定了"背信"(Untreue)罪。该条文主要针对滥用职权或职务上的信任,导致他人或企业、组织财产受到损害的行为。——译者注

③ BGHSt 54, 148. = NStZ 2023, 352 m. Anm. Kulhanek; Koch/Kudlich/Thüsing, ZIP 2022, 1. ; Kudlich/Scheuch/Thüsing, ZIP 2023, 609. (zur Entscheidung des BGH); Byers, NZA 2014, 65 (66). ; Annuß, NZA 2018, 134 (137).

标准缺失导致的不确定性外,更在于:可罚行为未必直接影响职工委员会工作效能。就优待情形而言,甚至可能出现反向效果——能力突出的委员因优厚报酬更愿长期任职,反而有利于保障委员会有效运作。该(劳动法及衍生至刑法的)禁止规定的立法考量在于:获得过高报酬的委员可能因雇主的特殊优待,转而倾向维护雇主利益,而非(单方面或至少主要)代表雇员权益。

换言之,此处可罚性并非针对直接影响受保护机构的行为,而是禁止那些可能产生间接效果的行为,即受优待者在其裁量权限内,可能不再(依职工委员会职能的一般认知)作出本应向雇主表达的决定或意见。由此,本就模糊且高度去人格化的"职工委员会工作效能"这一法益,被扩张以防止那些仅具间接(且不确定)影响的行为模式。这种规制模式意味着:即使不存在具体决策行为(仅具抽象危险性),只要职工委员会的核心成员获取超额报酬即构成可罚行为。这种模糊且超个人的法益与作为行为的间接危险相结合,导致了高度的去实体化。一方面是具有模糊性与超个人的法益,另一方面是仅具间接危险性的行为要件,二者的结合催生了高度的去实体化特征——既无须与个人法益(财产权、具体劳动条件)建立直接关联,实质上也是通过禁止可能造成风险的行为(而非直接侵害行为)来保护制度本身。

2.《德国证券交易法》(WpHG)第119条

另一例证可见于《德国证券交易法》中的刑事条款——这些规定虽非全新创设,但历经多次修订后,其现行具体形态的确立尚不足十年。在此,本文只集中讨论《德国证券交易法》第119条与第120条这种典型资本市场的刑事法律规定,针对违反《德国商法典》的不实保证条款(原载于《德国证券交易法》第119a条)则不予探讨。

从规范结构来看,《德国证券交易法》第119条首先展现的是其复杂的规制体系,而非去实体化的法益特征:该第1款涉及由《德国证券交易法》第120条第2款第3项或第15款第2项规定的罚金构成要件,并在通过相应行为方式对特定价格或市值产生影响时,将其加重为犯罪;该条第2款涉及相对冷门的温室气体排放权交易领域;第3款则规制内幕交易行为。在此,法律适用的难题在于,该条第3款在描述内幕交易时,特别强调了违反市场滥用条例的行为;而该条第1款所提及的第120条,部分作为空白刑法条款指向本法其他规定,部分则指向违反欧盟各类条例的情形。

本文并不打算讨论这些解释难题及援引条款所可能引发的规范不确定性。需要强调的是,这些刑事规范本质上体现着法益去实体化的特征:根据构成要件,刑事责任的成立既不要求证明投资者遭受具体财产损失,也无须考察股价波动对投资者资产的实际影响,只要存在影响市场行情的行为或实施内幕交易本身即告充足。换言之,就具体法益(财产权)而言,仅需证明存在某种模糊且间接的威胁即可,甚至此类威胁亦非明确的处罚前提;其直接保护的实为资本市场的正常运作机制。但若考虑到股价波动实际取决于诸多心理效应乃至偶然因素,则值得思考的是:相关规范是否真能准确界定那些明显超出社会通常限度的影响行为?这一质疑对内幕交易或许并不有力,但在交易型操纵(参见《德国证券交易法》第119条第1款结合第120条第15款第2项及《欧盟第596/2014号条例》第15条第5款、第12条第1款a项d目——"通过交易指令发布关于金融工具供求关系及价格的虚假或误导性信号")中则尤为突出。

此处尤其凸显出法益的多层次去实体化(进程):从个人财产权这一原点出发,逐渐稀释为对资本市场运作机制的保护(因其波动可能关涉财产权益)。进一步的稀释表现为:任何市场影响行为——无论其作用方向与程度——均具可罚性。而最终的稀释倾向表现为:该规范将单纯的交易指令这一市场常态行为界定为侵害手段,并将信号的"虚假性"或"误导性"作为关键连结点。这种规范模式存在双重困境:其一,具体个案中"虚假/误导"标准难以确定;其二,市场行为本身固有的模糊性、随机性及多元解释空间,使构成要件行为与法益侵害之间的关联性经常处于晦暗不明之状态。

3. 供应链尽职调查法中的罚金规定

最后一个示例涉及《供应链尽职调查法》(LkSG)这一较新的立法,其规范内容并非刑事条款,而仅是罚金构成要件。《供应链尽职调查法》第3条要求企业在其供应链中以适当的方式遵守法律规定的人权和环境方面的谨慎义务,目标是预防或最小化人权或环境方面的风险,或者终止对于人权或环境方面的义务违反。需特别指出的是,其所保护的法益——人权与环境风险,本身即具有一定模糊性:除极端明显的重大侵权行为外,这些法益的绝对性(无论其重要性如何)在某种程度上始终是文化性"协商过程"与价值排序的结果(尽管该法第2条第2款与第3款已作出极为细致的规定)。而根据法律规定,在理想状态下应覆盖整个供应链体系,因此德国企业需履行的审慎义务(参见该法第1条第1款第1项)亦延伸至境外业务活动(参见该法第2条第5款第2句)。

由于本法所规定的制裁确实与刑事构成要件无关,而仅仅与秩序违反性相关。又因为传统刑法理论认为,"刑法法益"是证成刑事制裁(包括伴随定罪的社会伦理非难)的必要前提,因此,这种传统理论在本法范畴内显然失去了适用的余地。故而,上文所述的针对该法保护法益的去实体化质疑在此视角下自然显得力度不足。但即便如此,对于高达80万欧元的罚款(参见该法第24条第2款第1项),或针对大型企业最高可达年营业额2%的罚款(该法第24条第3款),需注意这两种情形仅涉及针对行为的罚款,不含追缴成分,我们仍需要求其具备足够明确的法益关联。虽然原则上以环境或人权风险(而非实际的环境破坏或人权侵害)作为处罚基础并无不当,但这一法益本身仍被进一步去实体化——因为处罚不以证明具体风险的存在为前提,只需满足以下程序性瑕疵即可:风险分析未完整或未及时进行、预防措施未及时采取、检查未及时实施或措施未及时更新(参见该法第24条第1款第2~5项)。由此可见,此处保护的实质上是特定监控机制的存在形式,既无须证明由此导致实际损害,甚至也无须证明具体风险已经显现。

(四)法律适用中的例子

去实体化趋势不仅体现在立法层面,更延伸至法律适用领域。表面来看,法律适用者似乎无法直接影响被保护的法益本身,而只能通过法律解释扩张或限缩其保护范围。但深入考察可见,法律适用的过程同样可能导致法益保护的去实体化——当司法者通过解释使法定保护的法益丧失清晰轮廓、趋于模糊时,这种去实体化效应便随之产生。显然,当这不仅仅与一个非常具体的案件裁决相关时,这种情况便更加可以被设想。特别是当上级法院的裁判为下级法院创设未来适用的裁判规则或指导原则时,[①]或者,即便未被明确标记为"指导性判例",若延续其裁判思路,仍将实质影响法益的界定标准。

1. 针对背信罪的判例

在过去的二十多年里,几乎没有哪个经济刑法的条文像《德国刑法典》第266条那样引发如此多的讨论。在此,与兰西克(Ransiek)(非肯定性的,而是批判性)的格言"《德国刑法典》第266条总是适用的"[②]相一致,不仅在典型的由财产管理义务人实施的"非法挪用公司或他人财产行为(Griff in die Kasse)"的情况下,需要应用或者至少是讨论本条,而且在如下情况中,也是如此:

(1)建立和维持黑账;[③]

(2)针对董事会成员[④]或职工代表[⑤]的过高的报酬;

(3)支持对于雇主友好的工会;[⑥]

---

① 德国联邦宪法法院并非没有理由认为,法律适用者也可以是确定性原则的受众,因为上级法院的判定规则将成为未来的涵摄的基础,结论参见 BVerfGE 92,1 (16 f.)。

② Ransiek, ZStW 116 (2004), 634.

③ BGHSt 52,323.

④ BGHSt 50,331.

⑤ BGHSt 54,148 = NStZ 2023,352 m. Anm. Kulhanek; Byers, NZA 2014,65 (66).; Annuß, NZA 2018,134 (137).

⑥ BGHSt 55,288.

（4）有限责任公司的股东的威胁公司生存的决策。①

与其他针对整体财产的犯罪（特别是《德国刑法典》第253条、第255条和第263条）不同，成立《德国刑法典》第266条并不要求行为有获利意图。因此，如果财产管理义务人至少以间接故意的方式预见到，其本应为财产管理权利人②的利益而采取之行为的（可被想象的）结果是可能发生损害的危险，那么"本质上是利他主义的"财产管理义务人的行为也可能构成背信罪。

相关的法律问题自然是存在争议的；与之相关的刑事责任风险在个别案件中很难预测，或者预测的可靠程度是难以令人满意的。暂且不论这些教义学问题，对于个别案件，第266条保护的法益也面临"液化"或去实体化的风险：根据第266条的规范构造及其在法典中的地位，其保护对象显然是财产权，这一初始定位本无争议。特别是，联邦宪法法院在关于背信罪的指导性判决中强调："财产损失"要件必须具有经济层面充分可辨识的确定性。这一立场不仅体现了《德国基本法》第103条第2款确定性原则的要求（判决主要基于此而作出），更重申了财产保护作为第266条不可逾越的规范目的，从而确认财产权作为该罪保护法益的根本地位。然而实务中，通过认定背信罪成立的系列判例，实质上已导致某种"法益置换"现象的发生：

（1）当有限责任公司（GmbH）面临生存危机或注册资本被抽逃时，即使股东已同意损害公司财产的处置行为，司法实践仍会保护公司财产。但这种保护的首要目的并非维护财产法益（至少不是作为自然人的股东权益），而是保护公司债权人利益。问题在于：债权人的财产本就不属于《德国刑法典》第266条所保护的"受托人财产"范畴。

（2）在职工委员会成员薪酬可能过高的情形中，若司法审查完全忽视

---

① BGHZ 149,10.
② 通常是一个公司。

友好协商可能给企业带来的潜在收益,①则构成对财产法益的"限缩性保护"。虽然单就薪酬本身必然导致财产减损,但综合考量可能得出整体有利的商业判断。当前判例对补偿性收益"直接性"要件的僵化理解值得商榷——这种倾向实质上将劳动与社会政策目标(本非第266条保护法益)置于整体财产保护之上。

(3)在"西门子-AUB案"(BGHSt 55,288②)的原审判决中,州法院以"缺乏充分直接性"及"相关效果不确定性"为由,拒绝考量强化AUB(独立企业成员行动联盟)在各西门子分支机构职工委员会中的作用而可能产生的补偿效益。③ 这是无法令人信服的,原因在于,按照同样的标准,所有广告支出,各类赞助行为,甚至超出法定最低标准的合规部门建设,均可构成背信罪,因为这些措施均需资金投入,却无法精确预判其经济回报。

乍一看,保护目的的转换与法益去实体化确属不同层面的问题——毕竟当法益本身未受实质影响时,自然无从论及其去实体化。但若欲避免明显的法律适用谬误,司法实践最终仍不得不将这些非典型要素纳入"财产"法益的解释范畴,此种扩张性解释必然导致法益边界的模糊与弱化,从而在结果上仍导向法益的去实体化。

2. 对《德国企业组织法》第119条第1款第1项的过宽理解

在规范设定层面,前文已论及《德国企业组织法》第119条第3项(禁止歧视与优待禁止条款)所体现的法益去实体化趋势。与此相对,该条第1款第1项(干预职工委员会选举)的保护法益通常被认为相对明

---

① 如BGHSt 67,225.,这个问题实际上根本没有被讨论。

② AUB是德国的一个工会组织,代表西门子公司及其多个分支机构的员工利益。——译者注

③ 第一刑事庭对于西门子-AUB案件的判决提出了众所周知的批评意见,但最终在涉及背信罪的指控时,根据《德国刑事诉讼法》第154a条第2款,其决定限制对该案的追诉,因此没有对问题本身作出实质性的判断。

确——但这一结论仅当"干预选举"被严格限定为直接影响选民投票行为时才成立。纽伦堡-菲尔特州法院在"西门子-AUB案"一审判决中的法律适用偏差颇具警示意义(该瑕疵未被联邦最高法院第一刑事审判庭纠正)。在涉及根据《德国税收通则》(Abgabenordnung)第370条①所指控的逃税罪的背景下,判决认定被告因违反《德国企业组织法》第119条第1款第1项,该当《德国所得税法》(Einkommensteuergesetz)第4条第5款第10项的扣除禁止条款而构成逃税。因为,(在该案中)通过强化AUB组织基础建设(包括提升候选人素质、扩大宣传规模)间接影响了选举结果。然而值得质疑的是:这种间接的影响是否能够构成犯罪,因其并非通过对于投票者的影响,而是通过影响可能对选举产生作用的框架条件。②

实际上,通过贿赂投票者和强制投票者,对于选举施加影响③的行为,本就属于《德国刑法典》选举刑法,特别是第108条、第108b条对所有重要选举均予处罚的行为。而主张该条款应惩罚"任何未影响选民自由意志的偏袒行为"的观点,则面临多重反驳论据:既难以契合该条款的"普适性特征"(Jedermanns-Charakter),也与1952年《德国企业组织法》的立法材料、历史沿革及与《德国刑法典》第108条以下条款的体系相矛盾。一审判决的媒体报道将西门子做法评价为"违反《德国企业组织法》精神",恰恰表明此处的法益已高度去实体化。并不能只是因为更广泛的适用范围有可能提供更多的刑事保护,便将旨在诉诸规范的意义和目的,从而确定受保护的法益的目的性解释,作为一种"具有惩罚效力的超级论据",来主张对规范适用范围进行无具体标准的模糊扩张。当汉堡州劳动法院(在

---

① 针对基于《德国企业组织法》第119条本身的指控,根据《德国刑事诉讼法》第154a条第2款,刑事追诉被限制。
② Kudlich, in Jahn/Kudlich/Streng (Hrsg.), Stöckel-FS, 2010, S. 93 (106 ff.).
③ Sax, Die Strafbestimmungen des Betriebsverfassungsrechts, 1975, S. 162.

选举宣传资金案中)明确强调要对雇主施加"超越《德国企业组织法》第20条①特别禁令的中立义务"时,②这表明现有限制正被有意消解和模糊化。从刑法视角看:一方面在形式上涉及《德国基本法》第103条第2款的问题,另一方面也导致本应正当化刑法规范的法益丧失边界,从而被去实体化。

3. 连续犯罪中的没收

最后一个关于法益去实体化的例子并不涉及法律适用中行为的构成要件该当性,而是涉及法律后果问题。这里讨论的是连续犯罪中的总额原则(Bruttoprinzip)③。

根据《德国刑法典》第73条,没收原则上适用总额原则——这一点在理论上并无争议。因此,犯罪行为的支出,原则上不应(或至少不能轻易)被扣除。这样做是为了避免在最坏的情况下犯罪分子只是担心犯罪所得会被没收,而不必担心任何损失,就像严格的"净额原则"(Nettoprinzip)所追求的那样——犯罪不应得利。

在2010年的司法实践中,总额原则的适用曾通过严格审查犯罪实际所得而被谨慎地"调整"。例如,在贿赂案件中,法院认为,通过贿赂获得的并非订单的总营业额,而仅仅是执行该订单的机会,其价值应按订单的利润而非总营业额计算。④ 类似地,在内幕交易案件中,法院判定,利用内幕信息进行的交易仅获得了一种"特殊机会",其价值相当于内幕交易的

---

① 《德国企业组织法》第20条包含了一项与该法第119条第1款第1项几乎完全相同的行为规范,换句话说,第119条第1款第1项在本质上通过刑法对第20条的禁令提供了保障。

② LAG Hamburg AiB 1998,701 f.

③ Bruttoprinzip 是指在涉及犯罪系列时,法院通常会考虑犯罪行为的整体结果,而不是单独看每一项犯罪的个别后果。具体来说,在系列犯罪的情况下,总额原则意味着对一系列犯罪行为的处罚可能基于所有犯罪行为的总和,而不是单独的个别犯罪。——译者注

④ BGHSt 50,299.

利润,而非交易的全部金额(不扣除成本)。①

而通过 2017 年对没收法律的改革,总额原则的适用在总体上得到了加强。根据《德国刑法典》第 73 条和第 73d 条,现在适用以下机制:第 73 条第 1 款规定广泛的没收,涵盖犯罪行为所获的一切利益;第 73d 条虽允许扣除犯罪人的支出,但明确排除故意犯罪投入的成本("总额思想"),除非该支出用于履行法定义务。特殊困难情形仅能在执行阶段予以考量(《德国刑事诉讼法》第 459g 条第 1 款)。

然而,这种做法在涉及犯罪收益(可能多次且同质)再投资的连续犯罪中,将引发严重且难以合理解释的困境。其可能导致各次犯罪的净收益总和远超整体实际利润:例如设想一项非法证券交易(如内幕交易),犯罪人最初投入自有资金 10,000 欧元并获利 20,000 欧元,随后将全部资金再投资获得 30,000 欧元,以此类推,每次均实现 10,000 欧元利润,最终在连续犯罪结束时获得 100,000 欧元。相较于初始投入的 10,000 欧元,其实际利润为 90,000 欧元(若坚持不扣除初始本金则为 100,000 欧元)。但若按上述连续犯罪的净额计算思路,各次净收益总和将为 10,000 + 20,000 + 30,000 + … + 100,000 欧元,累计高达 550,000 欧元。

司法实践似乎也想在这种连续犯罪中严格且无例外地应用净额原则,②仅通过《德国刑事诉讼法》第 459g 条在执行阶段提供有限矫正的可能。若暂不考虑该救济途径——因其仅存于执行阶段,且不改变终审刑事判决效力,加之司法官员实际裁量意愿的不确定性——便会发现法律后果至少在数额层面已完全丧失边界。如果将没收的规范目的,特别是净额原则的规范目的——虽然"法益"这一概念在这里乍看可能不太合适——视为"犯罪不应得利"的原则,那么在此也可以发现模糊化和去实体化的现

---

① BGH NStZ 2010,339,341. 对"特殊利益"的早期解释参见 Kudlich/Noltensmeier, wistra 2007,121,123。

② OLG Stuttgart NStZ-RR 2023,157.

象:所确定的整个连续犯罪的净收益的总和远远超过了对犯罪者来说"应得"的部分;其最终是不可预见的,并取决于偶然性(因为最终的利润可能是通过三笔大交易或二十笔小交易获得的,而这些交易自然会更大程度地累积利润)。因此,没收不再涉及对犯罪者而言在某个时刻能够实际支配的利益,而是依赖于纯粹的计算数值,这些数值不仅不会增值,而且可能完全没有相对应的物质价值。在此,也可以说是去实体化。而且,在法律后果方面也可以明显发现,这在具体个案中导致了刑事责任不可预见地扩张,或者,更为准确地说是,制裁范围难以预见地扩大。

四、结论和评价

这里所列举的(远非全面的)例子清楚地表明,在经济刑法中,无论是在刑法构成要件的设计还是在其具体应用中,都存在法益概念的去实体化趋势,或者说,存在受刑法保护的法益的去实体化趋势。然而,仅有这一观察,并不足以分析出现这种情况的原因,以及如何评估这种情况。

1. 乍一看,为了澄清这一点,人们可能会指出,经济刑法的典型特征正是,不仅保护个人的法益,特别是财产,还通过相关的构成要件保护整体的经济秩序或经济生活中的制度。① 尽管这一结论是正确的,但它最终在某种程度上仍然是一种循环论证。因为问题在于,为什么必须保护这样的制度,而不是仅仅关注对于具体财产状态的损害。至少在部分所提到的例子中,去实体化可以通过提前刑法保护的阶段并因此扩张刑事保护的范围,从而使其更为有效而得到解释。例如,如果在诈骗衍生类犯罪中彻底放弃对于具体财产损失的证明(要求),那么犯罪的举证将更容易进行,刑法可以适用于那些至少存在行为无价值(欺骗行为)并且结果无价值(损失的出现)是合理可预见的情形中,即使在这些情形中按照诉讼程序的要求,损害的证明难以被提供。在这种情况下,人们可能会批评,通过设计来弥

---

① Kudlich/Oğlakcıoğlu,Wirtschaftsstrafrecht,4. Aufl. 2025,Rn. 11.

补程序上的证明难题并非实体刑法的任务。但是,就那些实施欺骗行为并因此至少引起了财产损失的抽象危险,从而动摇了对于特定制度的合理信任的人来说,其保护必要性似乎很低。

2.在其他情形中,法益去实体化源于附属刑法领域对违反经济调控和监管指令行为的制裁。若此类制裁仅以行政罚款形式实施(如《供应链尽职调查法》初始设定的情形),在个别情况下虽可能存在问题,但原则上尚可接受。然而,当罚款金额达到类似刑罚的干预强度,且被保护的法益本身缺乏具体性,所要求的行为与法益保护之间仅存在间接关联时,即便在秩序违反法框架内,这种做法仍成问题。

3.最为棘手的情形当属构成要件行为与(即便是模糊的)应受保护法益之间的关联几乎无法辨识的情况。同样成问题的是司法实践中法益去实体化达到如此程度,以至于实质上发生了法益置换——这在某些判例中体现得尤为明显:背信罪的构成要件要么异化为破产情形下的债权人保护条款,要么蜕变为惩罚劳动与社会政策上不受欢迎行为的工具,而全然不顾能否实际证明受托人遭受财产损失。

就立法行为而言,或可基于立法者的广泛裁量空间主张:当相关行为本身缺乏值得保护的利益时,构成要件的稀释(虽值得商榷)尚属可容忍范围。然而,前述司法实践中的情形则完全不可接受:这不仅意味着惩罚措施与应受保护的法益缺乏充分关联,更是对立法原意的根本背离——立法者本欲以法益侵害作为具体情形下的预设要件。换言之,在司法适用层面,对法定行为规范所蕴含的法益保护导向的遵循,与法官受法律约束的义务相结合,最终关乎《德国基本法》第103条第2款所特别强调的罪刑法定原则——这一宪法保障的核心要素。

前沿问题研究

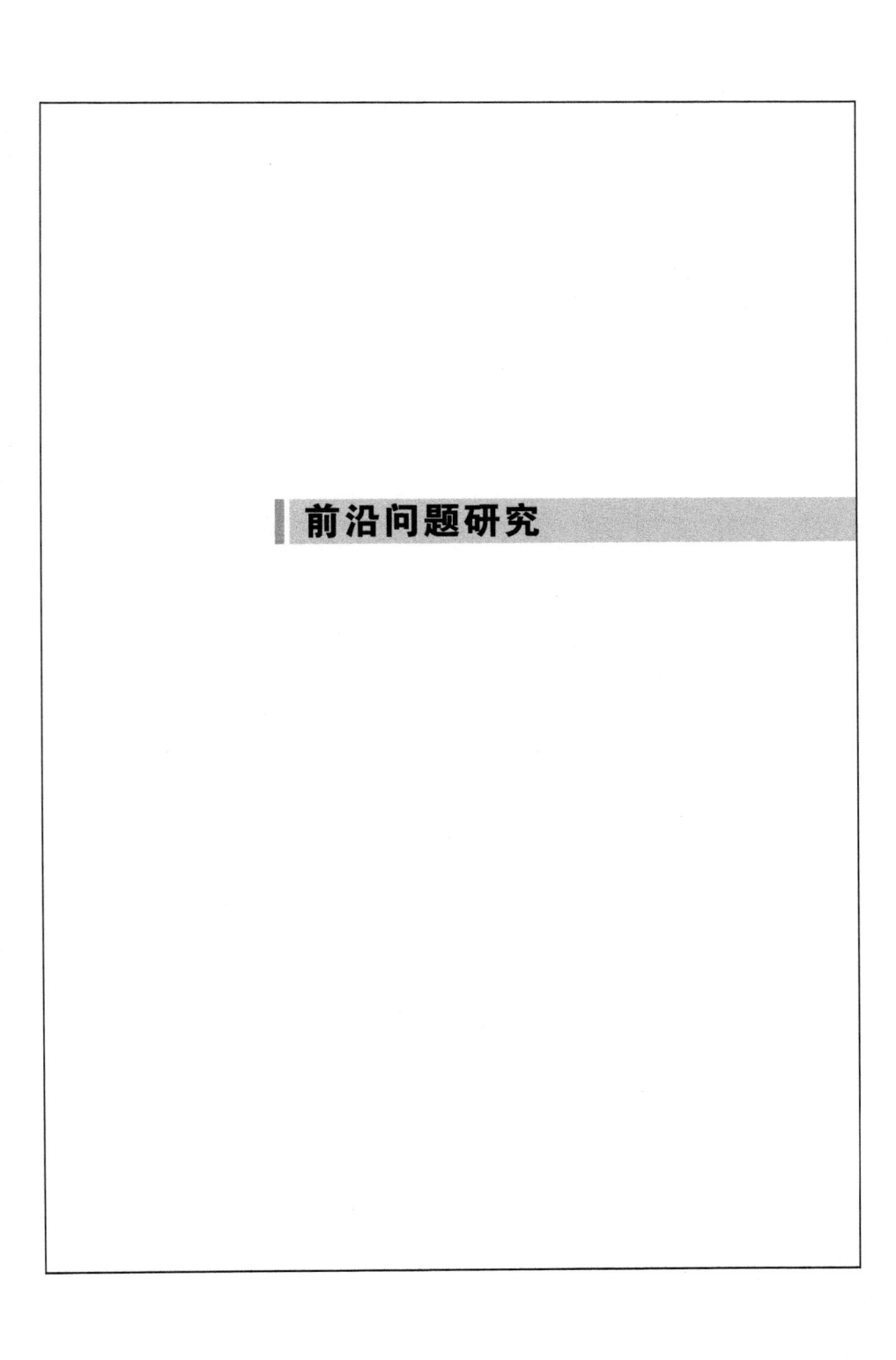

数字经济犯罪代际更新与刑法因应[*]

张 勇[**]

目 次

一、问题的提出
二、数字经济犯罪内涵与罪群立法
三、数字经济犯罪的刑法理论因应
四、数字经济犯罪的刑法治理路径
五、结语

摘 要:数字经济时代,数字技术在数字化产业和产业数字化双重语境下,滋生了利用数字技术侵害数字经济法益的新型犯罪。数字经济犯罪具有犯罪对象虚拟化、犯罪领域复合化、责任主体扩张化、社会危害膨胀化等特征。刑法中数字经济犯罪的相关罪名呈现罪群形态,并呈现预防性立法趋势。数字经济法益具有多元属性,包括个人法益、公共法益和国家法

---

[*] 本文系国家社会科学基金一般项目"数据安全刑事治理现代化转型机制研究"(项目编号:23BFX116)的阶段性研究成果。

[**] 华东政法大学刑事法学院教授,博士生导师。

益三个层次,是数据财产法益、数据人格法益等个体法益与数字经济秩序法益等超个人法益的集合体。数字经济秩序法益是数字经济法益的核心法益、是数字经济犯罪侵犯的主要法益,数据财产法益、数据人格法益等个体法益则为次要法益。我国刑法规范虽然加强了对数字经济法益的保护,但仍存在体系化保护的不足。面向数字经济时代变革,传统刑法需要在法益认定、刑事不法、刑事归责与共犯认定等方面,因应惩治和预防数字经济犯罪的司法需求,并推动自身知识体系的创新发展。面对数字经济带来的刑事风险,应确立和贯彻适度预防的刑法观,注重刑事治理的过程性,把握实质解释的限度,加强刑民行衔接协调,强化平台监管协同治理,以达到刑法治理的最佳实际效果。

关键词:数字经济犯罪;罪群;数字经济法益;适度预防;刑法治理

一、问题的提出

随着大数据、云计算、人工智能等数字科技的勃兴,人类社会从以农业、工业为主的生产方式转向数字化发展模式,社会结构和生活方式也发生了根本性变化。在数字经济时代背景下,党的二十大报告提出,要加快发展数字经济,促进数字经济和实体经济深度融合。数字经济的快速发展蕴藏着无限的风险,不断衍生新的经济失范行为,诸如"流量劫持""刷单炒信""撞库打码""数据爬虫"等。借助于数字技术和网络平台,传统犯罪增生趋重、复杂多变,呈现代际更新发展态势。相较于传统经济犯罪,数字经济领域的新型犯罪从整体上呈现以下特点:其一,犯罪对象虚拟化。数据作为数字经济的基本生产要素,具有网络游戏装备、虚拟货币、数字藏品等多种表现形式,以数据为价值载体的虚拟财产对刑法中"财产"概念形成冲击,加之在法律层面数据确权较为模糊,导致现行刑法对传统生产要素的保护方法很难完全适用于数据。其二,犯罪场域泛在化。数字经济犯罪活动并不局限于某一场域,而是从现实的物理世界扩展到虚拟世界。例如,电信网络诈骗犯罪滋生于网络黑灰产业的土壤,其上下游犯罪行为分属于灰黑产链条中的不同环节,可能同时涉及互联网金融、电子商务等多种业态领域,组织化、专业化程度更高。在互联网背景下,行为人不必直接接触侵害对象实施危害行为并造成危害后果;犯罪行为地和结果地通常也不一致,共同犯罪的参与者分布在不同地域,甚至具有跨国性、全球性,这大大冲击了以属地管辖为原则的传统刑法空间效力。其三,归责主体多元化。较传统经济犯罪而言,数字经济犯罪的归责主体具有多元化特点。基于数据的流动性、共享性,数字经济活动的利益主体由初始权利主体延伸至收集者、使用者及处理者,①数字平台构成了数字技术运用的基础设施和组织载体,在国家、平台、用户之间形成了"国家管平台、平台管用户"的多元化治理模式。② 同时,利用数字平台实施的违法犯罪愈加严重,而数字平台组织的刑事责任边界难以确定,对传统刑法学中的共犯理论也提出了挑战。其四,社会危害难估量。较传统经济犯罪而言,数字经济犯罪的社会危害性更具膨胀化、覆盖面更为广泛,所侵害的法益涉及人身财产、经济秩序、公共秩序与国家安全等不同层面,其影响范围和扩散速度远远大于传统犯罪,所造成的实际危害结果及形式风险具有不可控性,难以通过传统经济犯罪的数额、数量等因素来确定其罪量大小。

面对上述数字经济领域新型犯罪,传统刑法理论明显具有滞后性,固有的立场和观点与数字经济领域犯罪形势的发展变化相脱节,难以适应防控数字安全刑事风险的需要,司法认定和处理也存在诸多困境。在此背景下,本文拟对数字经济犯罪的代际更新及刑法因应问题加以研讨。

二、数字经济犯罪内涵与罪群立法

在数字经济领域,各种新型犯罪既对现行刑事立法提出严重挑战,也带来刑法适用上的难题。目前学界存在网络犯罪、数据犯罪、信息犯罪、计

---

① 参见张勇:《数据安全分类分级的刑法保护》,载《法治研究》2021年第3期。
② 参见单勇:《数字平台与犯罪治理转型》,载《社会学研究》2022年第4期。

算机犯罪等不同概念,这些概念相互之间交叉重叠。因此,有必要首先厘清数字经济犯罪的相关概念、梳理相关罪名,作为数字经济犯罪认定及刑法适用的逻辑起点。

(一)数字经济犯罪基本概念及特征

数字经济是以数字化的知识和信息作为关键生产要素、以现代信息网络作为重要载体、以信息通信技术的有效使用作为重要推动力的经济活动。从语义上看,"数字经济"中的"数字"内涵具有复杂性,主要包括三种含义:其一,"数字"即"数据",数据是数字经济的核心生产要素;其二,数字技术是数字经济的工具和载体,包括大数据、云计算、人工智能、区块链等,数字经济也被称为"智能经济";其三,数字经济制度是数字经济的基础和保障,呈现"数据—算法—平台"三维结构。平台通过编写算法来筛选更多高价值数据,并利用数字化技术集群直接与潜在消费者对接,最终实现数据变现。大数据作为新的生产要素,不仅能够提高其他生产要素,更能将改变经济活动的组织方式,通过平台化的方式加速资源重组,提升全要素生产率,推动经济增长和制度转型。

基于以上认识,本文提出"数字经济犯罪"的概念,即发生在数字经济领域、与数据要素、数字技术、数字经济制度相关联的经济犯罪。目前,刑法学界较少使用"数字经济犯罪"的概念,对其内涵也存在不同认识。有学者使用更为简练的"数字犯罪"表述方式,[①]但使用此称谓容易与"数据犯罪"相混淆。比较而言,"数字经济犯罪"的表述能够反映该类犯罪的本质和内容,这一称谓也更为确切。具体理解如下:首先,数字经济犯罪的本质属性为:一是以数据要素为侵害对象;二是利用数字技术手段实施;三是侵害数字经济制度或秩序法益。狭义上,数字经济犯罪是指同时满足上述全部特征的犯罪;广义上,某种危害行为只要具备其中一种特征的,即可称为"数字经济犯罪"。其次,关于数字经济犯罪与目前学界使用较多的"网

---

① 参见单勇:《数字平台与犯罪治理转型》,载《社会学研究》2022 年第 4 期。

络犯罪"概念之间的关系,有的学者认为是衍生关系,①有的学者则认为是包容关系。② 本文认为,网络犯罪属于数字经济犯罪的一部分犯罪类型,但后者并不能涵盖前者的所有犯罪类型,两者应为交叉关系。最后,如果将数字经济犯罪称为数字经济领域的"新型犯罪",与之相对的,则是与数据要素、数字技术、数字经济制度无直接关联的"传统犯罪"。例如,利用网络平台作为空间实施赌博活动,在互联网发布销售窃听器材、枪支、毒品等违禁品信息进而实施诈骗,设立贩卖枪支网站、招嫖网站等,这些虽属于网络犯罪,但不属于数字经济犯罪。又如,通过第三方支付平台吸纳资金、利用P2P网贷平台放贷以赚取利息差,以"科技创新"之名,行非法集资犯罪之实,尽管其行为发生在互联网金融领域,但其本质上仍是传统的金融诈骗犯罪。

基于以上概念界定,数字经济犯罪有以下基本特征:第一,直接或间接以数据为侵害对象。目前,我国刑法分则中仅有两个直接以数据为犯罪对象的罪名,可称为纯正的数据犯罪,即《刑法》第285条第2款规定的非法获取计算机信息系统数据罪和第286条第2款中删除、修改、增加数据行为构成的破坏计算机信息系统罪。此外,还包括间接以数据为犯罪对象,即以数据所承载的信息内容或依存的计算机信息系统为侵害对象的犯罪。具体罪名包括:提供侵入、非法控制计算机信息系统程序、工具罪,非法侵入计算机信息系统罪,非法利用信息网络罪,侵犯公民个人信息罪,侵犯通信自由罪,侵犯商业秘密罪,故意(过失)泄露国家秘密罪,以及危险作业罪中篡改、隐瞒、销毁其相关数据、信息的犯罪,等等。第二,侵犯数字经济秩序法益。从法益角度,数字经济犯罪是经济犯罪的下位概念,数字经济

---

① 参见刘艳红:《网络犯罪向数字犯罪的迭代升级与刑事法应对》,载《比较法研究》2025年第1期。

② 参见孙道萃:《数字经济刑法客体的理论构造:安全与发展》,载《政治与法律》2024年第4期。

秩序是市场经济秩序整体的一部分。狭义的数字经济犯罪就是指以数字经济秩序为主要客体或重要法益的犯罪。广义的数字经济犯罪则包括以数字经济秩序为次要客体或次要法益的犯罪类型。保障由平台经济秩序、数字金融秩序、财产秩序和计算机网络秩序等组成的数字经济秩序良好运行，①是数字经济刑法立法的价值目标；是否直接或间接侵犯数字经济秩序法益，则成为数字经济犯罪区别于其他犯罪类型的重要特征。第三，利用数字技术实施犯罪。例如，针对电商平台经营活动所产生的恶意刷单、恶意注册、流量劫持等网络虚构交易行为，难以用现有刑法罪名予以规制。实务中，对于上述利用数字技术、借助网络平台或在网络空间中扰乱、妨害他人生产经营的行为，虽难以被破坏生产经营罪中"破坏机器设备""残害耕畜"等行为方式所涵盖，②但可以通过实质解释路径，将此类对生产经营活动具有直接危害性的行为归结于该罪的兜底条款"其他方法"中，从而适用该罪名。③也有学者对此规制路径的正当性提出了质疑，认为这种做法违反了罪刑法定原则。④这就需要司法机关在实质解释的基础上予以适当限定，以不违反罪刑法定为底线。第四，采取不同行为方式侵害数据法益。主要包括：一是数据获取行为，即行为人通过侵入他人服务器、编写自动软件或代码并发送请求、窃取或骗取他人系统或软件登录权限等手段，非法获取计算机信息系统中存储的数据。二是数据造假行为，即行为人通过违法修改、伪造系统存储数据，发布虚假数据，或劫持数据流量。例如，行为人为了增加流量或者商户信誉，借由人肉刷单、机器点击等技

---

① 参见郭旨龙：《侵犯虚拟货币刑法定性的三层秩序观——从司法秩序、法秩序到数字经济秩序》，载《政治与法律》2023年第5期。

② 参见刘仁文：《网络时代破坏生产经营的刑法理解》，载《法学杂志》2019年第5期。

③ 参见孙道萃：《"流量劫持"的刑法规制及完善》，载《中国检察官》2016年第4期。

④ 参见冀洋：《网络时代破坏生产经营罪的司法逻辑》，载《法治研究》2018年第1期。

术手段,编造、公布虚假交易与评价数据,通过虚构流量以实现不正当竞争。三是数据攻击行为,即利用数字技术手段对数据施以删除、修改、增加,造成系统瘫痪或者影响系统正常运行等危害结果。如分布式拒绝服务(Distributed Denial Of Service,DDOS)攻击即为一种常见形式,其通过控制大量"肉机"同时对特定系统发送请求,造成系统负载过量而运行瘫痪,影响用户信息系统的正常功能。

(二)数字经济法益多元属性及识别

数字经济犯罪是以数据为对象的,其犯罪客体是数据所蕴含的、刑法所保护的法益内容。某种数据处理行为所涉及法益的性质界定,直接关涉数字经济犯罪及关联罪名的认定。我国通过刑法修正案完成了对网络数据犯罪的原有罪名行为类型的扩充,然而,这种积极扩张的立法态势建立在模糊的法益界定基础之上,固守传统财产所有权与占有的理念,重在保护计算机信息系统安全。刑事立法的滞后性在很大程度上影响甚至阻碍了刑法理论发展,使其难以适应司法实践的需要。对于数字经济犯罪来说,刑法保护法益的性质和内容是什么?如何加以识别判断?对此根本性问题,需要从学理上进行探讨。

第一,数字经济犯罪客体或者刑法保护法益具有多元属性。对此,学界存在数据或数据安全管理秩序说、[1]个人信息权益说、[2]数据安全说、[3]数据状态安全说,[4]以及多元的集合法益说[5]等不同观点。对于数字经济

---

[1] 参见刘宪权:《数据犯罪刑法规制完善研究》,载《中国刑事法杂志》2022年第5期;苏青:《数据犯罪的规制困境及其对策完善——基于非法获取计算机信息系统数据罪的展开》,载《法学》2022年第7期。

[2] 参见王华伟:《数据刑法保护的比较考察与体系建构》,载《比较法研究》2021年第5期。

[3] 参见杨志琼:《数字经济时代我国数据犯罪刑法规制的挑战与应对》,载《中国法学》2023年第1期。

[4] 参见熊波:《数据状态安全法益的证立与刑法调适》,载《当代法学》2023年第1期。

[5] 参见刘双阳:《数据法益的类型化及其刑法保护体系建构》,载《中国刑事法杂志》2022年第6期。

犯罪来说,数据作为犯罪对象,其所涉刑法保护法益类型包括个人法益、公共法益和国家法益三个层次,具体包括个人的人格权益(隐私权、名誉权等),财产权益,社会秩序和公共利益,国家安全等。在具体案件中,某种行为在侵犯公共法益、国家法益的同时往往也会对个人法益造成实际侵害。其中,数字经济秩序是刑法保护的主要法益,数据财产法益、数据人格法益等个体法益则为次要法益。从犯罪发生场域来看,数字经济秩序法益包括数字平台经济秩序、数字金融秩序、计算机网络秩序等内容;① 从法益归属主体来看,数字经济秩序法益包括国家数据安全与管理秩序、公共数据安全与管理秩序、平台数据安全与管理秩序等内容。数据除蕴含个人财产、人身法益之外,还承载着个人信息安全、公共安全和国家安全等法益内容。在总体国家安全观指引下,数据安全无论是对个人利益、企业利益,还是对公共安全、国家安全均具有重要意义。后者是数字经济刑法保护法益的重要内容,刑法理应将数据安全作为独立法益,予以周延保护。例如,人民法院案例库入库参考案例——丁某提供侵入计算机信息系统程序案(入库编号:2024-18-1-253-001)裁判要旨明确:"具有避开或者突破网络平台等计算机信息系统安全保护措施,使他人未经授权非法获取访问受限的数据的软件,属于刑法第二百八十五条第三款规定的'专门用于侵入计算机信息系统的程序'。"该案中,法院明确区分了作为形式载体的数据和作为数据内容的个人信息,肯定数据安全法益的刑事独立保护价值,改变了以往将其附属于计算机信息系统安全的间接保护方式,应当予以肯定。

第二,刑法的前置法是识别判断核心法益或主要客体的依据。我国数字经济犯罪的前置法律规范主要由《数据安全法》《网络安全法》《个人信息保护法》等法律法规组成,这些法律法规均明确了网络运营者等不同主

---

① 参见郭旨龙:《侵犯虚拟货币刑法定性的三层秩序观——从司法秩序、法秩序到数字经济秩序》,载《政治与法律》2023年第5期。

体的数据安全保护义务,并对数据自身安全、数据利用安全予以前置性保护。其中,《数据安全法》是数据安全保护的基本法,也是数据安全法益识别的主要参照系。另外,我国《民法典》《反不正当竞争法》《保守国家秘密法》等法律法规分别对个人信息、商业秘密、内幕交易信息、国家秘密等不同数据信息予以保护,与数字经济刑法保护法益内容存在交叉竞合关系。这些法律规范均可作为认定数字经济犯罪的前置法。相较于个人法益,公共法益和国家法益具有抽象性,需要运用法益还原方法加以识别判断。关于公共法益和国家法益能否还原成个人法益,多数学者持肯定态度,主张应将其还原为财产法益、人身法益等具体的个人法益予以评价;若其无法还原,则难以作为刑法保护的对象。①

(三)数字经济犯罪的罪群式立法评析

在我国刑法分则中,存在大量的罪群式立法例,比较集中地体现在经济犯罪、社会管理犯罪、贪污贿赂犯罪等章节。罪群是小于类罪、大于个罪的罪名集合,又可称为"亚类罪"或"次类罪"。罪群内的个罪将侵害客体限定于同类客体之下某特定的次类罪客体。在刑法分则对犯罪分类的基础上,形成了"类罪—罪群—个罪"三元层次结构。从生态系统论角度来看,刑法分则所有罪名都处于一个整体生态系统之中,刑法分则罪名系统的生态化可以通过不同层次罪群生态化的方式得以实现。在数字经济犯罪领域,我国刑事立法经历了由附属保护到间接保护,再趋向独立保护的规范演进历程,刑事法网趋于严密、保护力度日益加大。在刑法分则的罪名范围既包括以数字技术为行为手段实施的传统经济犯罪,又包括计算机系统犯罪、网络数据犯罪、个人信息犯罪、国家秘密或商业秘密犯罪等新型经济犯罪,形成了数字经济犯罪的罪群形态。某种数据犯罪罪名的保护法益是多元的,不同罪名的法益保护重心不同。通过不同种类罪名的适用,

---

① 参见姜涛:《社会风险的刑法调控及其模式改造》,载《中国社会科学》2019年第7期。

既可以更好地适应所涉行为的具体情况,又可以切实贯彻罪责刑相适应原则的要求。如果所涉数据系计算机数据、个人信息的,对其非法获取的行为,完全可以适用非法获取计算机信息系统数据罪、侵犯公民个人信息罪;所涉数据涉及国家秘密、商业秘密的,则可以适用国家秘密犯罪、商业秘密犯罪的相关罪名。

然而,与侵犯知识产权罪罪群等典型的罪群模式相比,刑法分则对数字经济犯罪罪群的规定并不具有罪群生态化特点,而是呈现碎片化、分散化、多样化的非典型特征,整体上缺乏体系性思维,刑法与前置性规范的衔接协调不足、刑法内部体系的衔接协调不足。例如,《数据安全法》《网络安全法》等前置性规范对个人信息、数据确立了分类分级的保护理念与要求。[①] 然而,我国现行刑法缺乏对数据进行分类分级保护的罪刑规范,相关司法解释也没有根据数据类别与级别设置不同的定罪量刑标准。刑法中的数据类型往往直接决定了数据的分级保护措施,致使数据分类与数据分级之间缺乏不法意义上的规范关联。相关司法解释仅将非法获取计算机信息系统数据罪中的数据分为"网络金融服务的身份认证信息"与"其他身份信息"两类,将破坏计算机信息系统罪中的数据分为"公共服务的计算机信息系统中的数据"与"一般数据"两类,这种规定显然无法满足数据分级保护的要求。又如,数字经济犯罪罪群中个罪的罪量要素(犯罪情节要件)的设置存在缺陷。罪量要素是我国刑法特有的规范内容,[②]能为实行行为的法益侵害程度提供相对具体的评判标准,包括数额标准、数量标准、情节标准等不同形式。刑法分则对非法侵入计算机信息系统罪等罪名的罪状设置了"情节严重""情节恶劣""后果严重"等形式的罪量要素。《计算机安全刑案解释》以经济损失、违法所得、计算机台数、身份认证信息组数等数额标准和数量标准,罪量要素认定标准予以具体化。但是上述

---

① 参见张勇:《数据安全分类分级的刑法保护》,载《法治研究》2021年第3期。
② 陈少青:《罪量与可罚性》,载《中国刑事法杂志》2017年第1期。

罪量标准侧重反映计算机信息系统、个人或组织信息权益等犯罪对象所遭受的侵害程度,而非实行行为对数字经济法益的侵害程度。数字经济犯罪的现有罪量要素的规定路径,难以直接反映数据自身安全、利用安全等数字经济法益所遭受侵害的程度。因此,对数字经济犯罪的罪量评价应当更多地考虑行为对社会秩序、公共利益乃至国家安全的侵害或影响,并由"数额为主,情节为辅"转向"数额与情节并重"或"以情节为主"的评价模式。①

三、数字经济犯罪的刑法理论因应

在人类社会发展过程中,中外刑法理论经历了因应不同时代的变革。在近现代大陆刑法学说史上,存在古典学派(旧派)与近代学派(新派)之争。在农业社会向工业社会发展过程中兴起了资本主义,产生了古典学派,旨在反对封建专制,强调个人主义和自由意志、行为主义和道义责任论,刑法所规定的犯罪以传统的自然犯如人身犯罪、财产犯罪为原型。之后,人类社会进入工业时代,资本主义也逐渐发展至垄断阶段,社会矛盾和冲突不断上升,社会防卫思想和立法变革的呼声高涨。近代学派随之产生,以社会本位为基础,强调决定论、行为人主义和社会责任论。科技发展带来环境污染、交通安全、核威胁等社会风险,以个体本位为中心的传统刑法理论难以应对此类新型犯罪。为了应对风险社会,各国刑事立法均创设了大量行政犯,对社会秩序和公共法益实行前置化保护。进入数字经济时代,无论是自然犯还是法定犯,各种传统犯罪类型发生迭代更新。新型犯罪不仅与传统犯罪的不法属性、不法程度有别,与传统刑法理论体系也不能完全兼容。刑法学界应当以挖掘传统刑法理论的有益基因、推动刑法理论因应数字时代发展为己任。以下着重对传统刑法学中不法论、归责论、共犯论等基本理论,如何因应数字经济犯罪带来的问题展开分析。

---

① 参见张勇:《数据安全分类分级的刑法保护》,载《法治研究》2021年第3期。

(一)不法评价对数字经济犯罪的因应

刑法理论上,不法评价或者违法性判断,是指对某一行为是否具有刑事违法性的判断。在传统刑法理论中,对于刑事违法性的本质,存在行为无价值与结果无价值的两派之争。概言之,行为无价值是指行为本身违反了社会的伦理规范或者法律秩序,所关注的是行为本身的危害性或者反伦理性;结果无价值则是指行为造成了法益侵害的结果,所关注的是行为造成的实际危害后果。当代刑法学中两派的争论趋于缓和,在是否坚持法益保护主义、贯彻罪刑法定原则等问题上已达成基本共识。其实,结果无价值论者并非完全不考虑行为,二者的真正分歧在于,究竟是在法益侵害还是规范违反的意义上考虑行为。那么,在数字经济犯罪领域,对不法行为的评价重心应偏向行为无价值还是结果无价值?抑或两者兼而有之?需要结合传统刑法学中的不法理论和数字经济犯罪自身特点来回答。一般来说,数字经济犯罪借助于信息网络技术,犯罪成本较低,虽然其涉及面广,但对被害人的利益带来的实际损害并不大。有学者指出,这类犯罪的社会危害性主要体现为对某种市场经济秩序的破坏,应定性为秩序犯罪而非财产犯罪。[①] 决定数字经济犯罪性质的主要法益为经济秩序,财产法益、人身法益等个体法益则为次要法益。因此,对于数字经济犯罪的不法评价来说,不应机械照搬传统刑法以自然犯为对象所建构的刑法规范,而应当以法益论正确看待个罪的实质,以作出更为客观的刑法评价。随着数字经济的发展,不法行为类型得以扩展,不法结果的评价标准会发生变化,其重心应由法益侵害结果转向引起法益侵害的行为本身,并对数字经济犯罪中不法行为的认定进行类型化、个别化处理,实现"结果无价值"向"行为无价值"转换。

在对数字经济犯罪行为的不法评价方面,数字平台的作为义务设定及

[①] 参见姜涛:《数字经济时代的刑事安全风险及其刑法防控体系》,载《四川大学学报(哲学社会科学版)》2023年第6期。

其不法行为评价问题尤其值得关注。平台组织是数字经济活动的重要参与主体,在围绕平台组织形成数字经济新模式、新业态的过程中,数字平台很容易沦为非法集资、网络诈骗等犯罪行为的衍生场域。因此,设定并适度强化数字平台组织的安全监管义务,对于明确其行为的不法评价和刑事归责、惩治和预防数字经济犯罪具有重要意义。《刑法修正案(九)》通过增设拒不履行信息网络安全管理义务罪,赋予平台主体信息网络活动中安全管理的作为义务。然而,数字平台企业和平台用户系平等商事主体,两者的关系决定了数字平台组织在刑法上的保证人地位及由此产生的义务非常微弱。传统刑法理论中,无论是实质或形式的作为义务来源根据,都无法适用于数字平台组织。因此,对数字平台组织违背履行信息网络安全管理义务的行为进行刑事不法评价,显然是对传统刑法理论的突破。正如有学者指出,义务犯设立的正当性基础是行为人违反其所担任的社会角色与规范的特定要求,其不法内涵通过不履行义务的特定行为得以表现。[1]数字平台组织在互联网信息活动中的角色设定较平台用户更具强势,面对平台海量信息传输所衍生的安全监管问题,其在事实层面有能力对平台内传播的信息承担信息网络安全协助监管的义务与责任。因而,当数字平台组织违反其在信息网络活动中所担任社会角色的责任要求,其行为的不法评价即通过未适格履行信息网络安全管理义务并拒不改正得以体现。须指出,即使刑法赋予数字平台组织安全监管的作为义务,也并不意味着该罪的适用可以脱离行政前置违法的判断。作为典型的行政犯,须对该罪的构成要件进行限缩适用。一方面,对于该罪作为义务的来源必须限定于"法律、行政法规",不能将效力较低的地方性法规、规章包括在内。另一方面,对于"经监管部门责令采取改正措施而拒不改正"的理解,须从行政实体法及程序法两方面考察,该具体行政行为是否由行政机关在其权限范围内依法定程序责令改正,以免将本可追究行政责任、民事侵权责任的行

---

[1] 参见何庆仁:《义务犯研究》,中国人民大学出版社2010年版,第11页。

为上升为刑事犯罪。

(二)刑事归责对数字经济犯罪的因应

数字经济时代,数字技术发展加剧了安全风险隐患的复杂性、不确定性与不可控性。对此,社会公众并非都能进行合理化的预判、认知与防范。因而,针对传统犯罪创设的刑事归责理论面临着重大挑战。在传统刑法理论中,罪过形式影响着刑事责任的有无、内容与程度,故意犯罪与过失犯罪在认识因素与意志因素上对行为人的要求不同。故意犯罪的成立,往往要求行为人认识到可能发生的危害结果,并希望或放任危害结果的发生;过失犯罪的成立,则要求行为人应当预见或已经预见自己行为可能发生的危害后果。在大陆法系刑法学界,过失犯罪是最被关注的话题,学者们在旧过失论之后,又提出了新过失论、新新过失论。新过失论是为了克服以结果预见义务为中心的旧过失论之缺点而提出,其核心在于结果回避义务,以应对因工业化和社会风险增加而大量出现的过失犯罪、公害犯罪。新新过失论则是在新过失论的基础上进一步发展而来,强调从确定结果避免义务出发再探讨预见可能性问题,使具体的预见可能性被一定程度抽象化。可见,过失犯罪是近代工业革命和科学技术的产物,科学技术的进步推动着归责理论的更新和发展。进入数字经济时代,受科技水平与认知水平的限制,人们更加难以预判、认知、控制与防范数字技术革新中衍生的风险隐患,无法准确认识、预估其行为的危害程度。[①] 由于数据处理过程复杂、数字产业链条较长、涉及主体较多,运用传统罪过理论应对数字经济犯罪的困难程度增加。

我国传统刑法罪过理论以"整罪分析模式"为基础,以危害结果为核心,强调罪过对象的整体性,坚持"一种犯罪一种罪过"。例如,对故意犯罪罪过的认定,要求行为人对危害行为和损害结果均持故意心态。然而,

---

[①] 参见张智辉、贺晨霞:《数字时代保护科技创新的刑法立法》,载《法治研究》2023年第4期。

实际犯罪过程中行为人的主观心态是复杂的,对于行为、结果及其他客观构成要素,行为人所持的心理态度可能存在差异。行为人主观排斥危害结果发生的,应属于过失心态。若以单一罪过形式强行对该类犯罪笼统认定,就容易导致定罪结论与行为人的实际罪过心态相偏离。① 对此,有学者提出"要素分析方法",认为每一种罪过针对的是不同客观构成要素的认识因素和意志因素,对于行为、结果等不同的构成要件要素,行为人主观罪过形式可能存在差异。"罪过的对象是具体的客观构成要素,在故意犯罪中可以有过失,在过失犯罪中也可以有故意"②。在法定犯时代,结果要素作为刑事责任根据的地位和作用在不断下降,而行为要素成为罪过认定的重点。对具有法定犯特点的数字经济犯罪来说,运用要素分析法,建立过失与故意并重的双重罪过模式,具有现实必要性与合理性。根据要素分析法,故意犯罪中可以有过失,过失犯罪中也可以有故意,故意与过失之间并非对立排斥关系,对数字经济犯罪中行为和结果的罪过形式予以分开认定,更符合行为人主观方面的实际情况。例如,拒不履行信息网络安全管理义务罪罪状中的"拒不改正",并不局限于单一的故意心理,也可能是因过失而未改正;而对于"违法信息大量传播"等严重后果,行为人多数情况下是过失。在此种情况下,司法机关只需要证明行为人对行为要素存在故意即可认定成立基本犯,解决主观罪过认定的难题。须指出,要素分析法与责任主义原则并不矛盾,其对罪过形式的认定更加具有灵活性和开放性,是对整罪分析模式下过于僵硬的责任主义的一种适度"软化"。同时,要素分析法也非完全否定整体分析法,两者是功能互补的。司法实务中并不需要逐一识别不同客观构成要件的罪过形式,而是应将要素分析法作为整罪分析法的辅助性手段,在具体犯罪的最终认定上仍为单一罪过形式,并不影响对该种犯罪的整体定性。

---

① 参见张勇:《恶意犯罪的类型阐释》,载《中国刑事法杂志》2022 年第 6 期。
② 陈银珠:《法定犯时代传统罪过理论的突破》,载《中外法学》2017 年第 4 期。

另外,关于机器人能否被纳入刑事责任主体范围、如何分配其刑事责任风险的问题,目前也是刑法学界广泛热议的问题。以智能机器人是否具有辨认能力和控制能力,可以将其划分为弱智能机器人与强智能机器人,二者区别在于后者能超脱编程设定自主实施行为。[①] 人类社会尚处于弱人工智能时代,智能机器人只能实现设计者或使用者的意志,尚不具备独立、自由意志,对其追究刑事责任也难以实现报应、预防等刑罚目的。对于以人工智能作为主体实施的相关犯罪,还不宜将其作为与人等同的刑事责任主体而为其增设新罪名。例如,在传统交通事故中,刑事责任承担主体往往是肇事者即驾驶者。对于自动驾驶汽车交通肇事的刑事归责问题,目前学者们多从过失论中注意义务的主体、注意义务的分配、信赖原则的限制等传统刑法理论予以解决。现行刑法中交通肇事罪,过失致人死亡罪,生产、销售伪劣产品罪等罪名设置也能满足对该类行为定罪的需要。然而,随着深度学习、类脑智能、蒙特卡洛树搜索等技术的演进,强智能机器人具有辨认能力和控制能力,可以突破编程设定并通过自主决策、自主行为实现自身意志。强智能机器人实施的犯罪行为和其他具有刑事责任能力的主体实施的犯罪行为具有同质性。在此种情况下,自动驾驶汽车肇事的刑事责任主体可能会突破既有刑事归责体系下的主体外延范围,由驾驶者向自动驾驶汽车的生产者、研发者、设计者甚至自动驾驶汽车本身的多元化主体转化。不少学者认为,在完全自动驾驶汽车中,"驾驶者"的身份已不是传统意义上的车辆驾驶人,而如乘坐出租车的乘客一样。[②] 这也意味着,自动驾驶汽车肇事的刑事责任承担主体将突破我们原有认知,不再是传统"驾驶者",而可能扩充到生产者、研发者或是自动驾驶汽车本身。对此,需要通过立法层面对现有罪名的构成要件进行修改或设置新罪名予

[①] 参见刘宪权、房慧颖:《涉人工智能犯罪的前瞻性刑法思考》,载《安徽大学学报(哲学社会科学版)》2019年第1期。

[②] 参见江溯:《自动驾驶汽车对法律的挑战》,载《中国法律评论》2018年第2期。

以规制,兹不赘述。

(三)共犯理论对数字经济犯罪的因应

在传统犯罪领域,以单独犯罪为常态,以共同犯罪为例外;而在数字经济犯罪领域,共同犯罪则更具常态性,并呈现分工化、平台化、链条化的特点。① 借助互联网接入、服务器托管等数字技术的加持,行为人由"一对一"接触性模式转变为"一对多""多对多"的非接触模式,提供网络技术与平台服务的帮助者与犯罪实行者的依附性减弱、意思联络变得模糊稀薄,帮助行为对于正犯行为的从属性减弱。例如,利用网络平台进行的赌博犯罪,其整个犯罪活动过程被切割为若干环节。其中,注入赌资环节被切割为由赌客将赌资通过汇聚各种支付码的"码池",或者由大量"跑分员"抢单支付的"跑分平台",注入"第四方支付平台"账户,再通过地下钱庄、虚拟货币等方式汇入赌博网站账户。此种对实行行为的切割路径,既有利于逃避侦查、防止赌博资金链条被切断,又使赌博犯罪构成被打破,②增强了司法处理难度。按照《刑法》第 303 条规定,对此类销售赌博网站代码行为只能作为赌博罪或者开设赌场罪的共犯处理,但由于赌博团伙数量庞大且具不特定性,既难以确定行为人对具体赌博团伙的共犯归属性,也难以查清其帮助的所有正犯的事实。因而,如何运用以物理空间共同犯罪为样本的共犯理论,针对实践中的新问题加以改进和完善,以适应数字经济共同犯罪的复杂现实形态,是传统刑法理论必须研究和解决的问题。

再以"网络黑灰产"中的共同犯罪为例,处于前端的帮助行为与实行行为并无直接的对应关系。"网络黑灰产"存在明确分工的上、中、下游犯罪。其中,产业上游是为相关犯罪提供或准备工具,如利用爬虫、病毒软件

---

① 参见姜涛:《数字经济时代的刑事安全风险及其刑法防控体系》,载《四川大学学报(哲学社会科学版)》2023 年第 6 期。

② 参见喻海松:《网络犯罪形态的碎片化与刑事治理的体系化》,载《法律科学(西北政法大学学报)》2022 年第 3 期。

等手段非法买卖个人信息、恶意注册或虚假注册等;产业中游主要获取与组织管理用户信息、数据清洗等,具有技术与利益输送的渠道性作用和组织结构的支撑性作用;产业下游主要指实施诈骗、赌博、洗钱等相关犯罪和洗钱的环节,是危害结果和犯罪后果实际产生阶段。在"网络黑灰产"场景下,各环节分工明确、各司其职,不同分工环节的行为人缺少对向性联络,主要为指令性单线联系,①使其相互间的共谋认定成为新的司法难题。在网络黑灰产业链当中,处于"前端"的帮助行为与实行行为并无直接的对应关系。这种链条式共同犯罪比复杂的共同犯罪的认定更为复杂,也与《刑法》第287条之二,帮助信息网络犯罪活动罪容易产生交叉竞合。较传统共同犯罪归责而言,对犯罪链条各环节所涉主体认定并分配各自刑事责任的难度系数大和成本耗费高。面对社会危害性更高但无法以传统共犯理论处罚的网络帮助行为,应当重视对数字经济犯罪帮助者行为本身的独立危害性的不法评价。有学者指出,在共同犯罪中,刑法的评价重心是行为的不法形态,由既往"以共谋为中心、以责任为重心、以联络为核心"的判断标准,转向"以正犯为中心、以不法为重心、以因果性为核心"②。一方面,对于共犯(主要是帮助犯)的判断,应考虑其行为对正犯的不法行为是否在实质上制造了法所不容许的风险。如有法所不容许的风险,则通常应当解释为共犯。另一方面,对共犯采取最小从属性说,共犯的违法性不必然从属于正犯。正犯合法时,共犯亦可能违法,正犯违法时,共犯亦可能合法。③ 总之,从生态化视角,对于处于"黑灰产"不同环节的犯罪行为,不能仅以传统共犯论来整体进行评价,而是进行链条切割式评价,分别按照

---

① 参见姜涛:《数字经济时代的刑事安全风险及其刑法防控体系》,载《四川大学学报(哲学社会科学版)》2023年第6期。

② 姜涛:《构建数字经济安全刑事规范新形态》,载《检察日报》2021年8月23日,第3版。

③ 参见王昭武:《共犯最小从属性说之再提倡——兼论帮助信息网络犯罪活动罪的性质》,载《政法论坛》2021年第2期。

行为所充足的个罪之构成要件认定。

四、数字经济犯罪的刑法治理路径

作为社会控制的重要组成部分,刑事立法、司法和刑法理论都必须回应时代变革和犯罪代际更新。在刑事治理过程中,风险预防的刑法观将成为刑法理论发展转型的理念指导,也为数字经济犯罪治理提供观念指引和实现路径。

(一)数字经济时代的适度预防刑法观

近年来,随着我国刑法修正立法活跃化并趋于扩张,积极刑法观为不少学者所倡导,与之相对立的消极刑法观也随之产生。积极刑法观主张,在社会发展红利与风险交织的当前语境下,刑法的首要任务应转向积极预防一般性风险,[1]扩张刑法规制范围,适当增设相当规模的轻罪,[2]重视处罚手段的多元化。也有学者将积极主义刑法观从立法论拓展至司法论和解释论,寻求刑事政策和刑法教义学上相应的变化。[3] 消极刑法观则对刑事立法的犯罪化趋势持批判态度,从刑法谦抑性和责任主义角度认为这样会导致破坏保障人权的规范机能,强调刑法应当恪守后盾法、保障法的定位,保持克制。有的学者则选择较为折中的立场,或者接近积极刑法观,或者偏向于消极刑法观。也有的学者采用以"谨慎""稳健"等限定性表述来表达自己的立场,其与消极刑法观具有同质性。[4]

须指出,无论是积极刑法观或是消极刑法观,均未立足于整体法秩序的框架下认识和把握风险社会的刑法应对,具有机械化、单一化和静态化

---

[1] 参见张勇:《论气候累积犯的刑法规制》,载《法律科学(西北政法大学学报)》2024年第5期。
[2] 参见周光权:《积极刑法立法观在中国的确立》,载《法学研究》2016年第4期。
[3] 参见付立庆:《论积极主义刑法观》,载《政法论坛》2019年第1期。
[4] 参见张明楷:《增设新罪的观念——对积极刑法观的支持》,载《现代法学》2020年第5期。

的局限性,难以有效化解风险社会数字经济犯罪对刑事治理带来的挑战。在风险社会中,数字经济技术所蕴含的诸多风险隐患随时可能现实化,单纯依赖数字经济犯罪的事后惩治,反而不利于平衡法益保护与数字经济发展之间的冲突,而应将数据犯罪的刑事治理手段从惩治端前移至预防端。"限制刑罚权、保障人权"的消极刑法观理论形成于早期工业社会,随着时代变迁,国家权力特别是立法权在很大程度上"被关进了制度的笼子",此种刑法理念已然偏离现代法治国家的社会治理轨道。在我国社会转型时期,犯罪化从长期来看是不可逆转的趋势,即使倡导消极刑法观也难以实质遏制犯罪化趋势,而过于推崇积极刑法观则易导致刑法偏激化。刑法虽为风险预防规制的高效工具,但其自身也会衍生出制度性风险。犯罪圈的持续化扩张会引发刑事治理过度的制度风险,其伴生的负面影响可能需要投入更高的解决成本。

  面对风险社会下数字经济犯罪带来的挑战,基于刑事立法不断扩张的现实情况,应当确立适度预防的刑法立场和观念,即以危害性原理为基础,兼顾预防需要,充分考虑到数字时代违法犯罪行为危害后果表现方式的特殊性,强调将预防限定在适度必要且合理的范围之内。有学者主张对数字经济时代的刑法观应定位为"调控主义",认为对于数字经济犯罪的治理需要立足于法秩序统一性。刑法作为法秩序的调控法,在前置规范对数字经济违法行为规制不足时,通过刑法修正案等形式先行填补规范疏漏,并以此调度、推动民行前置规范积极跟进,并与前置法保持良性动态互补关系。① 此种观点是可取的。只有当前置法对数字经济违法行为的惩治力度欠缺,并难以有效发挥法规范的事前预防管控与事后矫正惩戒作用时,才能考虑对数字经济犯罪予以刑事惩治。

---

① 参见高艳东:《从惩罚法到调控法:数字经济领域刑法功能转型》,载《国家检察官学院学报》2024年第3期。

(二)数字经济犯罪刑法治理路径选择

刑法治理是国家刑事立法、司法和执法机关运用刑法规范惩治和预防犯罪的过程,具有过程性和阶段性。对于数字经济犯罪刑法治理来说,须着重把握以下几个方面:

第一,注重刑法治理的过程性。从狭义角度,刑法治理主要包括刑事立法、刑事司法(主要是定罪量刑)和刑事执行过程;从广义角度,刑法治理则包括刑事程序、刑事预防、司法解释以及刑事政策的制定与实施过程。如果将刑事治理过程看成一个内外部衔接协调的系统,其外部还包括行政机关针对犯罪所采取的政府治理、企业组织和个人参与的社会治理活动过程和阶段。① 数字经济犯罪刑法治理也是一个内外衔接、结构复杂的系统,具有动态过程性特征。运用刑法手段与其他法律手段协调配合,共同保障数字经济安全和促进利用发展,需要从刑法治理过程角度加以动态性、系统性思考。须指出,面对数字经济犯罪,刑法治理的核心方式并非一味地严密数字经济犯罪刑事规制法网、增强打击力度,而是要注重数字经济犯罪刑事治理的过程性和体系性。在刑事治理过程中,要改变原有以风险管控为导向的规制模式,从数据安全风险管控转向兼顾数据利用发展,由国家主导的传统管控模式转向多元共治的现代化治理模式,由微观层面对个案认定转向中观层面的罪群治理,以使数字经济犯罪刑法治理过程取得根本成效。

第二,把握实质解释的限度。积极立法与能动司法是刑法应对社会变迁和新型犯罪的两种方法。面对数字经济带来的刑事风险,以增设新罪和扩张既有罪名构成要件的形式,扩张数字经济犯罪的刑事规制范畴,虽是较为可行的应对之策,但是刑事立法滞后性与数字经济社会发展的流变性之间的矛盾无法彻底消弭,因而需要从司法层面重视并运用实质解释方法

---

① 参见张勇:《数据安全刑事治理过程论》,载《上海政法学院学报(法治论丛)》2024年第3期。

论,围绕刑事处罚必要性,以保护法益为指导解释构成要件,以避免不当入罪;①同时,适当扩张解释个罪的构成要件,允许作符合罪刑法定原则但不利于被告人的扩大解释。须指出,这种扩大解释虽能满足维护社会秩序的刑事政策目的,但也容易突破罪刑法定原则。例如,破坏生产经营罪罪状表述采取了典型的"列举+概括"模式。实践中对于反向刷单、流量劫持、网络水军攻击、批量恶意注册等不符合"毁坏机器设备""残害耕畜"列举项的行为,是否符合"其他方法"这一概括项的判断,就必须妥善运用实质解释方法,考量所涉方法是否与列举项具备等价性。司法机关应当在刑法文义范围内解释和适用法律,不能突破罪刑法定原则。当现行刑法规定无法适用于新型法益侵害行为时,填补规制空白就转化为刑法立法任务,而非能动司法解释的管辖范畴。

第三,加强刑民行衔接协调。数字经济犯罪的主体多样性和客体复合性,进一步加剧了数字经济法律关系的复杂性,加之数字经济犯罪所涉罪名主要为行政犯,需要运用法秩序统一性原理,由刑法会同前置规范协力应对。数字经济法益暗含着个体权益、公共利益、国家安全等不同法益类型,不同数字经济犯罪所关注的法益保护重心存在差别,所依据的前置法也有所不同。通过限定所涉前置法的范围并予以规范化参照,能够更正当化认定相应数字经济犯罪成立与否,合理化限定数字经济犯罪此罪与彼罪之间的界限。对此,需要为相关罪名的空白构成要件的认定寻找可参照的前置法,充分发挥其补足、限定犯罪构成要件的机能。对于前置行政法的认定,应当立足于罪刑法定原则进行实质判断,否则不得作为数字经济犯罪认定的根据。② 目前,我国颁布实施了不少与信息数据和网络安全相关

---

① 参见黄硕:《刑法中形式解释与实质解释之争及走向》,载《法学评论》2024年第6期。

② 参见张勇、周辉:《数据安全刑事治理的激励模式》,载《河南社会科学》2023年第4期。

的法律法规、技术标准和行业规范，但这些"软法"规范不具有强制性效力，虽不属于成立法定犯所必需的前置法，但也能为司法机关认定相关犯罪提供间接依据，起到参照性规范作用。应当看到，在我国刑事立法与司法实践中存在较为严重的"刑法先行"问题，不当阻滞了刑法与前置法的有效衔接与协调。诸如，刑法分则中有的罪名设置超前于行政法、民商法等前置法，由于无前置法的参照和支撑，在刑法适用中出现了"无法可依"的尴尬局面。保持刑罚权的克制发动是刑法谦抑性的必然要求，而忽视不同法律规范之间的衔接协调，片面强调刑法介入社会治理的功能，无异于缘木求鱼。在数字经济犯罪治理中，如果能够以行政法、民商法予以规制，则应审慎发动刑罚权。

第四，强化平台多元化治理。前置法层面对数字经济的传统监管工具主要包括行政许可、行政强制、行政处罚等偏重"命令—控制"型管理手段，缺少市场主体有效参与而易出现监管乏力的问题，与数字经济新业态的发展规律不相契合，且无法有效激发数字企业依法依规经营的动力。推动传统的强制命令型监管模式向新型包容审慎型监管模式转型，是数字经济获得长足发展的必然要求。这样，数字平台组织即可在监管体制中作为沟通国家公权力与公民私权利之间的中介性机制，在保障数字技术与数字经济合理性自由发展空间的同时，激活数字经济发展的监管活力与质效。基于适度风险预防理念，在数字平台刑法治理中，须注重两方面的结合：一方面，平台自治与他治互动融合。在平台范围内，其可以通过制定、执行相关规定来保障平台的正常运营、提供服务、处理纠纷，甚至可以对违反平台规则的人实施处罚，作为数字经济治理中的"无形的手"而发挥重要作用。刑法介入数字平台治理过程中，更倚重于参照前置行政法规范，而相对忽视了数字平台内部、自治性约束力量，呈现"重监管，轻内控"的特征。[①] 在

---

① 房慧颖：《数字平台治理的"两面性"及刑法介入机制》，载《华东政法大学学报》2024年第5期。

刑事治理过程中,需要兼顾考量外部监管与内部治理,数字平台在监管用户行为的同时,须受到外部监管与自我监管的双重约束限制。另一方面,技术监管与制度监管相结合。在传统刑事治理机制中融入数字技术手段,利用数字技术进行风险识别与监测、网络安全态势感知、运营流程管理、平台建设监管,以提高数字经济犯罪的安全风险评估、防范、处置效能。监管者可以运用数字技术手段创制多元监管工具,有效提高数字平台的监管效能,预判数字平台可能产生的刑事风险,并在事前采取有效措施予以化解,防患于未然,实现一般预防的目的和效果。

五、结语

数字经济时代的到来,给现代社会增加了复杂多变、安全风险更高、危害后果更为严重的新型犯罪问题,对传统刑法理论中的固有理论提出了挑战。刑法理论需要不断创新变革,因应数字经济时代发展需要。在总体国家安全观指引下,立足传统刑法理论,确立风险预防刑法观念,推动刑法理论创新和发展。刑事立法和司法对数字经济犯罪的因应并不是片面和孤立的,而应当将刑法置于刑事治理过程乃至社会治理体系之中,转变治理理念,采优化治理方式,强化多元治理,以求达到安全保障与发展利用相统一的治理效果。

体育刑法生成的正当根基及其教义学展开

陈俊秀* 余惠芳**

目 次

引言
一、体育犯罪的类型划分
二、体育刑法生成的正当性根基
三、体育刑法的犯罪成立要素
四、体育刑法的刑罚配置
结语

摘 要：当前体育领域假球黑哨、兴奋剂滥用等越轨不法行为屡见报端，传统的体育内部自治路径面临局限，刑法介入体育领域已然成为世界各国体育治理的新趋势。体育犯罪可划分为伤害型、欺诈型和赌博型三种类型。伤害型体育犯罪的主体仅限于参赛运动员，而欺诈型和赌博型体育犯罪的主体属于一般主体。体育犯罪在性质上属于抽象危险犯，且应具备行政从属性。

---

* 福州大学法学院副教授，硕士生导师，法学博士，中国社会科学院法学研究所暨贵州省社会科学院联合培养博士后。
** 福州大学法学院刑法学硕士研究生，福州大学国际法研究所助理研究员。

伤害型体育犯罪的违法阻却事由包括正当防卫、紧急避险以及正当业务行为，而欺诈型和赌博型体育犯罪的违法阻却事由一般仅包括紧急避险。体育犯罪的积极责任要素为故意且以谋取不正当利益为目的，消极责任要素包括责任能力、违法认识可能性以及期待可能性。体育犯罪的刑罚配置应遵循刑罚轻缓化理念，在刑种上注重资格刑的适用并优化罚金刑设计。

关键词：体育犯罪；体育刑法；操纵体育比赛；法益保护；刑罚配置

引　言

近年来，假球黑哨、兴奋剂滥用等体育犯罪行为层出不穷，不少学者围绕体育与犯罪这一新兴交叉领域展开探讨，使体育犯罪学成为一门显学。① 当前学界对体育犯罪的相关研究大体可分为全景式研究和焦点式研究两类。"全景式研究"是指融所有体育犯罪类型为一体的整合性协同研究，主要包括四个方面：一是体育刑法的法益证成；②二是体育犯罪的刑法边界；③三是体育刑法的分支学科构建；④四是体育犯罪惩治的法律盲点及其应对。⑤ "焦点式研究"是指以某一体育犯罪类型为视角研究体育治理，主要聚焦四个方面：一是操纵体育比赛行为的犯罪化；⑥二是竞技体育伤害行为的刑法边界；⑦三是涉兴奋剂犯罪的刑法规制；⑧四是体育赌博的

---

① 参见康均心：《我国体育犯罪研究综述》，载《武汉体育学院学报》2010 年第 4 期。
② 参见贾健：《刑法何以保护体育权：体育刑法法益证成》，载《人权法学》2022 年第 6 期。
③ 参见徐伟：《体育犯罪刑法边界：标准构建与实践策略》，载《上海体育学院学报》2017 年第 5 期。
④ 参见张训、费加明：《论体育犯罪及体育刑法的构设》，载《上海体育学院学报》2013 年第 1 期。
⑤ 参见张杰、杨洪云：《体育犯罪惩治的法律盲点及其应对》，载《武汉体育学院学报》2011 年第 5 期。
⑥ 参见王刚：《体坛反腐背景下增设操纵竞技体育比赛罪研究》，载《当代法学》2024 年第 1 期。
⑦ 参见童春荣：《竞技体育伤害之刑民界限》，载《上海体育学院学报》2017 年第 2 期。
⑧ 参见李永升、袁汉兴：《兴奋剂犯罪刑法治理体系的改进与完善》，载《成都体育学院学报》2023 年第 4 期。

样态及其规制。① 然而,既有的焦点式研究主要偏重某一体育犯罪类型的刑事规制,欠缺对体育犯罪体系普遍性、基础性问题的追问。值得肯定的是,鲜有的体育犯罪全景式研究对"刑法介入体育领域"这一命题形成初步的共识,但对于体育犯罪体系的内在机理与罪刑建构方案仍缺乏深入研究,远未形成系统的中国体育刑法自主知识体系。基于此,本文通过对体育犯罪的类型划分,系统论证体育刑法生成的内在理据,从犯罪成立的不法要素和责任要素对体育犯罪的犯罪构成要件展开研究,为我国体育犯罪的刑罚配置提供法理支撑。

一、体育犯罪的类型划分

从应然的角度考察,一般意义上的体育犯罪是指发生在竞技体育领域内破坏体育比赛公平秩序,且满足严重社会危害性和应受刑罚处罚性两个条件的行为。体育刑法是以体育犯罪及其刑事制裁措施为内容的规范类型。广义的体育犯罪可划分为伤害型、欺诈型和赌博型三类(见表1)。

表1 体育犯罪分类

犯罪类型	所涉行为
伤害型体育犯罪	体育暴力
欺诈型体育犯罪	假球、黑哨、使用兴奋剂
赌博型体育犯罪	赌球

(一)伤害型体育犯罪

伤害型体育犯罪所涉行为主要包括两类,即对抗性竞技体育中的暴力行为和赛场骚乱。真正意义上的体育暴力指的是在足球、拳击等竞技场上,参赛运动员基于某种目的在比赛过程中给对方运动员造成人身伤害的行为。若行为发生于竞技场内但其不满足主体、时间、空间、对象以及结果要求(见表2),②则其侵犯的主要法益应是对方的生命健康,应以故意杀人罪、

---

① 参见张开骏:《体育赌博犯罪研究》,载《犯罪研究》2010年第4期。
② 参见郭玉川:《竞技体育刑法规制问题研究》,法律出版社2013年版,第88~89页。

故意伤害罪等刑法传统罪名予以规制。若给对方运动员造成精神伤害而非人身伤害，则按一般违法处理。如弗瑞尔在滑行赛结束后故意用拳头打伤对手眼睛，被对方以三级伤害罪起诉到法院。法院认为被告的行为发生在比赛结束后，行为人仍应对此承担刑事责任。① 对于行为人的主观目的，则较为复杂难辨。行为人既可能出于比赛目的，也可能出于报复等非比赛目的。无论行为人是否出于比赛目的，均不可避免地对体育公平竞争秩序造成侵害。即便出于比赛目的，也有违反竞技规则和未违反竞技规则之分。一般情况下，运动员出于比赛目的，在竞技规则允许的范围内实施伤害对手的行为不能作为犯罪处理。② 若运动员在比赛目的支配下违反竞技规则，或出于非比赛目的故意伤害对方运动员，则不能一概而论。竞技体育存在对抗性，因此其容忍一定程度的人身伤害。相比一般社会领域的伤害行为，体育竞技场上的伤害行为可责性较低，可以考虑对该领域的暴力行为增设新罪名。

表2　体育暴力行为特征

主体	时间	空间	对象	结果	主观
参赛运动员	比赛过程中（不含赛前、赛后）	赛场内（不含赛场外）	对方运动员（不含公众、裁判）	人身伤害（不含精神伤害）	出于比赛目的或非比赛目的

赛场骚乱，指的是观众在赛场内以语言暴力或身体暴力对他人实施身体、精神或财产损害的行为。如2023年世界杯亚洲区预选赛中，中国男足对阵日本比赛意外被吴某某强行闯入而中断，吴某某由于冲场行为，被翔

---

① 参见曲伶俐、宋献晖：《英美国家体育暴力伤害行为刑事责任初探》，载《政法论丛》2007年第2期。

② Bradshaw案中，Bramwell法官对陪审团的指示：如果一个人是根据规则而实施行为而且并未逾越规则，那么我们就可以合理地推断他没有任何积极的意图或恶意，而且他并没有以一种他明知其行为会产生死亡结果的方式来行为。但是，如果他的行为逾越了规则并有意地造成他人严重的伤害，或者是如果他知道他的行为可能会导致严重的伤害并且对于是否会导致严重伤害采取冷漠或者是轻率的态度，那么他的行为便是违法的。参见孙杰：《竞技体育犯罪的刑法规制研究》，山东人民出版社2014年版，第108页。

安公安局依法处以 10 天拘留和 500 元罚款。① 我国对赛场骚乱的惩罚措施相对较轻,导致赛区为了经济利益而忽略赛场的安全防护。若赛场骚乱引起严重后果,对其首要分子可按聚众扰乱公共场所秩序罪定罪处罚,②也可按实际情形予以故意杀人罪、故意伤害罪等处罚。赛场骚乱的犯罪化旨在保护体育管理秩序,应属于妨害社会管理秩序类犯罪。该犯罪的实质是以刑法手段维护体育管理制度的规范效力,而非以保护体育竞技公平竞争秩序为目的。现行刑法体系足以规制此种犯罪,故无须增设相应的新罪。综上,真正意义上的伤害型体育犯罪仅包括体育暴力而不包括赛场骚乱。考虑到体育暴力的特殊性,应对其增设新罪。

(二) 欺诈型体育犯罪

欺诈型体育犯罪所涉行为主要包括三类:假球、黑哨和使用兴奋剂。较为常见的假球行为包括和对手打默契球、收受好处故意让球等,但假球行为本身按我国刑法并不成立犯罪。足球俱乐部是企业法人,教练员、球员须与俱乐部签订劳动合同方能执教或踢球。因此教练员与球员属于该俱乐部的工作人员,即非国家工作人员。③ 若该教练员或球员因受贿而实

---

① 参见《中日比赛冲场球迷被刑拘 10 日》,载光明网,https://m.gmw.cn/2024-11/28/content_1303908685.html。

② 我国《刑法》第 291 条规定,聚众扰乱车站、码头、民用航空站、商场、公园、影剧院、展览会、运动场或者其他公共场所秩序,聚众堵塞交通或者破坏交通秩序,抗拒、阻碍国家治安管理工作人员依法执行职务,情节严重的,对首要分子,处五年以下有期徒刑、拘役或者管制。

③ 《中国足球协会章程》第 45 条规定,职业足球俱乐部是具有独立法人资格的组织。"俱乐部为企业法人,依照《公司法》在工商管理部门正式登记为足球俱乐部有限责任公司或足球俱乐部股份有限公司,获得企业法人营业执照。"其他级别联赛的俱乐部也必须依照《公司法》在工商管理部门登记,成为"独立的企业法人",只是注册资金与中超俱乐部要求不一样而已。在我国职业足球联赛中,教练员、职业球员都必须与各级俱乐部签订相关工作合同才可以在俱乐部执教或踢球。所以,职业球员、教练员和俱乐部的关系是劳动合同关系,教练球员与俱乐部是劳资双方,在劳动合同期内的教练员、球员应该属于足球俱乐部(公司)的工作人员,亦非国家工作人员。参见梁汉平、袁古洁:《假球黑哨赌球行为法律分析》,载《体育文化导刊》2011 年第 10 期。

施假球行为,则按非国家工作人员受贿罪论处。但若双方运动员基于特定比赛策略操纵比赛结果,使其朝预定方向发展,且未触碰收受财物或参与赌球等违法行为时,则此类行为不符合非国家工作人员受贿罪的客观要件进而难以被现行刑法体系约束(见表3)。如2022年引起全国球迷关注的广东省运会假球事件不存在权钱交易,只是为所谓政绩而打默契球,现有刑法罪名无法对该行为予以约束。

表3 非国家工作人员受贿罪的构成要件

主体要件	客体要件	主观要件	客观要件
非国家工作人员	公司制度、职务的不可买卖和廉洁性	直接故意	索取或者非法收受他人财物达到"数额较大"

与暴力伤人、贪污受贿等已有明确刑法制裁的行为相比,此种操纵比赛行为并未直接导致人身伤害或财物损失,却严重背离体育比赛的公平竞争秩序,甚至动摇公众对体育产业的信任根基。与假球类似,黑哨行为也存在这样的问题。黑哨有图利型黑哨和非图利型黑哨之分。图利型黑哨是指为获取经济利益而实施黑哨行为,而非图利型黑哨则可能出于个人偏好、情绪和人情等非经济因素而实施黑哨行为。前者根据身份不同以受贿罪或非国家工作人员受贿罪处理,而后者不构成犯罪。如裁判员黄某在接到中国足协裁判委员会主任李某的指示后对广州队吹得很严而对青岛队则吹得很松。事后查明,李某收受青岛队共15万元贿赂款,而黄某并未收受贿赂。① 本案中,李某作为中国足协裁判委员会主任具有国家工作人员身份,其利用职权收受他人贿赂的行为无疑构成受贿罪。问题在于,裁判员黄某应如何定罪?若黄某主观上已然认识到李某收受贿赂在先的事实,则与李某构成受贿罪的共犯。但若黄某主观上只在于遵循领导指示而无受贿故意,则该黑哨行为难以被处罚,体育法益被遗漏保护。非图利型黑哨难以被

---

① 参见金汕、黄玲、李迅:《大审判:中国足坛扫黑风云纪实》,北京出版社2012年版,第123、125页。

刑法纳入规制,需考虑对其增设新罪。面对兴奋剂滥用的欺诈型体育犯罪行为,《刑法修正案(十一)》已增设妨害兴奋剂管理罪对其加以规制。综上所述,我国现行刑法无法完全囊括假球和黑哨这类欺诈型体育犯罪。欲使竞技体育的公平竞争性得以完整保护,应考虑对假球和黑哨增设新罪。

(三)赌博型体育犯罪

赌博型体育犯罪中最典型的是赌球,即行为人在体育比赛开始前设庄聚赌并以比赛结果定胜负。赌球泛滥的严重后果即导致操纵体育比赛行为的出现。行为人为谋取高额利益,通过贿赂运动员或裁判员来操控体育赛事,甚至有的运动员或裁判员直接坐庄牟取暴利。当前在司法实践中,若行为人因接受赌球者的贿赂而操纵体育赛事,其根据身份不同而以受贿罪或非国家工作人员受贿罪论处。如前足球裁判周某利用职务之便先后8次收受人民币49万元,最终被判处非国家工作人员受贿罪。① 若行为人自己参与赌球而操纵比赛结果的,则视情况不同分别以赌博罪、开设赌场罪或无罪处理(见表4)。然而,赌博犯罪在操纵体育赛事中的治理存在局限。操纵比赛行为本身并不构成独立犯罪,无法直接作为定罪情节予以评价,故我国司法实践以赌博犯罪吸收评价操纵体育赛事行为。

表4 赌博犯罪的构成要件

赌博犯罪类别	主体要件	主观要件	客体要件	客观要件
赌博罪	一般主体	故意,并以营利为目的[1]	社会风尚	聚众赌博或以赌博为业
开设赌场罪	一般主体	故意,不要求以营利目的为前提[2]	社会风尚	设立专门用于赌博的场所、提供赌具的行为
组织参与国(境)外赌博罪	一般主体	故意,并以营利为目的	社会风尚	组织中国公民参与国(境)外赌博

[1]"营利"指的是谋求利润,即谋求经济利益。参见张阳:《论"以营利为目的"犯罪的形态认定》,载《政法论坛》2020年第3期。

[2]理论上认为,营业犯一般以营利为目的。参见高铭暄、马克昌主编:《刑法学》,北京大学出版社、高等教育出版社2022年版,第190页。虽然开设赌场罪的构成要件并没有规定"以营利为目的",但实践中的开设赌场行为几乎都具有营利目的。

---

① 参见黄金旺:《足坛"大审判"》,载《检察风云》2012年第6期。

值得商榷的是,赌博罪和组织参与国(境)外赌博罪的主观要件要求以营利为目的,开设赌场罪虽不要求以营利为目的,但实践中的开设赌场行为几乎都具有营利目的。操纵比赛行为除可通过赌博获得经济利益外,还可因操纵比赛结果获胜后取得物质奖励或通过广告代言获取经济利益,甚至仅是为了追求个体名次、发展机会和团队荣誉及相应等级等非经济利益。由此可见,操纵体育赛事获取非经济利益的情形显然是赌博犯罪难以囊括的。基于此,应考虑增设新罪,将赌博型体育犯罪难以评价的操纵赛事行为涵摄进去。

二、体育刑法生成的正当性根基

体育刑法是风险社会背景下的体育法治新兴领域,世界范围内关于该领域的理论与实践尚处于起步阶段。在此背景下,探讨体育越轨行为是否可能以及在何种情况下应当犯罪化具有重要意义。

(一)体育犯罪具有严重的社会危害性

近年来,我国体育领域的违法犯罪案例数量呈增长态势,且具有严重的社会危害性。体育犯罪不仅损害赛事公信力、体育精神等抽象利益,又导致经济损失、国际评价下滑等直接或间接损失。如2023年CBA假球事件导致江沪两队的现场观众可选择全额退票或顺延,且江沪两队比赛资格的取消也使深圳队失去该轮比赛的所有门票收益。以CBA季后赛平均单场过万的观众数量计算,假球所致损失仅在球票上就高达千万元。[1] 不仅如此,体育犯罪使比赛成绩与球队建设关联性减弱,球队的注意力从自身建设转移到以不正当手段获取利益上。投资人不得不投入大量资金用于反腐,从而使其投资体育事业的积极性大大下降。观众屡屡被不真实比赛所欺骗则会导致体育比赛吸引力下降,观众转向其他娱乐活动,从而使体

---

[1] 参见张成烨:《操纵体育比赛行为犯罪化的进路证成与规范构建》,载《湖北体育科技》2023年第6期。

育市场陷入低迷。在全球体育领域,欧盟、国际奥委会等机构均就体育治理与体育组织管理水平制定评估准则。① 体育犯罪行为频发意味着体育组织管理水平较低,这不仅导致体育组织的国际评价下滑,还进一步削弱体育组织对联赛资金的支持。据此,体育犯罪造成经济重大损失、国际评价下降等严重社会危害,构成刑法介入竞技体育领域的依据。

(二)体育犯罪本身具有特殊性

当前体育领域滥用兴奋剂、操纵体育比赛等违法犯罪现象频发并造成严重的社会危害,加之传统的体育内部自治路径面临局限,构成"刑法介入竞技体育场域"的前提。同时,体育犯罪作为新兴领域犯罪其存在特殊性而独立于传统领域犯罪。

1. 体育伦理允许一定程度的人身伤害

竞技体育领域是以竞技比赛为核心内容的社会微观领域,与社会一般领域相比,其具有特殊性。竞技体育强调比赛激烈对抗和竞争,因而不可避免地存在身体伤害。基于比赛精彩性和观赏性的保障,此类人身伤害在一定程度内被体育伦理予以容纳。这意味着体育犯罪和传统犯罪对人身伤害的可容忍度存在差异,故两者的入罪标准不可等同视之。若以传统犯罪视角对体育犯罪行为笼统地展开分析,可能导致体育犯罪行为的犯罪评判与社会观念相悖的隐患。例如在竞技比赛中,拳击手在遵守规则的前提下击中对方运动员致其轻伤。若基于传统犯罪的视域,该行为显然触犯故意伤害罪。但该行为能被竞技体育场域所接受且为社会公众所允许,通常不应纳入犯罪。体育犯罪需在刑法领域和竞技体育场域中找到平衡,由此将体育刑法作为一个新兴领域独立出来是明智之举。然而,其遭受质疑之处在于:体育伦理允许一定程度的身体伤害,与刑法"不得伤人"的伦理规范产生某种程度的矛盾。事实上,体育伦理与刑法规范不是非此即彼的关

---

① 参见任海:《国际奥委会演进的历史逻辑:从自治到善治》,北京体育大学出版社2013年版,第235页。

系。刑法规范中的"不得伤人"实质是"不得无故伤人",其与体育伦理中的"允许一定程度的人身伤害"具有内在一致性。

2. 体育法益具有独立性

诚如前述所言,体育犯罪的社会危害性体现在造成经济损失、国际评价下降等多个层面,但社会危害性和法益不能等同而论。① 体育犯罪具有严重社会危害性的证成可为增设体育新罪抑或修改旧罪提供根基,但未能对体育刑法这一新兴领域的提出奠定周延基础。在刑法介入体育越轨行为的问题上提出体育刑法,应由体育法益的独立性所决定。体育犯罪的保护法益是体育比赛的公平竞争秩序,这是作为传统法益的经济秩序所无法周全保护的利益。② 该法益内涵包含两个层面,即体育管理秩序和运动员公平竞赛权。体育管理秩序这一集体法益是《体育法》和《刑法》共同的保护法益,《刑法》通过对体育秩序的维护来实现对体育风险的控制。体育犯罪不仅保护前置法法益,其最终目的在于保护某种特定的个人法益或超个人法益。公平竞赛的体育秩序承载着共同体的文化价值,当裁判者或运动员背离信赖原则导致比赛出现不公正之时,双方运动员或另一方运动员的公平竞赛权益便可能随之受损。据此,体育法益的独特内涵使体育刑法这一新兴领域的提出具有意义。

(三)传统的体育内部自治存在局限性

尽管我国体育行业自治仅是管理与自治的混合,③但随着自治权持续扩张,体育自治体系已逐渐完善。然而,我国传统体育内部自治仍存有局限,需要刑事司法来填补。首先,体育纪律处罚的种类包括罚款、取消比赛

---

① 犯罪的同类客体作为某一类犯罪行为所共同危害的社会关系的某一部分或某一方面对于刑法分类具有重要意义。我们认为,刑法分则体系是建立在犯罪分类基础之上的,而这种犯罪分类并不取决于犯罪所侵害的社会关系,而取于犯罪所侵害的法益。参见陈兴良:《社会危害性理论———一个反思性检讨》,载《法学研究》2000年第1期。

② 参见侯艳芳:《操纵体育赛事的刑事治理研究》,载《政法论坛》2024年第4期。

③ 参见宋军生:《论体育行业自治与司法管辖》,载《体育科学》2012年第5期。

成绩以及终身禁赛,这些措施的严厉性明显低于自由刑,威慑力较弱。尤其是对已过黄金时期的老球员而言,终身禁赛只是提前退役。对高收入运动员群体而言,普通罚款的影响也是微乎其微。刑罚的严厉性不仅在于剥夺罪犯权益,还在于向社会公开其道德污点,带有强烈的道德谴责。这种否定性意味着专业运动员将为社会所不容,这种威慑力是纪律处罚所不能达到的。其次,体育领域的内部处罚机构并不具备调查取证权,其所采取的调查手段仅包括调取录音录像、接受举报以及谈话等。这种手段强制性较弱,一旦遭被调查方反对便可能草率处理。基于违法违纪行为可能败坏名声的考虑,体育行业内部处罚机构更倾向于"视而不见"。相反,司法机关有调查取证、查封、扣押、冻结财产以及采取强制措施等权力,这对证据取得和事实查清相当有益。最后,体育内部处罚因追求时效性而容易忽略相对人的程序性权利。实践中不少当事人空有权利却申诉无门,难以获得内部救济,例如中国足协驳回 13 名假球赌球涉案人员针对中国足协纪律处罚的申诉。① 而司法机关主导的诉讼程序不仅赋予相对人程序参与权,如举证、质证等,另外,对结果有异议的还可通过上诉寻求救济。② 由于司法程序能给相对人提供较为完善的程序保障,刑事处罚结果比起纪律处罚结果更具说服力。因此,体育纪律处罚力度弱、体育行业内部处罚机构无调查取证权且其容易忽视相对人的程序性权利的局限性为体育刑法的创设提供了现实前提。

三、体育刑法的犯罪成立要素

体育刑法在规范层面展开为不法和责任两大阶层。③ 在犯罪论体系

---

① 参见《中国足协:驳回这 13 人申诉!》,载光明网,https://m. gmw. cn/2024 - 11/09/content_1303892389. html。
② 参见孙杰:《竞技体育犯罪的刑法规制研究》,山东人民出版社 2014 年版,第 84 页。
③ 参见[德]英格博格·普珀:《论犯罪的构造》,陈毅坚译,载《清华法学》2011 年第 6 期。

中,不法与责任是相对应的。不法判断是对行为的客观、外部判断,责任判断是对行为的主观、内部判断(见图1)。

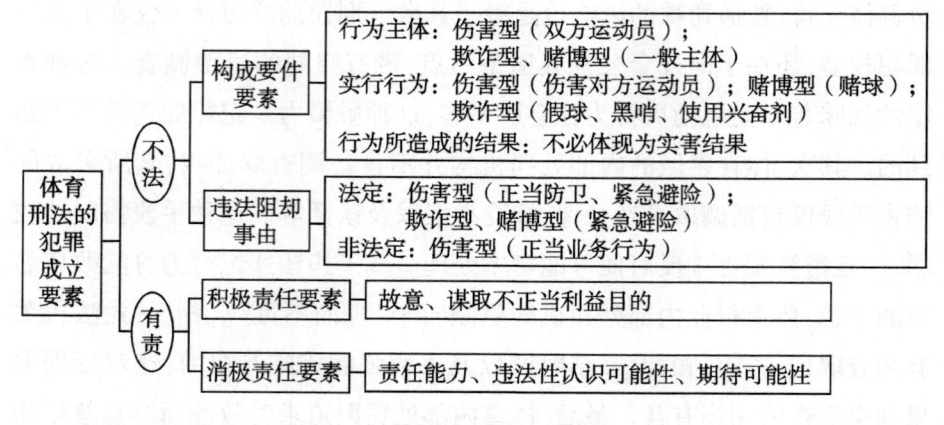

图1 体育刑法的犯罪成立要素

```
体育刑法的犯罪成立要素
├─ 不法
│   ├─ 构成要件要素
│   │   ├─ 行为主体:伤害型(双方运动员);
│   │   │         欺诈型、赌博型(一般主体)
│   │   ├─ 实行行为:伤害型(伤害对方运动员);赌博型(赌球);
│   │   │         欺诈型(假球、黑哨、使用兴奋剂)
│   │   └─ 行为所造成的结果:不必体现为实害结果
│   └─ 违法阻却事由
│       ├─ 法定:伤害型(正当防卫、紧急避险);
│       │       欺诈型、赌博型(紧急避险)
│       └─ 非法定:伤害型(正当业务行为)
└─ 有责
    ├─ 积极责任要素 — 故意、谋取不正当利益目的
    └─ 消极责任要素 — 责任能力、违法性认识可能性、期待可能性
```

(一)体育刑法的不法要素

不法是指行为符合构成要件并且违法。构成要件是违法行为的类型,其必备要素包括行为主体、行为以及行为所造成的结果。① 在判断构成要件符合性后并非积极判断行为有无违法性,② 而是判断是否存在排除违法的事由。③

1.体育刑法的构成要件要素

如前所述,体育犯罪包括伤害型体育犯罪、欺诈型体育犯罪和赌博型体育犯罪三类。伤害型体育犯罪主体仅包括双方参赛运动员,属特殊主体。双方参赛者以外的故意伤害行为虽发生于竞技场域,但其侵犯的法益侧重于生命健康,应采用故意杀人罪、故意伤害罪等传统罪名对其予以规

---

① 参见张明楷:《刑法学》(上),法律出版社2021年版,第165页。
② 若在个案中进行积极判断,会给法官造成过重的负担,也会使结论过于受法官主观因素的影响,最终造成判断的恣意性。若存在一般性的、类型性的积极要素需要判断,则应直接纳入构成要件。
③ 参见张明楷:《刑法学》(上),法律出版社2021年版,第250页。

制。欺诈型、赌博型体育犯罪的主体包括但不限于运动员、裁判员、教练员、体育官员及从事体育产业服务的人员等体育从业者,属一般主体。实践中,运动员、裁判员以及教练员可直接影响体育比赛的进行;而体育官员等主体对体育赛事的影响虽是间接的,但其操控力更强,其实施的非权钱交易的操纵体育赛事行为在现有刑法体系中难以惩治。

伤害型体育犯罪的实行行为是指伤害对方运动员的行为,欺诈型体育犯罪的实行行为包括假球、黑哨以及使用兴奋剂的行为,赌博型体育犯罪的实行行为是指赌球行为。此类行为除形式上符合构成要件、实质上符合法益侵害外,还应具有行政从属性。易言之,体育犯罪的实行行为需以违反前置性的《体育法》为前提。一方面,体育越轨行为犯罪化应受比例原则限制,缺乏一般违法性的行为表征其不具刑事处罚必要性;另一方面,法秩序统一性原理表现为形式上的规范统一性和实质上的目的统一性。体育法应作为主位,而体育刑法仅承担第二位的保障功能。同时,行政从属性表征体育刑法的构建高度依赖于以体育法为主位的体育法制体系。当相关体育法律义务较为完善时,体育刑法的适用范围才得以明确,进而符合罪刑法定原则的基本要求。

体育犯罪的法益侵害性表现在破坏体育比赛公平秩序,[①]而公平秩序具有抽象性,不一定体现为财产损失或人身伤亡的实害结果。体育犯罪行为造成危险以及实害结果极难证实,但从社会一般经验来看,这种行为造

[①] 虽然体育犯罪可能造成经济损失、人身损害等社会危害性,但社会危害性并非犯罪所专有,一般违法行为也具有社会危害性。社会危害性概念虽然具有刑事立法批判机能,但却缺乏解释论机能,难以指导对具体犯罪构成要件的解释。本文此处目的在于探讨体育犯罪的危害结果,而危害结果属于构成要件里面的内容。应从法益侵害的角度出发,对体育犯罪的危害结果予以限缩。参见王钢:《法益与社会危害性之关系辩证》,载《浙江社会科学》2020年第4期;陈兴良:《社会危害性理论——一个反思性检讨》,载《法学研究》2000年第1期。

成的结果往往具有盖然性,①亦即体育犯罪行为本身就具有导致体育比赛管理秩序、运动员竞争机会降低的高度风险。基于以上考量,宜将体育犯罪设为抽象危险犯。为使体育职业处罚与刑事处罚的边界变得明晰,体育犯罪对体育比赛公平秩序的严重侵害可通过"情节严重"加以实现。对于"情节严重"的标准,可从体育比赛的级别、范围及造成破坏体育公平秩序的损害后果等角度予以判定。例如,在奥运会等具有标志性的大型赛事中发生的体育犯罪行为,可被视为"情节严重"。

2. 体育刑法的违法阻却事由

违法阻却事由有法定违法阻却事由和超法规违法阻却事由之分,前者包括紧急避险和正当防卫。② 伤害型、欺诈型以及赌博型体育犯罪行为涉及秩序法益保护,当这种秩序法益面临与生命、健康等位阶更高的法益比较时,则具备紧急避险的可能性。伤害型体育犯罪行为涉及对人身权利的侵犯,③而欺诈型、赌博型体育犯罪行为通常不涉及,一般认为伤害型体育犯罪行为才有实施正当防卫的可能性。较为特殊的是,伤害型体育犯罪行为允许一定程度的人身伤害,而这种伤害方式及程度将存在一定的界限,使部分体育场域内容忍的行为成为超法规违法阻却事由。目前,学界关于体育伤害的违法阻却事由学说主要包括被害人承诺说、④正当风险说⑤以

---

① 参见张明楷:《抽象危险犯:识别、分类与判断》,载《政法论坛》2023年第1期。

② 参见刘艳红:《论大陆法系违法性判断理论的缺陷及弥补》,载《法商研究》2001年第4期。

③ 正当防卫的起因必须是具有客观存在的不法侵害。"不法"一般指法令所不允许的,其侵害行为构成犯罪的行为,也包括侵害人身、财产、破坏社会秩序的违法行为。

④ 被害人承诺说认为,体育伤害行为得到被害人的承诺,而基于被害人同意的伤害行为等同于权利人的自由处分行为。参见仝其宪:《竞技体育伤害行为排除犯罪化事由的多维思考》,载《山东体育科技》2015年第5期。

⑤ 正当风险说认为,虽然体育竞技行为有法益侵害的危险,但该行为对整体社会有益,则应将该行为作为合法事由。参见[俄]俄罗斯联邦总检察院编:《俄罗斯联邦刑法典释义》(上),黄道秀译,中国政法大学出版社2000年版,第106页。

及正当业务说。① 被害人承诺说无法适用于重伤行为,正当风险说基于整体的社会利益考虑却对公民个人的合法利益予以忽视。较为可取的是正当业务说,该说在我国刑法学界具有一定的影响力,②与其相当的医疗行为在我国也以正当业务行为说来排除其犯罪性。

总括而言,伤害型体育犯罪的行为主体仅限于双方运动员,而欺诈型、赌博型体育犯罪的行为主体是一般主体。伤害型体育犯罪的实行行为指伤害对方运动员,欺诈型体育犯罪的实行行为包括假球、黑哨以及使用兴奋剂,而赌博型体育犯罪的实行行为指赌球。体育犯罪属于抽象危险犯,其不必造成实害结果。伤害型体育犯罪的违法阻却事由包括正当防卫、紧急避险和正当业务行为,而欺诈型、赌博型体育犯罪的违法阻却事由仅包括紧急避险。

(二)体育刑法的责任要素

责任要素有积极责任要素和消极责任要素之分,前者包括故意、过失、目的与动机,后者涵摄责任能力、违法性认识可能性以及期待可能性。③

1. 体育刑法的积极责任要素

我国刑法对于过失犯罪的成立通常要求造成实害结果。体育犯罪作为妨害社会管理秩序的轻罪,一般难以导致人身伤亡等严重后果,且体育犯罪也不适合处罚过失心态支配下的行为。实施体育犯罪行为的目的通常在于谋求不正当利益,如提升比赛排名、获取财产利益或增强名誉等。这预示着行为人往往需要具备主观故意,即明知其行为违反体育规则却出于谋取不正当利益的目的而故意为之。运动员、裁判员、教练员等体育从业者对比赛结果有着明确的认识,通常是有预见性地违反

---

① 正当业务说认为,体育暴力行为若在正当业务范围内实施,尽管符合伤害罪或暴行罪的犯罪构成,也应阻却违法性。参见[日]大谷实:《刑法讲义总论》,黎宏译,中国人民大学出版社2008年版,第232页。

② 参见马克昌:《犯罪通论》,武汉大学出版社1999年版,第821页。

③ 参见张明楷:《刑法学》(上),法律出版社2021年版,第329页。

规则,在事实上不存在因疏忽大意或过于自信而导致的犯罪情形。因此,体育犯罪的积极责任要素难以包含过失。值得注意的是,若将运动员比赛过程中因心态、情绪等原因致使对手取得优势的行为也认定为犯罪,则是对竞技体育自由的侵害,应将谋取不正当利益作为体育犯罪的目的要件以限缩处罚范围。

2. 体育刑法的消极责任要素

首先,体育犯罪作为妨害社会管理秩序罪不存在相对责任年龄问题,①达到法定责任年龄的行为人通常具有责任能力。当行为人患有精神病时,需判断其是否因精神病而无责任能力,若间歇性精神病人精神正常时实施犯罪行为,则不能排除责任。其次,体育犯罪存在违法性认识可能性,主要包括直接禁止错误、间接禁止错误和涵摄错误三类。② 例如在对抗竞技中,参赛运动员误以为体育伤害是正当业务行为,但实际上这种伤害不应超过竞技规则的范围,此为间接禁止错误。无论何种违法性认识可能性,均需视具体情况下行为者个人的能力予以判断。最后,应根据行为人自身能力并结合行为时的具体情境判断其是否有可能期待实施其他合法行为。③ 若行为人在特定情境下无法被期待实施合法行为,则其在该行为上的刑事责任可以被排除或减轻。在竞技体育赛事的激烈对抗中,参赛者的期待可能性往往比一般情况下更低。例如在拳击比赛中,竞技规则允

---

① 《刑法》第 17 条规定,已满十六周岁的人犯罪,应当负刑事责任。已满十四周岁不满十六周岁的人,犯故意杀人、故意伤害致人重伤或者死亡、强奸、抢劫、贩卖毒品、放火、爆炸、投放危险物质罪的,应当负刑事责任。已满十二周岁不满十四周岁的人,犯故意杀人、故意伤害罪,致人死亡或者以特别残忍手段致人重伤造成严重残疾,情节恶劣,经最高人民检察院核准追诉的,应当负刑事责任。

② 直接禁止错误是指误以为违法行为是合法行为而实施;间接禁止错误是指行为人虽认识到行为被法律禁止但错误以为存在正当性规范;涵摄错误是指错误地解释构成要件要素,误以为自己行为不符合构成要件要素。参见张明楷:《刑法学》(上),法律出版社 2021 年版,第 418 页。

③ 参见马克昌主编:《外国刑法学总论(大陆法系)》,中国人民大学出版社 2021 年版,第 207 页。

许击打对方的面部、胸、肩膀、两肋等部位。但若因对方躲闪而击中对方后脑并致其死亡,此时不能期待拳手在对方闪开时能立即改变击打方向,该行为因不具期待可能性而阻却责任。

总括而言,体育刑法的积极责任要素包括故意以及谋取不正当利益目的,消极责任要素包括责任能力、违法性认识可能性以及期待可能性。

四、体育刑法的刑罚配置

犯罪的实体是不法和责任,犯罪的法律后果的实质与内容就是对犯罪行为的否定评价和对犯罪人的谴责。① 对犯罪行为的否定评价和对犯罪人的谴责,由显而易见的制裁措施体现。因此,明晰体育刑法的犯罪成立要素后,亦应明确体育刑法的刑罚观念,进而合理配置体育刑法的法定刑。

(一)体育刑法的刑罚理念

纵观我国刑事发展史,重刑主义传统始终存在。② 即便审视当前的刑法结构,也仍呈现明显的重刑倾向,其主要体现在三个方面:一是配置死刑规范的罪名较多,现行《刑法》仍包含 46 个死刑罪名;二是刑罚类型以监禁刑为主,其中最高法定刑为"三年以上有期徒刑"的罪名约占我国刑法罪名总数 85%;三是罚金刑作为财产刑在我国属附加刑而非主刑,体现我国刑罚侧重人身刑而非财产刑。然而,一方面,轻罪时代刑事立法所涉罪行相对较轻,对此并不适合一味地采用重刑化。实施体育犯罪的行为人多出于牟利、谋荣誉的目的,主观罪过不大。再加上行为人妨害的是社会管理秩序,一般不会对国家安全、公共安全或人身安全等重大法益造成侵害,应轻罪轻罚。囿于轻罪的附随后果仍呈现"轻罪不轻"的现状,2024 年 7 月 18 日,中国共产党第二十届中央委员会第三次全体会议通过的《中共中

---

① 参见张明楷:《刑法学》(上),法律出版社 2021 年版,第 660 页。
② 参见刘艳红:《犯罪圈均衡化与刑罚轻缓化:轻罪时代我国刑事立法发展方向》,载《中国刑事法杂志》2024 年第 1 期。

央关于进一步全面深化改革　推进中国式现代化的决定》明确提出"建立轻微犯罪记录封存制度"。在此背景下,对轻罪沿用重刑主义不仅有悖于我国政策趋向,甚至可能导致轻罪重罚问题。另一方面,轻罪时代所体现出的整体轻缓化趋势要求我国刑罚设置应当保持轻缓化。20世纪后,刑罚制度发展进入以人道主义为基础的新时期,法国和俄罗斯先后修订本国刑法,废除缺乏人道的刑种,在世界范围内掀起刑罚轻缓化的浪潮。[1] 基于此,刑罚轻缓化作为一种客观趋势在刑法的发展史上清晰可见,从世界背景来看,刑罚轻缓化乃是人权保障进步的结果。[2]

(二)体育刑法的刑种选择

体育犯罪行为并不必须造成实害结果,其法定刑宜采取轻罪设置模式。作为对竞技体育公平秩序这一特定领域社会秩序破坏的抽象危险犯,体育犯罪的刑罚设置不宜过重。在刑罚配置轻缓化理念的指导下,体育犯罪应注重资格刑的适用。同时体育犯罪的罚金刑不应无上限地设置,其应优化设计模式。

1. 注重资格刑的适用

从体育犯罪的行为事实特征来看,资格刑对于处理体育犯罪极富针对性。据前述可知,伤害型体育犯罪的主体仅限于参赛运动员,而欺诈型体育犯罪和赌博型体育犯罪主体虽为一般主体,但实施体育犯罪行为的主体仍多为裁判员、教练员和运动员。对于由这部分特殊职业身份主体实施的体育犯罪,资格刑的适用诸如剥夺犯罪人职业资格、禁止参与相关体育活动,就能使其彻底丧失再犯能力。易言之,无须对其采取自由刑就能达到最佳的预防效益。这一刑罚的优越性在于:一方面,资格刑设置可以有效

---

[1] 参见侯艳芳:《刑罚轻缓化趋势及其价值基础研究》,载《河南大学学报(社会科学版)》2008年第4期。

[2] 参见赵秉志、金翼翔:《论刑罚轻缓化的世界背景与中国实践》,载《法律适用》2012年第6期。

剥夺裁判员、教练员和运动员再实施相关犯罪的资格,进而达到预防犯罪效果。另一方面,采取资格刑可整体降低刑罚适用的成本,同时,这种更为轻微的刑罚是对轻缓化刑罚理念的一种贯彻。当然,这不意味着自由刑没有适用空间,与行为人责任相适应的其他刑罚也是恰当的。对于裁判员、教练员和运动员以外的犯罪主体,其刑罚可借鉴妨害兴奋剂管理罪适用"三年以下有期徒刑或者拘役"。

2. 优化罚金刑的设计

实施体育犯罪行为获取的财产利益不仅涵盖奖金、奖牌等实质性财产,也包括荣誉、广告代言等带来的间接财产利益。因行为人实施体育犯罪行为而获得财产利益,所以对其施加罚金刑,可实现罪刑相适应。罚金数额的设计主要有无限额罚金制、①有限额罚金制、②浮动罚金制③三类。我国刑法分则对多数犯罪处以不限额罚金,且实务中出现多起对被告人判处罚金数百亿元的案例。如若采取无限额罚金刑,一方面,无限额罚金刑缺乏实体性裁判标准,可能对刑罚的可预测性产生影响;另一方面,无限额罚金刑可能导致自由裁量的程序控制机制失灵。机制失灵主要体现在:一是认罪认罚程序中普遍忽略对罚金刑的协商和罚金刑的量刑建议,二是二审程序针对罚金刑的有效监督和纠错功能几乎丧失。④ 有限额罚金制虽弥补了上述无限额罚金制的弊端,但其过于机械,难以适应社会经济状况的变化。好的罚金制度应在社会经济状况以及案件具体情形发生变化时有自动调整的能力,如此才能真正实现特殊预防的效果。浮动罚金制较为科学,诸如我国《刑法》分则的非法经营罪、抗税罪、逃避追缴欠税罪、骗取

---

① 《刑法》第 354 条对容留他人吸毒罪处以无限额罚金。
② 《刑法》第 171 条对出售、购买、运输假币罪处二万元以上二十万元以下罚金。
③ 《刑法》第 225 条对非法经营罪处违法所得一倍以上五倍以下的罚金。
④ 参见张佳华:《中国司法语境下无限额罚金刑适用研究》,载《政法论坛》2024 年第 4 期。

出口退税罪、偷税罪以及虚报注册资本罪等罪名均采用浮动罚金刑制。①浮动罚金刑既能防止司法擅断,又能适应不断变化的经济形势需要。这种做法对我国体育犯罪罚金刑的设计具有较大的参考价值。

结　语

随着体育暴力、假球黑哨等体育犯罪层出不穷,体育犯罪刑事治理逐渐成为体育强国建设战略所面临的新课题。然而,对体育犯罪展开研究的前提在于刑法是否具有介入竞技体育犯罪领域的正当性。本文从体育犯罪的社会危害性、传统体育自治的局限性以及体育犯罪的特殊性三个角度出发对体育刑法的正当性展开论证,从而为体育刑法的创设提供理论前提。中国学界目前对体育刑法的探索基本还处于一种空白状态,本文初步描绘了体育刑法的体系图景,以期为体育刑法的立法提供学理参考。当然,体育刑法的中国建构无法置身于法律全球化之外,仍需借鉴域外体育犯罪治理经验,从而作出妥帖的规范设计。

---

① 《刑法》第 225 条对非法经营罪处违法所得一倍以上五倍以下的罚金;《刑法》第 202 条~第 204 条对部分妨害税收的犯罪,分别判处拒缴税款、欠税款、骗取税款一倍以上五倍以下的罚金;《刑法》第 158 条对虚报注册资本罪处虚报注册资本金额百分之一以上百分之五以下罚金。

我国生态环境刑法的体系化理论模型与实践展开

范 淼[*]

目 次

一、域外生态环境刑法分级模型体系的理论框架与评价
二、我国生态环境犯罪分级模型体系的本土化建构
三、我国生态环境犯罪分级模型体系的实践展开

摘 要：由于我国生态环境刑法体系化不足，实践中相继出现"合法排毒""量刑倒挂"等困境。域外生态环境刑法分级模型体系为我国的体系化完善提供了较优的参考方案。该模型体系通过"抽象的危险"、"非法的具体危险"、"非法的实际损害"及"独立的严重损害"四个模型，为生态环境刑法构建了一套体系完整、逻辑缜密的理论框架。我国的生态环境刑法体系可以借鉴该模型体系，通过更新生态环境法益观、调整罪量要素、明确模型界分标准、环境与生态犯罪并重等方式，以"非法的危险"、"非法的

---

[*] 辽宁大学法学院副教授、硕士生导师。

实害"和"独立的严重实害"作为三级模型,在理论上构建起适合我国的生态环境刑法分级模型体系,并以该体系完善我国当前生态环境刑法的立法与司法实践。

关键词:环境犯罪;生态犯罪;生态环境刑法;刑法体系;行政从属性

生态环境刑法作为我国生态文明法治建设的重要组成部分,在保护美好环境、维系生态安全方面都发挥着不可替代的作用。一方面,我国相继出台多个刑法修正案和司法解释,从立法和司法层面不断完善生态环境刑法体系;另一方面,实践中涉生态环境犯罪案件依旧存在不同程度的适用障碍。如凤翔血铅事件中,凤翔县当地冶炼厂的排污行为导致 615 名儿童铅中毒,却因污染行为符合国家标准而无人为此承担刑事责任,从而出现"合法排毒"的奇怪现象。又如,"荣成伟伯渔业有限公司非法捕捞水产品案"中,出现了无共谋的事后帮助犯量刑高于通谋正犯的"量刑倒挂"现象。这些问题的发生暴露出我国生态环境刑事立法和司法解释的制定体系与逻辑仍存不足,难以有效应对生态环境犯罪的复杂性和特殊性。

生态环境犯罪与传统犯罪相比,具有其独特性:一是法益结构复杂,不仅涉及人身、财产等传统法益,还涉及生态环境本身以及生态安全等新型法益;二是法益侵害手段多样,既包括传统的污染环境、破坏资源等行为,也包括利用高科技手段实施的隐蔽性更强的犯罪行为;三是危害后果难以恢复,生态环境一旦遭受破坏,往往需要付出巨大的代价才能修复,甚至有些损害是不可逆转的。这些特征决定了生态环境刑法需要一套专属的解决方案,而不能简单套用传统刑法的通用理论框架。

基于以上背景,本文试图从理论层面构建一套严密的生态环境刑法分级模型体系的理论框架,并以此审视和调整现行立法与司法实践,为解决生态环境犯罪治理难题提供新的思路和方案,为推进生态文明建设、建设美丽中国提供有力的法治保障。

一、域外生态环境刑法分级模型体系的理论框架与评价

(一)域外生态环境犯罪分级模型体系的基础结构

对于生态环境犯罪的分级惩罚,国外有较多学者对此有所研究。如迈克尔·福尔(Michael Faure)和马乔兰·维萨(Marjolein Visser)在1995年提出了四种环境犯罪模型,分别是"抽象的危险"(Abstract Endangerment)、"非法的具体危险"(Concrete Endangerment Crimes with Administrative Predicates)、"非法的实际损害"(Concrete Harm Crimes with Administrative Predicates)和"模糊立法"(Vague Statutes)。① 这一建构模型以法益侵害程度为标准作为主要框架,并参考了欧洲各国的立法与司法实践所提出的。

1. 模型一:抽象的危险

抽象的危险模型规制违反环境行政法规的未经许可所实施的危害生态环境行为。其不以行为与生态环境直接接触以及对生态环境造成实际危险和损害为要件,重点在于维护行政管理秩序,保证行政法规的顺利实施。这一模型的行为表现主要有:其一,无证或违规作业行为,但不包括非法排污型行为,如《美国资源保护与恢复法》(Resource Conservation and Recovery Act, RCRA)中规定的无证贮存危险废物罪;②其二,违规或妨碍监测、检查设施的行为,这类行为规制比较常见;③其三,不直接接触环境的其他违反法规、法律、许可证的行为,如《美国清洁空气

---

① M. Faure and M. Visser, *How to Punish Environmental Pollution? Some Reflections on Various Models of Criminalization of Environmental Harm*, European Journal of Crime, Apr. 1995, p. 316 – 368.

② 42 U.S.C. § 6928 (d) (2) (2023).

③ 如《美国清洁空气法》第113条(c)(2)(C)规定:"故意伪造、篡改、不准确或未安装本章要求维护或适用的任何监测设备或方法,应根据第18条处以罚款或不超过两年的监禁,或两者并罚。"[42 U.S.C. § 113(c)(2)(C)(2023).]

法》(Clean Air Act,CAA)中规定,应缴纳而拒不缴纳政府费用的行为成立犯罪。① 这些行为对环境损害都具有间接性,其之所以被予以刑事处罚,很明显旨在维护环境行政管理秩序的目的,也能够起到提前预防环境风险的效果。

2. 模型二:非法的具体危险

符合"非法的具体危险"模型的行为需在违反环境行政前置法规定的同时,还要具有损害的具体危险。但其与刑法学传统意义上的具体危险还有一定差别,在这一模型中根据该具体危险是否需要证据证明分为两种类型:第一类称为"推定的危险"(Presumed Endangement),第二类称为"确证的危险"(Demonstrated Endangement)。

(1)"推定的危险"主要用于规制环境污染行为,公诉机关只要能够有证据证明行为人无证或超出许可证范围非法排污,且证据显示其所排放的污染物与环境(空气、水或土壤)发生了直接接触,这类行为就属于"推定的危险",可能构成犯罪,即"非法+排污行为"。如《美国清洁水法》(Clean Water Act,CWA)规定了只要行为人未按本法规定排污,就可能面临刑事处罚,公诉机关无须证明该行为是否实际造成了环境损害。② 这一类型与模型一中的抽象危险有所不同,模型一的行为之所以是抽象危险,是因为其行为不必然直接接触环境并对环境造成负影响,如储存危险废物的行为,危险废物封闭保存完好,不直接接触空气、水和土壤,通常不会对环境造成实际损害的,但只要未经授权储存,都可能作为犯罪行为处理,所以这一危险显然是一种抽象意义上的危险。而属于"推定危险"的环境污染行为是对于空气、水和土壤进行直接排放污染物的行为,无论排放量多少,只要排放污染物则对环境一定造成了有害的影响,这一危险则不具有抽象性,而是具体的、可知的。同时该模式仅需要公诉机关举证证明环境

---

① See 42 U.S.C. § 7413(c)(1)(2023).
② See 33 U.S.C. § 1319(c)(1)(B)and(2)(B)(2023).

被排放了对其产生不利影响的污染物,举证难度不高,所以"推定的危险"型环境刑事立法通常是各国最常用的模式之一,如《德国刑法典》①、《比利时地表水保护法》②等欧洲各国环境刑法针对排污行为大都采取了这种立法规定模式。

(2)"确证的危险"与上一类型相比,具有更高的证明标准,即除了非法排污这一条件外,还需要确有证据证明环境受到了威胁,即需要证明"非法+排污行为+因果关系+具体危险"。如英国《水资源法》认定对于污染水域犯罪,其构成"污染"的要件是对动植物或者用水人造成损害的可能性,由此在英国向被管制的水域(如海洋保护区和湿地保护区)排放污染物的行为不必然构成犯罪,只有能够证明其排污行为对使用该水域的人类和动植物造成损害危险时才能够入罪,即"确证的危险"。

在具体立法实践中,"推定的危险"和"确证的危险"也经常一并使用。通常对于非法排放明文规定的污染物的行为适用"推定的危险",因为通过实践经验司法者可以判断这类行为一定是具有损害危险的;对于非法排放无明文规定的污染物的行为则需要适用"确证的危险",因为没有被法

---

① 如《德国刑法典》第324条(1)规定:"擅自污染水体或者其他使水质恶化者,处五年以下有期徒刑或罚金。"同时,德国判例法对条款作了扩大解释,即只要污染物与水发生接触,就可以推定水质受到了威胁并引发刑事责任。Vgl. Oberlandesgericht [OLG] Stuttgart (Higher Regional Court), NJW, 1977, 1408, Bundesgerichtshof [BGH] (Federal Court of Justice), Neue Zeitschrift ffir Strafrecht [NStZ], 281 (1995) and OLG Köln, NJW, 2119 (1988).

② 《比利时地表水保护法》(Loi sur la protection des eaux de surface contre la pollution)第5条规定:"1. 任何废水排放都必须获得许可……(§ 1er. Tout déversement d'eaux usées est soumis à autorisation.)"第41条规定:"在不影响刑法规定处罚的情况下,违反本法律或为执行本法律而制定的命令和法规的规定者,尤其是以下情况,将被判处八天至六个月的监禁和26至5000法郎的罚款,或仅适用其中之一的处罚……2. 违反第5条的规定,在未事先获得授权或未遵守每次授权的具体条件的情况下,将废水排入第1条所述的水域或公共下水道。"

律所关注的污染物无法判断其排放行为是否必然具有损害危险,此时需要证明这一危险的确实存在。

3. 模型三:非法的实际损害

"非法的实际损害"模型相当于"确证的实害",公诉机关需要证明"非法+损害行为+因果关系+损害结果"。但这一模型在使用中容易与模型二中"确证的危险"产生混淆,"危险"和"实害"的对象是环境还是人类,在理论论证上是模糊的。福尔和维萨所提出的模型三中,明确将危险的对象确定为人类健康或生命,《美国清洁水法》、《美国清洁空气法》以及《美国资源保护与恢复法》中的规定大都是以此为标准,其中规定的污染行为如果"使他人处于死亡或重伤的紧迫危险之中"属于模型二,如果"已经对他人造成死亡或者重伤的结果"就属于模型三。但是发展到2009年,美国学者苏珊·曼迪伯格对上述模型进行解读时,将对环境和对人的危险都纳入其中,如其文章中指出《法国水法》规定了未经授权向地表、地下或海水中排放物质给动植物群落带来有害影响的行为属于污染行为,《美国清洁水法》中要求公诉机关证明被告人使另一人或严重身体伤害的紧迫危险也符合"确证危险"类型;作者也对此种混淆提出了自己的观点,认为某种环境污染行为给人类带来危险,但同时又对环境造成实际损害的情况可以既被归为模型二"行政法前置的具体危险",又被归为模型三"实际损害"类犯罪之中。[①] 这种混淆使用与生态环境刑法中法益概念的变化趋势有一定的关系,体现了传统的人类中心主义法益观逐步向生态环境法益观转变的倾向。

4. 模型四:模糊立法/独立的严重损害

早期福尔和维萨的模型中第四个是"模糊立法"或"独立的严重损害"

---

① Susan F. Mandiberg & Michael G. Faure, *A Graduated Punishment Approach to Environmental Crimes: Beyond Vindication of Administrative Authority in the United States and Europe*, 34:2 Columbia Journal of Environmental Law 447, 467, 468(2009).

(Serious Environmental Pollution：Eliminating the Administrative Link)，即在立法上没有给出极为明确的规定，需要司法者在办理案件时自行判断处理。如荷兰环境法体系中的法定注意义务的规定，要求行为人知道或应当知道其行为会损害该法所规定的特定生态环境，就应当采取一切合理的措施防止危险发生或控制消除损害后果。① 这类规定之所以被作为"模糊立法"模型，是因为其中"损害生态环境""合理措施""控制消除损害后果"等要件在立法上并没有明确的规定，需要依靠法官自行对这些内容进行解释。这种模糊立法模式主要用于维护相关立法的原则性规范。但是其明显与罪刑法定原则中的明确性原则相冲突，公民很难知道自己的行为是否应受到刑事处罚，而且这类规定也明显扩张了刑法的规制范围。

基于这些问题，2009年美国学者苏珊·曼迪伯格在福尔和维萨的四模型基础上进行了修正，提出了新的模型四——"独立的严重损害"。这种模式去除了行政违法的前置性条件，也就是对于那些符合许可证要求的污染行为却造成了严重损害结果的行为，仍然可以对其予以刑事制裁，曼迪伯格将其称为"切断行政法联系"(Eliminating the Administrative Link)。② 提出这一模型的原因在于，首先，行政法主要考虑的是其行政管理价值，但造成的极端损害是行为人被处以严厉惩罚的前提，行政秩序的维护不能够否定和替代这一前提。其次，生态环境及人类的保护与行政管理秩序相比具有优先性，刑法应当为行政法保护不到的生态环境和人类利益提供补充性的保护。如《美国清洁水法》第402条许可证保护条款规定

---

① 如《荷兰土壤保护法》第13条规定，任何人在土壤上或土壤中进行第6条至第11条所述的行动，并且知道或有理由怀疑土壤可能受到这些行动的污染或影响，有义务采取一切可以合理预期的措施。为了防止这种污染或恶化，或者，如果发生这种污染或恶化，限制污染或恶化及其直接后果并尽可能扭转它们。如果污染或恶化是由于异常事件造成的，将立即采取措施。

② Susan F. Mandiberg & Michael G. Faure, *A Graduated Punishment Approach to Environmental Crimes：Beyond Vindication of Administrative Authority in the United States and Europe*, 34：2 Columbia Journal of Environmental Law 447, 480(2009).

了符合许可证的行为都有哪些,但不包括"根据本标题第1317条规定的危害人体健康的有毒污染物标准"。这就意味着符合有毒污染物标准的排污行为不受许可证保护而可能入罪。再如,《德国刑法典》第330a条规定:"散布、释放含有或可产生毒素的物质,导致他人死亡或者重伤或重伤危险,均应受到刑事处罚。"这一规定并无行政法规或违法许可证规则的前置性条件,显然属于"独立的严重损害"。

由于福尔和维萨所提出的模型四"模糊立法"在本质上与明确性原则相冲突、适用较少且诟病较多,下文将不对其进行作用评价,在模型四中仅对曼迪伯格提出的"独立的严重损害"进行分析。

5. 小结

基于上述分析,四个模型按照法益重要性与行为侵害程度的递进关系,从模型一至模型四呈现由轻到重的排列顺序(见表1)。具体而言,法益保护的重要程度依次为行政秩序、生态环境法益以及人类法益,体现了从抽象到具体的递进;而行为侵害程度与证明责任的排列顺序,则是从无结果、危险、实害到严重实害,呈现出由轻到重的层级划分。

表1 域外生态环境犯罪分级模型体系示意表

模型	保护法益[1]	证明要件	犯罪形态	罪行与量刑阶梯	
模型一:抽象的危险	行政秩序	无许可+非直接接触环境的违规行为	抽象危险犯	轻	抽象危险
模型二:非法的具体危险	生态环境	无许可+直接接触环境的损害行为(+损害危险)	具体危险犯		推定危险
					确证危险
模型三:非法的实际损害	人类/生态环境	无许可+损害行为+损害结果	实害犯	重	生态环境实害
					人类实害
模型四:独立的严重损害	人类	损害行为+严重损害结果	严重实害犯		人类严重实害

[1] 此处仅列出最直接保护的法益,不否认每一部分都对生态环境和人类法益存在间接或直接保护。

(二)域外生态环境犯罪分级模型体系的评价

1.域外生态环境犯罪分级模型体系的整体化优势

首先,该模型体系具有立体的阶梯化逻辑思维特点,能够弥补我国当前生态环境刑法理论研究和立法修订的碎片化缺陷。近年来,生态环境刑法通过不断修改已然趋于完备,但多数情况下仅着眼于单个罪名,并未从生态环境刑法整体进行全面化思考。而理论界也有较多学者提出立法零散化的问题,但只是提出各罪名没有整合至一章或者刑法规制行为类型不足等表面化、形式化缺陷,没有进行实质性的体系化探讨。而经典分级模型体系通过行刑衔接、法益保护以及行为程度全方面考量,能够将危害生态环境犯罪作为一个整体,以由轻到重的阶梯化标准进行体系化排列,以系统性视角全面整合生态环境犯罪罪群、立法和司法标准,能够从根源上完善我国生态环境刑事法律体系。

其次,该模型体系所搭建的理论模型能够为我国生态环境刑事立法和司法提供标准化依据。其源于欧美学者对美国和欧洲地区环境立法和司法的理论研究,欧美地区属于世界工业化最早,也是较早关注环境问题的地区,在环境治理上具有较为成熟的经验。即使其在刑事立法和司法模式上与我国有所不同,但我们可以吸取其中成功之处,在基础框架之上,根据我国生态环境问题的具体情况和法律特点构建我国的生态环境犯罪模型,从而为我国后续的刑事立法修订以及环境法典编纂提供标准化依据。

最后,四模型体系中所提出的部分观点能够有效解决我国现存的生态环境争议问题。我国刑法典中所规定的绝大多数危害生态环境犯罪都是以违反相关环境行政法的规定为前提,因此这类犯罪具有行政从属性。[1]但这一规定模式对于生态环境和人类法益的保护存在极大漏洞,有较多学

---

[1] 参见宋伟卫、冯军:《环境犯罪治理中环境刑法与环境行政法的协调》,载《江西社会科学》2017年第7期。

者提出生态环境犯罪应当脱离行政从属性,认为环境刑法的行政从属性之负面作用主要在于将环境犯罪在现有情势下客观上所具有的行政前置评价特征理解为环境犯罪对环境行政执法和行政管理的附属性,缩小环境刑罚的保护范围和防控力度。① 同时环境刑法的行政从属性使环境犯罪与违法上有时出现了界域区分上的模糊和以罚代刑现象,部分未纳入行政法规范却严重污染环境的行为无法得到刑法制裁,导致实践漏洞,从而削弱了刑法的权威性和刑罚功效。② 相对而言,环境刑法谦抑论者则认为环境刑法的从属性并不影响刑法的独立品性,环境刑事犯罪的定性从属于前置法,定量则由刑法单独完成。环境刑法行政从属性特点反而明晰了行政不法与刑事犯罪的联系与区别,应当坚守其行政从属性的立场。③ 但是完全依赖行政从属并不完全有利于生态环境保护和相关法律体系的完善,我国多起引发争议的重大环境事故没有得到妥善处置的原因正在于刑法受行政从属性的制约而无法被动用。如凤翔血铅事故正是一种"独立的严重损害"模型的典型表现,由于我国环境犯罪具有行政从属性,所以符合行政法前提的排污行为即使出现严重后果也不会因此构罪。在此基础上,苏珊·曼迪伯格所提出的新四模型说不失为一种较优的借鉴参考。其中"独立的严重损害"模型的合理之处在于,行政许可中所允许的污染并非一种事实上的肯定甚至鼓励,而是一种价值选择的结果,环境法规在伴随污染的技术生产所带来的社会价值,与污染物对环境的影响、是否存在可用于减轻损害的技术之间进行的价值取舍。只有当正面价值大于负面价值,且负面价值不大的情况下污染才是可被允许的,当对生态环境以及人类健康安全造成严重损害以至于其他价值无法比拟时,我们完全可以不再

---

① 参见赵星:《环境犯罪的行政从属性之批判》,载《法学评论》2012 年第 5 期。
② 参见柴云乐:《污染环境罪行政从属性的三重批判》,载《政治与法律》2018 年第 7 期。
③ 参见庄乾龙:《环境刑法定性之行政从属性——兼评〈两高关于污染环境犯罪解释〉》,载《中国地质大学学报(社会科学版)》2015 年第 4 期。

进行价值衡量,而径直保护生态环境和人类的健康安全,此时任何行政法都无法在价值之间进行调和了。所以"独立的严重损害"模式下与其说不考虑行政法前提,不如说无法存在行政法前提。

2. 域外生态环境犯罪分级模型体系的理论缺陷

无论是福尔和维萨的四模型说还是苏珊·曼迪伯格的新四模型说在当前看来仍存在不足之处。

首先,由于两个学说的提出距今已隔数十年,某些观点已不符合当前的理论发展,最为明显的就是法益定位的变化。福尔和维萨理论提出时大多环境犯罪的立法仍立足于人类中心主义,模型定位比较统一,由对侵害人类法益的抽象危险、具体危险到实害、严重实害;而曼迪伯格新四分模型理论提出之时,理论和立法已开始向环境法益发展,若仅立足于生态环境法益观,具体危险的行为表现与整个模型体系无法协调,同时曼迪伯格也并未展现出清晰的法益观。如其在文章中指出:"对人类的损害可以被用于作为环境损害的替代标准:如果污染严重到已经威胁了人类的利益,那么环境也必然受到了威胁……这种替代方式也存在缺陷,环境损害可能发生在远离人口居住的地方,因此其不能被归入到以人类为中心的损害定义中去。"①由此可见,曼迪伯格在人类法益和生态环境法益之间的关系问题上貌似更倾向于纯粹的生态环境中心主义法益观,即污染行为如果"使生态环境陷入被侵害的紧迫危险之中"属于模型二,如果"已经对生态环境造成危害的结果"就属于模型三,《美国清洁水法》中也存在类似的例证,"排污行为对水生生物造成影响可能被处以刑事处罚",②这一规定是将对生态环境的损害作为入罪标准,且没有提及对于人类的影响,具有生态主

---

① Susan F. Mandiberg & Michael G. Faure, *A Graduated Punishment Approach to Environmental Crimes: Beyond Vindication of Administrative Authority in the United States and Europe*, 34:2 Columbia Journal of Environmental Law 447, 473(2009).

② 33 U.S.C. §1317(a)(1) and (2)(2023).

义色彩。只是这种观点会存在一定的问题,就是如果立法者将"实际损害"定位于对水、空气或土壤所造成的负面变化,无论多么微小都会被认为构成犯罪,那么模型二和模型三就没有区分的必要。所以若要采用生态环境法益为具体标准,还需要进一步通过其他标准来予以界分。但福尔和维萨以及曼迪伯格对此均没有进一步论述。

其次,分级模型体系在论证过程中主要围绕环境犯罪展开,涉生态犯罪的部分较少。生态犯罪与环境犯罪相比受到的关注度较少,因为环境与人类利益关系更为密切,而生态则相对间接,更关注于长久代际利益的保护,长此以往人们在研究环境的基础上开始从环境向更长远且深刻的生态环境方向发展。对于生态犯罪来说,分级模型体系的适用标准与环境犯罪有所不同。如环境污染犯罪可能因水源污染而直接影响到使用该水源的人类健康,模式二"非法的具体危险"可以通过水源污染直接认定其对人类健康造成危险;但是生态犯罪中如猎杀保护动物对人类的生命、健康乃至财产并没有造成显而易见的危险,其更多的是对人类赖以生存的生物链以及全球的生物多样性造成影响,与人类法益的关联过于间接,所以生态犯罪中多数行为可能无法纳入准确的模型之中,如何保证生态犯罪准确适用该模型体系值得进一步思考。

再次,分级模型体系在定量问题上存在模糊性。一个行为成立犯罪除了符合犯罪性质的定性要求外,还需要达到一定程度的定量要求。而该模型体系并未将关注点放置在定性与定量问题上,或者说四模型体系的构建还没有发展到定性定量这种精细化研究,但是这对于具体的模型界分和犯罪归类来说又是极为重要的。如模型一中,违反行政法规的不直接接触环境的行为要承担刑事责任,同时也有可能承担行政责任,那么此时同样性质的行为如何区分其罪与非罪,就涉及罪量方面的认定;而模型二中,违反行政法规直接接触环境的行为也要承担刑事责任,那么如果排污行为所排放的污染物极少,空气、水和土壤完全可以自我净化或者没有受到负面影响,此时是否需要对其采用刑事处罚?什么程度才具有刑事可罚性?这也需要罪量的衡量。尤其当前法益观向生态学的人类中心主义发展,模型中危险和实害的对象如果是与人密切相关的生态环境,出现直接接触生态环境的危害行为是模型二中的危险还是模型三中的实害？如果是模型二中的危险,那么其又与传统的纯粹人类中心主义法益观有何区别呢？这些实际上都涉及罪量要素的精确定位与评估。

最后,分级模型体系中的部分模型存在一定争议。模型一"抽象的危险"在欧美生态环境刑法中适用甚广,但其过早地让刑法介入其中,难免受到刑法谦抑主义的质疑。那么模型一是否具有合理性？是否应对其进行限制？进行何种程度的限制？这些都是合理适用模型一所必须论证和解决的疑问。模型四"模糊立法"已因其根本缺陷被淘汰,而新模型四"独立的严重实害"在实践中也存在一定的适用差异。有的法规中,通过许可证规定中的例外性条款来适用该模型,如前文所举的《美国清洁水法》第402条;欧洲部分地区对于符合许可证但造成严重实害的情况通过审查其许可证和行为的实质合法性来适用该模型;[①]还有国家在立法上直接规定严重实害型生态环境犯罪的罪名,且在规定中不附加行政违法的前提条件,如《德国刑法典》第330a条;最后就是通过传统罪名处罚造成严重实害的危害生态环境行为。各国和地区应当适用何种方式需要根据本国和地区的立法和司法实践情况综合考量。

二、我国生态环境犯罪分级模型体系的本土化建构

生态环境犯罪分级模型体系对于我国具有一定的参考价值,但是在具体借鉴上仍然存在以下的适用障碍。首先,模型体系所适用的传统人类中心主义法益观不符合我国当前的生态环境法律理念。我国当前法益观以

---

① Susan F. Mandiberg & Michael G. Faure, *A Graduated Punishment Approach to Environmental Crimes: Beyond Vindication of Administrative Authority in the United States and Europe*, 34:2 Columbia Journal of Environmental Law 447, 482–483(2009).

生态学的人类中心主义法益观为主,笔者也认同该法益观,生态环境刑法所保护的法益具有双层结构,生态学法益是阻挡层法益,人类中心法益则是背后层法益,仅侵害环境的行为可以成立本类犯罪,通过侵害生态环境进而侵害个人的生命、身体、环境权等法益的,同样也能成立本罪。① 整个模型体系应当围绕该法益观展开,明确各模型中的危险和实害的对象,生态环境法益与人类法益之间的关系,并将危害生态环境行为以阶梯化排列,既便于立法明确也利于司法操作。其次,欧美多数国家以"立法定性、司法定量"为犯罪定量模式,其分级模型体系中与立法相关的定量问题并未有所涉及,而我国定量在立法中进行,就需要在该模型体系当中纳入罪量要素。最后,我国当前生态环境犯罪均属于行政犯,即行政违法前置,模型四中"独立的严重损害"在我国立法和司法实践当中均无例证,如需借鉴需要考虑采用何种适用方式更适合我国当前的法律体系和生态文明建设要求。

综合考虑域外分级模型体系的优劣势以及我国的适用障碍,基于我国的生态环境问题现状和生态环境法律体系,下文将对这种分级模型体系进行适合中国的本土化重构的探讨。

(一)删除模型:"抽象的危险"

模型一是用来规制那些不遵守与环保相关的许可证要求或是无证实施的不直接接触生态环境的非法行为,如无证储存危险废物等。在我国,仅违反生态环境行政管理制度的行为,属于典型的行政违法行为,不应纳入刑法的规制范畴。若在我国生态环境刑法模型体系中设立这种抽象危险模型,不直接接触生态环境的行为对生态环境法益的侵害危险过于抽象且平缓,只有其同时对其他刑法所保护的法益造成侵害或侵害危险,且仅适用行政法难以预防生态环境侵害风险时,刑法才有干涉可能。

以无证运输、储存危险废物行为为例,除了具备无证和运输储存危险废物行为要素外,若危险废物在运输和储存过程中完全封闭符合安全条件,没

---

① 参见张明楷:《法益初论》(增订本),商务印书馆2021年版,第883页。

有侵害到其他法益,此时对其以行政处罚就可以预防风险,没有必要适用刑法。但当其运输和储存过程不符合安全条件,如渗入土地、地下水或在空气中暴露,此时已经出现了与环境直接接触的情况,则应考虑适用模型二,无须再将其纳入"抽象危险"模型之中。如最高人民法院、最高人民检察院《关于处理环境污染刑事案件适用法律若干问题的解释》(以下简称《环境污染司法解释》)第7条和第18条规定,对于无危险废物经营许可证而收集、贮存、利用、处置危险废物的行为,如果没有排污或其他造成环境污染的情形,不应认定为犯罪,也意味着我国对于不直接接触环境且对生态环境无实害结果的非法危险废物经营行为不予以入罪。近年来还出现了篡改、伪造监测数据等干扰监测的行为,若无证据证明其具有非法排污行为,而仅干扰监测的行为若侵害到计算机信息系统相关法益可能以破坏计算机信息系统罪等其他罪名定罪处罚。

据此,无须在我国的生态环境刑法体系中设置这种"抽象的危险"模型,即使刑法需要规制这类行为也同时意味着其必然侵害到了除生态环境外的其他法益,可以在其他类罪中予以考虑,并不会因此放纵犯罪,影响到生态环境的保护效果。

(二)修正模型二:从"非法的具体危险"到"非法的危险"

1.模型二的标准修正

这一模型中首先需要明确的一个问题就是危险的对象及判断标准,原模型体系中这一问题未曾明确并导致模型二和模型三之间出现混淆。通常危险犯是以发生法益侵害的危险为要件的犯罪。[①] 危害生态环境犯罪的特别之处就在于其双层法益的特殊构造,进而使这种危险也出现了针对阻挡层生态环境法益和针对背后层人类法益的两种危险。那么模型二的危险应以何种危险为准?有两种具体方案,方案一是将模型二的具体危险认定为对于人类法益的危险,该危险可以通过对阻挡层生态环境法益的实

---

① 参见张明楷:《外国刑法纲要》(第3版),法律出版社2020年版,第86页。

际损害来表征;方案二是将模型二的具体危险认定为对于生态环境法益的危险,并要求达到现实紧迫的危险程度。两个方案如何选择和设计需要从刑事可罚性、司法可操作性以及模型体系整体性三个方面进行考虑。

首先,从刑事可罚性的角度来说,模型一的删去意味着模型二成了危害生态环境犯罪中最轻的犯罪,也意味着其成为危害生态环境犯罪罪群的入罪边界。笔者认为,应当入罪的危害生态环境行为需满足两个条件,第一个条件为行为已经侵害了生态环境法益,第二个条件为入罪罪量符合必要性原则。根据条件一,危害生态环境行为需实际损害到阻挡层的生态环境法益时刑法才可介入,所以方案二将具体危险认定为对于生态环境法益的危险实际上并未实际侵害到生态环境法益,且对于背后层的人类法益来说这种危险更是极其抽象遥远,即对生态环境法益产生了具体危险,刑法的发动仍然为时过早。同时结合条件二的必要性原则,方案二中对于生态环境法益造成危险的行为可以通过行政法规予以规制,对其在尚未造成生态环境损害的情况下予以行政处罚并进行赔偿和恢复完全可以达到预防生态环境损害发生的目的,此时无须动用刑罚。

其次,从司法可操作性的角度来说,如果采用方案二,就意味着需要对生态环境法益所面临的具体危险进行认定。实际上针对传统个人法益的具体危险就难以准确评判,那么想要认定生态环境法益这种抽象集体法益的具体危险就更是难上加难了。如非法处置危险废物并直接接触环境的情形,如向河流中直接排放液态危险废物,或是在土地上暴露堆放固态危险废物,抑或向空气中排放气态危险废物,行为本身是否已经实际损害了生态环境法益?还是说在达到一定排放量之前仍然只是对生态环境法益的侵害产生危险?若认为其已经实际损害生态环境法益,那就意味着模型二中只要是直接接触生态环境的危害行为就不可能成立对于生态环境法益的具体危险犯,而只能是对于生态环境法益的实害犯,此时的具体危险就是对人类法益的危险;若认为排放行为未达到一定量之前仍是对于生态环境法益侵害产生危险,那么其实害的标准究竟是什么?危险废物的排放即使是少量也已经对环境介质造成了负面影响,此时若还认为是危险的话,实际上是对生态环境法益理解的偏差。同时,排放到何种量能够达到对生态环境的实际损害?生态环境即使产生了可见的损害,其结果与排放行为之间的因果关系也难以认定,更是给司法实践陡然提升了操作难度。所以方案一相对来说在司法实践中更易于适用。

最后,从模型的体系性来说,若适用方案一,模型二就是对生态环境法益的损害并内含对于人类法益的危险,按照阶梯式层次划分,模型三就是对于人类法益的实害或生态环境法益的严重实害,模型四是在突破行政前置法的情况下对于人类法益的严重实害,根据这一体系排列进行刑罚由轻至重的设定,是符合罪责刑相适应原则的基本要求的,也可以用于衡量和完善生态环境刑法体系。若适用方案二,模型二是对于生态环境法益的侵害危险,模型三就是对生态环境法益的实害,模型四只能是对人类法益的实害,那么还需要增加模型五,将突破行政前置法情况下的人类法益严重实害纳入其中,而且我们会发现方案二只是在方案一中增加了一个最轻的对于生态环境法益的侵害危险,根据上面几点的论述,这一侵害危险与已删去的模型一基本一致,且难以在直接接触生态环境的危害行为中进行适用。

基于以上几点,方案二使刑法过于提早介入,不符合刑法谦抑的限制要求,同时在司法适用中难以进行具体衡量和操作;而方案一在这几个方面能够弥补方案二的缺陷,也契合"生态环境法益—人类法益"这种双层法益构造的基本原理。所以本模型所规制的应当是违反生态环境行政前置法的、直接接触生态环境的、对于生态环境法益造成实际损害并对人类法益具有侵害危险的行为。

2. 模型二的名称调整

值得注意的是,基于以上对于模型二标准的修正,其被称为"非法的具体危险"是否仍然准确?笔者认为无须将其限定为具体危险。该模型的核心在于人类法益的危险是由其阻挡层生态环境法益的实际损害所征表的,那么这种危险是否具有现实紧迫性并不是本模型所处罚的依据。如对于猎捕野生动物犯罪来说,猎杀一只大熊猫并不能对人类健康生命等基本法益造成现实、紧迫的危险,但是猎杀大熊猫的行为是具有刑事处罚性的,其原因在于这种生物资源破坏型犯罪本身是通过对于生物类资源的非法获取破坏了整个生物链结构和生态系统平衡,最终使人类因生态功能破坏而受到失去生存环境的损害。若当破坏生物资源的行为已经达到对人类法益的侵害产生现实紧迫危险时,其所破坏的生态系统已经难以恢复,即使对这种行为紧急刹车,其所造成的危险也已经难以控制,且极易发展成为对人类法益的实害,刑法的预防功能已然失效。当然并非所有的动物猎杀行为都应被认定为损害了生态环境法益而予以入罪,因为这种生态环境法益不是单一法益观下的产物,而是以人类法益为基础的,所以也并非所有看似直接接触生态环境的危害行为都被简单认定为模型二的规制对象。如猎杀1只国家一级保护动物和猎杀100只人工繁殖的野生动物对于生态环境法益造成的影响就有所不同。由此也能够看到我们需要通过罪量来调节各种危害生态环境行为的入罪标准,以保证各类入罪的行为符合相应的对生态环境法益的侵害和对人类法益的危险的防范。所以,为了避免歧义,这一模型的名称调整为"非法的危险"更为妥当。

综上,"非法的危险"模型以"推定的危险"为主要类型,以"确证的危险"为补充类型。其中"推定的危险"在规定上需要明确符合"非法+直接接触环境的危害行为"两个条件,"直接接触环境的危害行为"应当符合对生态环境法益造成实际损害并对人类法益具有危险这个性质要求;在司法上,根据规定所明确的条件,司法机关只需要举证证明非法和行为两个要素即可。由于规定的有限性和滞后性,本模型还需要"确证的危险"予以补充,即该行为具有非法性,但不是明文规定的危害行为类型时,如果有证据证明行为对生态环境法益造成实际损害并对人类法益具有危险,也可以予以入罪。

(三)模型三:非法的实际损害

在确认了危险和损害对象为人类法益之后,模型三所规制的内容就是违反相关行政法规,实施危害生态环境的行为,并对人类法益造成了实际的损害。如我国1997年《刑法》中第338条原条文规定的重大污染事故罪就属于此种模型。此处需要明确的是,人类法益包含的内容很多,其中人的健康权和生命权是最重要的法益,其次为财产权以及名誉权等。所以对人类法益的实际损害也要根据所损害的质和量两个要素相结合来确定其严重程度。为了实现对生态环境和人类法益的双重保护,这一模型也应当参考"非法的危险"模型,分为"推定的实害"和"确证的实害"两种情况。"推定的实害"是指在生态环境遭受严重损害的情况下,即使没有立即出现人类法益的实际受损,也会因后续无法完全修复受损生态环境而必然导致人类法益的损害结果,即阻挡层法益被严重侵害的情况下也一定会损害到背后层法益,根据这一原理,认定该类犯罪时,只需要证明因该行为导致生态环境遭受严重损害,就可以推定人类法益后续必然会受到损害的结果。在立法预设"推定的实害"这一类型时,需要注意"生态环境遭受严重损害"这一条件应当内含人类法益受损的必然结果。如排污行为造成"国家确定的重要江河湖泊等水域生态系统严重退化",在这个设定中,重要江河湖泊意味着对于人类生产生活具有重要功能和影响,那么其严重退化就必然对人类法益造成损害,这个条件的设定就符合"推定的实害",此时不需要对人类法益的损害进行证明,也可以成立本模型下的犯罪;但是如果排污行为造成一个远离人类居住区的小型湖泊生态退化,这一生态环境遭受损害的后果不必然引发人类法益受损的结果,只是有可能因其退化产生连锁效应间接影响人类法益,那么该行为应以模型二而非模型三规制,除非该排污行为还同时造成了人类法益受到实害的结果,那么可以通过本模型中"确证的实害"这一形式进行规制。"确证的实害"需要司法机关对非法、危害行为以及因危害行为引起的人类法益的实际损害结果进行证明,这也是"非法的实际损害"的主要表现形式。

(四)模型四:独立的严重实害

基于前几种模式的行政从属性质,许多违背纳入环境行政法规范但却造成生态环境法益严重受损的行为无法受到刑法制裁,因行政法立法缺失而将部分严重侵害法益但未被行政法调整的环境污染行为排除于犯罪圈之外,自然会造成刑法规制疏漏,削弱刑法权威与刑法功效,更影响环境问题的治理与监管。

首先,若以行政违法为入罪前提,会使许多新型生态环境问题因法律滞后出现治理不力的困境。在环境污染方面,污染物因科技发展呈现出日新月异的飞速变化,即使已有几万种污染物进入人类的管控视野,也很难通过列举的方式完全囊括所有能够对生态环境以及人类造成侵害的污染物,每年都会有新型污染物纳入各国的管控清单之中,如我国2023年将微塑料、电子垃圾、持久性有机污染物等新型污染物列入重点管控污染物清单。同时除了污染物类型繁多外,环境污染行为及监管也会出现一定漏洞。如前文所举的凤翔血铅事件中,环保部门监测数据显示排污企业的废水、废气、固废水淬渣的排放符合国家标准,该公司所在地的地下水、周边土壤和地表水铅浓度等,也均符合国家环境质量标准。① 但问题就出在我国当时的环境质量标准具有滞后性,其没有确立保障人体健康的核心地位,导致该公司污染排放达到了工业标准,却与人居标准存在差距。② 同时该企业在入驻时,环境专家所作的环评报告中明确指出企业周围1000米以内不宜居住,但事故发生时,仍有425户居民没有搬迁。③ 而我国的污染环境罪的规制以行政违法为前提,使企业和政府仅考虑其污染排放符合行政许可的标准即可,而罔顾尚未搬迁居民的健康,在此情况下刑法对于因行政法律规范疏漏和滞后所导致的严重环境污染事故无法起到威慑作用。若对于可能造成

---

① 参见刘彤、陈钢:《环保部门确认:东岭冶炼公司是导致凤翔儿童血铅超标的主要原因》,载《经济参考报》2009年8月17日,第2版。
② 参见吕怡兵主编:《国内外典型化学品环境污染事故案例及其经验教训》,中国环境出版社2015年版,第82页。
③ 参见马可:《环境事件背后的制度体认和责任考量》,载《贵州社会科学》2011年第8期。

的严重生态环境危害行为不以行政违法为前提进行刑法规制,行为人也会因刑法的独立行使而谨慎实施排污和生态破坏行为。

其次,危害生态环境犯罪并非典型的法定犯,或者说发展至今这类犯罪已发生转变,兼具法定犯与自然犯的双重属性。所以对于危害生态环境犯罪的规制需要存在非从属性的独立的立法模式。虽然法定犯与自然犯的划分观点诸多,但无论采纳何种观点,都能够论证当前危害生态环境犯罪的双重属性。危害生态环境犯罪因其双层法益的构造而具有双重属性。虽然法定犯与自然犯的界定存在多种学说,但均可以从不同角度论证危害生态环境犯罪的双重属性。从伦理说来看,自然犯的立法"主要是满足伦理道德方面的国家需要",法定犯的立法"则主要是满足行政管理方面的国家需要"。① 而危害生态环境犯罪一方面因其超出授权许可的特性,符合法定犯的性质,另一方面其通过危害生态环境进而危害人类健康安全,与其他伤害杀害行为无异,具有一定的反伦理性。从法益说来看,自然犯是侵害法益或造成具体危险的犯罪,法定犯是威胁法益或造成抽象危险的犯罪,②由于危害生态环境犯罪具有不同的模式形态,既有实害犯也有危险犯,甚至阻挡层法益的实际损害和背后层法益的危险状态同时存在,完全符合法定犯与自然犯双重属性的特点。从违法说角度看,具有行政从属性的法定犯在是否侵害了法益的问题上,存在着明显的"法益性的欠缺":因为法定犯没有侵害法益,其只是对国家行政法规的单纯不服从;同时法定犯在实质上没有侵害或威胁法益甚至是抽象的侵害法益之危险,仅仅是因其违反了行政法规;即使其侵害了法益,维护的也是一种抽象的行政法秩序。③ 根据以上特征描述,危害生态环境犯罪显然不符合法益性欠缺的

---

① 参见刘艳红、周佑勇:《行政刑法的一般理论》,北京大学出版社2008年版,第12页。
② 参见张明楷:《法益初论》(下册),商务印书馆2021年版,第474~477页。
③ 参见刘艳红:《"法益性的欠缺"与法定犯的出罪——以行政要素的双重限缩解释为路径》,载《比较法研究》2019年第1期。

问题,生态环境法益和人类法益的保护具有独立性,并非一种抽象的行政法秩序,在特殊情况下也不应以对行政秩序的破坏为前提,不需要以对行政秩序的破坏作为入罪的前提。根据文化规范说,自然犯是违反法规范及文化规范的行为,法定犯虽然违反法规范,但不违反文化规范。① 危害生态环境犯罪若仅为法定犯,则意味着破坏生态或污染环境的行为是被文化规范所允许的,或许在人类社会前期猎杀动物或向环境排泄污水是不违背其社会文化理念的行为,但是文化规范随着社会变化而不断调整,危害生态环境的行为也在不断变化,当今多数危害生态环境的行为已然不能被社会文化规则所接受,尤其是人们已经认识到这些行为会危及人类利益,且许多污染行为已然直接危害到人类的健康安全和财产,这自然是不可能被文化规范所包容的。由此,有学者认为危害生态环境犯罪呈现出法定犯的自然犯化,属于自然犯和法定犯的竞合。②

在确认了危害生态环境犯罪存在自然犯属性后,我们还需要探讨的就是应当在什么情况下切断其行政联系,独立适用刑法。通过上述分析可以发现,危害生态环境犯罪只有在侵害到人类法益的时候才符合自然犯的反伦理和法益实害的本质特点。结合生态环境犯罪模型体系来说,不具有行政从属性的危害生态环境行为在客观上至少需要对背后层的人类法益造成实际损害。同时由于突破了行政许可的特殊性,我们还需要考虑行为人的主观方面要素。在一般情况下,行为人取得了相关行政许可后,很难认识到自己所实施的符合行政许可要求的行为会构成犯罪,这一严重损害需要突破行政前置法的限制且行为人能够对此具有一定的认识,除人身权以外的财产权、民主权利等其他人类法益的侵害不足以达到这种程度,如符合国家规定的排污行为导致财产损失100万元以上是无法合理地通过其他罪名予以入罪的,而且这种情况可以通过追究行为人的民事责任以及行政责任来弥补财产损失。但是符合国家规定的排污行为导致几百人中毒

---

① 参见张明楷:《法益初论》(下册),商务印书馆2021年版,第474~477页。
② 参见陈兴良:《法定犯的性质和界定》,载《中外法学》2020年第6期。

患病的行为是无法通过其他法律责任予以修复的,生态环境行政法规范已不能够成为行为人造成他人死亡、严重伤害或者重大财产损失的合法出罪依据,行为人也基本能够认识到自己行为可能造成的严重结果。所以这一模型中的严重实害应当限于对他人健康和生命的严重侵害。

综上,根据以上对于各个模型的梳理分析,适用于我国的危害生态环境犯罪分级模型体系建构如表2所示。

表2 我国生态环境犯罪模型体系框架

模型	定义	类型	证明要件	犯罪形态	罪行轻重	举例
模型一"非法的危险"	违反生态环境行政前置法的、直接接触生态环境的、导致对人类有影响的生态环境受到损害的危害行为	推定危险	违法[1]+明文规定的直接接触生态环境的危害行为	人类法益的危险+生态环境法益的实害	轻 ↓ 重	如排放一定量污染物,猎杀少量野生保护动物等
		确证危险	违法+非明文规定的直接接触生态环境的危害行为+生态环境受到损害(对人类有危险[2])+因果关系			
模型二"非法的实害"	违反生态环境行政前置法的、直接接触生态环境的、导致人类法益受到损害或生态环境受到严重损害的危害行为	推定实害	违法+直接接触生态环境的危害行为+生态环境受到严重损害+因果关系	人类法益的实害/生态环境法益的严重实害		如向国家确定的重要江河湖泊等水域排污导致其生态系统严重退化,或向人口密集区域排放有毒有害污染气体导致数人患非重伤以上疾病
		确证实害	违法+直接接触生态环境的危害行为+人类法益受到损害+因果关系			
模型三"独立的严重实害"	对人类法益造成严重损害的危害生态环境行为	人类法益的严重实害	危害生态环境行为+人类法益的严重损害结果+因果关系	人类法益的严重实害		如排污导致1人死亡或数人重伤患严重疾病

[1]此表格中的"违法"均指违反生态环境行政前置法。
[2]此"危险"包括抽象危险与具体危险。

三、我国生态环境犯罪分级模型体系的实践展开

在确立了能够适用我国的危害生态环境犯罪的应然分级模型体系后,本部分将以该模型为标准,对我国当前的生态环境刑法进行检视,为相应的立法与司法解释完善提供依据。笔者将三个模型及其内部分类按照严重程度以图示方式进行排列,各模型严重程度从左到右、从下到上依次递增(见图1)。其中模型一应当设置为轻罪,模型三为重罪,而模型二在轻罪与重罪之间的严重程度。白色为符合理论模型的部分,灰色显示了当前立法和司法解释在具体模型分级上存在偏差的部分。我国生态环境刑法中环境污染型、资源破坏型以及生态危害型三种犯罪规制基本能够符合该模型理论框架,但在个别之处存在一定的瑕疵。

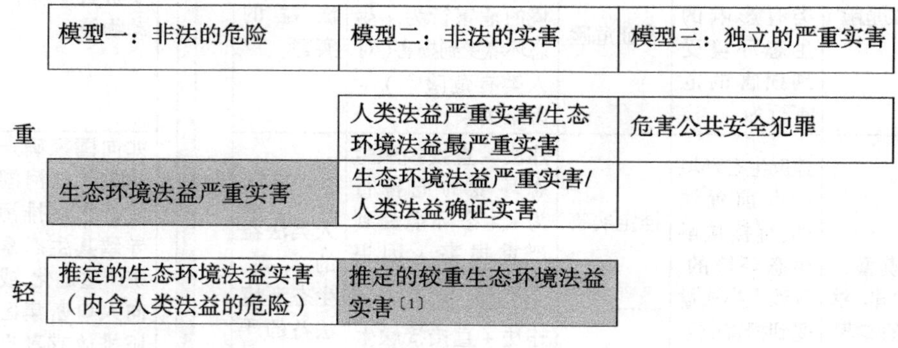

	模型一:非法的危险	模型二:非法的实害	模型三:独立的严重实害
重		人类法益严重实害/生态环境法益最严重实害	危害公共安全犯罪
	生态环境法益严重实害	生态环境法益严重实害/人类法益确证实害	
轻	推定的生态环境法益实害(内含人类法益的危险)	推定的较重生态环境法益实害[1]	

图1 当前我国生态环境犯罪分级模型体系

[1]该部分指的是2023年8月8日《环境污染司法解释》(法释〔2023〕7号)第2条第3项,非法排放、倾倒、处置危险废物一百吨以上的规定。

(一)"推定的生态环境法益较重实害"的规定不应纳入模型二

根据2020年《刑法修正案(十一)》的修订以及2023年出台的司法解释的规定,《刑法》第338条污染环境罪在立法上分为三档法定刑幅度,分别是违反国家规定排污严重污染环境的,情节严重以及情节特别严重三类

罪状。按照分级模型体系,其中第一档法定刑符合模型一的规制条件,第二档和第三档法定刑大致符合模型二的规制条件。

其中较为格格不入的是第二档法定刑中,2023 年《环境污染司法解释》第 2 条第 3 项的规定。司法解释第 2 条规定了第二档量刑的具体认定标准,按照模型二的条件需要对人类法益造成实际损害或对生态环境法益造成严重损害,其中第 1、2 项是对生态法益造成严重破坏,第 4~10 项是对人类法益造成实际损害,只有第 3 项"非法排放、倾倒、处置危险废物一百吨以上的"仍然是模型一中推定危险的规定模式。最高人民法院研究室法官对该解释理念进行了阐述,由于危险废物污染环境犯罪在实践中较为常见,防治形势严峻,对环境甚至人体健康造成有害影响,所以对非法排放、倾倒和处置危险废物的行为按照排放量不同分为了轻重不同两档法定刑。① 这种解释方式是对同样罪质的行为根据罪量的不同进行的法定刑分配,单独来看是符合罪责刑相适应原则和刑法解释原理的。但是从体系性视角来看,这一规定则具有随意性和实用主义色彩,存在一定的逻辑漏洞。首先,"非法排放、倾倒、处置危险废物一百吨以上",这种排污量如此巨大且污染物危险性高的行为必定会对生态环境法益造成严重的损害后果,其完全可以通过模型二中"生态环境法益受到严重实害"的标准予以认定,而无须突破分级标准单独予以特殊规制。如甲向乙下毒想要致其受伤的行为,甲只要实施了下毒的行为就可以认定为其实施了故意伤害行为,但我们并不是通过其下毒量多少来单独衡量法定刑,而是通过乙是否受伤、受伤程度来对甲的行为进行评价,若乙仅受到轻微伤,那么我们会结合下毒的量来评价甲成立故意伤害未遂或是仅受到行政处罚;若乙受伤程度达到轻伤以上,那么我们会根据轻伤、重伤还是死亡进行量刑。而非法以危险废物污染环境的行为就好比行为人向环境下毒,我们基于行为人排污的行为认定其实施了污染环境行为,结合其排污的量来评价行为人是否

---

① 参见喻海松:《环境资源犯罪实务精释》,法律出版社 2017 年版,第 53 页。

成立污染环境罪,那么下一步对其量刑的衡量则主要根据环境的受伤程度,而非行为人下了多少毒。所以我们不能说甲下了双倍的毒就对甲进行加重量刑,自然也不能说行为人排放了100吨以上的危险废物就直接对其升格法定刑幅度;而应当说甲下了双倍的毒导致乙受到了重伤,对甲进行了加重量刑,行为人排放了100吨以上的危险废物导致生态环境法益受到了严重损害,对行为人升格法定刑幅度。其次,100吨以上这一标准仍然具有以数字论的弊端,因为极有可能出现行为人非法排放99吨危险废物对环境造成的污染比其非法处置100吨危险废物造成的污染更大,这还取决于排放和处置手段的不同,危险废物的污染形式等,如向主要水源排放99吨液体废物的行为一定比在土地上堆放120吨固体危险废物行为的环境损害更大,但是在量刑上却更轻,这就出现了违背罪责刑相适应原则的情况,而这一情况的出现正是因为我们司法解释缺乏体系性思考。再次,可以理解的是作出这种解释规定主要是考虑到按照模型二的标准认定的话,增加了认定难度和成本,包括环境损害结果的认定、污染结果与行为之间因果关系的认定以及相关鉴定费用,而只认定污染物属性和排放量的话相对来说简单了不少,也易于实践操作,这也正是实用主义解释理念的体现。但当我们真正在实践中会发现,通常以污染环境为案由的刑事案件都会附带公益诉讼或一般的民事、行政诉讼,附带诉讼的目的是对所污染的环境予以修复,这类诉讼都会对环境损害的结果、因果关系进行鉴定,那又何来增加认定难度和成本之说呢?所以随着环境鉴定技术的发展,其实是不需要以突破解释原则的实用性规定来弥补技术缺陷的。最后,即使需要将罪量较大的排污行为规定在第二档法定刑中,也不能仅限于危险废物这一种污染物。2023年《环境污染司法解释》第17条明确了污染物中的有毒物质包括危险废物、持久性有机污染物、重金属超标污染物等,除此之外,污染物还包括有放射性的废物、含传染病病原体的废物和其他有害物质。虽然危险废物是其中最常见的污染物,但不能因此就对于排放、倾倒、处置大量其他污染物的行为不做升格法定刑的规定。所以仅将危险废物单独按照模式二处罚,虽符合危险废物污染重点治理政策的导向,却忽视了刑法规制的体系化要求。

(二)确证的生态环境法益严重实害不应以模型一的轻罪标准予以处罚

这一问题主要表现在资源破坏型犯罪规制当中。在《刑法》第340条非法捕捞水产品罪、第341条第2款非法狩猎罪、第343条第1款非法采矿罪以及各个破坏森林资源的罪名中均存在这一问题。在这几个罪名的适用中,司法解释仅规定了"对生态环境造成严重损害结果的",在模型一的轻罪法定刑幅度内予以从重处罚。① 而实际上根据应然模型体系理论,这种造成生态环境法益严重损害且需要进行证明的情况应当属于模型二的范畴,在模型一的基础上加重处罚,否则就会造成罪刑不均的尴尬局面。

如2022年最高人民法院、最高人民检察院《关于办理破坏野生动物资源刑事案件适用法律若干问题的解释》第3条第2款第3项和第7条第2款第2项的规定,非法捕捞水产品或非法狩猎行为对水生生物资源或者水域生态、野生动物资源或者栖息地生态造成严重损害的行为仅在这一档法定刑中从重处罚,这一行为对生态环境法益造成严重实害,应属于模型二,但在刑罚上仅以最轻法定刑幅度量刑,刑罚设定过轻,对于非法捕捞水产品罪和非法捕猎罪应当在立法上为这种严重损害生态法益的行为增设一

---

① 2022年最高人民法院、最高人民检察院《关于办理破坏野生动物资源刑事案件适用法律若干问题的解释》第3条第2款第3项规定,非法捕捞水产品对水生生物资源或者水域生态造成严重损害的,在三年以下有期徒刑、拘役、管制或者罚金法定刑幅度内从重处罚;第7条第2款第2项规定,非法狩猎对野生动物资源或者栖息地生态造成严重损害的,在三年以下有期徒刑、拘役、管制或者罚金法定刑幅度内从重处罚。2016年最高人民法院、最高人民检察院《关于办理非法采矿、破坏性采矿刑事案件适用法律若干问题的解释》第3条第1款第4项规定,非法采矿造成生态环境严重损害的,认定为情节严重,即予以入罪。2023年最高人民法院《关于审理破坏森林资源刑事案件适用法律若干问题的解释》第12条第1款第1项规定,实施破坏森林资源犯罪造成林地或者其他农用地基本功能丧失或者遭受永久性破坏的,从重处罚。

档升格法定刑幅度纳入模型二当中更为合理。对此在实践中存在真实案例。荣成伟伯渔业有限公司、王文波等非法捕捞水产品案[①]中,伟伯公司以及王文波等19名被告人组成非法捕捞犯罪团伙于2015～2017年使用禁用网具在山东省、福建省、浙江省、江苏省等沿海海域非法捕捞水产品,数量达910余万千克,其非法捕捞的作业方式是双船底拖网,是对海洋危害最大的一种非法捕捞方式,该种捕捞方式直接从海洋底层进行捕捞,对海底的生物栖息地造成破坏,该案经过专家生态破坏鉴定被认定为属于严重破坏水域生态,修复费用为1.3亿余元。该案件在刑罚适用上引发了争议。具体而言,非法捕捞水产品罪的最高法定刑为3年有期徒刑,然而,海洋非法捕捞行为所造成的损害极为严重,这一法定刑明显与其不相匹配。此外,该案还涉及其他非法捕捞后的收赃行为,相关行为人构成掩饰、隐瞒犯罪所得罪。由于赃款数额巨大,收赃者的量刑标准为3～7年有期徒刑。由此,出现了一种不合理的情况:对于事前无通谋的销赃行为,其量刑标准反而高于事前有通谋且直接参与非法捕捞、严重破坏海洋生态的行为,甚至对帮助犯的量刑高于正犯。[②] 由此可见,不能因这种大规模的、严重的非法捕捞水产品案件较少,就不为其设定适当的刑罚幅度,甚至出现无通谋的帮助犯量刑高于正犯的情况。

　　造成这一局面的主要原因在于解释者将生态环境法益的严重实害结果与严重的危害行为等同视之,共同作为入罪罪量标准;或是认为二者差别不大,仅将造成严重实害结果的情况作为从重情节。那么生态环境法益的严重实害结果到底应当作为入罪标准还是法定刑升格标准呢?入罪罪量的标准是符合必要性原则,而非简单的严重行为或是严重实害结果。对

---

① 参见江苏省灌南县人民法院刑事判决书,(2018)苏0724刑初139号;江苏省连云港市中级人民法院刑事判决书,(2019)苏07刑终405号。

② 参见张立、李洁:《保护海洋生态既要打击犯罪也要着力修复——山东荣成伟伯渔业有限公司非法捕捞水产品案办案纪实》,载《人民检察》2018年第22期。

于危害生态环境犯罪来说,必要性原则意味着既要保持刑法的谦抑性,又要充分满足危害生态环境犯罪的防控需要,若待生态环境已严重损害,刑法再介入,则为时晚矣,生态环境损害的难以修复性,使人类赖以生存的环境、物种进化和生物圈生命维持的价值已然不复存在。所以生态环境法益的严重实害并不适合仅作为入罪罪量。同时根据荣成伟伯渔业有限公司、王文波等非法捕捞水产品案的情况可见,仅将该严重实害结果作为从重情节,难以符合罪责刑相适应的比例原则之要求,而应作为法定刑升格条件。

(三)推进"独立的严重实害"模型的适用

"独立的严重实害"模型主要适用于因危害生态环境犯罪而直接对人类法益造成严重损害的犯罪,一般主要表现在污染环境罪中。但我国污染环境罪的立法规定,将排污行为"致使多人重伤、严重疾病,或者致人严重残疾、死亡的"作为处以第三档法定刑的标准之一,即行为人若因排污行为造成如此严重的结果,其可以因排污行为合法而出罪,若排污行为非法,也可以按照7年以上有期徒刑并处罚金予以处罚。但是值得思考的是,这种行为是否同时成立投放危险物质罪或是过失投放危险物质罪而纳入模型三呢？针对此问题,2013年《环境污染司法解释》第8条规定了环境污染行为同时构成数罪的,依照处罚较重的规定定罪处罚。2016年和2023年的司法解释均沿用该规定。这也就意味着解释者认为污染环境罪与其他罪名属于想象竞合的关系,那么在一般情况下出现了1人死亡或3人重伤的结果时,故意犯就以危险方法危害公共安全罪论处,过失犯以污染环境罪论处。如2017年刘某平以危险方法危害公共安全案中,刘某平非法开设电子垃圾提炼厂,在明知甲煤矿与乙煤矿存在连通的情况下,将电子垃圾焚烧程中产生的废气大量灌入了甲煤矿废弃的矿井内,导致在乙煤矿作业的矿工先后出现头痛、头晕、呼吸困难、休克等一氧化碳中毒症状,最终造成18人因一氧化碳中毒窒息死亡,1人重伤、36人轻伤或轻微伤。刘某平因知晓废气可能进入乙煤矿,而对于危害乙煤矿公共安全的结果具有间接故意,本案中陈某红等其他19名被告人作为该提炼厂的出资人,知道将废气灌入甲煤矿废气矿井的行为并同意,但不知道甲煤矿与乙煤矿存在连通,也没有履行责任进行查看,因此对于该结果存在过失,法院最终判处刘某平成立投放危险物质罪,陈某红等人成立污染环境罪。这一结论就是根据司法解释的规定得出的。所以根据我国现行规定,对于人类法益造成严重实害的非法环境污染行为是可以以投放危险物质罪等其他罪名进行规制的,那么对于合法环境污染行为即突破行政违法前提的造成人类法益严重实害的行为也完全可以通过投放危险物质罪加以规制。

但遗憾的是,对于合法排污的行为仍然难以在能够证明其主观存在过失的情况下以过失投放危险物质罪予以处罚。如凤翔血铅事件中,企业虽然已经向政府支付了相应的居民搬迁费用,但在居民尚未搬迁的情况下,企业通过专业环评报告能够认识到自己的排污行为会影响到周围居民的水源、土壤和空气质量,进而会对居民健康造成危害。企业应当敦促政府尽快推动居民搬迁,只有在符合人居标准的情况下才能够继续进行排污,所以该企业对于周边居民吸入有害气体而患病的可能是完全具有认识的,其至少具有疏忽大意的过失。若根据"独立的严重实害"模型,可以在符合其他犯罪要件(如过失投放危险物质罪)的情况下追究行为人一定的刑事责任,从而减少此类"合法排毒"的事件发生。除此之外,对于非法排污的情况有时也难以通过其他罪名进行罪刑相当的处罚。如2012年的樊某某、王某某、蔡某污染环境案,3人将35吨的硫酰氯倒入山东省某村的小清河中,硫酰氯遇水反应生成的毒气雾团飘至邹平县焦桥镇韩套村,将熟睡中的村民熏醒,致上百村民呼吸系统受损,1名村民死亡,并造成庄稼苗木等重大财产损失,法院最终判决3名被告人犯污染环境罪,分别判处有期徒刑5年6个月到6年6个月不等,并处罚金。① 在本案中,法院认为3

---

① 参见山东省淄博市中级人民法院刑事判决书,(2013)淄刑一初字第39号。

名被告人在主观上具有过失。但樊某某3人在倾倒有毒废液时佩戴了防毒面具,以此也可证明其认识到了该物质的毒性很强,很有可能危害周边村庄不特定人身健康或生命,①以此认定其具有过失从而判处为污染环境罪比较牵强。当前2023年《环境污染司法解释》第9条规定了非法排污行为同时构成污染环境罪、非法处置进口的固体废物罪、投放危险物质罪等犯罪的,依照处罚较重的规定定罪处罚。据此,我国可以通过传统罪名来规制造成严重实害的危害行为,而无须增设新罪。但需要调整的是,司法解释的这一规定仍然将违反行政前置法作为成立投放危险物质罪的前提,其并不符合投放危险物质罪和过失投放危险物质罪非法定犯的基本性质。解释者主要考虑到我国污染环境罪的行政从属性质,而不得不作此规定。这意味着我国目前还没有实现"独立的严重实害"这一模型规制,采用的仍然是"行政法前置的严重实害"模式。若想实现这一模型的独立性,需要在行政法规定上与此相协调,如参考美国环境法,在许可证规定中增加例外性条款,并修改司法解释,将危害公共安全并造成严重实害结果的危害生态环境行为以相应的危害公共安全罪名予以规制,并排除"违反国家规定"的前提条件。

---

① 参见贾占旭:《论污染环境罪与投放危险物质罪的竞合关系——从冲突的典型案例看错误的司法解释》,载《政治与法律》2016年第6期。

风险泛化与规范缩限:民营企业刑法公平保护意蕴的解释方向与司法适用

刘柳明*

目　次

一、民营企业公平保护的规范模式与适用风险
二、倡导差异保护模式选择的规范理据
三、差异保护模式的规范缩限解释方向与应然规则
四、民营企业公平保护规范限定路径的梯次展开

摘　要:基于法益保护的同一性和区分性逻辑差异,学理上对公平保护的规范模式形成了均等保护和差异保护的范式分野。然而,现行刑事立法对民营经济保护呈现均等有余而差异不足的现状,存在规范适用法益评价道德化、保护效果反噬化及罪名适用口袋化的泛刑化风险。为削减和抵制这一风险,应倡导差异保护模式,其规范理据在于民营企业本身的内部自治和特殊的经营活动,同时相关背信行为具有单一财产法益侵害性与违

---

* 南京市鼓楼区三级法官助理。

法判断的前置性。在积极刑事立法的背景下，背信条款的缩限性司法适用成为差异保护模式的解释性方案，并衍生具体解释性应然规则。民营企业公平保护的限定性路径可以由"程序—入罪—量刑"三个层面进行梯次展开。一是在程序上设置亲告罪机制，将追诉权交由企业自决；二是坚持入罪从严原则，并将相关构成要件要素进行实质限定性解释；三是坚持量刑轻缓原则，证成法定刑部分援引、损失数额标准从高解释并附加考虑其他刑罚减让的政策性理由。

关键词：公平保护；风险泛化；缩限适用；入罪从严；量刑从缓

刑事立法通常通过个罪中构成要件的增、改、废来实现立法目的，而刑事目的经常以刑事政策导向作为其变化根据，因此个罪的罪刑规范设置通常具有鲜明的政策目的导向，并体现敏锐的社会回应性。当前，民营经济作为我国社会主义市场经济的重要组成部分，社会各阶层对其中内部人员背信行为表现出强烈的抵触情绪，加之其保护缺略的刑事立法现实，平等保护民营经济健康发展成为刑事立法调整目的的重要驱动力，该种利益诉求不仅决定着刑事政策的走向，还影响了刑事立法的频率与内容。①

作为对民营企业平等保护国家政策部署及民营企业自身权益维护期盼的落实与回应，《刑法修正案（十二）》[以下简称《刑修（十二）》]基于产权平等保护理念，新增了惩治民营企业内部人员背信损害企业利益的规制条款，以"依照前款的规定处罚"的立法表达将规制主体由公领域向私领域进行了拓展延伸，重点针对民营企业内部关键岗位人员背信行为进行刑法规制，并予以同罪同罚，扩大了规制范围，并积极塑造背信行为规范意识，逐步加强民营企业刑事保护。因此，有学者认为这种主体扩充式的刑事立法，不仅高度契合"强化民营企业内部腐败治理"的党中央政策要求，

---

① 参见刘浩：《刑事立法的目的导向与体系协调》，载《法治社会》2024年第4期。

也彰显着平等保护国有财产、集体财产和私有财产的宪法理念。①

然而,与国有企业相比,民营企业在投资主体、资金来源、责任对象以及所承载的社会功能方面具有显著不同,②忽视两者之间的不同法益侵害类型、行为特殊性等实体性差异,简单地将两者相关罪名的定罪量刑标准予以均等化扯直拉平,可能最终导致实质不公的泛刑化或重刑化风险。在当前犯罪治理轻罪化的时代,面对刑法结构从"厉而不严"到"严而不厉"的应然转变,③刑法在扩容性周延法网的同时,基于保护目的介入民营企业中的失范行为应当保持一定的理性与谨慎,应立足于民营经济主体行为的罪责程度差异,构建实质公平的差异保护格局,准确把握相应的刑事保护介入限度,以确保民营企业经济保护健康发展的合目的性。

但应予辩明的是,民营经济刑事差异保护目标所应保持的理性与限度并不否认刑事立法中背信犯罪主体的积极扩容及刑罚援引,对民营经济产权的无差别均等保护是公平保护的形式内容。但立法层面的拓展与周延,并不意味着司法适用层面也应随附性扩张,刑事法介入的限度与理性应立足于规范解释的技巧与艺术,体现刑事司法适用的宽容性和补充性,缩限适用背信条款的涵括范围成为立足民营经济主体差异性,构建实质公正的差异保护模式的核心所在。就民营经济保护而言,其所关涉的核心命题在于如何保有规范适用的司法谦抑性与缩限性,所讨论的是罪刑规范于司法适用过程中各构成要件要素的解释力与涵括力。

因此,本文以《刑修(十二)》新增背信条款为展开基础,分析和审视该条款中所体现的民营经济保护方案中所随附的泛刑化风险,基于民营经济

---

① 参见刘宪权:《〈刑法修正案(十二)〉修正内容之规范解读与思考》,载《财经法学》2023年第3期。

② 参见黄明儒:《论刑法平等保护民营企业的多重意蕴——兼评〈刑法修正案(十二)〉相关条文》,载《政法论坛》2024年第2期。

③ 参见刘艳红:《轻罪时代刑事立法泛刑化与重刑化之理性反思——以〈刑法修正案(十二)〉为视角》,载《法学评论》2024年第2期。

主体行为的特异性,阐明积极刑事立法背景下差异保护模式的构建方向,缩限相应背信条款的司法适用以达到介入保护的理性与限度,同时阐明具体缩限性规则及具体限定路径,在刑法公平保护民营经济的时代命题下,以期达到刑事立法与司法的理性衡平。

一、民营企业公平保护的规范模式与适用风险

《刑修(十二)》新增三类背信条款均以"实施前款行为""依照前款的规定处罚"的援引式立法表达将国企和民企相关人员背信行为予以均等规制,从行为模式到量刑幅度,无不体现对民营经济产权无差别保护的刑事政策目的。同时,在条款中增设"违反法律、行政法规规定"的违法性前置判断基准,并附加相关重大损失的结果要件,进行与国有企业相区分的特殊设计,体现了个性化、具体化的差异保护意蕴。以规范为基础的保护模式研究并非仅是抽象价值层面的理性探讨,其价值在于规避相应司法适用风险,从而准确地进行司法认定。

(一)均等与差异:公平保护内涵分野的学理范式

关于民营企业刑事法公平保护的含义,形成了"均等保护说"与"差异保护说"的学理分野,两种学理范式以法益保护的同一性和区分性作为其立论逻辑前提,但均有理性探讨的空间。

1. 同一性逻辑:均等保护说

均等保护说认为刑事立法应以平等保护原则为基础,对不同所有制主体入罪标准层面的差异予以消除,具体涵盖定罪与量刑两个方面,强调制罪均等与制刑均等。① 根据均等保护的方式不同,又分为临摹式立法说和对称式立法说,其中临摹式立法强调民营企业内部问题的刑事立法应整体上临摹国有单位的内部治理,基本逻辑是两者保持在罪刑设定上的一致性,从而将对国家机关内部治理的刑事惩戒模式自然延伸至

---

① 参见李希慧:《刑法应平等保护非公有制经济》,载《人民检察》2006年第23期。

民营企业。① 而对称式立法说强调刑事立法应回归对称性规制,认为不同的经济主体不存在法益侵犯的种类与程度差异,针对相同背信行为进行对称性入罪,进而实现渎职犯罪不同主体间的均等规制。②

仔细考察均等保护说的各具体主张,其共同的逻辑前提是不同所有制经济主体行为的法益侵害具有同一性,即民营企业和国有企业相关主体背信行为具有同等的可罚性,但是这一立论逻辑具有规范上的识别性错误。一方面,2023年修正后的《刑法》第165条第1款仍以"获取非法利益"作为入罪条件,而第2款却附加"遭受重大损失"作为必要的构成要件要素,相较而言,似乎民营企业背信犯罪更关注企业财产法益。另一方面,国有企业相关人员因其身份所随附的保证人地位而具有职务廉洁的公务性义务,关涉公共利益与国有资产流失,属于公职犯罪范畴;而民营企业内部人员背信行为仅是对其基于合约性的受委托义务的违反,并不涉及公共利益,这就决定了两者之间的罪刑设置不可能完全相同。因此,民营企业均等保护的学理方案尤其难以逾越理论障碍,只能在形式层面承认对民企产权的同等保护程度,其实质内涵应为刑法保护力度上的平等,而非在定罪量刑上予以同等规制。

2. 区分性逻辑:差异保护说

差异保护说则认为平等保护的意蕴并不是对国有企业和民营企业相关人员实施的背信行为采取完全相同的入罪与量刑标准,而应关注两者客观存在的诸多客观差异性因素,③承认两者之间以法益保护原则为基础考察受侵害法益类型与程度的不同而形成的保护模式界分,从而侧重关注结

---

① 参见陈金林:《民营企业内部犯罪的治理逻辑——〈刑法修正案(十二)〉的突破及其司法展开》,载《中国法律评论》2024年第4期。

② 参见袁彬:《反思非对称性刑法立法——以〈刑法修正案(十二)(草案)〉为契机》,载《中国刑事法杂志》2023年第5期。

③ 参见胡东飞、郑博文:《实质平等保护视角下民营企业内部人员背信犯罪的司法认定——以〈刑法修正案(十二)〉相关条文展开》,载《法治研究》2024年第4期。

果上的实质正义,形成形式平等与实质平等的有机统一。该学理范式的观点认为,国有公司、企业人员的身份承载了国民与国家之间的信赖关系,具有较强的公职属性,而民营企业仅体现私属性,这成为差异化减轻民营企业人员处罚的刑事政策依据。① 与之较为相似的观点还有:国有企业内部人员实施非法经营同类营业等属于职务犯罪,显现出渎职属性;而民营企业人员相同行为只是侵犯了公司的产权或者管理秩序。②

探究差异保护说的学理论证过程,可以发现该学理范式是以民营企业和国有企业具有的区分性逻辑为前提的,且该种区分性并不是由不同所有制经济主体的身份本身差异导致的,而是由身份所折射出的法益类型差异所决定的。国有企业工作人员的身份属性随附了对于国有财产管理权责的保证人地位,代表了国民对其廉洁性的身份信赖,而民营企业相关人员的背信行为原则上是内部问题,并不体现公务性,因此不具备同等归责的法益理论基础。比较有迷惑性的观点提出了"经济秩序""管理秩序"等中间法益的概念,认为民营企业内部人员的相关背信行为也会扰乱市场秩序,且侵犯经济秩序法益的性质更加突出。③ 但这类宏大法益概念过于模糊,其只是保护法益的中间手段,而非法益本身,其本质上是对秩序法益更具化的企业财产法益的表面提示,始终是保护公司财产法益的中间反射,最终的落脚点仍然在企业私有产权的保护上,因而不具备诸如职务廉洁性等法益的集体性内涵,这也是需要对其进行差异保护的根据所在。

(二) 新增背信条款中刑事保护模式的泛刑化风险

根据均等保护和差异保护两者不同模式的学理比较,应当认为,刑事

---

① 参见姜涛、柏雪淳:《论非公有制经济的刑法平等保护》,载《人民检察》2017年第23期。

② 参见罗翔:《技艺和程序:刑法修正的检视——〈刑法修正案(十二)〉新增民企工作人员犯罪条款的展开》,载《法学评论》2024年第1期。

③ 参见张勇、郑梦蝶:《民营经济刑法保护的公平价值及其实现》,载《河北法学》2024年第4期。

法对于民营经济的公平保护采用差异保护模式更具适宜性。《刑修(十二)》虽然考虑到两者之间的实质性差异,作了构成要件的区分性设计,诸如增加损失结果要件的规定,但又缺乏精细化的解释性规定,司法适用上体现可操作性的规范供给仍然不足,因而总体上,呈现均等有余而差异不足的保护格局,导致具有相应的泛刑化风险,具体分为以下三个方面:

1. 法益评价道德化

国有企业内部背信犯罪法益评价具有道德管理属性,例如职务行为的不可收买性等,《刑修(十二)》在均等保护民营企业利益的理念支配下,以复制临摹的方式将背信犯罪拓展至民营企业主体,因而同等继受了国有企业相关法益评价的道德化倾向,并予以个性化发展,形成"忠实义务"、"受托义务"或"坦诚义务"等道德性法益类型。认为企业高管对股东坦诚义务的违反具有刑事可罚性,民营企业背信犯罪应将高管违背坦诚义务作为背信犯罪的内核本质,[①]违反受托义务本身就足以彰显背信犯罪的不法,因而侧重保护民营经济主体间基于契约的信赖机制与信托关系。

但对于刑事可罚性根据的本质追问不能仅停留在道德、伦理违反的层面,刑法的目的在于保护法益,没有法益原则作为支撑根据的刑事处罚均具有随意入罪的泛刑化风险。诚然,违反忠实义务或受托义务是民营企业背信行为的抽象性特征,但其本身并非刑事保护的最终目的,正如学者所言,民营企业内部人员违反忠实义务的行为是一种利益冲突行为,会给公司带来利益风险,其所规制的是将个人利益凌驾于公司利益之上的行为,避免危及股东权益。[②] 可见,忠实义务的最终目的指向仍为企业的实际利益,忠实义务与企业遭受损失之间或许具有统计意义上的类型化关联,可

---

① 参见王海军:《涉民营企业背信犯罪的立法拓展与司法限定——以〈刑法修正案(十二)〉为中心》,载《法学杂志》2024年第3期。

② 参见何惠玲:《民营企业内部人员背信罪名的理解与适用——基于〈刑法修正案(十二)〉的修改》,载《中国政法大学学报》2024年第3期。

能存在手段和目的之间的牵连关系,但两者之间不能直接予以绝对的等式化处理,否则将造成法益损害的道德性评价偏离。

对国有企业而言,其基于其公益属性将职务廉洁等道德属性的评价和其本质的法益属性进行了高度的捆绑联结,职务廉洁性等道德性法益评价是竞合于其实质法益侵害的形式侧面,不会偏离其法益保护的实质属性,因此该种道德性法益评价可以在一定程度上作为国有企业法益侵害的替代评价。但是对民营企业而言,该种道德性法益例如忠实义务,无法直接揭露或替代其背后的实质法益属性,外观上违反忠实义务的情形可能未必最终导致实际利益损害,牵连性的目的手段关系缺乏竞合关系的可替代性特征,容易导致在司法实践中截取其中一个侵占等违反忠实义务的局部性片段直接予以犯罪化处理,忽视两者整体的财产关系,进而导致仅关注道德层面法益评价,从而失去了实质不法的准确内容。

2. 保护效果反噬化

本次新增背信条款的目的在于通过打击民营企业内部关键岗位损企肥私的犯罪行为,实现对民营企业权利的公平保护,但民营企业经济犯罪原则上是内部问题,法律应最大限度地减少对民营企业正常经营的负面影响,[①]保持刑事介入调整的必要理性。否则刑法作为最为严厉的社会治理手段,泛化的刑事追诉可能将会对民营经济保护产生反噬化影响。

首先,不当损及民营企业关键的人力资源,尤其是关键管理人员。这类人员往往和企业利益深度绑定,就其实施的背信行为单独而言,其可能存在与企业利益的背反与冲突,但从企业整体的运行来看,其归集的企业价值可能远远超过犯罪损害的财产利益,甚至该人员本身就是企业经营计划或品牌的一部分,例如带货平台的头部主播,对其予以刑事

---

① 参见刘雅玲:《依法平等保护原则指导对民营经济的刑法保障》,载《法学》2023年第1期。

犯罪打击可能影响企业经营声誉,打击投资人及合作对象的信心,导致企业陷入经营困境。

其次,削弱相关责任人的法益修复能力。民营企业刑事公平保护的内涵当然地包含法益修复内涵,以刑事手段进行事前规制的同时也应当注重利益损害的事后修复与补足。就实体法而言,法益的可修复性甚至能够决定财产犯罪乃至经济犯罪是否成立,因为它能够导致行为的需罚性被排除。① 对内部人员进行刑事追诉,一方面,刑事追诉并不注重民事诉讼的补偿性功能,更多体现为报应而随附的一般预防功能,但对相关人员定罪量刑无法达到法益补偿的救济目的;另一方面,相关人员反而因追诉身陷囹圄无法进行法益恢复,尤其是罚金刑的适用,将会严重削弱民事赔偿能力,进而无法有效保护民营企业合法权益。

最后,削减和限制企业创新,影响企业长远发展。民营企业基于其逐利性特征,有其特有的经营逻辑,需要承担不确定性的风险,并敢于创新,因而企业管理人员的决断与市场选择往往是非共识性的,甚至在一般理性人视角下带有极大的风险,然而这种创新是企业长远发展所必需的精神,因此对民营企业的平等保护不仅要注重保护其产权性利益,还要保护其投融资的创新方式。基于此种观念,刑事介入的程度应排除和禁止处罚特定的行为模式,否则,将会限制市场所需要的创新空间,企业也就无法实现长远的发展。

3. 罪名适用口袋化

新增民营企业背信犯罪条款以"其他公司、企业的董事、监事、高级管理人员"这一填堵式的立法技术,保持了民营企业中背信人员和国有企业中背信人员主体范围的一致性,实现了犯罪主体的均等复刻。但是由于董事、监事以及高管本身立法概念的模糊性,加之民营企业中职务与权利的

---

① 参见刘艳红:《刑事一体化视野下少捕慎诉慎押实质出罪机制研究》,载《中国刑事法杂志》2023年第1期。

不对称性，上述主体范围难以界定，外延模糊不清，进而使相关背信条款可能沦为口袋罪。

一方面，虽然修改后的刑法能够妥善解决行政违法和刑事不法之间的逻辑递进关系，在主体范围和称谓上保持与公司法的一致性，①但是刑法对于董事、监事以及高管的概念并未明确，基于法秩序的统一性，只能参考《公司法》的有关规定，2023年修订的《公司法》对高管的概念，采用了"列举＋兜底"的立法技术，因而概念也模糊不清，存在公司法理论和实践的诸多分歧。由于法律层面的规范供给不足，无法界定上述相关主体的概念范围，为背信犯罪口袋化提供了规范契机。

另一方面，民营企业相关工作人员的职务与其权力往往并不相关，权力的大小或其职务便利性程度往往并不与职务的表面称谓相符，其内部人员职务称谓较为繁多，且人员具有易变性和流动性，不能仅基于"法定模式"从表面上认定董事、监事和高管的身份，②否则，会导致将那些不具有管理权限而仅因其表面职务称谓的人员纳入背信犯罪的打击范围，进而司法实务上在认定相关犯罪主体时具有较大的弹性空间，提高了适用该罪的口袋化风险。

二、倡导差异保护模式选择的规范理据

如前所述，均等保护的学理内涵虽然有一定的合理性，但也具有相当的泛刑化风险，因此，对国有企业和民营企业背信行为进行差异化制裁可能更具合理性。该种合理性源于立足于两类经济主体的实质性差序格局所体现的实质公平保护目的。而如果法律的目的是正当的，并且法律的差

---

① 参见曾粤兴、谭健强：《民营企业内部腐败行为的刑法防治：〈刑法修正案（十二）〉的新亮点》，载《河北法学》2024年第5期。

② 参见印波：《民营企业产权的刑法平等保护——以〈刑法修正案（十二）〉为分析重点》，载《法学杂志》2024年第3期。

异是为了实现法律目的所必需,则这种差异就应被认为是合理的,是一种比例平等,并不违反刑法平等原则。① 因此,本文倡导差异保护的模式选择,具体包含以下几个理由:

(一)法益侵害的单一性

关于民营企业背信行为的法益侵害,除诸如忠实义务等道德性评价之外,还存在多元性与单一性的争论。其中单一性观点认为本罪实质是侵害企业的财产利益,与妨碍公司、企业的管理秩序缺乏必然的联系,②甚至将本罪的法益进一步缩限为股东财产权;③而多元性观点则认为背信行为在损害企业产权利益的同时,也会扰乱市场秩序,且经济管理秩序是更为突出的法益;④还有少数观点侧重将多元法益按照位阶高低的规范逻辑关系进行层次排序,将财产作为目的型法益,而经济秩序作为从属性法益。⑤综合考察上述观点的逻辑表达,其差异与争点在于经济秩序法益是否作为本罪的侵害客体。

经济秩序法益的观点根植于经济刑法的管制性理念,强调通过刑罚的威吓和制裁来强化经济主体的规范性意识,因而造成公权力常常介入和干预市场经济活动。就新增背信条款而言,其初衷并非保护某一类主体在市场中的不公平竞争优势,而是在贯通刑法的预防性功能语境下,避免将不当竞争的损失不公平地转嫁其他参与者,以促成外部市场经济秩序的良性

---

① 参见庄劲:《国有财产和私有财产:刑法面前如何平等》,载《中山大学学报》2007年第1期。

② 参见黄明儒:《论刑法平等保护民营企业的多重意蕴——兼评〈刑法修正案(十二)〉相关条文》,载《政法论坛》2024年第2期。

③ 参见罗翔:《技艺和程序:刑法修正的检视——〈刑法修正案(十二)〉新增民企工作人员犯罪条款的展开》,载《法学评论》2024年第1期。

④ 参见张勇、郑梦蝶:《民营经济刑法保护的公平价值及其实现》,载《河北法学》2024年第4期。

⑤ 参见柏浪涛:《我国背信罪的教义学阐释——以〈刑法修正案(十二)〉为起点》,载《苏州大学学报(法学版)》2024年第2期。

且完整的系统循环。公权力作用的目的不限于对个体财产的保护,最终的落脚点应该是构建公平竞争秩序与健康营商环境。①

但就背信罪而言,所谓的经济秩序法益侵害,本质上是由企业内部管理秩序的失控连锁引发的,由于民营企业大量涌现出违反忠实义务的违法行为,公司治理秩序发生紊乱,进而引发市场秩序的崩溃。而刑事法介入的目的就是规制民营企业内部人员的相关背信行为,通过积极引导规范的内部公司治理,保护公司内部的信赖受托关系,进而实现经济秩序管控的政策性目的。

然而,公司治理秩序有效、稳定运行本身就是对财产权利保护的重要手段,财产安全是秩序管理的底线意义,公司遭受重大损失实际上就是公司治理紊乱的表现形式,管理秩序最终指向了公司财产保护法益。从民营企业的需求视角来看,基于管理的特殊性,企业本身实际上并不关注行为的动机和方式,更多注重的是经营结果。因此,基于民营企业与国有企业的差异性,财产法益安全意味着能够阻却对于忠实义务违反所导致的经济管理秩序的刑事追诉,在并不损害财产法益的情况下,单纯归责背信扰乱经济秩序的行为不具有法益支撑根据,因而在背信行为的刑事规制中,应基于财产结果损失要件进行规制,保持合理的限度。

(二)企业管理的自治性

相较于国有企业因关涉公共利益而具有的外部规制性而言,民营企业因其产权利益的私属性而具有内部性,原则上来说,民营企业内部人员犯罪是股东和企业工作人员之间的内部问题,基于内部性原则,企业意思自治存在阻却刑事介入的可能性空间。现代公司治理中自治原则强调在不损害第三人和社会公益的前提下,允许自愿协商对强制性规范之外的其他

---

① 参见马福运、王瑶:《论中国式现代化的制度逻辑》,载《中国特色社会主义研究》2023 年第 5 期。

规范予以变通和选择,①其内核含义允许公司在不违背强制性规范的情况下自主决定一切事项,而何种行为受到强制法的规制,往往涉及公共利益的理由,公司治理的内部私属性事项一般要求法律介入时保持克制和理性。

企业内部管理的自治性决定了市场经济行为一般交由企业自行管理,行政管理权也只是起到监督的作用,集中体现了行政权向企业自治的妥协与让步,作为保护手段前置性的行政权尚且需要保持理性的克制,以释放企业自治空间,那么严厉的刑事处罚规制作,为后顺位性的保护手段,更应保持谨慎。就背信行为而言,其行为违背基于契约的受托义务、勤勉义务,受托义务关注履行动机、目的和任务,是一种动机性义务,具有道德评价的属性;而勤勉义务则关注董事、监事和高管的履行态度、细致程度和责任使命,是一种注意性义务,但是两者都属于契约型义务,并不由强制性规范予以命令性附加,属于双方意思自治的内部范畴。基于该种原则可以给予商业判断归责以及公司章程豁免等合理性保护,具有阻却和抵制刑事处罚介入的隔绝性效力。

因此,在司法实践中,企业自治原则可以在差异保护模式下作为构建相关人员出罪路径的解释理由,对于相关人员的背信行为,事前的同意以及事后的追认都应当作为减轻或者免除刑事追诉的正当理由,同时,也应当将对相关人员的监督、控制以及追究赔偿的权利交由企业自身,由其进行自我的意志抉择,刑事法介入对此应保持尊重和克制,而对于国企中的犯罪主体,企业产权因涉及社会公益而不具有相应的出罪理由,这是民营企业应受刑事法差异化保护的内生性理由。

(三)经济活动的特殊性

国有企业严格区分产权所有者和代理人之间的关系,并严格设置代理人的竞业禁止义务,防止其利用国有企业的市场支配地位进行同类营业,

---

① 参见范健、王建文:《公司法》,法律出版社2018年版,第41页。

进而强化和增益其忠诚勤勉义务,以确保国有企业资产的增值保值。国有企业的经济活动均受内外部监督,甚至专设审计机构进行年度政府审计,经营活动往往相对规范和透明。但就民营企业而言,从其经济运行过程来看,其并不像国有企业严格区分代理人和所有者之间的关系,所有者往往实际参与经营,其经济活动具有相当的特殊性。

一是经营活动具有目的性关联。民营企业往往基于投融资及扩大业务体量的目的进行关联交易,可能涉及商品购销、资产转让、提供担保以及资金借贷等方面,对企业实现资源整合、提高运营效率具有重要作用。关联交易可能从形式上损及企业的短期利益,但是从其交易目的和长远的经济效果来看,关联交易给企业造成损失似乎是一个假想性命题。相较而言,国有企业的该种关联交易行为在实践中多数被认为是进行重大舞弊,往往伴随国有资产流失的重大风险,因而在审计学上常常被定义为高风险审计项目,刑事法介入规制有其正当性理由。对比来看,关联交易行为基于不同所有制经济主体有不同的经营效果,因此具有了不同刑事归责的差异性区分。

二是内部管理具有家族式特征。民营企业实践运行中一般缺乏有效合规管理,并无专业规范的组织架构以及管理制度条件,导致其内部管理以及经营行为灵活有余而规范不足。① 有关数据显示,当前的经济结构中,超过80%的企业是家族式企业,②其内部治理显现结构式的家族性特征。在该种企业治理模式中,民营企业存在不同程度的治理结构混乱,尤其表现为股东财产和个人财产混同,公司整体行为与股东或者实际控制人的行为混同,这些企业尚未实现现代公司制度的转化,管理人员往往以熟

---

① 参见龙宗智:《我们需要什么样的合规不起诉制度》,载《比较法研究》2023年第3期。

② 参见柳桂媛、王刚、卫东平:《中国家族企业"走出去":发展战略》,载《国际经济合作》2020年第5期。

人或亲友为主,财产以家族式的整体性利益存在,因此相关岗位人员实施的背信行为,虽然表面上损害了公司的利益,但实质属于家族内部成员之间的财产利益流动,并未从整体上损害该家族的利益,且家族内部成员的行为一般被予以默认或者容忍。虽然家族式的民营企业内部控制缺失,监督机制不畅,但其内部人员的失范行为往往被认定为家族内部的自决事项,刑法介入并无伦理上的期待性,家族内部的非正式规范能够实现高度的自我调节,形成法律不宜穿透的规范屏障。①

三是市场行为具有风险博弈性。在市场竞争中,不同于国有企业拥有强大的资金技术背景,特别是面对融资等压力,民营企业往往受到来自消费需求变化、技术进步以及政策调整等多重因素的影响,因此,在复杂多变的市场竞争中,民营企业可能存在风险博弈性行为。以徇私舞弊低价折股、低价出售资产的行为为例,在激烈的市场竞争语境下,有时候也会出现合乎正当目的的特殊场境,主管负责人员可能并非出于谋取私利目的,而是为了企业发展、公司转型的现实性需要,不得已丢车保帅、断尾求生,低价折股出售公司资产进行"割肉回血",在该过程中有可能出现弄虚作假、伪造材料等背信行为,但其目的并不在于损害公司产权,该种行为和国有公司关键人员谋取私利行为具有本质的差异。

因此,实现民营企业的平等保护,应当基于其经济活动的特殊性,既要注重其现实的产权利益保护,也要注重其市场竞争中的创新,鼓励其市场创新方式,对于合乎正当的企业利益保护目的的经营行为,应考虑其不同于国有企业的特殊现实,予以差异性的刑事保护。

(四)治理规范的前置性

民营企业相关人员的失范行为具有内部自治性,并伴随共生私法属性,其所造成的重大财产损失,应当被允许通过财产损害修复进行补益与

---

① 参见时延安:《差异化治理格局下不同市场主体的刑法保护》,载《国家检察官学院学报》2021年第3期。

救济,而刑事法的罪刑规范主要目的在于打击和报应相应背信犯罪行为,并实现一般预防的社会意识规范功能,对于财产法益的修复和救济任务则落到了相应前置性的治理规范上,同时前置法也能充当违法性认定的判断事由,因而刑事法介入保护民营企业利益时,应充分关注前置性的治理规范,其只能作为后顺位的救济手段,从这个角度看,体现和国有企业区分性的差异保护。具言之:

第一,民事诉讼是财产损害的救济原则。民营企业的背信行为在公司法上已经通过忠实义务和勤勉义务的道德性评价进行规制,其内部发生背信行为时,可以通过民商法或者行政法律追究相关当事人的责任以填补损害。如果民事诉讼能足以填补损失和恢复受损的法益,那对于民营企业进行刑事处罚就失去了必要性基础。之所以能够适用民事救济,是因为民营企业背信行为的社会危害性较低,不具备刑罚归责的法益性基础,而法益侵害性的有无及其程度直接决定刑事违法性的前提与基础。①

第二,意思自治内容构成违法性判断基础。该当构成要件的类型行为一般被认定为具有违法性,但有些经过同意和允许的行为,基于法益衡量原则的利益如原理,则不具有违法性。② 从《公司法》第182～184条的条文表述来看,其对同类营业以及关联交易行为采取了条件性限制而非绝对禁止的立场,若行为人在事前向董事会或者股东会汇报,其经营同类营业的行为获得董事会或者股东会的决议通过,那么该种背信行为则因为获得了被害人的事前同意或承诺,阻却违法性。因此,公司治理基于其内部性具有较大范围的意思自治,在意思自治原则框定的范围内,刑事法

---

① 参见夏伟:《法益概念解释功能的教义学形塑》,载《苏州大学学报(法学版)》2023年第2期。

② 参见张明楷:《刑法分则的解释原理》(下)(第2版),中国人民大学出版社2011年版,第536页。

禁止介入调整,通常该种范围内的自治内容构成该当性行为的违法性判断基础。

第三,多元治理手段的缺位。国有企业在治理手段方面形成了综合混一的多元化治理手段,包含民事赔偿、纪律处分、行政处分、刑事处罚等,且不同的手段之间界限清晰并可衔接转化。相较国企而言,民营企业对于背信行为的规制缺乏系统性和多元化的处理,因此必须明确刑法介入的合目的性和边界性,避免刑法物化为简单的维护社会治理秩序的工具。① 针对民营企业背信行为的内源性,企业管理存在治理结构、监管制度以及合规建设方面的漏洞,司法规制可以通过司法建议、刑事合规等途径进行多元化治理,而该种多元化治理的缺位,成为刑事法介入的克制理由,否则有刑事管制肥大化风险。

三、差异保护模式的规范缩限解释方向与应然规则

如前所述,民营企业刑事保护的公平方向应注重差异保护的模式选择,其有充分的倡导性规范理由,其内核本质在于保持刑事法介入的谨慎与限度。然而,刑事法介入以公平保护民营企业并无规范的限定性内涵,其实质是通过刑罚的调整、完善以及进退有度来保障与促进民营企业活动,由此可以将刑事法保护细分为积极模式和消极模式。②

积极模式是指通过积极的刑事立法,扩大打击范围,强化保护手段和效果,而消极模式则针对司法适用而言,要求启动刑法的适度退出机制,以保持其适用的理性和限度。基于民营企业刑事保护的谨慎性要求,在已经积极扩张的背信行为规范的立法现实下,如何理解并具化刑法保护消极模

---

① 参见刘艳红:《民刑共治:中国式现代犯罪治理新模式》,载《中国法学》2022年第6期。
② 参见储陈城:《民营企业的刑法保护——兼评〈刑法修正案(十二)〉》,载《法商研究》2024年第2期。

式的内容,如何降低刑事司法的活跃度,成为实现差异保护企业利益模式下刑事立法与司法衡平以杜绝权力过度扩张、侵害公民自由现象发生的重要命题。

本文的观点是,刑事保护消极模式的解释性方向在于缩限相应背信规范的司法适用。该种缩限性与民营企业法益侵害的低阶性具有逻辑的一致性,正因为民营企业法益侵害相较于国有企业具有轻缓化特征,才需要刑罚适用保持必要的谦抑,其谦抑方式为以司法适用的缩限和削减来冲抵背信条款在刑事立法上的积极性扩张,这也是缩限性解释方向的正当性和合理性,并衍生具体的解释性规则。

(一)背信条款缩限性司法适用的合理性与正当性

民营企业背信条款缩限适用的理由能够具化为规制对象与规制工具两个方面的内容,并界分为合理性与正当性的理由。合理性是基于民营企业这一规制对象的视角,研究背信条款对其缩限适用的可接受程度及其理由。而正当性则从刑法规制工具角度出发,从其本源性的适用原则探寻其在民营企业中具化的正当解释。

就合理性而言,其所讨论的是背信条款的适用缩限程度与民营企业相关人员违法性认识程度能力的合理匹配问题。新增背信条款前置预设的"违反其他法律、行政法规"的违法性判断条款,足以证明本罪为行政犯,行政犯的违法性源于刑法规范的拟制性命令,通常发生在经济犯罪的场合,其违法性的判断不同于自然犯,故以天然的道德、伦理感知属性,甚至以道德伦理来衡量其法益属性经常会发生偏向性的错误。

但《刑修(十二)》所涉背信条款,现行公司法及其他法律规范对此却缺乏明确的强制规制,并没有提供足够的援引性规范,给法律上对于相关违法性判断留下无尽的解释空间,在实践中也使相关人员对其行为的违法性缺乏准确的认识,而基于企业内部自治性因素,造成人合性、自治性规范优先于法律规定的意识蔓延,①从而造成自治与规制的界限模糊不清。因此,刑事法对其背信条款前置性的法律评价应保持与其违法性认识判断能力的合理性期待,在该种违法性判断复杂且不具有明确操作指引性规范的前提下,刑事法应尽量避免扩张式的形式违法性判断,而应多寻找实质出罪性理由。

就正当性而言,背信条款的缩限性解释具有刑法规制手段补充性、后顺位性以及严重社会危害性等谦抑性原则的自洽性。首先,刑事法介入具有补充性,该原则强调刑法并不是万能的,只能作为附属性的法益保护规范,当特定行为危害社会共同生活并且非刑罚不足以制裁时,才具有正当性。② 对于民营企业中的背信行为,其属性为经济犯罪,法益保护并非只有刑法手段,在全部的救济手段中,刑法应当是最后考虑的手段。其次,刑法规制的行为具有严重的社会危害性,也就是说,刑法对于社会危害性较低的行为应保持必要的宽容与理性,应交由其他法律法规进行规制,因此,对于背信条款,应以严重社会危害性作为其规制范围的界限标准,并通常与民营企业内部自治条款进行结合认定,两者之间具有互斥性的,则事前的被害人承诺和允许事项一般不具有应受刑罚惩罚性。

(二) 实质平等保护下缩限适用的解释性规则

缩限性司法适用的解释性方向应有具象化的呈现,其要求对于罪刑规范中相关构成要件要素的文意不清晰以及适用范围较大的规则,缩限适用于法律调整的目的范围之内。结合民营企业独有行为特质,具体来说包含以下几个解释性应然规则。

1. 理念更易:从积极立法到精准司法

从刑法修正案的历史发展来看,积极刑事立法及其随附的刑法制裁扩

---

① 参见梁上上:《人合性在有限公司中的终结》,载《中国社会科学》2022年第11期。

② 参见林钰雄:《新刑法总则》,中国人民大学出版社2009年版,第67页。

张化的功能,为犯罪治理提供了全新的路径,积极的刑法观已在我国刑事立法活动中得到了确认与持续发展。① 其倾向于采用重刑化的手段来强化公民的规范意识。在本次《刑修(十二)》中新增的非法经营同类营业罪、为亲友非法牟利罪以及徇私舞弊低价折股、低价出售资产罪的背信规制条款,则践行了这一立法习惯与逻辑,鉴于民营企业平等保护的形式均等化呼声,有学者认为不仅要在立法层面予以积极推进犯罪行为的扩容,还要在刑事司法层面通过各种解释,尽可能地消除规范供给不足的问题。②

但刑法的基本任务并不局限于打击犯罪,其还基于尊重和保障人权的功能,避免国民被刑法随意打击。因此,司法者应不断地在积极扩张犯罪圈与保障人权之间进行衡平,而非一味地积极扩大刑事规制圈围。在司法实践中,司法裁判若对刑法规范的适用出现形式化和机械化的认知与理解,就会偏离朴素群众的常识常理常情。③

因此,面对轻罪时代背景下的刑事立法积极扩张之趋势,精准化司法成为理当研究的命题,该种观念既符合积极打击犯罪的规制理念,又避免将不当罚行为纳入刑事规制范围,以实现尊重和保障人权的目的性功能。在民营企业刑事保护的构建过程中,司法者应尽可能在现行背信条款的基础之上,运用司法解释的技术及艺术,立足于民营企业这一规制对象的主体现实,精准地解释各构成要件要素的实质内涵。例如对于犯罪主体的认定、行为模式的认定以及结果损失的认定,上述构成要件临摹国有企业立法后,在民营企业保护的语境下,必然要作出不同于国有企业中相同构成要件的解释,该种解释理念应遵守精准化和实质化司法的理性要求。

---

① 参见吴宗宪、燕永辉:《微罪的概念补正与现实批判》,载《河北法学》2023年第2期。
② 参见付立庆:《积极刑法观及其展开》,中国人民大学出版社2020年版,第87页。
③ 参见董文凯:《"假药"认定标准的行刑分立及其应用》,载《青少年犯罪问题》2023年第4期。

2. 规制谦抑：从全面保护到最小干预

民营企业是市场经济中最为活跃的主体。作为最严厉的法，刑法对民营企业的介入与市场活力的释放之间存在此消彼长的关系，[1]刑法介入越多，民营企业市场活力越受抑制，因而发挥刑法在调整民营企业产权功能中的最大作用，并非要求刑法面面俱到实现全方位的保护，而是应该坚持最小干预原则，在刑事规制上保持必要的谦抑。

一方面，立足于民营企业与国有企业的产权性质实质，形成了差异保护的模式选择，由此奠定了最小干预原则的法理基础。民营企业的产权具有私人属性，且呈家族式整体利益的自我调节形式，很多外观看似该当背信行为构成要件的经营行为，实质上有可能是财产在家族内部的流动形式，或者是控制人的经营布局形式，并没有达到值得刑法科处刑罚的程度。因此，基于该种产权的公私差异，对民营企业实行形式入罪，实质出罪的司法干预最小化原则具有重要意义，且有极强的解释性空间。同时能够更好地兼顾法理，避免随意入罪。

另一方面，民营企业相关规范结构制度的缺失现状，决定了刑事法介入的微弱效果，这是坚持干预最小化原则的现实基础。在实践中，民营企业由于缺乏规范的犯罪防控体系，相关背信行为的风险点始终处于活跃状态，《刑修（十二）》新增的三类背信行为，都属于职务关联性犯罪，在关联交易中存在相当的舞弊风险与职务犯罪空间，其根本原因在于民营企业内部控制漏洞，而刑事法的积极介入，也仅能对已经发生的背信结果进行事后的规制，无法化解该种普遍性的源头性的制度弊端，而重复的刑事制裁无法消灭不法行为产生的原因时，刑法的一般预防效果将因此而受到较大影响。因此，其根本治理方式在于完善相应的现代企业制度，做好内部舞弊风险控制，将背信犯罪的风险降至最低，而在这一过程

---

[1] 参见夏伟：《涉民营企业产权犯罪的解释方向与规范限度——以〈刑法修正案（十二）〉为分析重点》，载《法学评论》2024年第5期。

中,刑事法对民营企业内部自治事项应保持最小干预并予以必要的发展建构时间与空间。

3.评价降格:从一般罪名到特殊法条

在《刑修(十二)》出台之前,民营企业中的职务犯罪主要通过职务侵占罪来予以打击和规制,其主体具有广泛性,其认定不以是否形成劳务关系等形式判定,而是基于实际履职的判断做了口袋化的主体扩张,同时其行为方式也复杂多元,包括盗窃、诈骗、侵占等多种方式,在实务中只要利用职务便利侵占公司财产的,均可以由该罪名进行调整,是规制公司财产犯罪的一般性法条。而考察背信规范中构成要件,两者之间存在一般法与特殊法竞合关系的解释性空间。

对比国有企业,其罪名规制完备周延,相同的背信行为在国有企业犯罪中被认定为特殊罪名,而在民营企业中最多作为职务侵占罪予以打击,从而引发量刑的不均衡。因此,基于量刑均衡以及对称性立法的考量,《刑修(十二)》将三种背信行为从一般的职务侵占罪中予以剥离,并单独立法,实现了一般法条向特殊罪名的立法转化。在学理上,该种立法经历从"有"到"有"的过程,属于将旧的一般规范分离成新的具体规范。①

因此,基于一般法条和特殊法条的竞合关系,《刑修(十二)》并未明显地扩张民营企业的处罚主体范围,而是将实践中由职务侵占罪名予以一般性规制的部分特殊背信行为回归了特殊的背信犯罪,不仅如此,从两者相应规定的法定刑来看,新增的三类背信行为的法定最高刑也低于职务侵占罪。从这个角度而言,《刑修(十二)》实现了职务侵占罪的背信规制分流,并客观上实现了刑罚的轻缓化。

在本次刑法进行修正以后,根据上述背信条款与职务侵占罪普通法和

---

① 参见夏伟:《涉民营企业产权犯罪的解释方向与规范限度——以〈刑法修正案(十二)〉为分析重点》,载《法学评论》2024年第5期。

特殊法的竞合关系,相关背信犯罪规范应优先涵射适用。① 基于本次修法背信条款的量刑轻缓化设置,在司法适用中能够缓和及钝化前期一般职务侵占罪适用的重刑化矛盾,缩限了相关犯罪的口袋化处理范围。该种将背信犯罪从一般法条到特殊法条的分流过程,实际上是在司法适用中刑事法谨慎介入的集中体现,不仅有效缩限了相关原本由职务侵占罪予以规制行为的类型和主体范围,更在最终的结果上实现了对民营企业产权保护的刑事化的评价降格,彰显了民营经济刑事公平保护的差异化内涵。

4. 前置用尽:从外部规制到内部自治

《刑修(十二)》均等化地将民营企业同类营业等三种背信行为直接纳入刑法的规制范围,以外部介入的方式直接规制民营企业的内部问题,虽然对于规制相关失范行为具有一定的特殊预防性意义,但与民营企业自身的内部自治原则相违背,其原因在于部分背信行为确实有刑罚规制的意义,但是也有部分行为却对刑事介入保有负期待,因此,值得探讨的命题是如何正确区分出刑法应保持规制克制的行为。

本次修法中关于背信条款前置法规定或许可以提供解决的思路,其为刑事保护介入提供了非罪化的解释空间。但是,由于现行公司法及其他法律规范对于前置性的违法义务设定并不完备,欠缺明确的可操作性规范,前置法的设定仅仅是作为本罪法定犯属性的提示性标志。然而,这种行政犯属性的立法前置将为本罪的缩限适用提供规范场域,对该规范的理解,应结合民营企业内部自治的特性作技术性的扩大解释,关注民营企业的自治性规范,将自治事项作为违反行政法规等前置性立法表达的项下含义,其表达逻辑是:凡是符合民营企业内部自治规范的,都不具有违法性。

具体而言,在对背信行为科处刑罚时,应坚持前置法用尽原则,不仅仅要关注公司法等前置法上的相应具体规则,例如同类营业行为中的承诺和

---

① 参见付恒:《论法条竞合的成立范围、划分标准与竞合类型》,载《四川师范大学学报(社会科学版)》2018年第4期。

同意的事实,还要关注公司内部的章程、股东会决议、董事会决议等公司自治事项,凡是经过公司自治组织根据正当程序决议的事项,均不具有违法性,均不期待刑事法的介入。该种解释逻辑扩大了行政犯的解释内涵,扩充了援引前置法的当然内容,其目的在于转换刑事违法性的判断方向,强调不应仅仅是简单机械地关注外在客观行为的该当性,应该切换适用规制的视角,将违法性的判断转换到实质不法的层面来,并穷尽前置法的规定,同时以内部自治事项作为排除刑法适用的正当理由。

四、民营企业公平保护规范限定路径的梯次展开

基于差异保护的模式选择,刑事法介入民营企业保护时应予以司法适用的缩限性解释,在缩限解释的应然规则下立足于背信条款,作规范性的细化指引,是探讨公平保护含义的应有内容。基于此,本文尝试从刑事法介入的基本逻辑出发,在坚持缩限性适用的原则下,梯次性地展开具体规范限定适用路径,基本路径为:程序亲告—入罪从严处理—量刑轻缓处理。下文将具体阐明。

(一)程序亲告化:设置告诉才处理的追诉机制

如前所述,民营企业内部相关人员的背信犯罪问题本质是内部问题,属于意思自治的范畴。在进行法律规制时,应首先尊重企业的自身意志,由其自行决定是否要求刑事法的规制,《刑修(十二)》中关于非法经营同类营业罪设置事前免责条款足以说明刑事法对企业内部行为的尊重,该种尊重不仅体现为事前同意和承诺的权利,也包括事后决定如何处置的权利,因此,在未获得民营企业自身的肯定性诉求之前,刑事法应保持绝对的静默,除涉及公共利益的背信犯罪以外,其他背信犯罪的追诉权应交由企业自身。因此,在司法适用时,对于民营企业背信犯罪的追诉程序应设置为亲告罪,这样既能够作为补充性的手段打击犯罪,又能够避免刑法肆意干涉企业内部事宜。

亲告罪设置可以预防利益对个案追诉的依赖程度,只要放弃追诉并不会严重损害犯罪预防的需要,还能避免对被害人产生严重的副作用,那么就存在设置亲告罪的空间。① 在民营企业不期待刑事法介入的场合,其内部犯罪预防对于个案进行刑事追诉的依赖程度则很低,而企业内部行为人和企业的关系非常密切,利益重合度高,一旦行为人被刑事追诉,可能给公司造成负面影响,因此,在司法处置上设置告诉才处理的刑事追诉机制,既体现刑事法介入的克制和理性,也有利于公司的长远发展。

背信犯罪中关于亲告程序条件的设置,应参考现行法中关于亲告罪的程序。首先,该种犯罪只能是侵犯了个体法益,而不涉及公共利益,比如公司破产等事项,这是背信亲告程序设立的法益前提条件。其次,追诉不利影响大于追诉可获得的预防性利益。这是亲告罪设置的实质条件,其要求通过刑事追诉给企业带来的不利影响,要大于追诉所获得的利益,包括特殊预防下追赃挽损的现实利益以及一般预防所产生的社会性利益,两者的差为正值时,则不符合社会经济效益原则,直接启动刑事追诉不再具有经济性的理由。通过亲告罪的程序设置,使背信犯罪是否需要进入刑事追诉、由谁决定进行刑事追诉的程序权利回归给民营企业自身,在程序追诉时最大化地缩小刑事处罚的范围。

(二)入罪从严化:构成要件要素的实质解释

根据刑事法介入保护的逻辑路径,基于缩限性适用解释原则,在入罪时,应对背信条款中相关的构成要件要素采取实质解释的方法,结合民营企业自身的特殊性,准确定义相关概念范围的界分标准,严格限定相关规范表达的解释内涵。具体包括以下内容:

1. 职务便利的有限界定

《刑修(十二)》新增的背信条款中部分犯罪明文规定了利用职务便利

---

① 参见陈金林:《民营企业内部犯罪的治理逻辑——〈刑法修正案(十二)〉的突破及其司法展开》,载《中国法律评论》2024年第4期。

的构成要件,但现行司法解释并未就民营企业背信犯罪的职务便利概念作出明确的规定,但这一概念指示背信犯罪具有职务关联属性,对其概念范围作出科学合理的解释对本罪的精准适用具有重要意义。

首先,国有企业关于职务便利的司法解释能够划定本罪该构成要件的参考范围。根据《关于当前办理经济犯罪案件中具体应用法律的若干问题的解答(试行)》以及最高人民法院《全国法院审理经济犯罪案件工作座谈会纪要》等规范性文件,职务便利主要包括三个方面内涵,一是利用本人职务上主管、负责、承办某项公共事务的职权;二是利用职务上有隶属、制约关系的其他国家工作人员的职权;三是领导职务人员通过利用不属于自己主管的下级部门的人员职务谋取利益。根据法益侵害的严重程度以及现行的刑事规制政策,相较于国有企业犯罪,对民营企业犯罪的打击程度应较为轻缓,因此,关于民营企业背信犯罪中职务便利的范围内涵应该小于国有企业。换言之,对于职务便利的解释应在国有企业犯罪中的同一概念基础上作缩限性的解释,国有企业职务便利的解释应构成民营企业中该构成要件概念的最大范围,对民营企业中职务便利解释的限度不应超过此限度。

其次,职务便利要求行为人对于相关营业行为具有管理处置权限,并体现一定的支配性。行为人对相关营业业务进行控制、主管和经办而形成的支配性,是其利用职务便利的前提性条件,具体表现为行为人能够对公司的营业方式、业务规模、经营决策等重大事项产生积极或者消极的影响,且该种影响能够使公司业务发生明显的调整,体现决策性、支配性以及控制性。如果行为人虽然具有一定职务,但是不具有上述影响力,则不应认定为职务便利,其可能构成盗窃、诈骗等。同时该种职务便利要与工作便利相区分,将工作便利的概念予以剔除,行为人临时性地接触财物,或者说处分财物等需要得到上级批准而不具有实质处分权限的,其并无实质管理财物的权限,仅构成工作上的经手便利,不构成职务便利的概念。

最后,职务便利要求背信行为与公司业务相关联,影响公司正常经营活动,并以其实际履行职责情况为准。职务便利要求最终的结果影响了公司的正常经营活动,否则没有法益损害,例如行为人在该公司经营范围活动之外,利用工作经验开设相同的经营活动并提供帮助的,没有影响到公司的最终利益,不应理解为利用职务之便。同时,民营企业内部自治程度较高,行为人的名义职务与实际职务不一致的,应该以其在范围的实际履行职责情况为准,例如实际投资人,虽然其在公司可能没有外观性的职务,但是其参与公司经营的,应该认定其有职务便利。

2.受托义务的双重认定

受托义务是《刑修(十二)》涉及民营企业背信行为中所抽象的共同行为特征,其行为模式都是要求违反了受托义务。如前所述,受托义务是一种具有道德属性的管理义务,主要是基于"委托—代理"关系所发生的代理人对于委托人的忠实义务,[①]该种义务的设定主要源自民事法律以及其他相关规范。对该义务的界定和审查,直接影响对相关背信犯罪的认定。基于民营企业司法适用的前置法用尽理念,对受托义务的审查和认定也应遵守这一规则,并关注内部相关程序性规定,以前置法和公司内部自治规范进行双重审查。

一方面,判断行为人是否违反受托义务,首先应判断背信行为是不是法禁止的行为。关于法禁止行为应结合 2023 年《公司法》第 181 条所规定之内容进行判断,包括不得挪用公司资金、披露公司秘密、接受他人与公司交易的佣金等 6 种列举行为,还有其他违反忠实义务的兜底条款。违反上述法禁止行为的构成行为人在民营企业刑事保护中受托义务违反判断的形式前提,只要行为人实施上述行为的,能够被认定是新增背信条款中对于"其他法律、行政法规"的违反,因而该当相关罪名的构成要件,推定具有刑事违法性。

另一方面,对于受托义务的认定还应考虑公司内部章程以及实际治理

---

① 参见施天涛:《公司法论》(第 4 版),法律出版社 2018 年版,第 406 页。

的状况,以判断受托义务违反的实质违法性。公司法具有私法属性,私法应坚持意思自治优先原则,①故而代表公司意思内容的公司章程以及投资人协议等内部自治性规范能够具有阻却公司法禁止行为的形式违法性判断。不同的公司内部治理结构不同,对不同岗位的关键人员的安排和设置也不同,对于相关人员是否具有受托义务违反的前提应结合公司章程进行判断,同时将公司的实际治理状况作为补充性的判断内容。

就公司法等前置法规定审查与公司内部意思自治规范审查的关系而言,前者构成后者的形式判断前提与内容,前者仅有推定的刑事违法性,也可以称为形式违法性。这一基本判断规制是由公司内部事项的意思自治原则决定的。在判断了受托义务违反是否契合法禁止而具有形式违法性后,还应寻找意思自治的内容进行实质判断,若意思自治内容也同样禁止上述行为,或者并未禁止但是并未事后予以追认,那么才能认定相关行为具有实质的违法性,两者构成形式判断和实质判断的逻辑关系。

3. 主体范围的实质判定

新增背信犯罪对于相关主体的规定存在较大的形式差异,其中非法经营同类营业罪的犯罪主体为"其他公司、企业的董事、监事、高级管理人员",为亲友非法牟利罪的则规定为"其他公司、企业的工作人员",徇私舞弊低价折股、出售公司、企业资产罪则为"其他公司、企业直接负责的主管人员"。三者关于犯罪主体的文意规定并不一致,若单从法条字面意思入手,则可能陷入机械片面的判断误区,由于背信犯罪的行为模式都是违法忠实义务,因此,所要讨论的命题是如何将三者主体进行同质化的理解,以实质认定新增背信犯罪的主体范围。

第一,关于主体范围的解释,应以职务之便的实质解释内涵作为主体范围的补充解释,即职务之便对于主体范围的确定提供补充解释的理由,

---

① 参见时延安:《民营公司管理者背信犯罪的解释原理及认定要点——〈刑法修正案(十二)〉相关条款分析》,载《法律科学》2024年第3期。

两者之间均以管理权限的概念进行实质统一。也就是说,对于主体范围的理解,应突破相应条文字面意思理解,而以是否具有实质管理权限进行框定。因此,背信条款明确规定的董事、监事、高管以及工作人员、主管人员等概念,均应以其是否对相关经营活动具有实质的管理权、支配权为核心,如果仅仅是执行者,没有决策权的普通员工,虽然有可能名为经理,但其也不构成本罪犯罪主体。

第二,行为人必须深度参与经营行为。经营行为的判断应以是否侵害企业管理秩序,最终是否造成财产损害为依据,而不是简单形式判断其是否与本单位形成同类营业。本罪规制的是实施背信行为给企业造成财产损害的背信行为,要求行为人深度参与经营行为,深度参与程度彰显了相关行为人对于公司决策、经营秘密的知晓程度,参与越深,对公司的背信损失越大,如果行为人没有深度参与企业的管理与经营,则其竞业禁止义务可能实质上并不构成对企业业务开展的重要性,因为也就没有给企业造成重大财产损害的现实基础。

第三,实际控制人等隐名性主体也应当纳入规制主体范围,并通过共同犯罪理论予以规制。实际控制人等主体虽然不能文意解释为相关董事、高管概念,但其对公司具有实质管理权限,其背信行为同样损害公司利益,因而具有纳入规制范围的合理性与正当性。由于其无法扩大解释为董事、高管等概念,但可以通过共同犯罪理论进行相应规则。具体而言,当实际控制人指示公司相应高管人员实施背信行为损害公司利益的,基于其故意的通谋,应认定为相应犯罪的共同犯罪,两者均为共同正犯。而如果实际控制人利用欺骗、恐吓等手段对相关人员形成意志支配的,那么可形成相应的间接正犯。

4. 重大损失的限制解释

立足于民营企业背信犯罪财产法益损害的特性,《刑修(十二)》将财产损失要件作为本罪入罪的结果要件,但也应予以限制解释,以保证司法适用的精准性。

首先,利益重大损失应局限于财产性利益损失。单纯地破坏公司内部治理秩序,如果没有使公司财产受损的,没有侵害本罪保护的财产法益,不应作为犯罪处理。可根据公司内部的处罚规定或者其他前置性规范予以惩罚,但达不到构成犯罪的高度。值得一提的是,重大损失既包括直接的财产损失,也包含间接的财产损失,例如商誉、商业机密以及预期利益等,但是商誉和公司秘密等损失可能构成泄露商业秘密等罪名,其可以通过想象竞合的处罚原则予以规制。

其次,财产损失应该限定于给家族成员之外的其他股东造成利益损害。基于民营企业财产利益的家族式形式考量,财产利益在家族成员间的流动不具有刑事可罚性,只有在给其他股东造成利益损害,涉及损害第三人利益时,才具有刑罚的规制必要性。

最后,财产损失的认定还应体现净损失概念的意义,应遵循损失和可得利益之间冲抵的规则。当行为人实施背信行为造成了民营企业的损失,但是同时该种行为使得民营企业获得了其他的可得性利益,两者作差,结果企业并未实际产生净损失,那么并没有刑法意义上的被害人。[①] 因而不应认定为满足了本罪规制的结果损失要件。这一判断规则的基本理由在于本罪规制单一性的法益,即财产法益,而该法益在民营企业经济中并不仅仅能直接体现为物质性的财产损失,还包括商业机会、商誉、长远发展战略等无形资产,当然这些无形资产的折算对价也面临诸多有分歧的观点。

(三)量刑轻缓化:刑罚减让政策的解释路径

根据司法适用缩限解释的基本路径,在定罪层面予以严格限定入罪后,对于确定予以刑事规制的背信行为,还应在量刑层面尽可能作轻缓化的解释,包括法定刑的部分援引认定、量刑数额标准的从重解释以及其他特殊性的刑法减让政策理由,形成从程序到入罪再到量刑一体化的缩限性

---

① 参见冀洋:《"存疑有利于被告人"的刑法解释规则之提倡》,载《法制与社会发展》2018 年第 4 期。

闭环。

1.法定刑部分援引

新增的三类背信犯罪的规范条文均以"依照前款的规定处罚"援引立法的范式表达,而且新增的为亲友非法牟利罪第2款也仅仅规定了"重大损失"的要件,并无全部援引第1款中关于"特别重大损失"的表述,因此,所产生的争议是第2款法定刑对第1款的法定刑是全部援引还是部分援引？有观点认为其应基于文意解释的理由对两档法定刑全部援引。[①] 本文认为,对于民营企业背信犯罪的法定刑应坚持部分援引的观点。

一方面,从立法的简约性和经济性来看,如果认为民营企业背信行为适用的法定刑和国有企业一样,那么可以直接在国有企业背信行为中增加民营企业主体,而无设置第2款的必要,正因为考虑到民营企业与国有企业存在法益侵害等的本质差异,因而在设置第2款规定时增设前置法援引规则以及结果损失等要件,这就决定了民营企业的法定刑和国有企业法定刑绝不可能保有一致性。

另一方面,从民营企业和国有企业两者相同背信行为的罪责程度来看,民营企业中相关行为仅侵犯了企业产权的性质,罪责程度较轻;而国有企业除侵犯了公共财产以外,还附带评价职务廉洁性,其法益侵害性更重,罪责程度更高。因此,从罪责程度高低的角度看,两者存在罪责关系上的递减关系,民营企业背信条款是作为参与刑法规制体系中对于背信犯罪进行全方位打击的补充性或者堵截性条款,其目的在于规制背信犯罪而出现的保护漏洞。这种罪责递减的堵截性关系决定了民营企业法定刑援引的轻缓化倾向,因此不可能全部援引国有企业背信犯罪的法定刑。

---

① 参见陈禹橦:《新增特殊背信犯罪条款的理解与适用》,载《湖湘法学评论》2024年第1期。

2. 数额标准从重解释

民营企业背信犯罪以造成重大损失为必要前提,就损失的数额而言,司法解释现在并未明确规定,其解释方法仍然参照国有企业损失数额的认定标准,但是参照原则应从严从重考虑,将损失数额的标准适当提高,以避免不当罚行为被纳入刑事法规制。其必要的理由仍然是两者之间存在违法内容和违法程度的实质差异,罪责程度较轻的民营企业背信行为,只有在其导致损失数额较高时,才能补强和增高其违法性,以达到值得刑法科处刑罚的高度。

因此,在相应的司法适用实践中,应对民营企业损失数额标准在国有企业损失数额标准之上从重考虑,据此能够得出两个基本的适用逻辑结论,即相同的财产损失数额在国有企业中不作为犯罪处理的,那么在民营企业的场合下一定也不能作为犯罪处理;相同的损失数额在国有企业背信行为规制中判处一定刑罚的,那么在民营企业背信行为中判处的刑罚一定较轻。

3. 其他特殊性理由

在量刑阶段除上述刑法减让的解释理由之外,还存在一些其他特殊理由。例如,行为人实施背信行为在谋取私利的同时也是为了单位利益的,或者说,其本来的目的是为单位谋取利益,只是顺带谋取私利,结果造成重大损失的,此时也可以基于其主观目的和恶性的强度予以一定的刑罚从宽。另外,被害人的意见以及相应的刑事企业合规效果也可以作为刑罚减让的特殊政策性理由。《刑修(十二)》出台的主要目的不在于打击民营企业,而是实现公平保护,因此,一味地重刑重罚并不是其原本目的,而是要在能够精准打击犯罪的情况下确保民营企业在法治轨道上合规经营。

基础理论研究

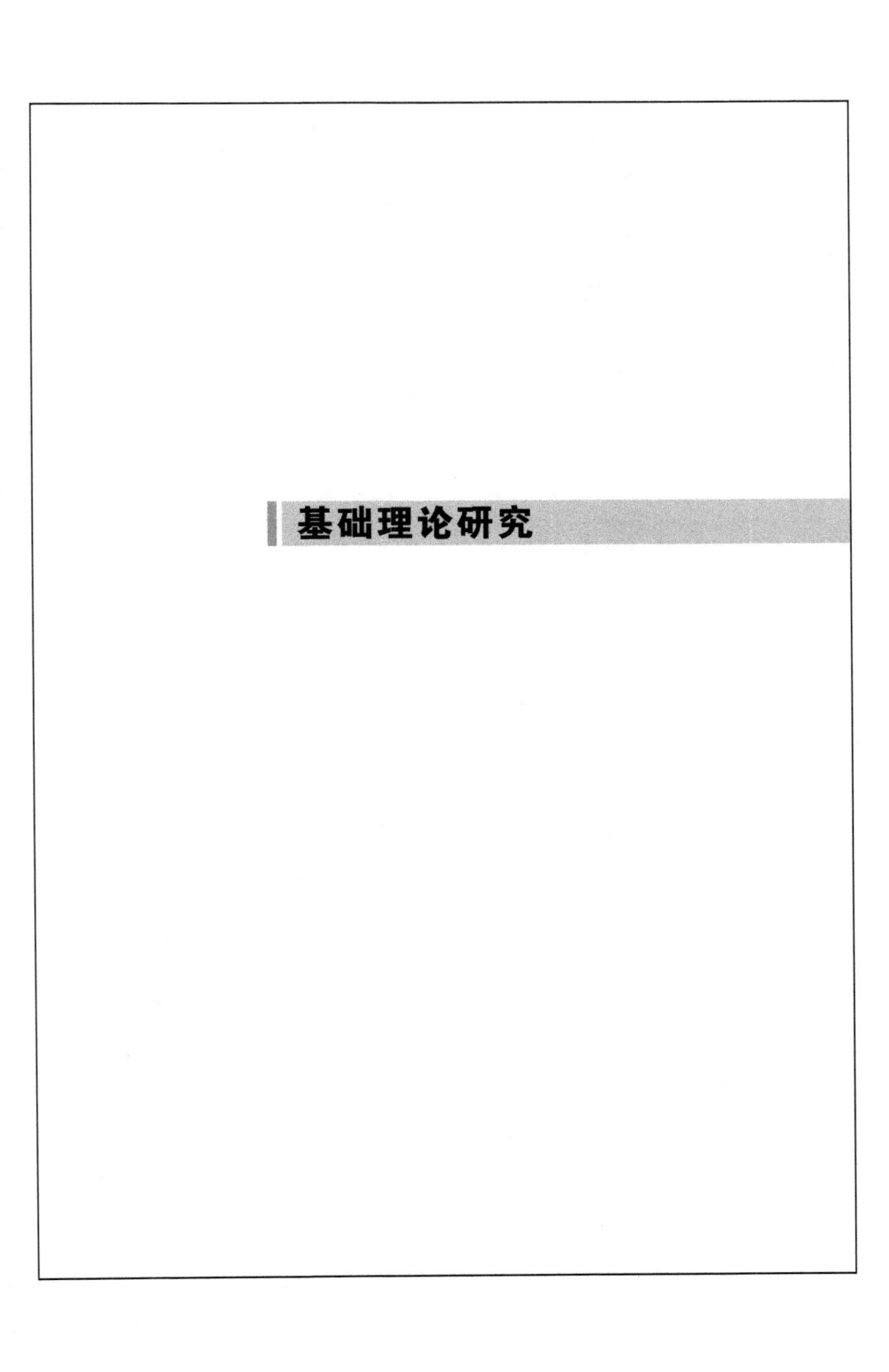

经济犯罪侵犯双法益之反思

——兼经济刑法解释类型化的提出

黄 何[*]

目 次

一、问题的提出及本文的基本立场
二、反思双法益说：经济犯罪只侵犯市场经济秩序
三、经济刑法解释类型化：基础与展开
四、结语

摘 要：经济犯罪侵犯双法益说一直是阻碍思考经济刑法解释类型化的重要因素。但双法益说是对法益概念的一种滥用，一方面，如果认为经济犯罪同时侵犯市场经济秩序与个人法益，那么生活领域的自然犯罪也可以评价为同时侵犯了市民生活秩序与个人法益，经济犯罪侵犯的法益数量并没有多于自然犯罪；另一方面，市场经济秩序与个人法益有重合部分，评价经济犯罪侵犯双法益，涉及对个人法益的重复评价。事实上，立法者设

---

[*] 法学博士，江苏大学法学院讲师，华东政法大学在职博士后人员。

定经济犯罪就是保护市场经济秩序,市场主体的个人法益在进入市场之后,就分解在了市场经济秩序之中,不作为独立保护的法益。经济刑法保护市场经济秩序,生活领域刑法保护个人法益,基于刑法保护市场经济秩序与个人法益的基础不同(个人法益是刑法保护根基)、目的不同(保护个人法益具有"报复"目的)、地位不同(刑法保护个人法益无可替代)与范围不同(刑法保护个人法益的内容具有长期稳定性),经济刑法解释类型化的提出就有其基础与重要意义。

关键词:经济犯罪;市场经济秩序;类型化解释;前置法;社科法学

一、问题的提出及本文的基本立场

经济犯罪侵犯双法益说,一直是我国刑法理论的通说。[①] 在较早的刑法教科书中,学者就指出,生产销售伪劣产品罪侵犯国家对产品质量的监督管理制度、市场管理制度和广大用户、消费者的合法权益;骗取出口退税罪侵犯国家出口退税的管理制度和国家财产所有权;金融诈骗罪侵犯金融管理秩序和公私财产所有权;虚假广告罪侵犯国家对广告的管理制度和消费者的合法权益;合同诈骗罪侵犯国家对经济合同的管理秩序和公私财产所有权,等等。[②] 至今,在占据我国刑法理论重要地位的张明楷教授所著的《刑法学》中,同样认为,经济犯罪会侵犯社会与市场主体的利益。比如,金融诈骗罪、合同诈骗罪、生产销售伪劣产品罪等罪名不仅侵犯了市场

[①] 当然,经济刑法涵盖的罪名中,并非所有罪名都有保护个人法益的一面,例如非法经营罪保护的法益就不直接表现为与个人法益有关。但是经济刑法中的很多罪名形式上是表现为与个人法益直接相关的,比如,生产销售伪劣产品罪、金融诈骗罪、骗取出口退税罪、损害商业信誉、商品声誉罪、虚假广告罪、合同诈骗罪等。在这些罪名中,我国刑法通说均认为不仅侵犯了市场经济秩序(具体秩序类别归纳不同),还侵犯了个人法益。本文重点涉及的也是经济刑法中的这一类罪名。

[②] 参见高铭暄、马克昌主编:《刑法学》(第3版),北京大学出版社、高等教育出版社2007年版,第413~503页。

秩序,同时侵犯了当事人财产等个人法益。① 也正是基于通说观点,刑法理论与实务在解释经济刑法中往往持有"相比生活领域自然犯罪只侵犯个人法益,经济犯罪不仅侵犯了个人法益,还侵犯了市场经济秩序,处罚应当重于至少不轻于自然犯罪"的观点。② 尽管近年来,有学者提出:经济犯罪具有有别于其他犯罪的基本特征,如金融诈骗罪是作为破坏社会主义市场经济秩序罪中的犯罪,因而与侵犯财产罪中的诈骗罪是区别对待的,强调应研究行为类型化规定的意义。③ 但是,经济犯罪侵犯双法益的观念始终广泛地影响着解释者的认知,乃至阻碍着对经济刑法解释类型化的思考。

  应当说,如果双法益理论是成立的,那么经济刑法解释类型化这一命题的提出确实将会异常的困难。因为,虽然侵犯多重法益的行为并不当然严重于侵犯单法益的行为,犯罪的规制不单单考虑侵犯法益数量的多少。④ 但是,侵犯法益数量的多少仍然是决定犯罪圈大小与刑罚轻重的重要甚至是决定性因素。⑤ 比如,如果认为合同诈骗不仅侵犯了市场经济秩序,还侵犯了市场主体的财产权,那么,相比诈骗罪只侵犯了他人的财产权

---

① 参见张明楷:《刑法学》(第5版),法律出版社2016年版,第734~845页。
② 如有观点就认为,金融诈骗不仅侵犯了金融秩序,还侵犯了财产法益,而诈骗罪只侵犯了财产法益,没有理由认为对金融诈骗罪处罚应当比诈骗罪轻。使用假币罪与诈骗罪之间存在竞合关系,使用假币罪不仅侵犯了货币的公共信用,还侵犯了财产法益,而诈骗罪只侵犯了财产法益,因此,为使罪刑相适应,应当从一重处罚。参见张明楷:《使用假币罪与相关犯罪的关系》,载《政治与法律》2012年第6期。
③ 参见蔡道通:《经济犯罪"兜底条款"的限制解释》,载《国家检察官学院学报》2016年第3期;蔡道通:《特别法条优于普通法条适用——以金融诈骗罪行为类型的意义为分析视角》,载《法学家》2015年第5期。
④ 有学者就指出,何为刑的"适",可能涉及客观危害的认识,可能涉及主观恶性的把握,甚至涉及案发可能性的大小与行为发生的难易程度,以及在此基础上的社会容忍度的差异等因素。参见蔡道通:《特别法条优于普通法条适用——以金融诈骗罪行为类型的意义为分析视角》,载《法学家》2015年第5期。
⑤ 参见黑静洁:《刑法修正案之立法质量的实证考察》,载《中国刑事法杂志》2010年第5期。

而言,对合同诈骗的理解就会当然陷入这么一个观点:合同诈骗罪可以与诈骗罪竞合,择一重罪处罚。因为很难想象合同诈骗相比诈骗罪还多侵犯了市场经济秩序,怎么可能处罚比诈骗罪更轻?处罚圈更小?如此,经济刑法解释类型化的意义将会受到严重冲击。①

但其实,经济犯罪侵犯双法益是对法益概念的一种滥用。一方面,如果评价经济犯罪可以同时侵犯市场经济秩序与个人法益,那么生活领域的自然犯罪也可以评价同时侵犯了市民生活秩序与个人法益,经济犯罪侵犯法益数量并没有多于自然犯罪;另一方面,评价经济犯罪侵犯双法益涉及对个人法益的重复评价,以合同诈骗罪为例,所谓合同诈骗行为既侵犯了市场经济秩序,又侵犯了他人财产权的观点,实际上忽视了由合同构建的市场秩序的评价是建立在对他人财产权侵犯的基础上。事实上,立法者设定经济犯罪就是保护市场经济秩序,市场主体的个人法益在进入市场之后,就分解在了市场经济秩序之中,不作为独立保护的法益。② 经济刑法保护市场经济秩序,生活领域刑法保护个人法益,就此而言,基于刑法保护市场经济秩序与个人法益的基础不同(个人法益是刑法保护根基)、目的不同(保护个人法益具有"报复"目的)、地位不同(刑法保护个人法益无可替代)与范围不同(刑法保护个人法益的内容具有长期稳定性),经济刑法

---

① 因为从一定意义上讲,之所以强调经济刑法解释类型化,是因为就经济犯罪的本质而言,其处罚、犯罪构成相较于普通生活领域的犯罪应当是较轻以及缩小的,因此,才有了类型化思考的意义。

② 需要特别说明的是:第一,本文强调将个人法益分解在市场经济秩序之中,与在具体理解市场经济秩序法益的过程中,强调个人法益对市场经济秩序内容的限缩并不矛盾,两者关注的面向不同。前者强调的经济刑法保护的是市场经济秩序而非谁的个人利益,后者主张的是市场经济秩序的内容确立不能空洞与抽象,要最终保护的是人的利益,而非抽象的行政秩序。第二,本文所主张的市场经济秩序,不同于通说提出的市场管理秩序或者市场管理制度,相反,本文反对将市场管理秩序或者管理制度作为经济刑法保护的法益,认为市场经济秩序与市场管理秩序是完全不同的两个概念,前者落脚的是市场本身,后者则落脚于行政管理,刑法保护市场经济秩序是防止市场本身遭遇根本性、制度性破坏,而并非行政管理思维下的"齐步走",限于本文讨论的主题,不对此具体展开。

解释类型化的提出就有其基础与重要意义。

二、反思双法益说:经济犯罪只侵犯市场经济秩序

不可否认,双法益说形式上看是完全成立的。从经济刑法中的金融诈骗、合同诈骗等罪名来看,确实表现为既侵犯了市场经济秩序,又侵犯了市场主体的财产权。但是,双法益说陷入了法益概念的陷阱。相比早期的"社会危害性"理论,法益概念的确有其进步意义,它至少更加明确了杀人行为之所以具有社会危害性,是因为它侵犯了人的生命,而人的生命是法所保护的利益。刑法学中的法益概念,不仅仍然可以吸收"社会危害性"的有利知识内涵,而且压制住了其容易脱离规范限制而被滥用的危险。① 但是,法益理论仍然具有其局限性。其局限性首先体现在秩序法益,秩序法益又称社会法益。根据当前主流的法益理论观点,法益可以分为国家法益、社会法益、个人法益。国家法益是指,法所保护的国家的利益;社会法益是指,法所保护的社会利益;个人法益是指,法所保护的个人利益。看似三类法益的内容是明确的,但事实上,就社会法益而言,其就存在范围不明确、内涵不周延的问题,即存在哪些法益是社会法益以及社会法益与个人法益是否当然无交集(可独立评价)的疑问。

前者如,通说认为,金融诈骗犯罪不仅侵犯了市场经济秩序(金融秩序)还侵犯了市场主体财产法益,这是将金融秩序作为一个独立的社会法益。但问题是,诈骗罪虽然规定在《刑法》第五章侵犯财产罪中,其同样也侵犯了一类社会法益,即市民生活秩序,为何不见刑法理论将市民生活秩序作为一种社会法益进行评价?就秩序的分类而言,市场经济秩序与市民生活秩序是同隶属秩序一级主题下的平级二级子内容,甚至在市场经济出现以前,市民生活秩序是秩序的主要内容。刑法绝不可能只保护市场经济秩序,而不保护生活秩序。倘若说,社会法益内容的确立是以刑法规定的

---

① 参见王世洲:《科学界定法益概念 指引刑法现代化》,载《检察日报》2018 年 7 月 26 日,第 3 版。

章节名称决定的,那么金融诈骗侵犯的法益也只能是金融秩序,而不能评价其侵犯了个人法益,因为其只隶属于《刑法》第三章破坏社会主义市场经济秩序罪。

后者如,通说认为,合同诈骗类犯罪不仅侵犯了市场经济秩序(合同秩序),还侵犯了市场主体的财产权。但就合同诈骗类犯罪侵犯的合同秩序而言,其完全是以侵犯了市场主体的财产权为依托的。换言之,如果合同诈骗行为没有侵犯到市场主体的财产权,其就不可能侵犯刑法意义上的合同秩序。就此而言,合同秩序这一社会法益与市场主体财产权这一个人法益之间,是存在重合的。① 概言之,通说所谓的经济犯罪侵犯双法益,实际是对刑法文本的一种"望文生义",又或者说,如果评价经济犯罪可以侵犯双法益,那么刑法第四章、第五章生活领域的自然犯罪均是侵犯了双法益,即既侵犯了市民生活秩序这一社会法益,又侵犯了人身、民主、财产的个人法益,而不能"厚此薄彼"。

经济犯罪相比自然犯罪并没有侵犯更多的法益,那么又该如何确立经济刑法保护的法益内容?仍然为双法益(如果理解为双方法益,那么对应的生活领域刑法也应理解为保护双法益),还是理解为保护市场经济秩序抑或个人法益?

应当说,经济刑法保护市场经济秩序是更为合理和妥当的选择。

首先,如果仍然确立经济刑法可以保护双法益,那么,相对应地,《刑法》第四章、第五章规定的侵犯人身、民主、财产权利的犯罪也均需理解为是侵犯了双法益。但这一理解不仅会造成一种人为的复杂——法益数量的增加,更重要的是,造成重复评价,市场经济秩序并不能与个人法益完全剥离,市民生活秩序更是以个人法益为直接表现或者说是全部内容。

其次,相比个人法益,市场经济秩序是经济刑法首要考虑的重点,保护个人法益是保护经济秩序的附属品,确立经济刑法保护市场经济秩序法益

---

① 参见黄何:《合同诈骗罪"兜底条款"的新认识——兼议连云港货代业骗逃运费案的罪与罚》,载《大连理工大学学报(社会科学版)》2018年第5期。

更为准确。这主要体现在以下几个方面:第一,经济刑法不仅保护体现个人法益的市场经济秩序,例如生产、销售伪劣商品罪、金融诈骗罪、合同诈骗罪等,还保护不以个人法益为直接内容的市场经济秩序。比如非法经营罪,违反特许经营行为并未直接侵犯他人的经济利益,而是破坏了国家设置特许经营制度背后的社会利益,仍然需要刑法进行保护。第二,个人法益在市场领域是处于相对弱保护的状态,所谓市场有风险,这是市场经济的天然属性。高度发达的市场经济要求市场主体要对自己的行为持有高度的自我答责性。从某种意义上讲,市场更像是一个自由的丛林,允许一定程度的弱肉强食。个人法益在进入市场的同时,就淹没在了市场之中。因此,市场更多的是强调一种市场秩序,当然,这种秩序会保护甚至直接体现为保护个人法益,但这种个人法益保护只是现象,而非本质。第三,保护市场经济秩序甚至是表现为直接侵犯个人法益,以逃税罪为例,税收一方面看是为了维护更大的社会利益,但是纳税本身而言,却是对公民财产权的一种"剥夺",它是通过对个人财产的征收来实现更大的社会利益。就此而言,认为经济刑法保护市场经济秩序是更为妥当的一种选择。

此外,随着近年来企业合规制度在我国司法实践中的展开,确立经济刑法保护市场经济秩序也能从理论上更好地解答为什么企业合规可以享有不起诉的权利。学者指出:在刑法理论上,应当尽快建立"法益恢复"的学术概念并构建出罪化体系。在犯罪分类上,犯罪可以分为"法益可恢复性犯罪"和"法益不可恢复性犯罪",并且应当以"法益可恢复性犯罪"概念作为"法益恢复"现象出罪化的理论工具。① 相比个人法益,显然市场经济秩序属于更容易恢复的法益,企业合规不起诉也就有了学理上的支撑。

三、经济刑法解释类型化:基础与展开

如果上述论证成立,经济刑法保护的是市场经济秩序,那么经济刑法

---

① 参见庄绪龙:《"法益恢复"的出罪价值与制度设计》,载《检察日报》2018年1月18日,第3版。

的解释就有了与生活领域刑法解释的根本区分。前者保护市场经济秩序,后者保护的是直接的个人法益。① 在这一差异视角下,对经济刑法解释发动类型化的思考就是"题中应有之义"。

刑法保护市场经济秩序与保护个人法益之间是存在"类型化"区别的。第一,个人法益是刑法保护的重中之重,是刑法存在正当性的根基。在尊重基本人权的近代法治国家之下,生命、身体、自由、名誉、财产等个人法益是一切法益存在的基础和出发点,刑法对其优先保护。而市场经济秩序法益是现代社会的衍生品,刑法保护经济秩序只是为了维持一定必要的秩序,不让市场陷入混乱状态。第二,刑法保护个人法益有着较为强烈的"报复"性,而刑法保护市场经济秩序通常并不带有或者较少带有"报复"的目的。尽管当前主流刑法理论主张,刑罚的目的在于预防犯罪。但不可否认,"报复"仍然是刑罚的正义性所在。就此而言,侵犯个人法益的生活领域犯罪比侵犯市场经济秩序的经济犯罪具有更高的"报复"性伦理基础。第三,刑法保护个人法益是其他法律或者制度无法替代的。而刑法保护市场经济秩序也只是弥补其他法律或者制度保护效果的不足,如果其他法律或者制度能够维护经济秩序,刑法没有发挥的空间。以倒卖车票、船票罪为例,在实名制购买的今天,该罪名几乎成了"空置条款"。第四,个人法益是相对稳定的,刑法保护个人法益具有长期性。而经济秩序是在变动中的,刑法打击的某一类当时破坏经济秩序的行为,可能在未来又属于法律所允许、保护甚至提倡的行为。以1979年《刑法》规定的投机倒把罪为例,随着我国社会主义市场经济制度的建立和发展,当时很多刑法禁止的市场行为,后被法律允许。

---

① 之所以认为生活领域刑法规范保护的是个人法益,而没有认为其是保护市民生活秩序,是因为不同于经济秩序,市民生活秩序是以个人法益为直接表现或者说是全部内容的,人身权利、民主权利与财产权既是每个个体需要法所直接保护的,也是生活秩序得以维持的根本内容。所以,与其说生活领域刑法规范保护生活秩序,不如更为直接地说,生活领域刑法规范就是保护个人法益。

上述类型化的区分,为类型化解释经济刑法规范提供了起点与依据。

首先,绝不能以思考和认识生活领域刑法规范的逻辑来解释经济刑法规范。对于基本生活领域,由于涉及基本权利,刑法实行家父主义,给予每个人同等的保护,不因智商高低而做出取舍;而在市场、投资领域,由于不涉及基本权利和生存,刑法实行守夜人模式,智者得其所需、愚者损失自负。① 以"利用航班延误险获利"是否构成保险诈骗罪为例,②如果以诈骗罪的逻辑来进行思考,李某实施了欺骗行为,保险公司陷入了认识错误,处分财物,遭受损失,似乎定性犯罪并无不妥。但是,本案涉及的是市场经济的保险领域,骗取保险金的行为认定必须在刑法保护的保险秩序中理解,而不能在造成保险公司财产损失的个人法益层面解释。不同于普通生活领域,市场领域的逐利性强调市场主体要负有一定的注意义务,刑法并不关注市场主体因各自过错(漏洞)所导致的损失,刑法更多的是规范市场主体不能制造过错(漏洞)以破坏秩序。特别是在保险领域,保险公司是保险业务的发起者、制定者、最终理赔者,其不仅主导着保险业务,更是具有强大的风险防范能力。刑法作为有限的国家资源,仅规制侵犯保险秩序根基的行为,也就是立法者在保险诈骗罪所列举的处罚虚构保险标的、编造虚假的事故原因或者夸大损失程度、编造未曾发生的保险事故、故意造成财产损失保险事故、故意造成被保险人死亡、伤残或者疾病,骗取保险金的行为(制造漏洞以骗保)。而在本案中,无论是李某不具有乘坐航班的本意,还是用他人信息购买延误险,抑或对飞机延误的预判,均不属于保险诈骗罪规定的虚构保险标的等五种类型的制造漏洞行为。其行为虽然违背了保险公司发起、制

---

① 参见高艳东:《诈骗罪与集资诈骗罪的规范超越:吴英案的罪与罚》,载《中外法学》2012年第2期。

② 2020年6月10日,南京警方抓获"利用航班延误实施保险诈骗"犯罪嫌疑人李某。警方介绍,在购买航班之前,李某会对航班以及当地天气进行分析。自2015年以来,李某用亲戚朋友的身份信息,靠自己估摸成功的近900次飞机延误,累计骗取保险理赔金高达300多万元。目前,李某因涉嫌保险诈骗罪和诈骗罪已被警方刑事拘留。参见《利用航班延误实施保险诈骗》,载腾讯网,https://new.qq.com/omn/20200611/20200611A00I7Q00.html。

定延误险的初衷,但是李某行为成功的根本在于保险公司自身关于延误险发起、理赔等制度中的过错,李某属于利用漏洞获利。这一行为无论如何都不能评价为对保险秩序的根本侵犯,也就不能评价为保险诈骗罪。

其次,在解释经济刑法过程中一定要充分研究前置法对解释的影响。不同于普通生活刑法规范自发于市民生活,其在惩罚犯罪中具有第一手性和具有"报复"正义的不可替代性,经济刑法规范具有明显的二次性特征。一方面,市场经济秩序属于社会派生秩序;另一方面,立法者制定经济刑法规范,是对其行政手段无力的一种补充。换言之,经济刑法的目的并不是"报复",其目的在于维持一个相对稳定、有价值、有效率、有发展的市场。因此,前置法规范对于理解经济刑法目的具有重要意义。仍以"利用航班延误险获利"案件为例,抛开前置法,解释者就可能陷入不具有乘坐航班意图、虚构身份信息,属于保险诈骗罪中虚构标的的片面认识。对此,有学者就指出,根据《保险法》第 16 条第 1~3 款"订立保险合同,保险人就保险标的或者被保险人的有关情况提出询问的,投保人应当如实告知。投保人故意或者因重大过失未履行前款规定的如实告知义务,足以影响保险人决定是否同意承保或者提高保险费率的,保险人有权解除合同。前款规定的合同解除权,自保险人知道有解除事由之日起,超过三十日不行使而消灭。自合同成立之日起超过二年的,保险人不得解除合同;发生保险事故的,保险人应当承担赔偿或者给付保险金的责任。"的规定可以得出,本条规定中有关"保险标的或者被保险人的有关情况",不包含虚构保险标的的情形在内,但可以涵盖恶意复保险、隐瞒保险危险(瑕疵担保)、超额投保、谎报被保险人的年龄等情形。如果认为恶意复保险等情形构成"虚构保险标的",势必与《保险法》第 16 条的规定相冲突,也不符合该条的规范保护目的。① 也就是说,即使李某不具有乘坐航班的本意,或用他人信息购买延误险,其行为虽属于欺诈,但都不属于保险诈骗罪中的虚构标的。

---

① 参见劳东燕:《金融诈骗罪保护法益的重构与运用》,载《中国刑事法杂志》2021年第 4 期。

再次,要充分发挥社科法学在解释经济刑法中的限制作用。法教义学与社科法学,前者在尊重现有法体系和法秩序的前提下,侧重研究法律规范的效力和适用;后者则关注法律和社会的关系,侧重研究法律规范的运行过程和社会影响。① 社科法学的发展能够促进法教义学的进步,社科法学可以通过法教义学间接地为法律的司法适用提供理论资源,而法教义学需要从社科法学汲取知识营养。② 就解释保险诈骗罪而言,必须充分理解保险这一市场产物。不可否认,从社会资源分配角度来看,保险是对社会资源的一种再分配,其以未理赔的投保人的财产集中给发生理赔的投保人,分担个体风险。但是,仅就投保人与保险公司(特别是商业保险)之间而言,两者却又是一场博弈。前者希望以小博大,而后者则希望尽可能地减少理赔以获取利益最大化。而本来,国家层面是禁止赌博的,国家不保护参与赌博的任何一方财产。但由于保险制度优化了社会资源的再配置,分担了一定的社会风险,所以具有博弈性质的保险制度成了现代国家允许、鼓励的市场产物。不过,即便如此,刑法规定保险诈骗罪也不是为了纯粹保护保险公司的财产。如学者所言,对保险交易中保险公司的财产,不可能采取像对一般财物所设定的财产犯罪那样的刑法保护。若是刑法提供这样的全面保护,无异于通过刑法来确保保险公司处于稳赚不赔的位置。商业保险公司既然是作为市场主体而存在,便没有借助刑法来确保其处于稳赚不赔地位的道理。相反,在保险交易领域,保险公司天然地处于强势地位,而投保方处于不利的位置。比如,就保险合同的订立而言,商业保险公司往往通过对格式合同条款的把控,为事故发生后的保险理赔设定严苛的条件,从而使投保方经常难以顺利获得保险理赔。③ 就此而言,解释保险诈骗罪一定要把握保险本身具有的博弈本质以及保险公司在市场

---

① 参见《法教义学与社科法学的对话(上)》,载《中国法律评论》2021年第4期。
② 参见陈兴良:《法学知识的演进与分化——以社科法学与法教义学为视角》,载《中国法律评论》2021年第4期。
③ 参见劳东燕:《金融诈骗罪保护法益的重构与运用》,载《中国刑事法杂志》2021年第4期。

中所具有的强势地位,"利用航班延误险获利"不能成立保险诈骗罪。

最后,还要注意识别可能的经济改革和经济创新,防止因思想守旧而造成"错案"。历史发展无数次告诉我们,忽略发展的眼光解释法律,就可能造成人们还在为一个已经合法的行为背负犯罪的标签。市场经济秩序有其复杂性所在,一方面,市场有一只看不见的手;另一方面,国家对市场经济秩序进行一定限度的调控。从某种角度上说,现代社会的市场是自由和管控两种模式下的调和,前者追求的是一种更长远、更广阔的秩序,而后者更注重当下秩序的稳定。经济刑法规范更多的是为维护当下秩序稳定的产物。但经济规范的解释者必须要以"市场自由"的眼光不断审视既有规范。经济学家指出,如果从更长远的、更广阔的角度看,应该说竞争才是唯一的发展出路。哪怕受到一些竞争的波折和损失,但这是竞争发展必要的代价。从广阔的角度上来说,只有有浪费、有代价、有重复、有过剩,局部的过剩,不是大面积的、非常深重的经济危机,有一定的这样的代价和付出,才有这个产业的发展。因为它有了竞争、有了生死。如果搞的都是供需刚好平衡、刚好对等,那在这个行业里头的企业没有竞争压力,没有死亡的威胁,它不会去发展。① 换言之,从某种程度上说,经济的管控只是"权宜之计",其完全可能随着市场的发展而解除。以非法经营罪的前世、今生、未来为例,在计划经济时代,非法经营罪的前世投机倒把禁止任何单位和个人,从事商业活动。② 随着改革开放的逐步推进,社会主义市场经济的建立和完善,投机倒把的

---

① 参见袁钢明:《政府该如何"插手"市场》,载 http://ie.cass.cn/scholars/opinions_essays_interviews/201807/t20180703_4493315.html。

② 1970 年 2 月 5 日中共中央发出《关于反对贪污盗窃、投机倒把的指示》,该指示规定了以下投机倒把行为:(1)除了国营商业、合作商业和有证商贩以外,任何单位和个人,一律不准从事商业活动。(2)集市管理必须加强,一切按照规定不许上市的商品,一律不准上市。(3)除了经过当地主管部门许可以外,任何单位,一律不准到集市和农村社队自行采购物品。不准以协作为名,以物易物。不准走"后门"。(4)一切地下工厂、地下商店、地下包工队、地下运输队、地下俱乐部,必须坚决取缔。(5)一切单位的经营管理和群众监督必须加强,建立与健全规章制度,严格财经纪律,堵塞漏洞。参见陈兴良:《投机倒把罪:一个口袋罪的死与生》,载《现代法学》2019 年第 4 期。

内容不断缩小,①直至1997年《刑法》废止了投机倒把罪,设立了以禁止未经许可从事某种经营活动为主要内容的非法经营罪。但是,即便如此,非法经营罪仍然只是一个时代的产物。从个人收购、销售黄金,到生产、储运、销售食盐,再到收购、销售粮食,行政许可的取消使原本构成犯罪的行为均非罪化。② 随着市场的不断完善,一定会有更多的"非法经营"非罪化。如果只是教条地以固有的观念,机械地解释经济刑法,那么,迟来的正

---

① 根据1987年9月17日国务院《投机倒把行政处罚暂行条例》的规定,投机倒把行为包括以下11种:(1)倒卖国家禁止或者限制自由买卖的物资、物品的;(2)从零售商店或者其他渠道套购紧俏商品,就地加价倒卖的;(3)倒卖国家计划供应物资票证,倒卖发票、批件、许可证、执照、提货凭证、有价证券的;(4)倒卖文物、金银(包括金银制品)、外汇的;(5)倒卖经济合同,利用经济合同或者其他手段骗买骗卖的;(6)制造、推销冒牌商品、假商品、劣质商品,坑害消费者,或者掺杂使假、偷工减料情节严重的;(7)印制、销售、传播非法出版物(包括录音录像制品),获得非法利润的;(8)为投机倒把活动提供货源、支票、现金、银行帐户以及其他方便条件,或者代出证明、发票,代订合同的;(9)利用报销凭证弄虚作假,进行不正当经营的;(10)垄断货源、欺行霸市、哄抬物价、扰乱市场的;(11)其他扰乱社会主义经济秩序的投机倒把行为。

② 根据2005年5月19日最高人民法院研究室《关于非法经营黄金案件移送起诉期间国务院出台〈国务院关于取消第二批行政项目和改变一批行政审批项目管理方式的决定〉如何适用法律问题的答复》(法研〔2005〕80号),国务院国发〔2003〕5号文件发布后,个人收购、销售黄金的行为,不构成非法经营罪;根据2020年3月27日最高人民检察院《关于废止〈最高人民检察院关于办理非法经营食盐刑事案件具体应用法律若干问题的解释〉的决定》,违反国家有关盐业管理规定,非法生产、储运、销售食盐,扰乱市场秩序的行为不再构成非法经营罪;根据2021年2月15日中华人民共和国国务院令第740号第三次修订《粮食流通管理条例》,取消了原第9条规定的:"依照《中华人民共和国公司登记管理条例》等规定办理登记的经营者,取得粮食收购资格后,方可从事粮食收购活动。申请从事粮食收购活动,应当向办理工商登记的部门同级的粮食行政管理部门提交书面申请,并提供资金、仓储设施、质量检验和保管能力等证明材料。粮食行政管理部门应当自受理之日起15个工作日内完成审核,对符合本条例第八条规定具体条件的申请者作出许可决定并公示。"修改为:"从事粮食收购的经营者(以下简称粮食收购者),应当具备与其收购粮食品种、数量相适应的能力。从事粮食收购的企业(以下简称粮食收购企业),应当向收购地的县级人民政府粮食和储备行政管理部门备案企业名称、地址、负责人以及仓储设施等信息,备案内容发生变化的,应当及时变更备案。县级以上地方人民政府粮食和储备行政管理部门应当加强粮食收购管理和服务,规范粮食收购活动。具体管理办法由省、自治区、直辖市人民政府制定。"

义不是正义。

四、结语

在竞合理论甚嚣尘上之时,有学者曾在解释销售伪劣产品罪与诈骗罪之间应当想象竞合择一重处罚时发问:走街串巷卖掺假黄金项链的定诈骗罪,而在商场专柜销售掺假黄金项链的定销售伪劣产品罪,后者处罚轻于前者,如果不适用想象竞合理论,刑法的罪责刑相适应原则何在? 其实,这一问题如今并不难回答。看似同样是"卖"掺假的黄金,但基于发生领域的不同,刑法本就应当作出不同的对待。前者发生在生活领域,侵犯的是他人的财产权,走街串巷不仅决定了其他法律无法起到惩罚和规制的功能,也增加了人们需要刑法冲在第一线严惩犯罪的报复欲;而后者发生在市场领域,侵犯的是市场公平交易的秩序,一方面,《消费者权益保护法》第55条规定,经营者提供商品或者服务有欺诈行为的,应当按照消费者的要求增加赔偿其受到的损失,增加赔偿的金额为消费者购买商品的价款或者接受服务的费用的3倍;增加赔偿的金额不足500元的,为500元。法律另有规定的,依照其规定。消费者可以通过民事手段获得乃至超额获得经济上的补偿。另一方面,市场领域身份信息的有效、公开性也决定了销售伪劣产品类案件的案发等于案破,刑罚的及时性在一定程度上削弱了刑罚的残酷性。"对于犯罪最有力的约束力量不是刑罚的严酷性,而是刑罚的必定性。"[1]

上述回答既是本文的结语,也作为经济刑法类型化解释的开端。

---

[1] [意]贝卡里亚:《论犯罪与刑罚》,黄风译,北京大学出版社2014年版,第73页。

刑事司法解释与刑事立案追诉标准在冲突格局下的适用路径

——以操纵证券市场罪"情节特别严重"为视角

张金玉* 周 婧** 陆军豪***

目 次

一、引言

二、规范冲突:两个案例引发的争论

三、规则识别:刑事司法解释与司法解释性质文件的辨析

四、规则证成:《标准二》与《操纵解释》在冲突下的适用规则

五、结论

摘 要:通常认为,刑事立案追诉标准与司法解释毫无二致。操纵证券司法解释与立案追诉标准在实践的适用,揭示了司法解释与司法解释性

---

* 上海市第一中级人民法院刑事审判庭副庭长,三级高级法官。
** 上海市第一中级人民法院刑事审判庭法官助理。
*** 上海社会科学院法学研究所刑法学研究生。

质文件冲突的法律困境。司法解释性质文件在应然层面缺乏规范要件与规范地位,却在实然层面上持续发挥着规范效果,其与司法解释之间的冲突本质是司法权"分工合作"的掣肘格局与社会变迁中法律滞后性的体现。本文拟以具体案例中的规范冲突为剖析原点,通过对操纵证券司法解释与刑事立案追诉标准的体系性解读,明晰刑事立案追诉标准较司法解释的次级法源地位与"参照适用"的事实规范效力。通过明确规范位阶与适用规则后,进一步明确二者在冲突格局下的溯及力规则,推动刑事司法解释体系的制度化与统一化。

关键词: 司法解释;司法解释性质文件;溯及力;参照适用

一、引言

司法解释是有权解释机关通过严格法定程序对法律条文作出的解释,除司法解释外,我国还存在大量的司法解释性质文件。司法解释性质文件通常由最高人民法院、最高人民检察院联合其他部门发布或单独发布,制作主体与制作程序较司法解释缺乏严格的限制条件,制作主体广泛,制作活动频繁,并实际参与到"犯罪圈"的划定中,与司法解释形成了"双规并行"的格局。因此,司法解释与司法解释性质文件就同一问题"和而不同"的现象客观存在,在适用上亦存在冲突。如在处理操纵证券罪的过程中,刑事司法解释与司法解释性质文件的适用问题引发了诸多争议。以2019年最高人民法院、最高人民检察院联合发布的《关于办理操纵证券、期货市场刑事案件适用法律若干问题的解释》(以下简称《操纵解释》)与2010年最高人民检察院、公安部联合发布的《关于公安机关管辖的刑事案件立案追诉标准的规定(二)》(以下简称《标准二》)为例,二者在操纵证券市场犯罪的"情节严重"与"情节特别严重"认定上存在显著差异,这种差异不仅直接影响个案裁判结果,还揭示了刑事司法中规范文件适用规则不统一、不明确的风险,挑战了刑法的规范性与稳定性。虽然2022年修订《标准二》与《操纵解释》进行了"信息对齐",但此类规范文件冲突之情形并不是孤立现象。由于司法解释性质文件通常是在某些社会因素的影响与短期刑事政策的要求下所及时作出的回应，以便快速、高效地处理某类案件，因此与正式司法解释在某一时间段内的冲突必然会交替出现。[1] 司法解释因其规范性和权威性在司法适用中发挥重要作用，而司法解释性质文件则因其操作灵活性、司法经济性成为司法实践的重要补充。二者在适用上的冲突，不仅涉及法律位阶与效力问题，也直接影响罪刑法定原则的贯彻与刑法功能的实现。有学者感叹道："在人们关注司法解释合法性问题的同时，数量更庞大、形式更灵活、覆盖面更宽、渗透力更强的司法解释性质文件却未引起学界的足够重视"[2]。因而，如何解决司法解释与司法解释性质文件的冲突，构建统一的规则适用路径，成为刑事法领域亟待解决的理论与实践难题。本文以操纵证券市场犯罪为研究对象，围绕《操纵解释》与《标准二》的冲突展开讨论，通过对二者的体系定位探析、溯及力规则研究，力求在理论与实践层面为解决规范冲突提供可行路径，以期对推动刑事司法体系的法治化和统一性建设有所裨益。

二、规范冲突：两个案例引发的争论

案例 A：2016 年 7 月至 9 月，被告人张某为谋取非法利益，集中资金优势和持股优势，对 A 股上市公司乙公司股票价格进行操纵，非法获利共计 1500 余万元。操纵时间段内，张某持有、实际控制乙公司股份数最高达该股票实际流通股总量的 25%（未达到 30%）。

---

[1] 例如，2020 年 2 月 6 日发布的《关于依法惩治妨害新型冠状病毒感染肺炎疫情防控违法犯罪的意见》，此司法解释性质文件的发布距离新冠疫情暴发仅一个月的时间。根据该意见，认定拒不执行防控措施的行为以妨害传染病防治罪定罪处罚。而在此之前，2003 年"两高"发布的《关于办理妨害预防、控制突发传染病疫情等灾害的刑事案件具体应用法律若干问题的解释》认定拒不执行防控措施的行为涉嫌过失以危险方法危害公共安全罪，可见两个文件在认定同一行为时存在冲突。

[2] 刘风景：《司法解释性质文件的扩权现象及治理机制》，载《法学》2024 年第 4 期。

案例 B：2017年上半年，林某为避免甲公司质押的1亿股股票因股价下跌被债权人强制平仓，集中资金优势、持股优势对该公司股票价格进行操纵，使股票价格长期维持在甲公司预期价格之间。操纵时间段内，林某持有甲公司股份数均达该股票实际流通股总量30%以上。其中，按连续20个交易日作为区间段，区间段累计成交量占同期市场成交量大于30%；按连续10个交易日作为区间段，区间段累计成交量占同期市场成交量大于50%。

上述两个案件的审理均发生在2019年《操纵解释》发布之后。关于两个案例的处理有两种主要的观点：第一种观点认为，张某、林某均构成操纵证券市场罪，属于情节特别严重。2019年《操纵解释》出台前，操纵证券市场犯罪主要适用2010年最高人民检察院和公安部联合发布的《标准二》。《标准二》并非司法解释，仅属于审理中可参照使用的司法解释性质文件；其次，即便实质上系司法解释，其对情节特别严重也未作出相应规定，故在认定《操纵解释》实施前的操纵证券行为是否构成情节特别严重时，均可依据该解释规定的标准予以判断。依照《操纵解释》规定的"10%持股比例+连续10个交易日成交量占比50%"（以下简称"一一五"标准）、违法所得1000万元数额标准，林某、张某的操纵证券行为均符合情节特别严重。第二种观点认为，林某构成操纵证券市场情节严重，张某不构成犯罪。理由是：第一，认定林某行为是否构成情节特别严重，应与行为入罪标准即情节严重标准对应；只有情节严重标准前后没有明显变化的，才可直接适用新规定确立的情节特别严重标准。根据《标准二》，林某所实施的连续交易操纵行为应满足"30%持股比例+20个交易日成交量占比30%"（以下简称"三二三"标准）方能入罪，鉴于《操纵解释》大幅降低了《标准二》规定的入罪标准，达到《操纵解释》规定的"一一五"情节特别严重的行为，按照《标准二》甚至很有可能无法入罪，故不能简单地以行为时司法解释没有规定"情节特别严重"标准，即直接适用审理时的司法解释规定。第二，张某的操纵行为发生在《操纵解释》实施前，应根据《标准二》

规定的"三二三"标准判断能否入罪,鉴于操纵期间,张某持有、实际控制乙公司股票数未达该股票实际流通股总量的30%以上,未达到入罪标准,根据从旧兼从轻原则,不应作为犯罪处理,更谈不上情节特别严重的问题。

两个案件的争议集中在:第一,《标准二》并非司法解释,而属于司法解释性质的文件,效力位阶低于《操纵解释》,在审判中该文件的效力如何?第二,《标准二》规定操纵证券罪"情节严重"情形的"三二三"标准与《操纵解释》规定"情节严重"的"10%持股比例＋连续10个交易日成交量占比20%"(以下简称"一一二"标准)不一致,在发生冲突时应适用哪一标准进行入罪?第三,《标准二》仅规定了操纵证券罪"情节严重"入罪标准,而《操纵解释》不但规定了"情节严重"定罪标准,还规定了"情节特别严重"量刑标准,该新规定是否具有溯及力?上述论争的关键在于如何准确界定司法解释与司法解释性质文件的法律性质及其适用范围,厘清这一问题不仅是解决个案争议的前提,更是保障刑事法治统一性的基础。以下将从规则识别切入,对《标准二》与《操纵解释》的法律属性进行详细辨析,为规范冲突的解决奠定理论基础。

三、规则识别:刑事司法解释与司法解释性质文件的辨析

刑事立案追诉标准是刑法、刑事诉讼法关于立案规定的具体体现,是刑事实务部门办案中必须遵循的操作规则。刑事立案追诉标准规定了某一罪名的定量因素,即社会危害性现实体现,这一标准直接决定诉讼程序启动与否。在经济犯罪领域中,立案追诉标准与社会经济发展的关系并非亦步亦趋的,经济社会在不断演进,随着社会财富积累与经济要素更替,关于各类经济犯罪的立案追诉标准也处于动态变化之中,常常需要对社会危害性重新进行衡量与评价,及时与社会现实"同频共振"以适应新形势。在制定司法解释社会情势未明确、定罪量刑标准尚不成熟时,立案追诉标准发挥着司法试验田之效能,故呈现了立案追诉标准先行现象。因此,立案追诉标准与基于此制定的新司法解释在尚未"信息对齐"时相互冲突的

现象客观存在且尤为突出。因此,要明晰二者在冲突格局下应当如何适用,首先需要明确两个文件的法律性质。

(一) 司法解释的法律辨识

司法解释是我国最高司法机关对法律条文进行的解释。司法解释从制定到颁布有着严格的要求,可以从主体要件、程序要件、形式要件三个方面进行辨识。一是主体要件。根据《立法法》第119条的规定,最高人民法院、最高人民检察院作出的属于审判、检察工作中具体应用法律的解释,是司法解释。在实践中,有许多规范性文件由"两高两部"联合发布,但根据《立法法》的规定,"两部"并无制定司法解释的权力。二是程序要件。司法解释的发布要经历立项,起草与报送,讨论,发布、施行与备案四项程序,每一项程序有着严格要求。三是形式要件。根据最高人民法院《关于司法解释工作的规定》第6条、《最高人民检察院司法解释工作规定》第6条,司法解释的形式分为"解释""规定""规则""批复""决定"五种。需要注意的是,在实践中存在大量的"会议纪要""指导意见""工作规定"等司法指导文件与"两高"工作文件,此类文件因缺乏法定要件,不是司法解释。司法解释除以上五种形式外,在文号上也有严格要求。"司法解释受形式规制的重点其实在于文号而非名称"[①]。全国人民代表大会司法解释备案目录中,最高法单独发布的或两高联合发布的司法解释采用"法释"文号;最高检单独发布的司法解释,大致都采用"高检发释字〔××××〕×号"。

据此,判断一个司法文件是否属于司法解释的路径为:一是形式外观判断,是否有五种形式字样与文书字样;二是主体资格判断,司法解释的有权制作主体仅有"两高";三是法定程序判断,例如最高人民法院发布的司法解释应该由最高人民法院审判委员会讨论通过,最高人民检察院发布的司法解释应当经过最高人民检察院检察委员会审议通过、"两高"司法解

[①] 聂友伦:《司法解释性质文件的法源地位、规范效果与法治调控》,载《法制与社会发展》2020年第4期。

释在发布之日起 30 日内报全国人民代表大会常务委员会备案等。① 因而,从形式上看,《操纵解释》中有"解释"字样,其文号为"法释〔2019〕9号",符合形式外观要求,《标准二》系列文号为"公通字〔2010〕23 号",文书形式和文号均不符合司法解释的要求;从主体上看,《操纵解释》的制作主体为"两高",为有权制作主体。而《标准二》是以公安部为主下发的规范性文件,公安部为无权制作主体;从程序上看,《操纵解释》由最高人民法院审判委员会、最高人民检察院检察委员会会议通过并在相关媒介上公布,符合发布程序要求。② 因而,《操纵解释》是司法解释,《标准二》不是司法解释。后者虽并非司法解释,但因其与最高检联合下发的性质,又被最高检列入"规范文件"法规库之中,并在刑事案件的侦查、起诉、审判中发挥着程序启动阀门与犯罪定性基准之作用。对于如何理解该文的规范性质,杨书文认为,《标准二》既不是司法解释,也不是部门规章,而是一种"准司法解释性文件"。"立案追诉标准虽不属于司法解释,但就其实质内容和效力而言,具备司法解释的特征,是一种准司法解释性文件"③。

(二) 刑事司法解释性质文件的法律定位

1. 司法解释性质文件

"准司法解释性文件"又被称为"司法解释性质文件"。1987 年 3 月最高人民法院发布的《关于地方各级法院不宜制定司法解释性质文件问题

---

① 最高人民法院《关于司法解释工作的规定》第 24 条规定"司法解释草案经审判委员会讨论通过的……";《最高人民检察院司法解释工作规定》第 19 条规定:"最高人民检察院发布的司法解释应当经最高人民检察院检察委员会审议通过。"最高人民法院《关于司法解释工作的规定》第 26 条规定"司法解释应当自发布之日起三十日内报全国人民代表大会常务委员会备案";《最高人民检察院司法解释工作规定》第 22 条规定:"司法解释应当自公布之日起三十日以内报送全国人民代表大会常务委员会备案。"

② 最高人民法院、最高人民检察院《关于办理操纵证券、期货市场刑事案件适用法律若干问题的解释》经 2018 年 9 月 3 日最高人民法院审判委员会第 1747 次会议、2018 年 12 月 12 日最高人民检察院第十三届检察委员会第十一次会议通过,自 2019 年 7 月 1 日起施行。

③ 杨书文:《经济犯罪立案追诉标准的理解与适用》,载《江西警察学院学报》2013 年第 2 期。

的批复》(已失效)第一次正式使用了司法解释性质文件这一表述。此类文件往往由多部门联合发布,如两高联合公安部、司法部等其他部门发布。"准"字依附于 X 而存在,但与 X 的语义射程并不一致,因此二者不可一概而论。① 司法解释性质文件较司法解释缺乏形式要件、主体要件、程序要件,其效力范围、大小有所减损。司法解释性质文件的一大优势为司法经济性,即"无须提交审判委员会讨论通过,由分管领导签发即生效"②,能及时落实刑事政策与反映社会热点,有"快进快出"之效果。虽然此类文件具有司法经济性、政策回应性、热点反应性,但在理论与实践中亦存在诸多问题:一是刑事司法解释性质的文件实际地参与了犯罪的规制,有僭越立法权之嫌。二是刑事司法解释性质文件制作主体广泛、制作形式灵活,有架空刑法与正式司法解释之风险,表现为其"对刑法规定一定程度的肢解与割裂,并且使司法机关产生路径依赖"③。三是刑事司法解释性质文件对不同的司法机关有不同的适用要求,法律位阶不明,削弱了司法的统一性与权威性。尤其在司法解释性质文件与司法解释关于某一犯罪存在不同规定时,应当如何适用成为一大难题。

北大法宝收录的司法解释数量为 1174 个,而司法解释性质文件的数量达到了 5459 个之多,约为司法解释数量的五倍之多。④ 司法解释性质文件制定形式较为广泛,除两高制定外,还有两高联合两部、中国海警局、全国妇联、中华全国律师协会等制定。在印发司法解释性质文件时,通常遵循"谁发布,谁执行"的原则,但各机关的遵照执行程度有所差异,有的

---

① 参见刘风景:《"准 X"型法律概念的理据与运用》,载《华东政法大学学报》2021年第 5 期。
② 聂友伦:《司法解释性质文件的法源地位、规范效果与法治调控》,载《法制与社会发展》2020 年第 4 期。
③ 陈兴良:《刑法定罪思维模式与司法解释创制方式的反思——以窨井盖司法解释为视角》,载《法学》2020 年第 10 期。
④ 参见北大法宝,https://www.pkulaw.com/law? channel = SEM-baidu-beidafabao&bd_vid = 11733359447423782076。

表述为"可以参照""应当参照",有的表述为"依照……",出现此类效力适用效果不一致的原因在于,司法解释性质文件是在司法权与行政权相互博弈中进行衡平考量的产物。司法解释性质文件的制定本质是两高与其他部门之间"搭台唱戏",这既是司法权的延伸,也是司法权力在"分工合作、相互配合、相互制约"格局下形成的现实必然,因而在特定权责模式下对各机关的约束程度与适用效力有所差异。另外,司法解释性质文件规制场域狭窄与司法经济性的高度适配,决定了司法解释性质文件只能在有限主体与有限范围内发挥作用,其实质权力与规制效力不能自然延展到其他部门,只能得到规制场域外的有限承认或保留追认。

2.《标准二》的效力位阶

《标准二》要求各级公安机关应当依照此规定立案侦查,各级检察机关应当依照此规定审查批捕、审查起诉。因此,该文件对各级公安机关与检察机关的效力为:依照执行,与司法解释具有相同的强制约束力。在规制场域上,公安与检察院基于社会治理以及打击犯罪的现实需求,根据当下社会发展状况制定立案追诉标准,得以让更多刑事案件流转进入司法程序接受审查,防止错漏犯罪,同时可以作为未来司法解释的试验田,在此意义上追诉标准发挥着重要作用。但与立案、起诉不同,审判权行使需要受到严格理性的限制,其效力不能以"自然"而应以"应当"的姿态蔓延至审判程序中。2010年,最高人民法院发布了《关于在经济犯罪审判中参照适用〈最高人民检察院、公安部关于公安机关管辖的刑事案件立案追诉标准的规定(二)〉的通知》,文件要求:第一,最高人民法院对相关经济犯罪的定罪量刑标准没有规定的,人民法院在审理经济犯罪案件时,可以参照适用《标准二》的规定;第二,各级人民法院在参照适用《标准二》的过程中,如认为《标准二》的有关规定不能适应案件审理需要的,要结合案件具体情况和本地实际,依法审慎稳妥处理好案件的法律适用和政策把握,争取更好的社会效果。简言之,立案追诉标准是公安、检察机关对某一行为启动刑事追诉程序的指示器、信号灯,而非法院定罪量刑的标尺或依据。①人民法院具备专属定罪权,独立行使审判职能,是刑法制度现实化的重要阀门。《标准二》由最高检与公安部联合下发,是侦查权与检察权所达成的制度共识,最高人民法院虽然对《标准二》进行了效力追认,但仍保留了"参照适用"这一自由裁量权的边界与外延。

(三)"参照适用"的内涵为"原则上适用"

"参照"二字在《标准二》的效力描述中意味着此文件在规范缺位时的优先适用,参照适用条款是立法者对法律适用者的授权,"参照"本身就意味着权衡酌定。"参照"一词的在《汉典》中解释为"参考仿照",百度汉语解释为"参考并照着(做)",重点均在仿照、照做的含义上,有应当这样做之意,该词目前在我国的立法和规定性文件制定过程中已经被广泛采用。《立法技术规范(试行)(一)》规定,"参照"通常使用在没有直接纳入法律调整范围内,但又属于该法律调整范围逻辑内涵自然延伸的事项。② 从法工委的规定中可以看出,"参照"侧重于缺乏法律授权以及权利规范来源的法律文件适用,但法工委并未对"参照"是否具有强制约束力进行说明。在司法实践中,如何理解与适用"参照"一词争论不休,是应当排除法官的自由裁量空间直接适用,还是法官有较大的自由裁量余地,有权自主选择是否适用和变通?但可以明确的是,"参照"不同于"依照……""应当……",不具有绝对的强制力。同时,"可以参照"也不同于"应当参照","可以"相对"应当",约束力亦有所减损。最高人民法院发布的指导案例是"参照适用"的最佳载体,最高人民法院《关于案例指导工作的规定》第7条指出,对于最高人民法院发布的指导案例,各级人民法院在审判类似案例时应当参照。之后,最高人民法院《〈关于案例指导工作的规定〉实施细则》

---

① 参见杨书文:《经济犯罪立案追诉标准的理解与适用》,载《江西警察学院学报》2013年第2期。

② 参见全国人民代表大会常务委员会法制工作委员会《立法技术规范(试行)(一)》。

第 10 条规定了"应当将指导性案例作为裁判理由引述,但不作为裁判依据引用"。同样地,最高人民检察院发布的典型指导案例中效力用词多为"供参考适用",最高人民检察院《关于案例指导工作的规定》第 15 条同样规定了:"可以引述相关指导性案例进行释法说理,但不得代替法律或者司法解释作为案件处理决定的直接依据。"对比司法解释,两高在法律文书中皆可以直接援引司法解释作为法律依据。① 据此可以认为,司法解释性质文件"参照"适用的法律效力整体低于司法解释,但不能简单理解为"参照适用"效力弱。"参照适用"在裁判说理中以规范法律形态之"权威理由"的优势定位列居"实质理由"之前,显现出其作为司法裁判的实质说服力与结论正当性,仍具有相当事实效力。

有学者将司法解释性质文件的效力分为"强效""中效""弱效"三种,根据该学者的观点,《标准二》为"中效"型司法解释性质文件,即两高联合其他部委制定的具有较高事实性权威的"联合解释"。② 因此,刑事立案追诉标准虽然在"法源地位"上整体低于司法解释,但在功能效果上,刑事立案追诉标准因为其制作主体在各自领域中的最高地位并且得到了最高法的追认,与司法解释的事实效力大致相同。因而,二者的总体差异可以总结为次级法源地位与同等事实效力。一方面,"次级法源地位基因"决定了《标准二》要找准自己的体系定位,不能越俎代庖跨越边界。另一方面,"同等事实效力"需要在规范体系内外进行综合审视,赋予《标准二》填补法律空白、细化犯罪构成要件之功能,提供介入个案处理的顺畅通道。基

---

① 最高人民法院《关于司法解释工作的规定》第 27 条规定"人民法院同时引用法律和司法解释作为裁判依据的,应当先援引法律,后援引司法解释";《最高人民检察院司法解释工作规定》第 5 条规定:"最高人民检察院制定并发布的司法解释具有法律效力。人民检察院在起诉书、抗诉书、检察建议书等法律文书中,需要引用法律和司法解释的,应当先援引法律,后援引司法解释。"

② 参见聂友伦:《司法解释性质文件的法源地位、规范效果与法治调控》,载《法制与社会发展》2020 年第 4 期。

于此,有学者将此表述为"原则适用,例外排除"①。在司法哲学从严格规则主义向司法能动主义的转变过程中,审判机关要对次级法源地位基因保持理性,杜绝强制适用与机械适用所造成的实质不合理情形。因此,例外排除情形在具体个案体现为必不可少地需要考虑犯罪行为的实质违法性与法益侵害性,在事实与规则之间不断循环往复中寻求公平正义,综合考虑犯罪的主体、目的、手段、危害后果等方面,将即使已达定量标准但不具有刑事追责必要性的行为排除在外,反之亦然。如在温某骗取贷款罪案中,广东省高级人民法院认为根据温某的行为,《标准二》不适应此案的审理需要,不应据此追究原审被告人温某的刑事责任。② 在李某骗取票据承兑案中,李某骗取银行承兑票据 2000 万元,法院认为,李某欺骗行为只有一次,且全部解付,没有给银行带来实际损失,同时此案是检察机关在工作中发现的,社会危害性小,据此认定李某不构成骗取票据承兑罪。③ 相反地,在籍某某、李某某侵犯公民个人信息案中,法院认为,民警籍某某作为特殊主体实施特定犯罪即使获利低于立案追诉标准,也应当追究刑事责任。④ 立案追诉标准作为次级法源地位的审判参照标准,在特殊情形下可"如弃敝屣",但在通常情况下,其具有的同等事实效力则为"照章办事,方能得其所"。正如同德沃金在《认真对待权利》中写道:"自由裁量权,恰如甜甜圈中间的那个洞,若没有周围的限制,它就不会存在。"因而,《标准二》"参照适用"的效力在个案审判中作为具有"权威理由"的说理来源,在无特殊情况下需要"照章办事",在此层面上其与司法解释在刑事追责全过程中发挥着相同的作用与效力。并且,即使是司法解释,在个案处理中

---

① 唐稷尧:《中国当前刑法司法解释公信力刍议》,载《政法论丛》2016 年第 4 期。
② 参见广东省高级人民法院刑事再审裁定书,(2018)粤刑再 21 号。
③ 参见四川省乐山市中级人民法院一审刑事判决书,(2016)川 11 刑初 39 号。
④ 参见《最高检发布六起侵犯公民个人信息犯罪典型案例》,载中华人民共和国最高人民检察院官网 2017 年 5 月 16 日,https://www.spp.gov.cn/xwfbh/wsfbt/201705/t20170516_190645.shtml#1。

也仍需要考虑适用司法解释对于个案处理的实质合理性。

四、规则证成：《标准二》与《操纵解释》在冲突下的适用规则

明确《标准二》和《操纵解释》的法律属性及效力差异，解决了二者在个案中如何进行取舍的问题。接下来需要进一步探讨二者在司法适用冲突下对具体案件的适用规则，即《标准二》与《操纵解释》在具有效力差异情况下，在冲突情形中应当如何适用溯及力规则？最高法、最高检就司法解释溯及力问题专门发布了《关于适用刑事司法解释时间效力问题的规定》（高检发释字〔2001〕5号）（以下简称《规定》），《规定》所明确的是"司法解释"的溯及力规则，《标准二》并非司法解释位阶的文件，是否能将其视为司法解释？若将其视为司法解释后又应如何调和二者的冲突？下文将围绕这些核心问题，构建适用路径。

（一）在溯及力规则中将《标准二》与司法解释等同视之符合人权保障原则的要求

《规定》第3条规定："对于新的司法解释实施前发生的行为，行为时已有相关司法解释，依照行为时的司法解释办理，但适用新的司法解释对犯罪嫌疑人、被告人有利的，适用新的司法解释。"明确了司法解释"从旧兼从轻"原则。此规则解决的新旧司法解释对于同一问题的适用问题，然而在形式层面，刑事立案追诉标准因缺乏司法解释的形式要件与程序要件之要求，不能与司法解释等同视之。但在实质层面，刑事立案追诉标准无论是在侦查、起诉，还是在审判中都发挥着与司法解释相同的事实效力，绝大多数案件审判参照了刑事立案追诉标准，且公民将此作为判断行为违法与否的指引与标准，若因缺乏相关要件从而否认其司法解释性质既不现实，也不理性。若从形式要件上严格把握司法解释的定义，否定刑事立案追诉标准的司法解释效力，则行为人会在毫无预测可能性的情况下被科处刑罚，这样会破坏行为人值得保护的信赖利益，此时刑法没有发挥预防犯罪的规制机能,存在"不教而诛"之违背责任主义的弊病。① 所以,在罪与非罪问题上,刑事立案追诉标准作为第一次出现在公民视野中,能认识到自己行为的刑法禁止性的规范性文件,应当以信赖保护与人权保障原则认可其司法解释效力。反之则会导致"法不可知,则威不可测"的"寒蝉效应"。因此,在《标准二》与《操纵解释》发生冲突时,应坚守人权保障的底线,将《标准二》与《操纵解释》一视同仁,原则上适用"从旧兼从轻"原则。

(二)司法解释"从新"原则的限制使用

《规定》第2条指明,"对于司法解释实施前发生的行为,行为时没有相关司法解释,司法解释施行后尚未处理或者正在处理的案件,依照司法解释的规定办理",确立了一次解释"从新"原则。一次解释,即行为前没有相关司法解释,但为了将蕴藏在刑法条文中的真意挖掘出来,行为后司法机关首次对某一内容进行了解释。② 在罗克辛教授看来,一次解释从新的原因在于新的解释是为了实现已经存在但是后来才被正确认识的法律意图。③《操纵解释》《标准二》均规定了经济犯罪"情节严重"的入罪门槛,"情节严重"类罪量要素在体系定位上属于构成要件要素。陈兴良教授认为,"情节严重"属于"罪体—罪责—罪量"犯罪结构中的罪量要素,这一构成要素不能归类到行为人主观认识内容中。④ 对于规范构成要件要素的理解并不需要达到精确一致的程度,只要在核心意义上相当即可。⑤

---

① 参见利子平:《禁止刑法司法解释溯及既往原则之提倡》,载《南昌大学学报(人文社会科学版)》2013年第5期。

② 参见姚培培、姚欣雅:《刑事司法解释溯及力规则研究——对高检发释字〔2001〕5号合理性之证成》,载《政法学刊》2024年第2期。

③ 参见[德]克劳斯·罗克辛:《德国刑法学总论》(第1卷),王世洲译,法律出版社2005年版,第97页。

④ 参见陈兴良:《作为犯罪构成要件的罪量要素——立足于中国刑法的探讨》,载《环球法律评论》2003年第3期。

⑤ 参见高巍:《论规范的构成要件要素之主观明知》,载《法律科学(西北政法大学学报)》2011年第3期。

"一次解释"从新的实质合理性在于,新解释通常是对罪状进行延伸描述或实质内涵复现,而非对刑法条文的创制性规定,行为人在社会意义上只需要认识到其行为可能会被评价为这类要素即可,典型的"一次解释"为对行为应有事实的进一步阐明,也即将文字中的真实含义得以更具体地显现。如《刑法》第342条非法占用农用地罪规定了仅"造成耕地、林地等农用地大量毁坏的",司法解释第一次对"毁坏"作出了阐明。[①] 另一种为对刑法兜底条款的类型添加,如《操纵解释》对《刑法》第182条第7项"以其他方法操纵证券、期货市场"进行延伸描述,新增未突破语义射程且具有相当社会危害性的行为类型。

刑法中存在大量的情节犯、数额犯,此类犯罪的成立不仅要求行为适格,还要求行为的定量要素,如"数额较大""情节严重"等。基于此,司法解释及刑事立案追诉标准等规范性文件就不可避免地要设置情节严重之标准,以避免情节不严重的行为入罪。由《规定》得知,司法解释溯及力的对象为"行为",因此具有新旧关系的司法解释中,对同一行为、同一情节的定量要素的解释不是新解释。刑事立案追诉标准作为司法解释的"试验田""先行军",而后司法解释内容往往为更加适应社会发展的"新标准"。但此类"新标准"并不新的原因在于,二者皆是对同一行为、同一情节的程度描述,定量要素依附行为而存在,因此无论是旧标准的升降,还是旧定量要素种类的增删,都不是对行为的内涵复现或进一步阐明,而是对同一行为、同一情节的社会危害性定量因素作出的新评价。因此,针对二者的冲突,应当认为,新旧司法解释均对同一行为作出了解释,应适用"从旧兼从轻"原则而非"从新"原则。同时,情节犯、数额犯等犯罪在《刑法》

---

① 最高人民法院《关于审理破坏森林资源刑事案件适用法律若干问题的解释》第1条:"违反土地管理法规,非法占用林地,改变被占用林地用途,具有下列情形之一的,应当认定为刑法第三百四十二条规定的造成林地'毁坏':(一)在林地上实施建窑、建坟、建房、修路、硬化等工程建设的;……"

中还规定了法定刑升格的数额加重犯、情节加重犯,刑事立案追诉中往往只规定了定罪标准而没有规定量刑标准,如"数额巨大""数额特别巨大""情节特别严重"等情形,而后司法解释新增此类情节标准虽属进一步阐明法条的新解释,但应当合理适用,避免造成实质不合理的情形。例如,按照刑事立案追诉标准不构成犯罪的行为,可能因符合新司法解释加重处罚的情形而被直接跳档处罚。"情节严重"为基本犯,决定罪与非罪,"情节特别严重"为加重犯,决定罪轻罪重问题。构成加重犯的前提为行为要构成基本犯,不能违背逻辑跳档处罚。在适用逻辑上,首先要解决入罪问题,再考虑罪轻罪重问题,只有在行为构成基本犯罪的情况下,才能认为新司法解释中的"情节特别严重"具有"一次解释"从新溯及力。

(三)案例 A、案例 B 之结论

1. 张某的行为不构成操纵证券市场罪

首先,《操纵解释》新增连续交易行为的违法所得标准对张某的行为不具有溯及力。从违法所得角度考虑,张某操纵证券市场行为的违法所得既符合"违法所得一百万元"的情节严重情形,也符合"违法所得一千万元"的情节特别严重情形。操纵证券市场罪为情节犯,《刑法》第 182 条第 1 款第 1 项规定了"集中资金优势""持股或者持仓优势"连续交易行为,但要达到"情节严重"时才能进行刑事追责,入罪构造为"行为 + 行为罪量"。《操纵解释》较《标准二》在行为标准上新增了违法所得标准,《标准二》连续交易行为"情节严重"的构造为"行为 + 比例",《操纵解释》为"行为 + 比例"或"行为 + 违法所得"。但无论是持股比例、交易量比例还是违法所得皆依附于行为存在,应当认为,二者均对同一行为作出了规定,故《操纵解释》新增违法所得标准不属于"一次解释",不具有溯及力。

其次,根据从旧兼从轻原则,应适用对张某更加有利的《标准二》。《标准二》采用"三二三"的入罪标准,相较于《操纵解释》采用"一一二"的入罪标准,更为严格。按照从旧兼从轻原则,对发生在《操纵解释》之前的行为认定"情节严重",应首先参照适用对被告张某更加有利的《标准二》的相关规定,张某行为未达"三二三"标准,即不构成犯罪。不能认定为犯罪的情况下,更不能认定为"情节特别严重"。另一个需要考虑的问题是:是否应当适用《标准二》规定操纵证券市场罪的兜底条款对张某进行入罪处理？"操纵证券、期货市场行为属于贪利性违法犯罪行为。非法获利的多少是判断一般违法与犯罪的重要标准之一。"①但在《操纵解释》颁布之前,没有相关规范性文件对连续操纵的违法所得入罪标准作出规定,张某无违法认识可能性。《标准二》"情节严重"情形中虽存在兜底条款,但通过适用兜底条款的同质性解释规则可知,《标准二》"情节严重"情形的特征为"行为+比例"或特殊主体实施的行为,重点在于行为类型及比例而非违法所得,因此不能仅根据违法所得适用兜底条款进行入罪。在证监会处罚案例中,1500万元违法所得只适用行政处罚而不进行刑事处罚的案例并不鲜见,在缺乏刑法相关明文规定下,通过前置行政法律规范处罚与追缴可达到社会效果的案件,则不必扩张适用兜底条款。因此,即使张某操纵行非法获利共计1500余万元,达到《操纵解释》新增违法所得之标准,但基于信赖利益保护与人权保障原则,应当否认其"情节严重""情节特别严重"的司法溯及力,认定张某不构成犯罪。

2. 林某的行为构成操纵证券市场罪"情节特别严重"

对林某的行为进行评价,首先要明确罪与非罪问题。如上文所述,在认定罪与非罪时应当优先适用对被告更加有利的《标准二》的相关规定。林某在操纵时间段内,持有甲公司股份数均达该股票实际流通股总量的30%以上。其中,按连续20个交易日作为区间段,区间段累计成交量占同期市场成交量大于30%;按连续10个交易日作为区间段,区间段累计成交量占同期市场成交量大于50%。因此,林某的行为既达到了《标准二》

---

① 王尚明、柳杨:《操纵期货市场罪情节特别严重的认定》,载《人民司法》2022年第8期。

"三二三"情节严重的标准,又达到了《操纵解释》"一一二"情节严重标准与"一一五"情节特别严重标准。

其次,在明确入罪的情况下,需要明确罪轻罪重问题。《操纵解释》"情节特别严重"作为新解释,在充分考虑其行为发生在解释出台之前的情况对其做出有利处理的情况下,应当认为其具有司法溯及力。对于认定"情节严重"适用"三二三"标准,认定"情节特别严重"适用"一一五"标准,是否存在因两个标准之间无倍比关系、适用新司法解释认定之前的行为属于"情节特别严重"而对行为人量刑过重的问题?我们认为,其一,从立法的角度考量倍比关系的合理性,不能以《操纵解释》中"情节严重"与"情节特别严重"的倍比关系,来倒推《标准二》中"情节严重"所应该对应的"情节特别严重"。其二,《标准二》与《操纵解释》在制定时的背景不同,"三二三"标准是针对当时证券市场发展阶段和操纵行为特征制定,而"一一五"标准则是根据市场变化对社会危害性的新评价结果,降低了操纵行为的门槛,以应对操纵行为增多和形式多样化的问题,强化刑法的市场规制功能。这说明倍比关系是动态变化的,倍比关系的适用须基于同一司法文件内部的统一逻辑,而非跨越不同文件的延展。因此,跨文件推定倍比关系既缺乏法理依据,也可能导致刑法适用的不确定性。对于《操纵解释》前的操纵行为,若无《标准二》的"三二三"标准,将直接适用《操纵解释》的定罪量刑标准,会作出对行为人更加不利的处罚。综上所述,林某行为构成操纵证券罪"情节特别严重"。

五、结论

刑事司法解释与刑事司法解释性质文件在司法中的冲突,反映出法律体系尚未完全规范化和统一化。刑事司法权力的行使,必须有实体依据和程序约束。在未来制度建设中,为解决司法解释与准司法解释冲突问题,有必要进一步健全司法解释性质文件发布与备案机制,建立审查制度,限制其对立法权的扩张,防止因内容不明或效力不统一引发法律适用的混乱。另外,要明确司法解释性质文件的法律地位,通过立法统一准司法解释文件的形式和效力要求,避免因形式不规范或适用范围模糊而削弱司法公信力,从而构建统一的刑事司法解释体系,减少司法解释与司法解释性质文件的重复与冲突,实现法律适用的统一性与确定性。通过不断的制度建设,构筑和完善司法解释性质文件的适用程序,进一步解决其效力于溯及力在理论上和实践中存在的问题,使其日趋完善、更好地发挥作用。

破坏金融管理秩序犯罪研究

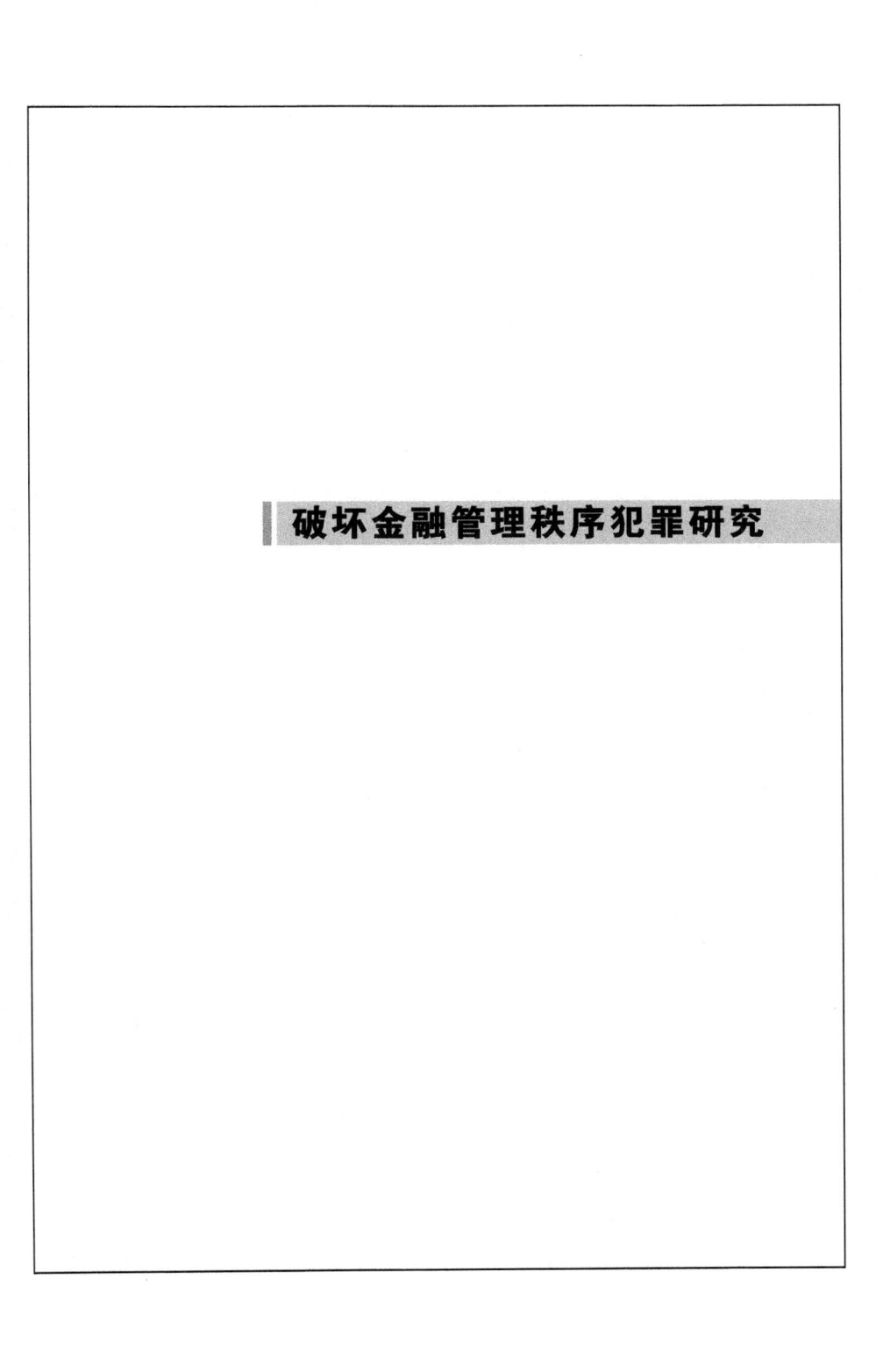

内外勾结骗取贷款"数额巨大"情形的共犯问题研究

刘 科[*] 许燕佳[**]

目 次

一、内外勾结骗取贷款"数额巨大"情形构成骗取贷款罪之证否

二、内外勾结骗取贷款"数额巨大"构成违法发放贷款罪共犯的理论根据评析

三、内外勾结骗取贷款"数额巨大"情形中借款人的共犯类型探讨

四、结语

摘 要: 在《刑法修正案(十一)》对骗取贷款罪删除"其他严重情节"要素之后,内外勾结骗取贷款"数额巨大"的情形难以认定为信贷资金安全风险的现实化结果,贷款工作人员与借款人均不构成骗取贷款罪。但贷款工作人员仍然侵犯了违法发放贷款罪的双层法益而构成违法发放贷款罪,且无论根据立法者意思说、实质说还是可罚的规范目的说,借款人都具

---

[*] 北京师范大学法学院暨刑事法律科学研究院教授、博士生导师。
[**] 北京师范大学法学院刑法学方向博士研究生。

有被认定为违法发放贷款罪共犯的正当性根据。对于内外勾结骗取贷款"数额巨大"情形中借款人的共犯类型认定,应根据借款人的自利性、受制约性、决策权大小、掩盖事实行为使一般贷款工作人员陷入错误认识的可能性等因素,采用涵盖犯意贡献度与危险现实化贡献度因素的因果贡献度框架,依照以下基准进行判断:成立教唆犯,要求借款人的犯意贡献度很高,危险现实化贡献度低或者中等,且可罚性适中;成立帮助犯,要求借款人具有较高的危险现实化贡献度,而贷款工作人员的犯意贡献度本身较高,且危险现实化贡献度中等或者较高;成立共同正犯,核心考量因素是借款人与贷款工作人员基于共同利益或制约关系而深度捆绑,使得犯意贡献相互交织、彼此强化。

关键词:骗取贷款;违法发放贷款;片面对向犯;因果贡献度

一直以来,融资借贷领域存在借款人和贷款工作人员[①]内外勾结作案的问题。这类案件有三个特征:(1)贷款工作人员违法利用了职权;(2)借款人违法取得了贷款;(3)贷款工作人员与借款人存在意思串通。[②] 在违法发放贷款案件中,借款人是否必然受到刑法惩罚涉及对向犯中必要参与行为的处罚问题。在《刑法修正案(十一)》对骗取贷款罪删除"其他严重情节"要素后,对于内外勾结骗取贷款"数额巨大"情形如何处理,借款人在何种场合构成违法发放贷款罪共犯,以何种路径予以处罚,这涉及刑法在金融领域的介入限度的根本问题,有必要展开深入探讨。

[①] 在金融领域,"贷款人"通常指的是提供贷款的金融机构,如银行、信用合作社、小额贷款公司等。"贷款工作人员"是指在贷款人(金融机构)中工作的员工,他们负责处理贷款相关的业务;在审贷分离制度背景下,银行等金融机构将贷款的调查、审查、批准职责和权限分别划归不同人员和部门负责执行,因此,贷款工作人员可以分为贷款调查评估人员、贷款审查人员,以及有决定权的贷款审批人员(一般为贷款审查委员会或者行长、独立审批人、授权副行长等最终审批人)。

[②] 参见黄小飞:《违法发放贷款案:借款人的刑事责任分析》,载魏东主编:《刑法解释》第9卷,法律出版社2023年版,第191页。

一、内外勾结骗取贷款"数额巨大"情形构成骗取贷款罪之证否

我国反骗贷罪名体系经历了从无到有的持续改进过程。[①] 2020年12月26日,《刑法修正案(十一)》删除了《刑法》第175条之一"其他严重情节"要件,将骗取贷款罪的基本犯由结果犯和情节犯修改为单一的结果犯,对未造成重大损失的骗取贷款行为,不再作为犯罪处理。单一罪刑模式限制刑法介入经济生活的范围,是增强民营企业保护的刑事政策之体现。[②] 全国人大常委会法制工作委员会在《关于〈中华人民共和国刑法修正案(十一)(草案)〉的说明》中提到,为了加强企业产权刑法保护,修改骗取贷款、票据承兑、金融票证罪入罪门槛规定,对由于"融资门槛高""融资难"等原因,民营企业因生产经营需要,在融资过程中虽然有一些违规行为,但并没有诈骗目的,最后未给银行造成重大损失的,一般不作为犯罪处理。基于此,借款人骗取贷款"数额巨大"但未造成"重大损失"的情形,根据现行《刑法》规定不认为构成骗取贷款罪。

---

① 2006年《刑法修正案(六)》增设《刑法》第175条之一骗取贷款罪,规定了"重大损失"和"严重情节"并列的定罪条件。2010年最高人民检察院、公安部发布《关于公安机关管辖的刑事案件立案追诉标准的规定(二)》规定本罪的追诉标准以解决定罪争议问题,但是司法实践却出现唯数额论认定的倾向,违背司法解释本意,过分扩大经济刑法的适用范围。为了更好地服务民营经济发展,2020年最高人民检察院出台《关于充分发挥检察职能服务保障"六稳""六保"的意见》,提出要依法慎重处理贷款类犯罪案件,对于借款人因生产经营需要,虽然行为违规、但尚未造成实际损失的,一般不作为犯罪处理。该规定从社会危害性的角度合理限制本罪处罚范围,但是司法实践仍存在案件适用不统一的困境。

② 2016年中共中央、国务院联合出台了《关于完善产权保护制度依法保护产权的意见》,强调了保护企业产权的重要性。2019年中共中央办公厅、国务院办公厅又印发了《关于加强金融服务民营企业的若干意见》,再次强调了平等对待各类所有制企业、有效缓解民营企业融资难融资贵的问题。在国家政策调整的大背景下,立法者也考虑到当下企业融资困难的现实问题,如果将轻微的融资违规行为纳入犯罪圈,将不利于众多中小企业的发展。参见刘宪权:《金融犯罪最新刑事立法论评》,载《法学》2021年第1期。

关于骗取贷款罪保护法益的定性存在所有权说、信贷资金安全说、金融管理秩序说等不同学说之争。所有权说认为本罪在于保护金融机构的资金所有权;①周光权、孙国祥教授等支持金融安全说,认为骗取贷款罪意在规制侵害银行资金安全的风险行为;②张明楷教授根据1996年《贷款通则》的规定,提出本罪保护的是贷款秩序,具体包括信贷资产所有权、信贷资产安全以及贷款使用的整体效益;③还有学者认为,借贷人以欺骗方法获得信贷资金,使得符合资质的人没能获得或者少获得了信贷资金,导致信贷资金无法充分发挥助力国民经济的服务作用,因此,骗取贷款罪侵犯的法益是秩序法益,具体是指金融管理秩序中的贷款发放秩序。④ 现有学说依照对秩序这一抽象法益的体现程度可分为(见图1):

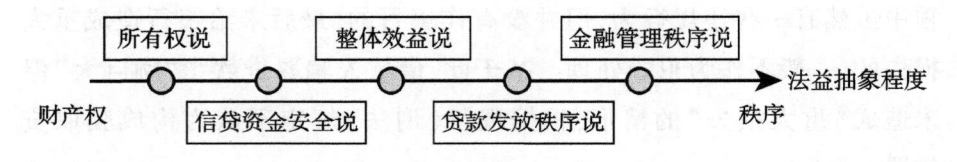

图1 骗取贷款罪保护法益的不同学说

上述学说存在的问题是:首先,所有权说认为骗取贷款罪与贷款诈骗罪一样均侧重保护金融机构的财产权益,但本罪并未规定在"金融诈骗罪"一节,行为人主观上也没有非法占有目的,故所有权说无法体现骗取贷款罪的犯罪本质,目前已被抛弃。其次,金融管理秩序是《刑法》分则第三章第四节"破坏金融管理秩序罪"侵害的共同法益,是一个集合概念,不

---

① 参见郝川、欧阳文星:《骗取贷款罪:反思与限定》,载《西南大学学报(社会科学版)》2018年第3期。
② 参见周光权:《刑法各论》(第3版),中国人民大学出版社2016年版,第255页;孙国祥:《骗取贷款罪司法认定的误识与匡正》,载《法商研究》2016年第5期。
③ 参见张明楷:《骗取贷款罪的保护法益及其运用》,载《当代法学》2020年第1期。
④ 参见王明森:《修正后骗取贷款罪刑法适用的新解读》,载《上海法学研究》2023年第2期。

具有特定性与具体性,不能据此将本节所有罪名保护的法益皆抽象为金融管理秩序,否则不仅无益于司法实践,更会模糊立法目的。① 而且,以上两种学说对于法益的抽象性体现都较为极端,为单一法益说,为本文所不取。而信贷资金安全说、整体效益说、贷款发放秩序说实质上都是财产权益与秩序的复合法益说,均能体现超个人法益与个人法益的双层法益构造。② 其中,信贷资金安全无疑是金融管理秩序的重要一环,③但信贷资金安全说事实上更强调对金融机构信贷资金的财产权益保护;贷款发放秩序说亦未否认信贷资金安全是本罪保护的法益之一,但认为主要保护法益仍需侧重对稳定金融秩序的关照。而整体效益说实质上是对前述两种观点的中和,侧重性与指导性意义略显不足。

骗取贷款罪的设立宗旨是避免骗贷行为引起金融资产无法收回,④而《刑法修正案(十一)》删除"其他严重情节"要件,使得仅具有危险而未现实化为危害结果的骗取贷款行为不受本罪处罚,亦进一步揭示了本罪在现行的立法语境下保护的实质法益更侧重金融机构的资金安全。结合激励民营经济发展的大背景,笔者认为,骗取贷款罪的法益应采信贷资金安全

---

① 参见刘德法、李莎莎:《骗取贷款罪删除"其他严重情节"后的理解与适用》,载《黑龙江省政法管理干部学院学报》2022年第4期。

② 在抽象危险犯的场合,抽象法益说虽然有助于实现法益概念的解释指导机能,却不利于立法批判机能的实现;具体法益说则刚好与之相反。在肯定处罚前置化确有必要的前提下,要走出抽象危险犯的悖论式困境,就只能摆脱单层法益观的执念,正视抽象危险犯的双层法益结构,即抽象危险犯既保护具体的个人法益也保护抽象的超个人法益。因此,有学者提出,前置性的超个人法益可以称为"阻挡层法益",后置的个人法益可以称为"背后层法益"。一旦从单层法益观转变为双层法益观,就能重建立法批判机能与解释指导机能之间的平衡。参见蓝学友:《规制抽象危险犯的新路径:双层法益与比例原则的融合》,载《法学研究》2019年第6期。

③ 信贷资金安全是金融管理秩序的重要一环,确保了信贷资金安全也就保护了金融管理秩序。参见杨绪峰:《骗取贷款罪中"其他严重情节"的体系性反思——基于169份刑事判决文书的实证分析》,载《法商研究》2020年第2期。

④ 参见黄太云:《〈刑法修正案(六)〉的理解与适用(下)》,载《人民检察》2006年第15期。

说,仅当金融机构资金安全的风险现实化时才成立本罪。

在此意义上,骗取贷款罪不是行为犯而是结果犯,危害结果是因骗贷行为而给贷款人造成重大损失,这是本罪的质的构成要件。① 有观点认为,"造成重大损失"属于客观处罚条件,即"基于一定政策规定,在犯罪成立后附加承担刑事责任的条件,以犯罪成立为前提,而不能将其还原为犯罪成立条件"②。依照该观点,"造成重大损失"仅具有限制处罚的功能,即便未"造成重大损失",只要通过欺骗手段对贷款资金安全产生了危险,便已然构成犯罪。在这种解释路径下,骗取贷款数额巨大且未足额担保的情形仍然可能成立骗取贷款罪,只是不具有需罚性。因此,无论是根据违法共犯论抑或因果共犯论,内外勾结骗取贷款"数额巨大"情形下贷款工作人员与借款人都可能构成骗取贷款罪的共犯,而当骗取的数额达到"特别巨大"或具有其他特别严重情节时,便满足本罪法定刑升格条件,即满足加重的客观处罚条件,因而能依据骗取贷款罪的共犯论处。但此种解释路径使得本罪的基本刑与加重刑界限模糊化,显然不妥。本文认为,"造成重大损失"应当属于本罪的量的构成要件,或者说是构成要件要素,只有当骗取贷款行为造成的信贷资金安全风险现实化至"给银行或者其他金融机构造成重大损失"的危害结果,才能满足本罪的构成要件而成立骗取贷款罪。在骗取贷款数额巨大的情形下,无论是否足额担保,只要尚未造成重大损失,都不能认定为信贷资金安全风险的现实化结果。因此,内外勾结骗取贷款"数额巨大"的情形难以构成骗取贷款罪的基本犯。

骗取贷款"数额特别巨大"应当属于法定刑升格条件中"其他特别严重情节"的情形之一,但其无法直接反映信贷资金安全被侵害的程度,本

---

① 犯罪构成要件可以分为质的构成要件和量的构成要件。参见刘艳红:《情节犯新论》,载《现代法学》2002年第5期。

② 陈子平:《刑法总论》,中国人民大学出版社2009年版,第689页。

文认为该情节是表面的不法加重要素；同时，该情节也并未使行为类型发生变化而导致违法性增加，因此无论是依照违法性标准还是定型性标准，都应当认为骗取贷款"数额特别巨大"的严重情节属于加重的量刑情节，而非加重构成要件，故无须考虑基于该加重情节构成共犯的情形。[①] 同时，目前学界通说认为"其他特别严重情节"以具备普通犯构成要件为前提，即以"造成重大损失"结果为前提，若未造成重大损失结果，即使有其他特别严重情节也不能以本罪论处。因此，即便贷款工作人员与借款人内外勾结骗取贷款数额达到"特别巨大"的加重情节，也难以根据骗取贷款罪的共犯论处。

二、内外勾结骗取贷款"数额巨大"构成违法发放贷款罪共犯的理论根据评析

对向犯，是指二人以上的行为相互依存，并且相互以对方的行为为要件的犯罪。根据对向犯的可罚性是同时及于双方还是仅限于其中一方的特点，可将对向犯区分为两种规范类型：一是纯正的对向犯，是指双方均具有可罚性并成立犯罪（既可能是同种罪名，也可能是不同罪名）的对向犯；二是片面的对向犯（非纯正的对向犯），是指双方中仅有其中一方具有可罚性并且成立犯罪，但是另一方不具有可罚性，从而不成立犯罪的情形。违法发放贷款罪与骗取贷款罪则是较为复杂的对向犯，既存在只处罚贷款

[①] 对我国法定刑升格条件分类时，学界存在不同的区分依据。张明楷教授采用定型性标准，认为刑法分则条文因为行为、对象等构成要件要素的特殊性使行为类型发生变化，进而导致违法性增加，并加重法定刑时，才属于加重的犯罪构成或构成要件，否则是量刑规则，参见张明楷：《加重构成与量刑情节的区分》，载《清华法学》2011年第1期。对此，柏浪涛教授认为应当采用构成要件违法性标准，将法定刑升格条件分为真正的不法加重要素与表面的不法加重要素，前者可塑成加重构成要件，后者属于单纯的量刑规则，二者具有体系上的对立排斥关系，也即前者需要贯彻责任主义，存在未遂、共犯及竞合问题，而后者不存在这些问题，参见柏浪涛：《加重构成与量刑规则的实质区分——兼与张明楷教授商榷》，载《法律科学（西北政法大学学报）》2016年第6期。

工作人员或者借款人一方的情形,也存在双方同时构成各自的犯罪的情形。

虽然骗取贷款罪删除了"其他严重情节",但是违法发放贷款罪仍然保留"数额巨大"与"造成重大损失"的构成要件要素。对于内外勾结骗取贷款"数额巨大"的行为,如前述难以认定为骗取贷款罪,那么,当贷款工作人员的行为构成违法发放贷款罪,获得贷款的行为人的行为不成立骗取贷款罪时,能否根据刑法总则关于任意共犯的规定,将申请贷款人作为违法发放贷款罪的教唆犯、帮助犯或者共同正犯进行处罚?对此,需要在厘清违法发放贷款罪的保护法益与成立要件的基础上,对于对向犯必要参与行为的处罚根据展开探讨。

(一)违法发放贷款罪法益及相关构成要件要素之厘清

对于违法发放贷款罪的保护法益,学界长期以来存在分歧,既有的法益观点可以分为单一法益论与复合法益论。单一法益论包括国家的金融管理秩序说、①贷款管理制度说②或贷款管理秩序说。③ 复合法益论内部也存在不同的观点:第一种观点认为本罪保护的是贷款管理制度和金融机构由贷款产生的合法权益;④第二种观点将本罪法益界定为放贷制度,实质内容是金融机构的财产权和其他借款人平等获得贷款的机会利益;⑤第三种观点认为本罪保护多重法益,包括国家的贷款管理制度、国家的贷款

---

① 参见陈明华:《刑法学》,中国政法大学出版社 1999 年版,第 494 页。
② 参见程书兵:《论违规委托贷款可构成违法发放贷款罪》,载《公安学研究》2012 年第 3 期。
③ 参见李永升、刘建:《金融刑法学教程》,法律出版社 2014 年版,第 228 页;李永升:《金融犯罪研究》,中国检察出版社 2010 年版,第 341 页。
④ 参见马克昌:《经济犯罪新论——破坏社会主义市场秩序罪研究》,武汉大学出版社 1998 年版,第 324 页。
⑤ 参见黄小飞:《违法发放贷款罪的构成要件行为新诠》,载《甘肃政法大学学报》2021 年第 3 期。

使用权、金融机构的财产权益和金融机构的信誉。①

关于法益的分类,德国刑法学形成了法益一元论和二元论之争。二元论代表如克劳斯·梯德曼(Klaus Tiedemann)认为个人法益与超个人法益为质量不同的两个种类,经济刑法体系或者其他刑法体系,可以独立于个人法益所形成的刑法体系,因此,可以将经济法益(超个人法益)予以抽象化,并且将经济秩序的维护与保护列为刑法的另一"自我目的"。一元论的代表如米歇尔·马克斯(Michael Marx)认为,超个人法益其实是个人法益的衍生,其本质也是个人法益,只具有"传导出来的机能"。② 由于违法发放贷款罪涉及"整体有序的贷款发放秩序的维护"与"特定个人通过破坏秩序为自己或他人牟取贷款利益"之间的利益冲突,本文认为在此情境下采用法益二元论更为妥当。前述单一法益论中的金融管理秩序与贷款管理制度实际上都属于超个人法益,均存在过于抽象宽泛的问题。其中,金融管理秩序说无法将本罪与破坏金融管理秩序一节的其他罪名相区分,而贷款管理制度或贷款管理秩序说虽然相较"金融秩序"将范围限缩至"贷款秩序",但仍较宽泛,无法与骗取贷款罪、贷款诈骗罪等的保护法益相区分。复合法益论中,几种不同观点的差别之处在于,将法益还原至个人的具象程度不同,最为核心的分歧在于是否应当只关注金融机构的财产权益,抑或仍需由金融机构的财产安全进一步延伸至存款人的合法利益,同时由贷款发放秩序的维护延伸至其他借款人的公平贷款机会利益。本文认为,根据法益的具体程度,可以将现有观点中的法益内容分为抽象法益、中间层法益、个人法益。其中,个人法益除了存款人的合法财产利益,还可以包含借款人取得贷款后由此产生的合法财产权益,此可视为其他借款人的平等机会利益背后的本质利益(详见图2)。

---

① 参见任继鸿:《贷款犯罪研究》,吉林大学2005年博士学位论文,第85~89页。
② 参见陈志龙:《法益与刑事立法》,1997年自版发行,第136~145页。

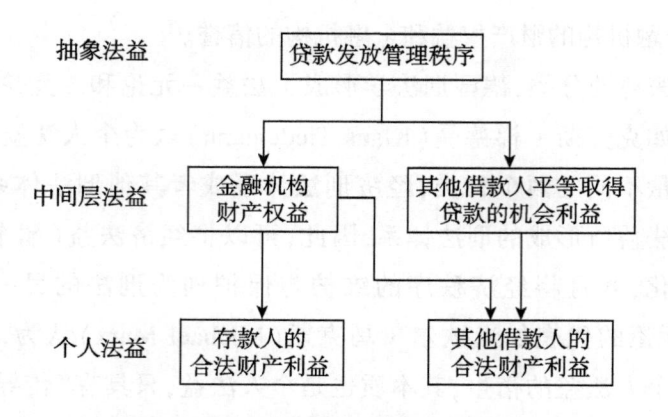

```
抽象法益         贷款发放管理秩序

中间层法益   金融机构        其他借款人平等取得
            财产权益         贷款的机会利益

个人法益    存款人的         其他借款人的
           合法财产利益      合法财产利益
```

图 2　违法发放贷款罪法益观点的不同层次

换言之，在采用法益二元论的基础上，关于本罪法益的争议点实际在于个人法益应还原至何种程度。有观点认为，个人法益的还原应该考虑大多数个体的权益，而不是局限于保护某一类机构、法人或集体的法益。[1]实际上，对地存款人的合法财产利益，是依附于金融机构的财产进行间接保护的，将其作为单独的法益内容必要性不大；同时，由于获批贷款以及由此产生财产利益仍存在盖然性，其他借款人取得贷款后产生的合法财产权益的内容尚未被现有观点吸纳，同样为本文所不取。因此，本文持双层法益的观点，认为违法发放贷款罪的阻挡层法益为贷款发放管理秩序，背后层法益为金融机构的财产权益与其他借款人平等取得贷款的机会利益。

不同于骗取贷款罪仅保留"造成重大损失"的构成要件要素，违法发放贷款罪仍保留了"数额巨大"的构成要件要素，属于危险犯与实害犯的复合犯，表明本罪对于信贷资金安全的法益侵害现实化程度要求较前者更低。贷款工作人员违反国家规定发放贷款"数额巨大"但尚未"造成重大损失"，即违反贷款发放管理秩序，便认为其有损害信贷资金安全的可能

---

[1] 参见熊波：《从社群主义到个体主义：刑法法益类型的确立方法》，载《学术界》2022年第8期。

性,给金融机构的财产权益造成威胁,并损害了其他借款人平等取得贷款的机会利益。

构成违法发放贷款罪还有违反国家规定的要求。虽然可以援引规章证立前置违法,但只能援引法律、行政法规,以及部门规章关于放贷制度的规定,银行内部信贷管理规程仅可以作为认定发放贷款行为违法的"参考"。①"违反国家规定"体现的违法性内涵是行为人违反国家对贷款工作人员实施的特别管控。贷款工作人员违反特别管控的,属于对国家意志的违反,而不是对任何个体意志的违反,正因如此,即使贷款工作人员违法放贷行为没有违反所在金融机构的意志,也不能免予违法评价。换言之,违法放贷行为即使得到了金融机构(决策层)的承诺,也不能阻却违法。原因在于,金融机构可以承诺对本单位财产权的侵犯,但无法承诺金融机构财产安全危险所导致的对存款人合法财产利益的威胁,亦无法承诺对其他借款人机会利益的侵害。②

违法发放贷款罪的身份要素也存在分歧,即不具有最终贷款审批决策权的贷款调查评估人员和贷款审查人员能否构成本罪?有学者认为,银行等金融机构的工作人员是金融机构的活动与意志的反映载体,贷款工作人员业务活动的后果都应当归属于金融机构,故即便金融机构发放贷款的审批环节繁杂,也不能将最终审批人与其他贷款工作人员截然分开。③ 这一观点在实务中较为普遍。同时,也有学者认为,最终审批人有对贷款风险评估控制、对贷款材料实质核查的义务,只要其不批准,款项就不可能被贷出去,因此本罪的行为主体限为具有决策权的最终审批人,而不包括其他

---

① 参见王美鹏、李俊:《违法发放贷款犯罪问题研究》,载《人民检察》2017年第18期。
② 参见黄小飞:《违法发放贷款罪的构成要件行为新诠》,载《甘肃政法大学学报》2021年第3期。
③ 参见孙国祥:《骗取贷款罪司法认定的误识与匡正》,载《法商研究》2016年第5期。

贷款工作人员。其核心理由是避免违法发放贷款罪与挪用资金罪处罚的不协调,同时其他贷款工作人员的违规行为表现为通过决定权人的审批行为间接引起法益侵害后果,更符合共犯行为的特征。① 实质上,贷款调查评估人员与贷款审查人员完全有可能成立间接正犯,即通过欺骗手段利用最终审批人作出发放贷款的决定。在最终审批人难以识别贷款调查人员或贷款审查人员的欺骗手段具有社会相当性时,该前置程序贷款工作人员对于危害结果的原因力更强,其作为本罪主体并无不妥之处;当最终审批人受骗而予以发放贷款并不具备社会相当性,此时前置程序的贷款工作人员与最终审批人都应当承担相应的法律责任,②最终审批人的失职无法阻却前置程序贷款工作人员的违法性,但在量刑时可根据贷款工作人员原因力的减弱而酌定从宽,并不会出现与挪用资金罪处罚的不协调状况;当最终审批人知情而允许贷款工作人员的违法行为并同意放贷,

---

① 参见黄小飞:《违法发放贷款罪的构成要件行为新诠》,载《甘肃政法大学学报》2021年第3期。

② 此情形下最终审批人是否构成本罪,涉及本罪是否包含过失的罪过形态的问题。关于本罪的罪过,学界存在故意说、过失说、过失和间接故意说、过失和符合罪过形式说的理论争议,参见孙国祥、魏昌东:《经济刑法研究》,法律出版社2005年版,第361~362页。理论中一般认为与"数额巨大"要素对应的主观形态是故意,而过失则对应"造成重大损失",参见姜金良:《违法发放贷款罪共犯形态研究——基于裁判文书大数据的分析》,载《法治论坛》第56辑。亦有学者认为"造成重大损失"属于"客观的超过要素",不需要行为人具有认识与希望或放任的态度,仅需具有预见可能性,参见张明楷:《"客观的超过要素"概念之提倡》,载《法学研究》1999年第3期;或者属于"内在的客观处罚条件"而至少须具有未必的认识,参见陈兴良、周光权:《刑法学的现代展开Ⅱ》,中国人民大学出版社2015年版,第301页。可见,理论焦点在于"造成重大损失"对应的主观形态,而"数额巨大"需要主观故意的观点分歧较小,但该观点的逻辑前提实际上是违法发放贷款罪的行为主体限于决策权人。然而,本文认为行为主体包含各环节贷款工作人员,当前置程序的贷款工作人员进行不真实报告,且依照正常的审查程序最终审批人本该发现该操作违规却因疏忽大意没有发现,由于其具有最终决定权,在违法发放贷款中发挥重要作用,仍然应当成立本罪。在这个意义上,本文认为违法发放贷款"数额巨大"的主观形态可以为过失。

则基于重要作用说,可以认为二者构成共同正犯。因此,本文认为,除了最终审批人,贷款调查评估人员与贷款审查人员也能够成为本罪的行为主体。

综上,内外勾结骗取贷款"数额巨大"的情形中,与借款人串通共谋的既可以是最终审批人,也可以是前置程序中的其他贷款工作人员;只要该贷款工作人员违反了有关贷款发放规定的法律、行政法规,违规发放贷款"数额巨大",无论最终审批人是否知情,都可成立本罪。因此,内外勾结骗取贷款"数额巨大"的情形中,借款人虽无法构成骗取贷款罪,但由于贷款工作人员能构成违法发放贷款罪,借款人仍可能因总则中的共犯理论被认定为本罪。

(二)对向犯必要参与行为的处罚根据及其评析

对于前述问题,理论上主要存在立法者意思说、实质说、并用说、可罚的规范目的说等不同学说(见表1)。

表1 不同学说的应然与实然导向程度及特点

学说名称	实然导向	应然导向	主要特点
立法者意思说	强	弱	重视立法原意和现行法的规范解释,注重法律的明确性和确定性
实质说	弱	强	追求法益保护与实质正义,关注具体行为的危害性和社会效果
并用说	中	中	兼顾实然与应然,注重在具体案件中找到平衡,结合立法者意图与实质判断
可罚的规范目的说	中偏弱	强	强调刑事政策与处罚的实际必要性,依据社会效益与刑法目的做出判断

立法者意思说认为立法者在立法之初便已然定型性地预想到具有对向犯性质的一对行为的存在,既然立法者仅规定处罚其中一个行为,则表明其没有处罚对向性的参与行为之意愿。只有当参与行为超出定型性、通常性的范畴,才认为处罚该行为不违背立法者意思,而得以通过共犯论处。

该说为日本学者团藤重光所主张,我国孙国祥教授也持此观点。①

实质说认为应当个别地、实质地说明片面对向犯的必要参与行为的可罚性,即根据是否缺乏违法性与有责性进行实质判断。易言之,当刑法规定本身目的意在保护必要参与的被害人,则该必要参与人的参与行为由于缺乏不法而不可罚;同时,当必要参与人缺乏期待可能性时,因缺乏责任不可罚。② 该说由日本学者平野龙一最先主张,后我国不少学者也支持该观点③。

并用说为日本学者西田典之首倡,我国的张明楷、钱叶六教授等亦持该观点。④ 该说主张立法者意思说与实质说并用,"实质说"固然能为犯罪实体性判断提供实质且基本正确的方向,但依据该说认为不具备违法性与有责性的行为在事实上仍可能构成犯罪。况且,就狭义的共犯行为而言,尽管从违法与责任两个方面看均应处罚,但仍将其排除在处罚范围之外,也是完全有可能的。可见,即使采取"实质说",也必须维持"立法者意思说"这一意义上的必要共犯概念。⑤ 这样既可能以立法者意思说限制实质说的处罚结论,也可能以实质说限制立法者意思说的处罚结论。⑥

可罚的规范目的说认为判断是否处罚片面对向犯的一方的参与行为,

---

① 参见陈洪兵:《片面对向犯的中国问题——实质说之提倡》,载《法学家》2021年第6期;孙国祥:《对合犯与共同犯罪的关系》,载《人民检察》2012年第15期。
② [日]平野龙一:《犯罪论の诸问题(上)总论》,有斐阁1981年版,第194页。
③ 参见陈洪兵:《片面对向犯的中国问题——实质说之提倡》,载《法学家》2021年第6期;杜文俊:《论片面对向犯的出罪路径》,载《政治与法律》2009年第12期。
④ 参见[日]西田典之:《日本刑法总论》,王昭武、刘明祥译,法律出版社2013年版,第342页;张明楷:《对向犯中必要参与行为的处罚范围》,载《比较法研究》2019年第5期;钱叶六:《对向犯若干问题研究》,载《法商研究》2011年第6期。
⑤ 参见[日]西田典之:《日本刑法总论》,王昭武、刘明祥译,法律出版社2013年版,第342页。
⑥ 参见张明楷:《对向犯中必要参与行为的处罚范围》,载《比较法研究》2019年第5期。

需要基于犯罪论上的实质理由与处罚必要性意义上的政策判断。① 易言之,该说认为判断是否处罚必要参与行为的标准并非违法性与有责性的全有或全无,而是违法与有责是否达到可罚的程度,即尚需考虑刑事政策与立法技术上的理由。该说为日本学者山中敬一、前田雅英,以及我国的田坤、何庆仁教授等所主张。②

立法者意思说的核心问题在于"定型性、通常性"或者"最小限度地参与"(德国学者与判例的表述)的基准仍较模糊,无法为片面对向犯的处罚界限与范围提供明确指引;③同时,未规定对必要参与行为的处罚,表明立法者基于定型性考虑而认为不需要处罚的观点仅为一种主观推测,"也有可能理解为,立法者正是因为考虑到这完全能够作为共犯处罚,才没有加以规定。"④因此,立法者意思说的逻辑起点与判断基准存在可疑之处。实质说的问题在于,当行为的违法性与有责性无法完全被排除,但程度又较弱时,依据此说都具有处罚必要性,这易于扩大刑法解释,可能弱化罪刑法定原则的要求,亦不符合刑事立法的经济性原则。可罚的规范目的说,受到的主要批判为:"刑事政策的可罚性评价的判断"标准过于模糊,难以明确直观地指引片面对向犯必要参与行为的可罚性判断。⑤ 但该说提出的"可罚的不法"确实为弥补实质说的不足之处提供了可行性思路。

---

① 参见陈洪兵:《片面对向犯的中国问题——实质说之提倡》,载《法学家》2021年第6期。
② 参见[日]前田雅英:《刑法总论讲义》(第6版),曾文科译,北京大学出版社2017年版,第204页;田坤:《论片面的对向犯》,载《兰州学刊》2009年第7期;何庆仁:《论必要共犯的可罚性》,载《法学家》2017年第4期。
③ 参见陈洪兵:《片面对向犯的中国问题——实质说之提倡》,载《法学家》2021年第6期。
④ 参见[日]佐伯仁志:《刑法总论的思之道·乐之道》,于佳佳译,中国政法大学出版社2017年版,第356页。
⑤ 蔡淮涛:《论片面对向犯的不可罚性》,载《大连海事大学学报》2015年第5期。

四种学说虽然在立场和关注点上有所不同,但都以解决违法性与有责性的认定为核心目的。立法者意思说与实质说分别代表了形式正义与实质正义的基本立场,二者实际上是对刑法理论中"规范性"与"实质性"问题的不同回应,这也是几种学说最为根本的争议点。并用说则在二者之间进行协调,试图弥补其各自不足,构建更为灵活又不失正义的理论依据。可罚的规范目的说进一步强调刑法的功能性,以刑事政策为出发点,对实质说进行补充与修正。并用说与可罚的规范目的说均着眼于实践层面,注重立法对具体案件的动态适用,尤其是其在司法实践中的灵活性和调整能力。实际上,符合立法者意思说中的"定型性、通常性"而未规定处罚的行为,一般违法性与有责性程度较低,可罚性较弱。从这个意义上来说,该说确实为符合实质说的"违法性与有责性"、但可罚程度较低的行为提供了兼顾刑事经济性与形式正义的判断思路;而违法性与有责性程度较高的对象参与行为,往往超出立法者的"定型性、通常性"考量,具有较强的可罚性与处罚必要性,对于该类行为,则有通过共犯理论定罪处罚以防止其逃逸刑事制裁之必要。同时,可罚的规范目的说与立法者意思说亦存在交叉关联之处,立法者意思说在实质层面也包含了刑事政策之精神与规范目的之考量,只是由于其成文法的滞后性,体现出更多的静态解释与形式主义特征,更趋向于通过对罪刑法定的遵守来维护法的稳定性;而可罚的规范目的说则偏向动态解释与功能主义,关注法律适用的现实需求与社会效果。但是稳定的成文法往往反映了刑事政策在相应历史阶段的综合成果,二者存在稳定与变动的动态互动,因此立法者意思说与可罚的规范目的说并非完全对立的关系(见图3)。因此,在本文看来,这四种学说不是非此即彼的关系,它们更像工具箱中的不同工具,以解决复杂的司法实践问题为任务,以违法性与有责性的考察为核心,以判断具体行为的可罚性与处罚必要性为最终目的,以遵循罪刑法定原则为基本限制,故可以根据具体情境和案件需求对四种学说进行互补和协同应用。

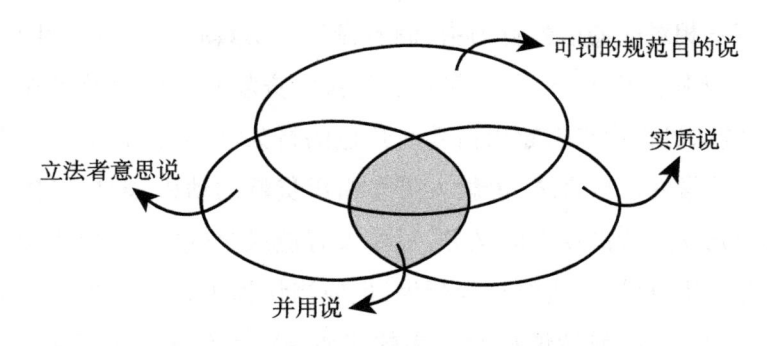

图 3　依据不同学说得出的处罚范围

(三) 内外勾结骗取贷款"数额巨大"情形的共犯处罚根据分析

内外勾结是指贷款工作人员与借款人都明知取得该贷款不符合国家规定，基于意思串通仍然为之。借款人发挥的作用可能包括：教唆贷款工作人员对于贷款申请违法调查评估、审查或者审批；为违法发放贷款的行为提供帮助；与贷款工作人员共同策划与制造虚假申报材料等。贷款的实际归属对象可能有几种不同的类型：贷款实际归属于贷款工作人员；贷款实际归属于借款人；贷款实际归属于第三人；贷款实际为贷款工作人员与借款人共同利益等。

现有刑法规定对违法发放贷款的对向性必要参与行为(借款行为)通过骗取贷款罪、贷款诈骗罪作正犯处罚，依据立法者意思说，以欺骗手段骗取贷款造成金融机构重大损失，或者以非法占有目的骗取贷款数额较大的行为，显然在手段、目的与结果上超出立法者对于违法发放贷款情形中贷款行为的定型性、通常性的理解。对于通过欺骗手段骗取贷款"数额巨大"的行为，在《刑法修正案(十一)》修改之前仍需以骗取贷款罪论处，但是超过定型性、通常性的行为，在提倡民营企业经济保护的刑事政策与刑法修正的背景下，应当认为该行为不具有可罚性。以上情形中，贷款行为都没有超出其借款人角色范围①和自身利益目的,因此,可以认为,在与违法发放贷款相对应的借款行为中,倘若借款人不具有非法占有目的、贷款归属与自身利益相关,未通过欺骗手段获取贷款并造成金融机构重大损失,且在贷款过程中未做超出借款人角色的行为,则认为其贷款行为具有定型性与通常性。换言之,借款人带着借用贷款的动机,未与贷款工作人员串通而独立履行借款人的义务,只要没有造成金融机构的实际损失,即便其具有冒用身份、伪造材料等行为,也应当认为未超过立法者意思说中的定型性、通常性,或者说该类行为的实质违法性尚未达到可罚的程度。但是,当借款人超出借款人角色,在贷款过程中与贷款工作人员具有意思串通及勾结行为时,则应认为该贷款行为超出立法者考虑到的定型性、通常性范围,对于贷款实际并非归属借款人的情形,超出定型性、通常性的程度更高。

因此,对内外勾结骗取贷款"数额巨大"的情形以违法发放贷款罪的共犯论处,并不违反罪刑法定原则;然而,对于具体情形,仍应当根据借款人发挥的不同作用、贷款实际归属等作违法性与有责性的实质判断,并结合刑事政策与规范目的综合考量。

在依据实质说作违法性判断时,张明楷教授提出基于侵害法益类型的判断方法,即当必要参与行为侵害了参与者本人的法益时,该行为当然不成立共犯,但是,在必要参与行为侵害的是公共法益、复杂法益或者选择性法益时,需要依照共犯的处罚根据判断其是否成立共犯。② 这实际上是对

---

① 参见角色决定说是对德国和日本判例的理论归纳,认为在对向犯的场合,只要必要的参与人没有逾越自己的角色,其行为就不可罚,但是当必要的参与人逾越自己的角色进行了教唆时,则可能构成相关犯罪的教唆犯。这是对于对象性的参与行为的定型性与通常性判断的重要路径。参见魏东:《金融犯罪案:对向犯与目的犯的法理诠释》,载魏东主编:《刑法解释》第9卷,法律出版社2023年版,第214页。

② 参见张明楷:《对向犯中必要参与行为的处罚范围》,载《比较法研究》2019年第5期。

实质说中的实质根据之一"处罚规定是否以保护实施参与行为的被害人为目的"的实质考察。在内外勾结骗取贷款"数额巨大"情形中,借款人与贷款工作人员串通勾结违法发放贷款,侵犯的是贷款发放管理秩序、金融机构的财产权益与其他借款人平等取得贷款的机会利益,属于侵犯复数法益的情形。对于此类情形,根据因果共犯论,只有当共同犯罪行为侵害的法益是所有参与人共同关注和保护的法益时,参与人才会被视为共犯。如果某个参与人所参与的行为仅仅是对某一特定法益的侵害,而非其他参与人所关心的法益,就不构成共犯。① 在内外勾结骗取贷款"数额巨大"情形中,借款人对于违法发放贷款罪侵犯的双层法益同样具有保护义务,因此,应当认为其与贷款工作人员串通勾结违法发放贷款行为具有违法性,符合被视为共犯的实质违法性要求。

  对于实质说中的实质根据之二"期待可能性"的判断标准,学界存在行为人标准说、平均人标准说、法规范标准说(国家标准说),但三者并非实质对立。山口厚教授提出,应从法益保护的角度出发,根据行为人当时的身体、心理状况以及附随情况,通过与具有相似特征的其他多数人进行比较,判断是否能够合理期待行为人在当时的条件下,凭借其能力避免实施违法行为。② 在内外勾结骗取贷款"数额巨大"情形中,借款人的贷款类型可能是消费贷款或经营贷款,可能是个人贷款或企业贷款,可能急需资金周转,也可能为了长远发展,但无论基于何种情形需要资金,均对其有不破坏贷款发放管理秩序、金融机构财产权益以及其他借款人平等取得贷款的机会利益的适法期待可能性。因此,应当认为对借款人具有不与贷款工作人员串通勾结违法发放贷款的期待可能性,当其行使该符合构成要件的行为时,则具有有责性。

---

  ① 参见张明楷:《刑法学》(上),法律出版社 2021 年版,第 583 页。
  ② 参见[日]山口厚:《刑法总论》,付立庆译,中国人民大学出版社 2018 年版,第 267~268 页。

此外,对内外勾结骗取贷款"数额巨大"的具体情形是否以违法发放贷款罪的共犯论处,还应当考虑《刑法修正案(十一)》对骗取贷款罪的修改以及近年国家政策对民营经济的平等保护趋势,基于对规范目的与刑事政策的解读与运用,对具有实质违法性与有责性、同时符合定型性与通常性的内外勾结骗取贷款"数额巨大"具体情形,作出不同程度的限制。例如,当借款人勾结贷款是为了企业的周转或发展,基于民营企业产权保护的刑事政策与经营性贷款的还款能力及可能性较强的考虑,其可罚性程度相较于为了个人消费而勾结贷款的情形而言较低。

(四)内外勾结骗取贷款"数额巨大"情形的共犯与身份问题

因违法发放贷款罪系身份犯,在讨论借款人是否能构成本罪共犯之前,理论上尚需明确无构成身份者与有构成身份者共同实施真正身份犯时,能否构成真正身份犯的共同犯罪。有观点认为有身份者与无身份者不构成共犯,"在特殊主体为基础的共同犯罪中,缺少特殊主体的身份条件也可以构成只有特殊主体才能构成的犯罪,那么意味着这种特殊主体的身份条件已变得毫无意义"[①]。但主流观点认为,刑法分则所规定的特殊身份犯仅就正犯而言,对于共同正犯、[②]教唆犯及帮助犯,都不需要特殊身份,"如果认为无身份者与有身份者共同故意实施以特殊身份为构成要件

---

① 参见杨兴培:《再论身份犯与非身份犯的共同受贿问题》,载《华东政法学院学报》2005年第5期。

② 参见国内外刑法理论都认为,共同正犯仅仅是一种参与(共犯)类型,而不是纯粹的正犯类型,因此不必要求共同正犯的成立条件中必须包含正犯要求的身份要素。例如,松原芳博明确指出,共同正犯仅仅是一种参与类型,而不是正犯类型,参见[日]松原芳博:《刑法总论重要问题》,王昭武译,中国政法大学出版社2014年版,第279页。而德国的学说判例之所以主张共同正犯需要具备身份,是因为《德国刑法典》第28条的明文规定,但《德国刑法典》第25条第2款又专门规定了共同正犯,即表明共同正犯本身与第1款的正犯有所不同。换言之,在刑法没有明文规定共同正犯必须具备身份要素的前提下,其实是不必将正犯的要求附加在共同正犯上,参见黄小飞:《违法发放贷款案:借款人的刑事责任分析》,载魏东主编:《刑法解释》第9卷,法律出版社2023年版,第209页。

要素的犯罪时,一概不成立共同犯罪(除有明文规定的贪污罪之外),刑法总则关于共同犯罪的规定几近一纸废文,总则也不能起到指导分则的作用"①。

至于对无身份者如何定罪,理论界存在主犯决定说、身份犯说、身份实行犯决定说、分别定罪说、区别对待说等几种不同的学说。主犯决定说认为应当根据主犯所构成之罪定罪;②身份犯说认为应以身份犯所确定的罪名对各共同犯罪人定罪处罚;③身份实行犯决定说认为应当依据有身份者所实施的犯罪构成要件的行为来定罪;④分别定罪说认为应对无身份者以无身份之罪定罪,对有身份者以有身份之罪定罪;⑤区别对待说认为,原则上应当依照有身份的实行行为的犯罪性质定罪,但如果无身份者并未利用有身份者的职务便利实施犯罪,那么应当对无身份者与有身份者分别定罪。⑥ 其中,主犯说面临的直接疑问是,当主犯不止一个人,且既有有身份者,又有无身份者时,以谁为准难以确定;同时,当无身份者为主犯而有身份者为从犯时,真正身份犯的构成要件要素之独立性与定罪作用难以在共同犯罪的定性结果中体现。身份犯说难以回应当共同犯罪中两个以上特殊主体身份的情形如何定罪的问题。身份实行犯决定说的问题在于并未考虑到无身份者未必利用身份便利实施犯罪的情形,可能导致无身份者定罪过重。分别定罪说最大的不足之处在于,过于强调不同共同犯罪人之间的独立性,而忽视了共同犯罪的整体性,忽略了无身份者对有身

---

① 张明楷:《刑法学》(上),法律出版社2021年版,第594页。
② 参见梁国庆:《新中国司法解释大全》,中国检察出版社1990年版,第60页。
③ 该观点的主要根据是最高人民法院在2000年《关于审理贪污、职务侵占案件如何认定共同犯罪几个问题的解释》中的规定:无身份者伙同有身份者并利用了有身份者职务上的便利共同实施身份犯罪的,均应当按照身份犯所触犯的罪名定罪处罚。
④ 参见马克昌:《犯罪通论》,武汉大学出版社1999年版,第584页。
⑤ 参见陈兴良:《共同犯罪论》,中国社会科学出版社1992年版,第80~81页。
⑥ 参见刘宪权、卢勤忠:《金融犯罪理论专题研究》,复旦大学出版社2002年版,第133~134页。

份者身份的利用关系,人为割裂了无身份者与有身份者之间的主客观联系。[1]

因此,本文倾向于选择作为折中产物的区别对待说,当有身份者为正犯,无身份者对正犯起到教唆、帮助作用,且并未构成其他犯罪时,原则上需要按照身份犯触犯的罪名定罪量刑;只有当无身份者没有利用有身份者的身份便利,且构成其他罪名时,才对其依照无身份者构成的罪名处罚。申言之,在内外勾结骗取贷款"数额巨大"的情形中,由于如前文所述,借款人难以构成骗取贷款罪,同时借款人取得贷款必然需要利用贷款工作人员的职务行为,因此应当依据具有特殊身份的贷款工作人员所构成的违法发放贷款罪的共犯定罪处罚。

三、内外勾结骗取贷款"数额巨大"情形中借款人的共犯类型探讨

内外勾结骗取贷款"数额巨大"情形中,由于符合对向犯必要参与行为的处罚根据,基于无身份犯得以与有身份犯构成共犯、并按照身份犯触犯的罪名定罪量刑理论前提,借款人具有构成违法发放贷款罪共犯的可能性。但根据贷款的不同实际归属以及借款人在贷款活动中所起到的不同作用,内外勾结骗取贷款"数额巨大"情形又可以分成不同的类型,对应的借款人行为的可罚性与处罚必要性程度,以及构成的共犯类别与处罚模式需要具体分析。

(一)既有理论观点

对于内外勾结骗取贷款情形中的借款人行为,日本采用共同正犯中心说的处罚模式。为了确保刑罚的公正性,日本司法实务中,一般仅审查借款人是否构成共同正犯,而不考虑成立教唆犯或帮助犯。一方面,《日本刑法》第61条规定教唆者按正犯处罚。在信贷融资中,借款人请求或劝说

---

[1] 参见曹坚:《从犯问题研究——以经济刑法为视角》,上海社会科学院出版社2009年版,第107页。

贷款人员发放贷款的行为较为普遍,但这些行为本身并不必然具有违法性。如果轻易认定为教唆犯,可能会过度扩大处罚范围。另一方面,对于帮助犯的排除是基于其构成要件的不确定性。凡对违法行为的实现具有因果性的行为,都可能被认定为帮助犯。而借款人单纯申请贷款的行为,虽然可能与贷款人员违法放贷的决定具有因果关系,但不能因此贸然认定其构成帮助犯。然而,有学者认为,日本对共同正犯的"积极的参与行为"标准作了缓和处理,实质上亦吸纳了在概念上本身构成帮助犯的行为。[1]对此,黄小飞博士提倡采取帮助犯中心说的处罚模式,认为应当考虑"谁最终取得贷款""贷款人员的职权大小""借款人的欺诈手段是否使得其他工作人员陷入错误"等因素,对借款人尽量按照帮助犯处理。根据桥爪隆教授的观点,只有同时具备因果贡献度与共犯人间的一体性的特别情形,才按共同正犯处理。[2] 然而,既有观点对于内外勾结骗取贷款情形中借款人成立教唆犯、帮助犯以及共同正犯的具体主客观要素差异以及划分标准的具体程度并未作出明确细化的分析,也未对所提出的考量因素之间的关系与本质功能作出说明,导致在具体案件适用时标准界分可能仍显宽泛模糊。

成立共同正犯,要求客观上有共同实施行为的事实,主观上有共同的行为意思。根据重要作用说,共同正犯的处罚根据在于,其对结果的发生作出了重要贡献,故要对全部结果承担正犯的责任。这与克劳斯·罗克辛的犯罪事实支配理论中的功能性支配说实质上具有一致性,均强调行为人

---

[1] "利害共通性"是与"积极的参与行为"相关的要素,"不当协助行为"是"积极的参与行为"的一部分。参见黄小飞:《违法发放贷款案:借款人的刑事责任分析》,载魏东主编:《刑法解释》第9卷,法律出版社2023年版,第206~207页。

[2] 因果贡献的重要性标准强调行为人应当实施了不能按帮助犯那样可以减轻刑罚程度的、对结果引起产生了重要影响的犯罪参与行为,还必须考虑到,共同正犯是数人一体,要求行为人需要形成一种紧密关系,从而在相互影响下更容易克服犯罪反制动机,更容易实现犯罪的构成要件。参见黄小飞:《违法发放贷款案:借款人的刑事责任分析》,载魏东主编:《刑法解释》第9卷,法律出版社2023年版,第207页。

不可或缺的因果贡献。① 成立教唆犯要求行为人故意唆使并引起他人实施符合构成要件的正犯或者共同正犯行为;成立帮助犯则要求帮助行为与正犯结果之间具有物理的因果性或者心理的因果性。根据因果共犯论,狭义共犯的处罚根据在于,共犯通过对正犯或者共同正犯的行为介入,对法益造成间接的侵害,对于正犯造成法益侵害起到诱使、促进的作用。因此,无论是共同正犯,抑或狭义共犯,实质上都强调行为人对于法益侵害结果的因果贡献度。

在内外勾结骗取贷款"数额巨大"情形中,日本学者长井园、伊东研祐等指出,借款人没有实施欺诈、胁迫等强制性行为使得贷款工作人员丧失自主性,则贷款工作人员发放贷款导致金融机构遭受财产损失的,属于"基于同意的自损行为",应由贷款工作人员"自我答责"而排除借款人的结果归属。② 该观点辩证地考虑到了贷款工作人员与借款人在勾结骗贷情形中可能受到相互影响而使得自由意志贯彻程度呈现此消彼长的状态,基于"道义责任论",贷款工作人员是否丧失自主性成为评价借款人是否应当对勾结骗贷的结果负责的判断基准,具有一定的借鉴意义。不足之处在于,该观点只考虑到做决策时自主性的全有或全无两种状态,而没有考虑到自主性尚未完全丧失情形下自主性受损程度大小的问题;同时,未将自主性与危险现实化过程中行为的作用大小结合起来讨论,直接通过主观

---

① 共同正犯形成功能性支配必须具备三个条件:其一,存在共同的犯罪计划;其二,在犯罪实行阶段共同参与犯罪的实行;其三,在实行阶段作出了重大的贡献,即对于犯罪的完成承担了不可或缺的功能。参见[德]克劳斯·罗克辛:《德国刑法学总论》(第2卷),王世洲等译,法律出版社2013年版,第10页以下。
② 長井圓『背任罪における自己答責原理と取引相手に対する共犯の成否——北国銀行事件控訴審判決をめぐって』神奈川法学35卷3号(2002年)143頁;伊東研祐『特別背任罪における正犯性:非身分者による共犯の成否』板倉宏博士古稀祝賀論文集編集委員会編『現代社会型犯罪の諸問題』(勁草書房,2004年)286-288頁。转引自黄小飞:《违法发放贷款案:借款人的刑事责任分析》,载魏东主编:《刑法解释》第9卷,法律出版社2023年版,第207页。

判断切断借款人的结果归属,有失妥当。

(二)共同犯罪因果贡献度判断框架

如前所述,基于共犯之间的相互作用,在内外勾结骗取贷款"数额巨大"情形中,借款人与贷款工作人员的自主性与对于法益侵害结果的作用大小是相对的,故在评价借款人对于法益侵害结果的重要性或者因果贡献度时,可以同时考虑借款人与贷款工作人员的犯意贡献度与危险现实化贡献度。在二者此消彼长的关系中,判断借款人的相对因果贡献度。

1. 犯意贡献度的判断

具体而言,犯意贡献度实质上可以反映为贷款工作人员或者借款人的自主性程度,即行为人对于勾结骗取贷款"数额巨大"行为的主观积极性,而这种积极性包括自利性程度与受制约性程度两个主要因素。

(1)自利性程度要素的判断。自利性程度会受到贷款款项归属、隐形利益归属(如人情)等因素的影响。其一,贷款款项实际归属可以分为借款人所有、贷款工作人员与借款人共同所有、贷款工作人员所有等情形。若贷款实际归属借款人所有,借款人的自主性通常较强,而贷款工作人员的自主性则通常较弱;反之,若贷款实际归属贷款工作人员所有,借款人的自主性相对较弱,贷款工作人员的自主性则通常较强;当款项实际为二者共同所有,则二者的自主性通常均较强。其二,隐形利益归属包括获得人情、明确承诺的资源置换等情形,当行为人勾结骗取贷款能够获得隐形利益,其行为积极性会增加,自主性亦增强。

(2)受制约性要素的判断。受制约性主要指是否基于职务中的上下级关系使自由意志受到隐形限制,或者行为人在犯罪前或者犯罪中拒绝对方的要求有明显障碍,进而使得行为人对其行为的"控制能力"折损。

概言之,犯意贡献度高低与行为人的自主性程度呈正相关;而自主性程度高低与贷款款项实际归属和隐形利益归属所伴随的自利性总和大小呈正相关,与行为人意志的受制约性呈负相关。

2.危险现实化贡献度的判断

危险现实化贡献度主要指在内外勾结骗取贷款过程中,贷款工作人员与借款人在客观上对于成功骗取贷款"数额巨大"这一结果的影响力。既包括贷款工作人员对于贷款最终审批权的影响力大小,如贷款工作人员职务的决策权大小、其他影响审批权行为的有效性程度等,也包括借款人为取得贷款所做的掩盖事实行为的作用力大小,例如借款人的欺诈手段使一般贷款工作人员陷入认识错误的可能性大小等因素。

一方面,对于贷款工作人员,贷款调查评估人员、贷款审查人员和最终审批人在信贷流程中的职责定位、工作内容、关注重点及对决策权的影响力各有侧重。调查评估人员主要负责收集借款人信息、撰写调查报告,关注借款人实际情况和初步风险评估,其影响力主要体现在提供决策基础,但间接且有限;贷款审查人员则承担审核报告、评估风险和合规性的职责,关注调查内容的真实性和风险的可控性,其专业判断对最终审批具有更直接的关键影响;最终审批人负责综合各方意见,作出贷款最终决定,关注全局风险与银行战略的一致性,其影响力具有决定性和终极性,并对审批结果承担全部责任。① 随着角色变化,三者对贷款决策权的影响力逐步增强,从间接支持转变为直接支持与最终裁量,那么贷款工作人员在贷款发放中起到的危险现实化贡献度逐渐增强,同时,借款人的协助行为起到的作用相对而言则逐渐减小。同时,除了利用自身职务便利,贷款工作人员还可能通过其他有效行为对贷款审批流程进行干扰,从而促进贷款违规发放的危险现实化。例如,通过篡改信息隐匿"潜在风险",对电子审批系统进行篡改,调整贷款审批流程中的关键节点,使贷款申请在系统中显示为已通过某些审核环节;或者通过非正式渠道与相关环节工作人员沟通,误

---

① 《贷款通则》第40条规定:"……贷款调查评估人员负责贷款调查评估,承担调查失误和评估失准的责任;贷款审查人员负责贷款风险的审查,承担审查失误的责任;贷款发放人员负责贷款的检查和清收,承担检查失误,清收不力的责任。"

导审查或者审批等。

另一方面,借款人对违规发放贷款的危险现实化贡献度,可以通过考察其提供虚假材料等掩盖事实的行为能否导致在未进行串通勾结下一般贷款工作人员受骗,能否使得其他环节的贷款工作人员陷入错误。如果借款人的掩盖事实行为在没有进行意思串通的情形下便足以使得一般的相同身份贷款工作人员陷入错误,说明借款人自身掩盖事实行为的作用力较强;而如果在意思串通的情形下,借款人的欺诈行为仍没有使得其他环节的贷款工作人员陷入错误,则说明借款人掩盖事实行为的作用力较弱。概言之,贷款工作人员职务的决策权大小与其他影响审批权行为的有效性大小反映贷款工作人员对于贷款违规发放的危险现实化贡献度,而借款人的危险现实化贡献度除受到贷款工作人员贡献度的相对影响之外,还需考虑其掩盖事实行为使一般贷款工作人员陷入错误认识的可能性大小(详见图4)。

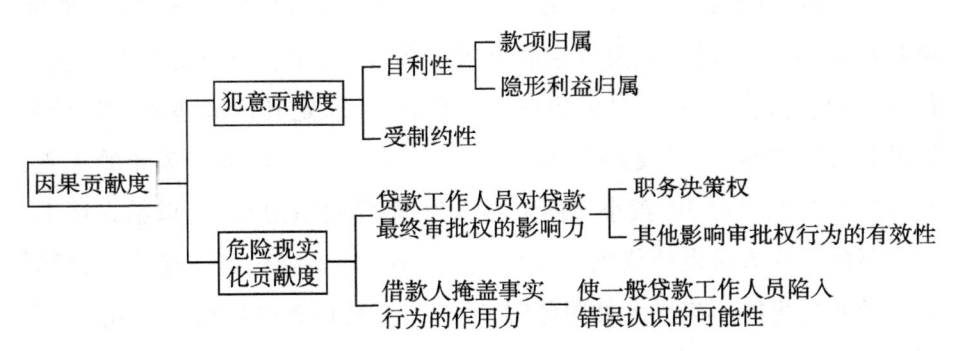

图4 因果贡献度判断的具体因素

(三)教唆犯、帮助犯、共同正犯对于因果贡献度中不同因素的要求差异

教唆犯强调行为人对正犯犯意从无到有地引起,因此对于借款人的犯意贡献度要求很高;帮助犯强调行为人对法益侵害结果的促进作用,因此对于借款人的危险现实化贡献度要求较高。但二者的差别在于,帮助犯情形中,借款人并未使贷款工作人员产生实施违法发放"数额巨大"贷款行

为的意思,只是提供了心理或物理上的帮助。共同正犯强调行为人在犯罪中起到重要作用,对于借款人的犯意贡献度与危险现实化贡献度的要求均较高(详见表2)。

表2 不同共犯类型对借款人与贷款人的犯意贡献度与危险现实化贡献度的要求

共犯类型	身份	犯意贡献度	危险现实化贡献度
教唆犯	借款人	很高	低、中
	贷款工作人员	很低	高
帮助犯	借款人	低	高
	贷款工作人员	高	中、高
共同正犯	借款人	高	高
	贷款工作人员	高	高

1. 借款人成立违法发放贷款罪教唆犯之探讨

当借款人的可罚违法性较弱时,不构成违法发放贷款罪教唆犯。张明楷教授指出,倘若借款人没有采取掩盖事实行为,即危险现实化贡献度较低,仅是唆使贷款工作人员向自己发放贷款,而认定其构成违法发放贷款罪的教唆犯,则可能导致其受到的刑罚严厉程度重于骗取贷款罪的正犯,有处罚不协调之嫌。[1] 黄小飞博士亦认为,信贷融资过程中,借款人请求、劝说贷款工作人员发放贷款的现象较为普遍,并不绝对具备违法性,轻易成立教唆犯可能不当扩大处罚范围,因此不支持以教唆犯模式处罚。[2] 实际上,这与被允许的危险理论[3]以及可罚的规范目的说等理论相契合。在

---

[1] 参见张明楷:《对向犯中必要参与行为的处罚范围》,载《比较法研究》2019年第5期。

[2] 参见黄小飞:《违法发放贷款案:借款人的刑事责任分析》,载魏东主编:《刑法解释》第9卷,法律出版社2023年版,第206页。

[3] 被允许的危险,是指随着科学技术的发展,社会生活中不可避免地存在的具有侵害法益的危险行为,基于其对社会的有用性,即使发生了法益侵害结果,也应当在一定范围内允许。参见张明楷:《论被允许的危险的法理》,载《中国社会科学》2012年第11期。

该种情形下,借款人出于"企业再建"等自利性目的教唆贷款工作人员违法发放贷款,但客观上借款人的危险现实化贡献度相对较低时——既可能是借款人的掩盖事实行为作用力较低,也可能是贷款工作人员的危险现实化贡献度较高,基于我国当下保护民营企业产权和企业家利益的政策背景,可以认为该情形不具备可罚的违法性。

当借款人的可罚违法性适中时,可能构成违法发放贷款罪教唆犯。当借款人基于自利性目的教唆贷款工作人员违法发放贷款给自己,客观的掩盖事实行为虽尚未起到重要作用,但危险现实化贡献度达到中等时,应当认为该情形已经具备可罚的违法性,足以构成违法发放贷款罪的教唆犯。倘若借款人教唆贷款工作人员违法发放贷款的最终款项归属于贷款工作人员自身,由于此情形属于典型的教唆行为,亦不契合民营企业保护的政策精神,则无论危险现实化贡献度较低或者中等,都应当认为其具有可罚的违法性,成立本罪的教唆犯。

当借款人的可罚违法性较强时,可能成立违法发放贷款罪的共同正犯。当借款人基于制约性的身份关系教唆贷款工作人员发放贷款时,实则伴随着强迫性的共谋,由于贷款工作人员的自主性在犯意被引起后仍然较弱,借款人的犯意贡献度较高,可能在贷款的违法发放中起到重要作用而构成共同正犯。同时,当借款人基于与贷款工作人员的共同利益教唆其违法发放贷款,往往会进一步延伸为共同谋划和共同实行,此种情形下,对借款人,亦应当按照共同正犯处理。

2. 借款人成立违法发放贷款罪帮助犯之探讨

成立帮助犯,要求贷款工作人员本身具备犯意,而借款人仅提供心理或者物理上的帮助。在内外勾结骗取贷款情形中,由于借款人为非身份犯,若要认定其构成违法发放贷款罪的共犯,需要其对于法益侵害结果具有较强的因果贡献度。在仅提供心理帮助而未在客观上具有较高危险现实化贡献度的情形中,例如当贷款工作人员是最终审批人,而借款人的掩盖事实行为使一般工作人员陷入错误认识的可能性较低时,借款人所起到的促进作用不够明显,违法性较低,根据实质说,无须认定其为本罪的帮助犯。只有在借款人具有较高的危险现实化贡献度,而贷款工作人员的犯意贡献度本身较高,且危险现实化贡献度中等或者较高时,才能根据实质说认定借款人为违法发放贷款罪的帮助犯。例如,贷款款项实际归属于贷款工作人员,借款人仅是应贷款工作人员的请求帮助其提供虚假的贷款材料,且使一般贷款工作人员陷入错误认识的可能性较高的情形;贷款款项实际归属于借款人,但贷款工作人员基于隐形利益归属因素自发产生犯意,或者贷款实际归属于双方,但违法发放贷款的犯罪决意主要由贷款工作人员基于自利性自发产生,同时,借款人仅提供心理帮助与客观上较高的危险现实化贡献等情形。

3. 借款人成立违法发放贷款罪共同正犯之探讨

共同正犯通常可以分成实行共同正犯与共谋共同正犯。由于勾结骗取贷款中,借款人通常需要提供虚假的贷款申请资料而分担实行行为,故通常不存在共谋共同正犯的情形;且由于借款人属于非身份犯,只有当其在犯罪中起到主要作用,与贷款工作人员"共同"引起了"数额巨大"贷款的违法发放结果,才能成为共同正犯,因此仅采取提供虚假的贷款材料等掩盖事实的实行行为,而未在事前与贷款工作人员进行共同谋划的,通常难以达到"主要作用"的程度。申言之,成立共同正犯,相较于帮助犯,借款人除了掩盖事实行为具有较高的危险现实化贡献度,一般还需要具有较强的犯意贡献度;相较于教唆犯,借款人对于贷款工作人员的犯意不仅限于诱惑引起,还应当达到共同谋划、相互促进增强犯意的程度,同时还需具有较高的危险现实化贡献度,在贷款的违法发放中起到重要作用。

共同正犯认定中,最为关键的因素是需要考虑借款人与贷款工作人员的共犯人一体性,即二者基于共同利益或者制约关系而深度捆绑,使得犯意贡献相互交织、彼此强化。通常而言,借款人与贷款工作人员仅达到一般的意思联络程度,即便客观上具有较强的危险现实化贡献度,基于可罚的规范目的说,考虑到《刑法修正案(十一)》的修改精神与民营企业保护的政策背景,倾向于对该情形中的借款人从宽认定为帮助犯,而不认定为处罚较重的共同正犯。只有当借款人与贷款人均具有较强的犯意贡献度,并且在意思联络上深度链接,利益关联紧密,才应当考虑以共同正犯处理。例如,同样是借款人实施引起犯意、共同谋划以及客观上的协助行为,借款人在有的案件中被认定为帮助犯,①在有的案件中被认定为共同正犯。②实质差异正是在后者情形下借款人与贷款人属于同一集团下的工作人员,双方利益勾结较深,在危险现实化贡献度均较高的同时,犯意的贡献相互交织与强化。在此种情形下,认定其构成共同正犯既符合实质说,也符合可罚的规范目的说。

四、结语

在提倡缓解民营企业融资难融资贵的政策背景下,刑法固然不宜过分干预借款人的经济活动自由,且贷款的发放是贷款工作人员的职责,不应对借款人过分苛责。然而,借款人的经济活动自由仍然是有限度的,当其与贷款工作人员串通勾结,共同破坏贷款发放管理秩序,对于金融机构的财产权益与其他借款人的机会利益的侵害违法性程度较高时,仍应受到刑

---

① 李某1找信用社主任何某帮忙贷款,何某明知李某1不符合贷款条件,但碍于朋友情面仍然同意帮忙。在办理贷款过程中,李某1负责伪造贷款材料,何某负责审批并指使下属信贷员直接通过审查。法院判决何某与李某1构成违法发放贷款罪的共犯,李某1为从犯。参见黑龙江省黑河市中级人民法院刑事判决书,(2015)黑中刑二终字第15号。

② 刘某新因动用爱建证券公司的巨额资金炒股被套牢而急需资金用于解套,遂与马某平、颜某燕、陈某共同商议决定,由颜某燕以其所在公司名义向马某平担任总经理的爱建信托公司申请贷款,刘某新、陈某所在的爱建证券公司出具虚假的质押证明,马某平利用自身的职务便利发放贷款,取得贷款资金用于炒股,三方共同牟利。法院认为刘某新是违法发放贷款的起意者,并纠结各被告人共同策划,且具体实施了出具虚假质押证明及实际使用部分违法发放的资金,属于违法发放贷款罪的主犯;马某平作为金融机构的工作人员,利用担任爱建信托总经理的职务便利,违法发放贷款,在共同犯罪中起主要作用,也应当认定为主犯。参见王志辉、丛媛:《刘顺新等违法发放贷款案——在发放贷款案件中挪用资金罪和违法放贷罪的区分》,载南英:《刑事审判参考》2013年第1集(总第90集),法律出版社2013年版,第7页以下。

法的规制。

　　内外勾结骗取贷款"数额巨大"的情形中,借款人虽无法构成骗取贷款罪,但由于贷款工作人员仍能构成违法发放贷款罪,借款人仍可能通过总则中的共犯理论被认定为违法发放贷款罪。考虑到《刑法修正案(十一)》对骗取贷款罪的修改以及近年国家政策对民营经济的平等保护趋势,基于对规范目的与刑事政策的解读与运用,对具有实质违法性与有责性、同时符合定型性与通常性的内外勾结骗取贷款"数额巨大"具体情形,可以作出不同程度的限制。在共犯类型认定中,对于可罚性较低的教唆犯不予归罪;对于具有一般意思联络与客观共同行为的情形尽量按照处罚较轻的帮助犯处理,只有借款人与贷款工作人员具有明显的共犯人一体性的情形才依照共同正犯处理。

虚假申报型操纵的比较研究

蒋 昕[*]

目　次

一、引言
二、中国虚假申报型操纵的法律规制
三、虚假申报型操纵的法律规制的域外考察
四、比较分析与启示
五、结语

摘　要：虚假申报型操纵是通过提交并迅速撤销大量无成交意图的订单，制造虚假市场信号，从而误导投资者并影响市场价格的市场操纵行为。我国《刑法修正案（十一）》已将虚假申报型操纵纳入刑事规制范围，但在法律适用上仍存在争议。现有研究大多围绕操纵意图的认定展开讨论。相较于进一步明确操纵意图，更为合理的立法完善路径应聚焦于细化申报行为、撤单行为及反向交易的认定标准，以提升法律适用的可操作性。同时，应结合高频交易的特点完善监管规则，以有效遏制虚假申报型操纵对市场的破坏。

---

[*] 日本京都大学法学研究科刑法学博士研究生。

关键词：虚假申报型操纵；幌骗交易；操纵证券、期货市场罪；高频交易

一、引言

随着金融科技的高速发展，程序化交易、高频交易等新兴技术手段的广泛应用，市场效率和交易速度获得了极大提高，但同时也为操纵证券、期货市场提供了新的土壤和手段。虚假申报型操纵，也就是幌骗交易（spoofing）利用高频交易的速度优势，通过不以成交为目的挂出大量买单或卖单，然后在订单被撮合成交之前迅速取消，并反向交易获利，制造虚假的供求信号，误导其他投资者。① 而算法交易的兴起使虚假申报操纵行为更加隐蔽和复杂。其伴生的频繁申报撤单行为容易误导市场参与者，扰乱市场秩序，给法律监管带来了新的挑战。

《刑法修正案（十一）》对《刑法》第182条进行了修订，其中第1款第4项把虚假申报型操纵明确规定为"不以成交为目的，频繁或者大量申报买入、卖出证券、期货合约并撤销申报的"的行为。虚假操纵型交易在全球范围内都被广泛认定为违法行为，但其法律规制仍存在不完善之处，特别是，传统虚假申报型操纵的法律认定逻辑在面对算法交易时显得力不从心，现有法律对虚假申报型操纵的构成要件和认定标准的界定不够清晰，导致司法实践中存在适用争议。② 在此背景下，研究虚假申报型操纵行为的法律规制具有重要的现实意义。

本文将结合美国、欧盟和日本的相关规定，对虚假申报型操纵行为进行比较研究，分析如何认定虚假申报型操纵，探讨如何完善我国的法律规制体系和监管措施，以有效打击和遏制虚假申报型操纵行为，维护证券市场的公

---

① 参见沈友耀、薛恒：《论高频交易操纵的规制路径》，载《现代经济探讨》2019年第7期。

② 参见夏中宝：《算法交易对虚假申报操纵法律认定逻辑的新挑战》，载《证券市场导报》2017年第10期。

平与透明,增强投资者对市场的信心,促进资本市场的健康稳定发展。

二、中国虚假申报型操纵的法律规制

(一)规制虚假申报型操纵的立法沿革

针对虚假申报型操纵的法律规制经历了逐步完善的过程,相关法律法规的出台和修订反映了我国对证券市场操纵行为打击力度的不断加强。

2007年中国证监会发布的《证券市场操纵行为认定指引(试行)》(已失效,以下简称《操纵行为认定指引》)首次对虚假申报操纵行为进行了界定,明确其为一种操纵市场行为。根据《操纵行为认定指引》第39条规定,虚假申报型操纵是指行为人在同一交易日内,在同一证券的有效竞价范围内,按照同一买卖方向,连续、交替进行3次以上的申报和撤销申报。《操纵行为认定指引》为虚假申报型操纵行为的认定提供了初步依据,但其适用范围有限,主要适用于行政处罚领域,未能涵盖刑事责任的认定。最高人民检察院与最高人民法院于2019年6月28日发布了《关于办理操纵证券、期货市场刑事案件适用法律若干问题的解释》(以下简称《操纵市场司法解释》),把虚假申报型操纵规定为"不以成交为目的,频繁申报、撤单或者大额申报、撤单,误导投资者作出投资决策,影响证券、期货交易价格或者证券、期货交易量,并进行与申报相反的交易或者谋取相关利益",进一步明确了操纵证券、期货市场的犯罪情形。《操纵市场司法解释》中的虚假申报型操纵的核心特征在于行为人通过虚假申报诱导投资者决策,进而影响市场价格或交易量,并通过相反交易或谋取利益。

2019年12月修订的《证券法》在第55条规定,行为人不以成交为目的,频繁或者大量申报买入、卖出证券合约并撤销申报的行为属于操纵市场行为。2020年通过的《刑法修正案(十一)》对《刑法》第182条进行了修订,明确了虚假申报型操纵的刑事法律后果。2022年最高人民检察院和公安部联合发布了《公安机关管辖刑事案件立案追诉标准的规定(二)》,进一步明确了虚假申报型操纵的立案追诉标准。根据该规定第34条第4项,行为人不以成交为目的,频繁或者大量申报买入、卖出证券并撤销申报,当日累计撤回申报量达到同期该证券总申报量的50%以上,且证券撤回申报额在1000万元以上,即达到立案追诉标准。2024年发布的《关于加强监管防范风险推动资本市场高质量发展的若干意见》(以下简称新"国九条")明确要求出台程序化交易监管规定,加强对高频量化交易的监管。这一政策文件为后续的程序化交易监管提供了政策依据,进一步强化了对虚假申报操纵行为的监管力度。随后,证监会发布了《证券市场程序化交易管理规定(试行)》征求意见稿,细化了程序化交易的监管要求。征求意见稿中明确指出,程序化交易需遵循"不以成交为目的"原则,禁止通过频繁申报和撤销申报误导市场参与者,影响证券交易价格或交易量。这一规定与《证券法》和《刑法》中对虚假申报操纵的认定标准相互呼应,进一步完善了对程序化交易中虚假申报行为的监管框架。

我国对虚假申报型操纵的法律规制经历了从行政监管向刑事打击的逐步强化,并且对操纵行为的规定逐渐详细。近年来,监管进一步聚焦高频交易和程序化交易的滥用,2024年新"国九条"及《证券市场程序化交易管理规定(试行)》征求意见稿明确要求加强对程序化交易的监管,强调防范利用技术手段进行市场操纵的风险。

(二)虚假申报型操纵的定性争议

虚假申报型操纵的法律定性在理论和实践中存在争议,主要涉及申报行为、撤单行为与反向交易的认定,以及主观方面的界定。在客观层面,申报行为是否必须具有一定的异常性才能被认定为操纵市场,以及撤单行为和反向交易是否为必要要件,在司法实践中存在不同认识。在主观层面,操纵意图的认定标准也存在较大争议,尤其是"不以成交为目的"这一要件是否应被视为认定操纵行为的核心,还是仅作为考察操纵模式的辅助标准。基于上述争议,本文首先分析司法实践中围绕虚假申报型操纵的认定标准,并在此基础上指出当前理论和实践中仍有待深入讨论的问题。

1. 申报行为的认定

虚假申报操纵市场的核心在于行为人通过不以成交为目的的申报行为误导市场,进而影响证券或期货价格。申报行为本身的异常性的认定是判断操纵市场行为的关键,同时,这些异常的特征常常被用来证明"不以成交为目的",或者是"操纵市场的故意"等。申报行为的异常性有以下这些体现:

首先,订单持续时间较短,例如,在阮某案中,阮某的申报行为表现为短时间内频繁申报和撤单,申报买入后极短时间内撤单,最短间隔仅7秒,平均间隔26秒。这种异常的申报行为表明其并非以真实成交为目的,而是通过频繁申报制造市场活跃的假象,法院据此推定其有操纵市场的故意。①

其次,申报量占比高。在伊世顿操纵案中,伊世顿公司通过高频交易系统进行大量申报,其申报量占比显著高于其他市场参与者。这种异常的申报量占比对市场价格产生了显著影响,进而误导其他投资者作出错误的投资决策。②

---

① 参见北京市西城区人民法院行政判决书,(2018)京0102行初262号。阮某因在交易"益民集团"和"市北高新"股票时,通过频繁申报和撤单的方式误导其他投资者,推高股价,并进行反向卖出获利,被中国证券监督管理委员会认定为操纵证券市场行为并处以罚款。阮某不服,提起行政诉讼。

② 参见上海市高级人民法院刑事判决书,(2016)沪刑终87号。被告单位伊世顿公司于2012年9月成立,后通过被告人金文献在华鑫期货有限公司开设期货账户。2013年6月起至2015年7月,伊世顿公司为逃避证券期货监管,通过被告人高燕、金文献介绍,以租借或者收购方式,实际控制了19名自然人和7个法人期货账户,与伊世顿公司自有账户组成账户组,采用高频程序化交易方式从事股指期货合约交易。其间,伊世顿公司隐瞒实际控制伊世顿账户组、大量账户从事高频程序化交易等情况,规避中金所的监管措施,从而取得不正当交易优势;还伙同金文献等人,将自行研发的报单交易系统非法接入中金所交易系统,直接进行交易,从而非法取得额外交易速度优势。2015年6月1日至7月6日,伊世顿公司及被告人高燕、梁泽中伙同金文献,利用以逃避期货公司资金和持仓验证等非法手段获取的交易速度优势,大量交易中证500股指期货主力合约、沪深300股指期货主力合约合计377.44万手,从中非法获利人民币3.893亿余元。

最后,申报价格偏离市场。在唐汉博等操纵证券市场案中,唐汉博等人通过控制账户组进行大额申报,且申报价格往往偏离市场价格,制造虚假的市场深度表象。这种行为误导投资者对市场价格走势的判断,进而影响市场交易秩序。①

2. 撤单行为与反向交易行为的认定

撤单行为与反向交易行为是虚假申报操纵市场的重要特征,但是否为操纵市场成立的必要条件仍存在争议。撤单行为,是指频繁或大量申报买入或卖出证券、期货合约,并在短时间内撤销申报的行为。唐汉博案、伊世顿案、鲜言案②中均存在高比例撤单行为,并且这种撤单行为是法院认定虚假申报型交易的重要依据,可以证明操纵者通过虚假申报制造市场波动,进而影响市场价格。反向交易是指行为人在虚假申报拉高或压低股价后,进行与虚假申报方向相反的交易行为,以获取非法利益。唐汉博案和

---

① 参见上海第一中级人民法院刑事判决书,(2019)沪01刑初19号。唐汉博案是全国首例虚假申报型操纵证券市场案件。2012年5月至2013年1月,被告人唐汉博伙同唐园子、唐渊琦,通过控制"杨某一""申某""王某三"等30余个证券账户,采取当日连续申报买入或卖出并在成交前撤回申报等手法,影响"华资实业""京投银泰""银基发展"等证券交易价格和交易量。具体操纵行为包括:2012年5月9日,唐园子申报买入16,666,600股"华资实业"股票,撤回申报14,743,594股,撤回申报量占当日该种证券总申报量的57.02%。2012年5月10日,唐汉博伙同唐园子、唐渊琦申报买入71,903,800股,撤回申报54,392,952股,撤回申报量占当日该种证券总申报量的55.62%。2012年5月14日,唐汉博伙同唐园子、唐渊琦申报买入47,054,000股,撤回申报39,708,802股,撤回申报量占当日该种证券总申报量的61.10%。法院审理后认定,唐汉博等人的行为构成操纵证券市场罪,属于"情节特别严重"。最终判决如下:被告人唐汉博犯操纵证券市场罪,判处有期徒刑三年六个月,并处罚金人民币2450万元。被告人唐园子犯操纵证券市场罪,判处有期徒刑一年八个月,并处罚金人民币150万元。被告人唐渊琦犯操纵证券市场罪,判处有期徒刑一年,缓刑一年,并处罚金人民币10万元。违法所得予以追缴。

② 参见上海金融法院民事判决书,(2021)沪74民初2599号。鲜言于2014年1月17日至2015年6月12日,通过集中资金优势、持股优势、信息优势连续买卖,在自己实际控制的证券账户之间交易、虚假申报等方式,操纵"多伦股份"(后更名为"匹凸匹",现"岩石股份")股票价格和交易量。在此期间,多伦股份股价涨幅为260%,同期上证指数涨幅为155.29%。

伊世顿案中的反向交易行为都是法院认定其交易行为属于虚假申报型操纵的关键特征。尽管反向交易是虚假申报操纵的重要特征，但并非操纵市场成立的必要条件。例如，在鲜言案中，鲜言通过多种手段操纵"多伦股份"股价，包括虚假申报、连续买卖、在自己实际控制的证券账户之间交易等。这些行为共同构成了操纵市场的违法行为。法院认定鲜言通过虚假申报、连续买卖等手段操纵"多伦股份"股价的行为违法，而不仅仅依赖于反向交易行为。法院认为，虚假申报行为本身已对市场价格和交易量产生了显著影响，足以构成操纵市场。可见，行为人即使没有进行反向交易，但其虚假申报行为本身已对市场价格产生显著影响，仍可被认定为在实施市场操纵。

3. 主观方面的认定

围绕主观方面的认定，学者有较多讨论。有学者指出，虚假申报操纵市场的认定，核心在于行为人的主观故意。操纵市场的行为本质上是一种欺诈行为，其主观方面表现为行为人具有操纵市场的故意，并且通过虚假申报行为误导其他投资者，从而影响证券价格或交易量，以实现非法获利的目的。[1] 有学者指出，法条中所写的"不易成交为目的"的认定存在困难。由于高频交易的复杂性和隐蔽性，直接证明行为人"不以成交为目的"的主观意图几乎不可能，而通过客观行为进行推定又存在一定的盖然性。[2] 有学者指出，虚假申报型操纵的认定要求行为人主观上具有操纵市场的故意。同时，行为人需要具备诱导他人交易或操纵股价的目的。主观方面的审查上，通过异常交易行为（如高撤单比例、低成交比例、频繁反向交易等）推定行为人的主观故意。因为这些特征表明行为人并无真实成

---

[1] 参见冒智桥：《虚假申报操纵市场认定规则探究——以阮某诉证监会行政处罚案为例》，载《法律适用》2019年第18期。

[2] 参见商浩文：《大数据时代证券市场虚假申报操纵犯罪的司法认定》，载《中国刑事法杂志》2020年第6期。

交意愿,而是为了营造交易假象。① 有学者进一步指出,虚假申报型操纵证券的主观故意是行为人明知其行为会扰乱市场秩序、误导投资者,仍故意实施操纵行为,制造虚假的市场信号,诱导其他投资者作出错误的投资决策,从而实现其操纵市场的目的。申报的频繁性、申报与撤单的紧密性、申报金额的异常性等。这些行为特征表明行为人并非追求实际成交,而是通过虚假申报制造市场假象,进而影响其他投资者的交易决策。"不以成交为目的"是虚假申报型操纵行为的核心特征之一。这种行为与正常交易行为的主要区别在于申报的意图和后续行为。这些可以通过行为人快速撤单、申报价格偏离市场价格等推断。②

4. 争议问题的总结与分析

综上,我国对虚假申报型操纵的规制已形成较为完整的法律框架,通过《证券法》《刑法修正案(十一)》及相关司法解释,对该行为的构成要件和处罚标准作出了明确规定。从客观行为的角度来看,我国法律较为详尽地规定了申报行为、撤单行为以及反向交易的认定标准。然而,在主观要件的认定上,现行法律仅提到"不以成交为目的",在理论和实践中引发了较多争议。

本文认为,现有研究有两点问题还存在讨论的空间:

第一,"不以成交为目的"被视为虚假申报型操纵认定的核心标准是否适宜。我国的法律规定和司法实践更多围绕对申报行为、撤单行为和反向交易行为本身的异常性进行讨论和细化,这种行为的异常性本身就具有充分的违法性,并不需要"不以成交为目的"作为违法性的补足。如果过于依赖对"不以成交为目的"的推定,申报行为、撤单行为和反向交易行为

---

① 参见朱一峰、於智源:《虚假申报型操纵证券市场行为的公诉审查要点——以全国首例以虚假申报手段操纵证券市场案件为样本》,载《中国检察官》2020年第7期(下)。
② 参见万志尧:《虚假申报型操纵证券、期货市场罪的理解》,载《北外法学》2022年第1期。

都成为证明这一目的的证据,这种理解可能导致对行为本身的异常性的忽视。

第二,现有的讨论往往未能明确区分操纵的意图或目的(作为主观的构成要件的一部分)与市场操纵的故意,即行为人的认知因素和意志因素,这会导致犯罪构成的不明确。下文将通过比较法分析,探讨美国、欧盟和日本的相关立法和司法实践,以进一步审视我国现行规制的特点及优化方向。

三、虚假申报型操纵的法律规制的域外考察

虚假申报型操纵已成为全球金融市场监管的重要议题,不同国家在法律规制上采取了不同的路径。这一部分将对美国、欧盟和日本的立法与司法实践进行比较,考察各国在虚假申报型操纵的认定标准、主观要件要求以及司法适用的特点。美国强调欺骗性意图和市场影响,法院在适用《证券交易法》及相关规则时对操纵意图的认定存在一定分歧。欧盟的《市场滥用条例》则采取更宽泛的市场操纵定义,侧重于交易行为是否传递了虚假或误导性信号,而非操纵者的主观意图。日本的《金融商品交易法》对虚假申报型操纵的规制强调误导性目的,并通过行为模式推定操纵市场的故意。通过比较这些国家的规制模式,可以为我国完善虚假申报型操纵的法律框架提供借鉴,特别是在如何平衡对客观行为的规制与主观意图的认定方面,以提高法律适用的可操作性。

(一)美国:欺诈性意图导向的认定模式

1.《证券交易法》和《美国证券交易委员会规则》

1929 年的经济危机引起了立法者对操纵证券市场行为的关注。由此,制定了规制市场操纵行为的 1934 年《证券交易法》和 1942 年《美国证券交易委员会规则》(以下简称《SEC 规则》)。美国《证券交易法》第 10(b)条禁止在证券交易中使用任何"操纵性或欺骗性手段"(manipulative or deceptive device)。《SEC 规则》第 10b–5 条禁止以下行为:(1)使用任

何欺诈手段;(2)作出任何不实陈述或遗漏重要事实;(3)从事任何欺诈或欺骗的行为。虽然条文中没有明确规定虚假申报型操纵,但是虚假申报者通过提交报价向市场传递了错误信息,这种行为有被解释为"操纵性或欺骗性手段"的余地。① 法院在适用《证券交易法》第10(b)条和《SEC规则》第10b-5条存在分歧。有的法院认为,单纯的虚假申报的行为本身不足以构成操纵,除非伴随着其他非法行为(如虚假陈述或欺诈)。因为操纵行为必须涉及"欺骗"(deception),而单纯的虚假申报行为并不必然涉及欺骗;②有的法院则认为,如果虚假报价的目的是操纵市场,那么即使没有其他交易行为,也可以构成《SEC规则》第10b-5条规定的违法行为。③

在 SEC v. Lek Securities Corp. 案中,法院详细分析了虚假申报型操纵的行为如何适用《证券交易法》第10(b)条和《SEC规则》第10b-5条,特别是如何认定被告提交的报价向市场传递了错误信息,从而构成误导性陈述(misleading statement)。本案中,被告 Lek Securities Corp. 及其交易员通过提交一系列逐渐提高或降低的报价(bids and offers),影响市场价格,然后在市场价格发生变化后迅速取消这些报价,以便在更有利的价格上进行交易。SEC 指控被告通过这种报价行为向市场传递了错误信息,误导其他市场参与者,从而操纵市场价格,违反了《证券交易法》第10(b)条和《SEC 规则》第10b-5条。④

法院分析了申报行为的性质。申报行为,也就是报价是市场参与者向

---

① See Fox, Merritt B., Lawrence R. Glosten & Sue S. Guan, *Spoofing and Its Regulation*, Columbia Business Law Review, Forthcoming, Columbia Law and Economics Working Paper Forthcoming, January 10, 2022, p. 1244 – 1320.

② See United States v. Mulheren, 938 F. 2d 364 (2d Cir. 1991).

③ See Markowski v. SEC, 274 F. 3d 525 (D. C. Cir. 2001).

④ See SEC v. Lek Securities Corp., No. 17 – cv – 1789, 2017 WL 944037 (S. D. N. Y. Mar. 10, 2017).

市场传递的信息,表明他们愿意以特定价格买卖证券。其他市场参与者会根据这些报价信息做出交易决策。法院指出,被告提交的报价虽然在形式上看似真实(即他们确实提交了报价),但其意图并非真正希望这些报价被执行,而是通过制造市场活跃的假象来影响市场价格。因此,这些报价实际上传递了错误信息;在此基础上,被告提交的报价构成误导性陈述,理由包括:(1)**虚假意图**:被告提交报价的意图并非真正希望这些报价被执行,而是为了操纵市场价格。这种虚假意图使得报价信息具有误导性。(2)**市场依赖**:其他市场参与者依赖这些报价信息做出交易决策。被告通过提交虚假报价,诱导其他市场参与者做出错误的交易决策。(3)**市场影响**:被告的报价行为确实影响了市场价格,导致市场价格偏离其真实价值。最终法院认定,被告提交的报价虽然形式上真实,但其意图是误导市场,因此构成《SEC 规则》第 10b-5 条的违法行为。

另外,关于操纵意图的推定,本案中,法院通过分析被告的行为模式(如反复提交大额报价后迅速取消)推断其操纵意图。法院指出,这种模式足以证明被告的唯一目的是通过虚假报价操纵市场价格。但也有学者指出,法院在判决中实际上并未详细分析如何证明被告的操纵意图,这在实际操作中可能是一个难点。[①]

2.《多德-弗兰克法案》和美国商品期货交易委员会的解释

虚假申报型操纵明确规定在 2010 年的《多德-弗兰克法案》(Dodd-Frank Wall Street Reform and Consumer Protection Act)中。《多德-弗兰克法案》第 747 条对 1936 年颁布的《商品交易法》第 4(c)条进行了修订,扩展了其禁止范围,将虚假申报型操纵等"破坏性"交易行为纳入其中。[②] 法案赋

---

① See Fox, Merritt B., Lawrence R. Glosten & Sue S. Guan, *Spoofing and Its Regulation*, Columbia Business Law Review, Forthcoming, Columbia Law and Economics Working Paper Forthcoming, January 10, 2022, p.1244 – 1320.

② See Jerry W. Markham, *Law Enforcement and the History of Financial Market Manipulation*, Armonk, N. Y. : M. E. Sharpe, 2014, p.331 – 339.

予美国商品期货交易委员会(CFTC)更多的执法权力和监管工具,对CFTC的职责和权力进行了重大扩展,特别是在衍生品市场和市场操纵行为的监管方面,以应对复杂的市场操纵行为。根据《多德－弗兰克法案》第747条及美国商品期货交易委员会的相关解释和案例,虚假申报型操纵要件可以总结如下:(1)欺诈意图:交易者在提交订单时,意图在执行前取消这些订单;(2)行为表现:通过提交或取消订单,制造虚假的市场信号,影响其他市场参与者的交易决策;(3)市场影响:行为对市场的公平和有序交易造成破坏;(4)时间因素:行为通常发生在市场收盘期间或其他关键时段;(5)主观故意:交易者具有故意或鲁莽地忽视市场秩序的主观状态。比如,在Ecoval乳品贸易公司案中,Ecoval公司涉及在芝加哥商品交易所(CME)试图操纵脱脂奶粉(NFDM)期货价格的指控。CFTC发现,自2007年9月21日至10月17日,Ecoval公司执行了各种交易策略,意图人为抬高NFDM期货价格。它们的策略包括在多个合约中提出高价投标和报价、撤销订单以及以高于开盘价的价格投标。这些行为旨在造成期货价格与现货价格之间的差异,使Ecoval公司有可能以更高的价格建立大量空头头寸。CFTC指控,Ecoval公司通过频繁提交和取消报价、试图操纵非脂干奶期货合约价格的行为有欺诈意图,其行为影响了市场结算价格,破坏了市场的公平交易,构成虚假申报型操纵。[1]

另外,在主观故意方面,《多德－弗兰克法案》禁止任何"在收盘期间表现出故意或鲁莽地忽视交易有序执行"(intentional or reckless disregard for the orderly execution of transactions)的行为。"包含主观要件意味着偶然或甚至疏忽的交易行为不足以构成违规……市场参与者必须至少表现出鲁莽行为(reckless)。"在CFTC的解释性命令中,明确指出"鲁莽地忽视交易有序执行"的行为也可能构成违规。例如,交易者在明知其行为可能

---

[1] See CFTC v. Ecoval Dairy Trade Inc., No. 11-6075, 2011 WL 944037 (CFTC July 19, 2011).

扰乱市场秩序的情况下,仍然提交大量虚假订单,即使其主观上没有明确的操纵意图,也可能被认定为虚假申报型操纵。在 Ecoval 乳品贸易公司案中,Ecoval 公司的主观恶意通过其行为模式和市场影响得到了体现。Ecoval 公司有这些行为:在交易中"抬价",即立即以高于市场价的价格出价;在多个合约月份中提交高于市场价的报价,试图建立更高的价格区间;频繁提交报价后迅速取消,且无意让这些报价被执行,通过这些行为,CFTC 指控交易者具有明显的操纵意图,试图通过虚假订单影响市场价格,进而为其持有的空头头寸谋取利益。Ecoval 公司的行为表现出对市场秩序的鲁莽忽视,符合 CFTC 对"故意或鲁莽地忽视市场秩序"的定义。

(二)欧盟:以操纵行为为中心的监管框架

欧盟《市场滥用条例》(Market Abuse Regulation)是欧盟金融市场法律框架中的重要组成部分,旨在应对市场操纵行为,维护市场完整性,保护投资者信心。《市场滥用条例》诞生的背景是 2008 年金融危机,于 2014 年 4 月 16 日由欧洲议会和理事会通过,并于 2016 年 7 月 3 日正式生效,标志着欧盟在打击市场滥用行为方面的进一步强化。它取代了 2003 年的《市场滥用指令》(Market Abuse Directive),并引入了更为严格和统一的市场操纵监管框架。《市场滥用条例》的出台标志着欧盟在打击市场滥用行为方面迈出了重要一步,旨在通过统一的规则和更强的执法力度,提升市场的透明度和公正性。[①]

在欧盟法的框架下,虚假申报型操纵被明确界定为一种操纵市场的违法行为。虚假申报型操纵,是指并无执行意图的订单、以误导市场参与者的交易决策进行的市场操纵行为。其主要操纵方式包括卖出型虚假申报型操纵和买入型虚假申报型操纵。卖出型虚假申报型操纵通过提交大量虚假卖单,误导市场认为卖压增加,从而压低价格,待价格降至目标水平

---

① Filipp Ruzin, Das neue Regime der Marktmanipulation nach der Missbrauchsverordnung: Darstellung, Analyse, Bewertung, Grin Verlag, 2015. S. 3 f.

后,交易者迅速撤回卖单并以低价买入;而买入型虚假申报型操纵则通过提交大量虚假买单,制造买方需求旺盛的假象,抬高价格,随后操纵者撤回买单并高价卖出。虚假申报型操纵的特点在于其无意执行订单,操纵者仅在市场反应后迅速撤销订单,且通常借助高频交易(high-frequency trading,HFT)手段,在毫秒或微秒级时间内完成操作。这种行为对市场造成了严重的负面影响,包括误导市场流动性,使市场参与者误判流动性状况;干扰价格发现机制,导致价格偏离真实价值;以及诱导不知情投资者依据虚假信号进行错误交易,从而遭受损失。因此,虚假申报型操纵不仅破坏了市场的公平性,也对市场效率和投资者信心构成了严重威胁。①

《市场滥用条例》第 12 条对市场操纵行为进行了详细定义,列出几种市场交易的类型。第 12 条第 1 款(a)(i)和第 12 条第 2 款(c)(ii)、(iii)明确将虚假申报型操纵认定为市场操纵行为。《市场滥用条例》第 12 条第 1 款(a)(i)规定:若某一交易行为发送虚假或误导性信号,即构成市场操纵。虚假申报型操纵通过制造虚假买卖需求,误导市场,因此符合该条款的适用范围;第 12 条第 2 款(c)(ii)进一步明确:若交易者提交大量无执行意图的限价订单,并制造市场假象,则构成市场操纵。第 12 条第 2 款(c)(iii)规定,若交易方法(包括算法交易和高频交易策略)导致市场功能受损,即构成市场操纵。虚假申报型操纵影响市场价格形成机制,使市场失去定价效率,因此符合这一规定。②

《市场滥用条例》中的虚假操纵型交易包括以下要件:

第一,从操纵行为来看,操纵行为具体表现为交易者提交大量并无实际执行意图的限价订单,以此制造供需假象,影响市场价格。当价格达到

---

① See Milan Bayram, Manipulative Handelspraktiken gem. Art. 12 MAR, Berlin: Duncker & Humblot GmbH,2020,p. 134 – 137.

② See Milan Bayram, Manipulative Handelspraktiken gem. Art. 12 MAR, Berlin: Duncker & Humblot GmbH,2020,p. 134 – 137.

交易者预期时,交易者迅速撤销这些虚假订单,并执行真实交易。这一行为符合《市场滥用条例》第 12 条第 1 款(a)(i)所规定的"发送虚假或误导性信号"的市场操纵构成要件。

第二,在主观方面的规定上,欧盟内部各个国家做法不同。德国证券法对市场操纵的主观要件经历长期的调整,最终确立了较为宽松的标准。最初,该罪名要求行为人具有"欺诈意图",即通过欺骗性手段影响市场价格。这一标准后来被修改为"意图获利",但仍然需要证明行为人具有主观上的特定目的。自 2002 年起,德国立法进一步放宽了对主观要件的要求,取消了"意图"作为构成要件的必要性,使得市场操纵的客观行为与主观要件之间达成完全的对应关系。通说认为,市场操纵行为仅需达到"间接故意"(Eventualvorsatz)的标准,即行为人只要意识到其行为可能对市场价格产生影响,并且接受这一结果,就足以构成故意。虽然实践中有观点认为,某些交易行为是否违法需要依赖于行为人的主观目的,因此应当要求"直接故意"(dolus directus)或更强的意图要件,但德国联邦法院(BGH)明确否定了这一观点,并指出立法者其实有意删除了"意图"作为构成要件的要求。此外,尽管有学者主张,市场操纵行为的"最终目的"应当影响主观要件的认定,例如,如果操纵市场的最终目标仅仅是税收优化,则不应认定存在操纵意图。但德国法院的判例显示,只要市场操纵是达到该最终目的的"必要中间手段",就仍然可以认定行为人具有市场操纵的主观要件。总体而言,德国市场操纵的主观要件已经从最初的严格要求(欺诈意图、获利意图)逐步简化为仅要求"间接故意",即行为人认识到其行为可能影响市场并且放任结果发生即可构成犯罪。这种立场在实践中降低了市场操纵行为的证明难度。①

在适用范围方面,《市场滥用条例》第 12 条将虚假申报型操纵列为高

---

① Thomas Richter, Die Strafbarkeit der Marktmanipulation unter dem europäischen Marktmissbrauchsregime, Baden-Baden: Nomos, 2022, p. 205 – 208.

频交易环境中典型的市场操纵策略,特别是算法交易及高频交易实践,这些实践如果妨碍了交易系统的正常运作、误导了市场参与者或制造了虚假信号,均构成市场操纵。文献强调,虚假申报型操纵通过虚假订单制造了不存在的市场流动性,误导了市场价格信号,使其他交易者无法准确评估真实的供需情况,从而满足了市场操纵的构成要件。

(三)日本:对误导性目的的强调

日本的操纵证券、期货市场行为规定在《金融商品交易法》第159条。日本的市场操纵罪是一种目的犯,主观故意要求证明操纵者有"未必的故意",即实施操纵行为时知道有影响价格、扰乱市场的可能性,但没有避免该行为。虚假申报型操纵被视为虚假操纵的一种。《金融商品交易法》第159条第1款明确禁止虚假交易,将其定义为同一投资者在相近时间、相同价格下同时进行同一证券的买入和卖出,形式上看似交易频繁,但实际未产生实质性证券转移,意图误导市场对该证券的需求认知。第1款第9项进一步规定了虚假申报型操纵,即委托他人进行虚假交易或接受虚假交易委托,即使最终交易未能完成,也会被视为违法。① 第9项的立法本意是:委托行为本身已被视为具有影响市场价格的危险性,因此无论交易是否实际执行,均应作为处罚对象,故而交易实际执行与否应被视为无关紧要。在委托已发生但尚未实际执行的阶段,将以委托或接受委托的名义受到处罚;而在实际执行阶段,则以有价证券买卖、市场或场外衍生品交易的名义受到处罚,此时委托及接受委托行为将被涵盖其中。② 是否受处罚的关键,在于是否"明知"交易的虚假性。③

---

① 岸田雅雄監修『注釈金融商品取引法(第3巻)』(金融財政事情研究会,2010年)20-22頁。

② 神田秀樹、黒沼悦郎、松尾直彦編『金融商品取引法コンメンタール(第4巻)』(商事法務,2011年)25-26頁(藤田友敬)。

③ 黒沼悦郎、太田洋編著『論点体系金融商品取引法3:不公正取引、課徴金:(第157条-第226条)』(第一法規,2022年)20-26頁。

在大分县的一起市场操纵案例中,法院对虚假申报类操纵进行了详细分析。本案中的被告人通过多个证券公司账户,以自己的名义下达大量虚假买单,但并不实际成交。这导致市场上的交易活跃度虚增,使其他投资者误以为该股票存在强劲买盘,从而跟进买入。随后,被告人撤销这些虚假订单,并在股价上涨后高位卖出,从中非法获利。案件由大分地方裁判所审理,最终判决被告人有期徒刑2年4个月,罚款600万日元,并追缴违法所得261,482,000日元,且判处缓刑4年。① 本案中,法院对虚假申报类操纵的认定主要依据以下几点:

首先,行为特征上,法院认定被告人使用虚假申报型操纵的方式,是基于其交易行为的异常性和连续性。具体来说,被告人在短时间内,通过多个证券公司账户,连续下达了大量高价买单,但并无实际成交意图。这些高价买单在股价达到预期目标前被撤销,与正常的"未成交订单"有所区别,显示出明显的操纵意图。

其次,交易目的上,法院指出,被告人的交易行为是为了制造市场活跃假象,使其他投资者误以为该股票交易活跃,从而跟进买入。法院在判决书中明确提到,被告人希望通过虚假申报型操纵影响市场价格,最终在高位抛售获利,这符合市场操纵罪中"诱导交易"的主观要件。

再次,证据认定上,法院依赖以下证据认定虚假申报型操纵的存在和被告人的操纵意图:

(1)交易记录:显示了异常的大额委托单,且在短时间内撤销。

(2)多账户交易:被告人通过多个账户分散订单,试图掩盖自己的操纵意图,但交易行为的时间和模式高度一致,成为法院认定虚假申报型操纵的重要依据。

(3)资金流动:交易过程中,资金并未实际用于完成这些高价买单的交易,而是在关键时间点被撤销,再次证明这些订单缺乏真实交易意图。

---

① 大分地方裁判所判决平成23年3月10日(平成22年(わ)第293号)。

最后,在法律适用上,法院依据《金融商品交易法》第 159 条,明确指出:"以误导市场交易为目的,通过虚假交易或委托影响市场价格,属于市场操纵行为。"法院认定虚假申报型操纵为虚假交易的一种形式,虽然并未实际成交,但足以在短时间内误导市场,因此构成市场操纵罪。

审理本案的法院认为,虚假申报型操纵具有误导性,导致市场参与者对该股票交易状况产生虚假认知。被告人在多个股票的交易中反复使用此手法,具有明显的主观故意,且在短时间内获利巨大,对市场公正性产生了严重破坏。法院最终认定虚假申报型操纵是市场操纵罪的构成要素之一,并据此作出了有罪判决。法院通过分析被告人的交易行为模式、资金流动、账户使用等方面,认定其使用了虚假申报型操纵进行市场操纵。这一判决明确了日本法律对虚假申报类操纵的严格规制,也为未来类似案件的审理提供了重要的判例参考。

由此可见,日本更加注重对市场操纵的主观目的的管理,判断行为是否有误导性。这种误导性目的的具体内涵,是指行为人以使他人误以为交易频繁活跃、市场繁荣为目的,实施虚假交易。《金融商品交易法》第 159 条将误导性目的列为市场操纵行为的构成要件之一,尤其在虚假交易行为中,其重要性尤为突出。此类交易本质上缺乏经济合理性,若非为了制造交易活跃的假象,其存在的必要性几乎难以想象。因此,在相关案件中,一旦证明了虚假交易的外观,通常可推定其具备误导性目的。除非行为人能够提出反证,证明其行为具有其他合理目的,否则该推定难以被推翻。①

在司法实践中,误导性目的的认定经历了从严格到宽泛的转变。以大阪证券交易所案件为例,一审法院曾判决被告无罪,认为即使行为产生了交易活跃的假象,但若缺乏影响价格的意图,则不足以构成市场操纵罪。

---

① 岸田雅雄監修『注釈金融商品取引法(第 3 巻)』(金融財政事情研究会,2010 年) 21 頁。最判平成 19 年 7 月 12 日刑集 61 巻 5 号 654 頁。および東京高判平成 17 年 9 月 7 日判夕 1208 号 314 頁参照。

然而,上诉法院和最高法院均对此持否定态度。上告审明确指出,误导性目的应被理解为"使一般投资者误以为交易活跃是由自然的供需关系引起的外观"。这一解释实际上扩展了误导性目的的内涵,不仅包括操纵特定股票的交易量,还涵盖整体市场交易活跃度的虚假表现。因此,即便行为人声称其目的仅为提高市场整体交易量,若客观上造成了交易量的虚假繁荣,也应认定其具有误导性目的。①

近年来的判例进一步巩固了这一宽泛解释。误导性目的被理解为"制造交易频繁且广泛进行的表象,使其他投资者对该交易的数量、买卖次数、价格变动以及参与者等情况产生误解,误以为这种交易状况是由自然的供求关系所导致的",而无须证明其最终意图是操纵价格。② 这一解释显著降低了误导性目的的证明难度,只要证明虚假交易的存在,通常即可推定行为人具有误导性目的。这一认定方式在打击市场操纵犯罪中发挥了重要作用。

四、比较分析与启示

在比较虚假申报型操纵的法律规制时,应全面审视各国对操纵行为的认定标准、主观要件的适用方式以及司法实践中的具体操作模式。不同法域的规制思路各有侧重。比如,美国的法律体系继承了证券欺诈法的传统,更注重欺骗性意图的认定;欧盟的监管模式则倾向于通过交易行为的客观异常性来界定市场操纵;日本在市场操纵的认定上兼具两种路径的特点,既通过推定方式确认操纵意图,又强调交易模式的误导性。我国的立法框架在客观行为认定上已较为完善,但在主观意图的界定上仍存争议。

---

① 大阪地判平成 17 年 2 月 17 日刑集 61 卷 5 号 677 頁;大阪高判平成 18 年 10 月 6 日刑集 61 卷 5 号 704 頁;最决平成 19 年 7 月 12 日刑集 61 卷 5 号 654 頁。

② 東京地判平成 26 年 7 月 4 日(平成 25 年(特わ)第 935 号);東京高判平成 27 年 5 月 28 日(平成 26 年(う)第 1367 号)。

因此，在借鉴域外经验的基础上，进一步细化对操纵行为的认定标准，对于提高法律适用的可操作性具有重要意义。以下将分别从操纵行为的认定、主观要件的适用以及未来的立法与监管优化方向进行分析。

（一）报价行为、撤单行为与反向交易的认定

各国在认定虚假申报型操纵时，在行为的认定方面具有相似的框架，但对报价行为、撤单行为及反向交易的具体要求有所不同。

欧盟《市场滥用条例》对市场操纵的规制标准最为宽泛，更加强调交易行为是否传递了虚假或误导性信号。根据《市场滥用条例》第12条，无论订单是否成交，只要订单的存在本身能够影响市场价格或流动性，就可能构成市场操纵。在此框架下，申报行为的异常性是认定操纵市场的关键，例如订单数量异常、撤单速度极快、申报价格偏离市场等。值得注意的是，该规定并未要求撤单或反向交易作为市场操纵的必要条件，只要虚假申报行为足以影响市场，就可认定为操纵市场。这种模式降低了监管机构的执法难度，使得交易者即使未能通过反向交易获利，依然可能因申报行为被追责。

美国和日本在操纵行为上的认定有相似之处。是否实际执行订单并非认定市场操纵的必要条件，关键在于提交订单时是否具有误导市场的意图。例如，在 SEC v. Lek Securities Corp. 案中，法院认定，即便订单未成交，虚假报价本身已构成市场操纵。① 撤单行为不是必要要件，但可作为操纵市场意图的佐证。同样，日本《金融商品交易法》第159条将虚假申报型操纵视为虚假交易的一种，即使订单未实际执行，只要行为人意图误导市场，即可构成操纵行为。例如，大分县市场操纵案中，法院认定大量虚假订单申报及撤单已足以构成操纵市场罪。② 而反向交易则是判断操纵

---

① See SEC v. Lek Securities Corp., No. 17-cv-1789, 2017 WL 944037（S. D. N. Y. Mar. 10, 2017）.

② 大分地方裁判所判决平成23年3月10日（平成22年（わ）第293号）。

者是否具有欺诈性、误导性意图的重要因素,并不是构成虚假申报型交易的必要条件。

(二)主观方面的认定

主观方面的认定是虚假申报型操纵司法实践中的重要问题。在故意的认定上,美国的鲁莽(reckless)标准、欧盟的间接故意标准和日本的"未必的故意"标准可以对应我国刑法中的间接故意,即要求证明操纵者存在"操纵者明知自己的行为可能发生危害影响价格、误导投资者、扰乱市场秩序的结果,并且放任这种结果发生"的心理态度。但是在操纵意图这一主观的构成要件上存在较大差异:

美国和日本的法律体系强调通过交易者的行为模式推定其主观操纵意图。强调欺诈性、误导性意图的优势在于,操纵意图的存在可以直接证明交易行为的违法性,更易于理解。然而,主观意图仍然难以直接证明。例如在 SEC v. Lek Securities Corp. 案中,法院指出,通过行为模式推断操纵意图,但这种推断可能不足以在所有案件中成立。① 因此,美日立法和司法实践中均在逐步放宽对主观意图的证明要求。

与之相对,欧盟的监管体系则更加强调操纵行为本身,而非交易者的主观意图。根据《市场滥用条例》第12条第2款(c)(ii)的规定,无须证明操纵者的具体意图,只要其交易模式制造了市场误导效果,即可认定违法。这种监管模式淡化主观意图的要求,转而依赖对客观交易行为的详细规定。欧盟认为,市场操纵的核心问题在于其对市场秩序的影响,而非交易者的主观意图。因此,欧盟通过《市场滥用条例》等立法,强调对交易行为的详细规定,使得监管机构可以直接依据交易模式认定操纵行为,而无须证明行为人的操纵意图。这种路径的有效性依赖于规则的精细化程度,如

---

① Fox, Merritt B., Lawrence R. Glosten & Sue S. Guan, *Spoofing and Its Regulation*, Columbia Business Law Review, Forthcoming, Columbia Law and Economics Working Paper Forthcoming, January 10, 2022, p. 1244 – 1320.

果对市场操纵行为的具体类型、交易模式等规定足够细致,也能实现有效监管。这种不在司法认定中额外考察行为人的内心状态的立法模式本质上采用了"客观化的主观"逻辑,具有深厚的哲学基础。比如,胡塞尔的现象学强调主观意图通过行为表现显现出来,而无须单独考察,体现在一系列交易模式的结构之中。胡塞尔的现象学关注意识与世界的联系,认为人的意图并非独立存在于主观意识之中,而是在行动和实践过程中被赋予意义。① 海德格尔进一步强调人的存在与行为的不可分割性。人的意图总是通过具体行为与世界发生联系,并在行为模式中显现出来,在市场操纵的情境中,交易者的主观意图通过其行为表现出来,意图不需要通过额外证据证明,而可以通过交易行为的异常性来推定。海德格尔的"此在"(Dasein)概念强调,人的行为并不是随机发生的,而是在具体的情境中被赋予意义。② 因此,交易者的意图不会脱离其交易模式而独立存在,而是存在于高频撤单、虚假报价等交易行为的结构之中。换言之,法律在认定市场操纵行为时,不必单独寻求直接的主观故意证据,操纵意图已经蕴含在交易行为的结构中,异常的交易行为已经可以充分说明操纵的违法性。

(三)启示:主客观要件的规制路径与未来挑战

在虚假申报型操纵的法律规制上,立法与司法实践主要存在两种路径选择:一是强调操纵意图的认定,二是侧重对操纵行为本身的规范。我国对虚假申报型操纵的立法趋势是细化对操纵行为的认定标准,而不强调对主观意图认定的依赖。相比之下,美国的市场操纵法律体系与其证券欺诈法制密切相关,而普通法传统对"欺诈意图"(fraudulent intent)的讨论有着

---

① Edmund Husserl, *Ideas Pertaining to a Pure Phenomenology and to a Phenomenological Philosophy*, Leiden: Martinus Nijhoff, 1983, p. 63 – 104.

② Martin Heidegger, *Being and Time*, Albany: State University of New York, 1996, p. 49 – 58.

悠久的司法实践,在适用中更倾向于通过推定方式认定操纵意图。但这一模式在大陆法系国家较难直接借鉴,而通过客观化的交易标准进行规制,则更具有可操作性。

我国的司法实践主要通过具体数额、撤单比例、交易模式等客观标准来认定操纵行为。例如,在伊世顿操纵案和唐汉博案等案件中,法院均重点考察了申报订单的撤单比例、持续时间、市场影响等因素,而非直接依赖行为人的主观陈述来认定是否具有操纵市场的意图。可见,司法实践对虚假申报型操纵的认定标准,发展方向是客观化、行为导向。

结合域外法制来看,我国立法的这一趋势是具有可行性的。一方面,美国的市场操纵规制本质上源于证券欺诈法,而证券欺诈本身属于对投资者保护体系的一部分,强调欺骗与误导。美国法院通常通过推定方式认定操纵意图,例如利用反复提交大额报价、迅速撤单等行为模式,推断交易者意图操纵市场。但这种方法依赖于法院对意图的自由裁量,并未形成统一的认定标准,在实际操作中可能导致法律适用缺乏一致性和稳定性。

另一方面,欧盟的《市场滥用条例》采取了一种更具确定性的模式,即只要交易模式本身传递了误导性市场信号,即可构成市场操纵。该模式不需要额外证明操纵意图,主观上只需要达到间接故意的标准即可,主要依赖对交易模式的详细规范。《市场滥用条例》第 12 条明确规定,若某一交易行为本身足以影响市场秩序,即可认定为市场操纵。在高频交易时代下,这一立法模式一方面避免了在司法过程中对行为人主观意图的复杂推定,另一方面对申报行为更加宽泛的解释方式能够包含更多新型的申报手法,更符合高频交易时代的监管需求。

因此,未来虚假申报型操纵的法律规制可更加强调对操纵行为的解释和说明。比如,可以扩大申报行为的范围。例如,CFTC 列举的虚假申报型操纵行为还包括提交大量订单以超载报价系统,导致其他交易者难以执行订单;提交或取消订单以延迟他人的交易执行①等;同时,应细化对操纵行为的认定标准,强化对客观交易模式的分析,以提升法律适用的可操作性。例如,采用量化标准来认定操纵行为,例如明确撤单比例、异常订单持续时间、申报价格偏离市场的具体数值等。这种做法不仅减少了对行为人主观状态的推定,也增强了市场监管的可预测性。在虚假申报型操纵的具体行为要素中,申报行为是核心,因为操纵者正是通过虚假的申报来误导市场,进而影响价格或交易量。未来,我国应继续细化对申报行为的规制,并针对高频交易等特殊情形,制定更具针对性的监管措施,以提高法律适用的精准度和有效性。同时,对撤单行为、反向交易行为的规定也应当进一步细化。而在主观方面,能证明有"操纵者明知自己的行为可能发生危害影响价格、误导投资者、扰乱市场秩序的结果,并且放任这种结果发生的心理态度"的间接故意即可,不需要过于强调操纵意图。

随着金融科技的发展,各国均加强技术监管,提升市场监测和执法效率。美国部分交易所已采用交易数据分析与模式识别技术,通过监控交易数据,识别频繁提交和撤单的大额订单行为,以锁定潜在操纵者。此外,美国实施撤单限制,提高操纵市场的成本,并探索延迟撤单机制,即强制订单提交后等待一定时间才能撤销,以遏制虚假申报行为。② 欧盟《市场滥用条例》与《金融工具市场指令》(MiFID Ⅱ)构建了较为全面的监管框架,采取了大额订单监控、自匹配预防机制(SMP)、算法交易监控等措施,防范高频交易对市场的破坏。③

---

① Fox, Merritt B., Lawrence R. Glosten & Sue S. Guan, *Spoofing and Its Regulation*, Columbia Business Law Review, Forthcoming, Columbia Law and Economics Working Paper Forthcoming, January 10, 2022, p. 1244 – 1320.

② Fox, Merritt B., Lawrence R. Glosten & Sue S. Guan, *Spoofing and Its Regulation*, Columbia Business Law Review, Forthcoming, Columbia Law and Economics Working Paper Forthcoming, January 10, 2022, p. 1244 – 1320.

③ Milan Bayram, Manipulative Handelspraktiken gem. Art. 12 MAR, Berlin: Duncker & Humblot GmbH, 2020, p. 134 – 137.

中国近年来也在加强监管科技的应用,例如利用大数据与人工智能监控市场交易行为,分析可疑交易模式。① 未来,我国可借鉴美欧经验,进一步引入延迟撤单机制、强化算法监控,提升市场监管精准度。

五、结语

虚假申报型操纵的法律规制在维护金融市场秩序、保护投资者利益方面具有重要作用。各国立法虽在构成要件、监管标准和执法力度上有所不同,但均致力于通过明确操纵行为的界定、强化法律责任,以遏制市场操纵,维护公平、公正、公开原则。从比较法的角度来看,美国强调操纵意图的推定,同时需要对交易行为的鲁莽(recklessness)进行证明;欧盟的《市场滥用条例》逐步降低了对主观故意的要求,强化客观认定标准;日本则通过严格的"误导性目的"推定机制,降低对行为人实际操纵市场结果的证明难度。这些法律模式的差异不仅影响各国执法实践,也为我国法律规制体系的完善提供了借鉴。

当下,虚假申报型操纵的法律规制仍面临诸多挑战。一方面,市场操纵刑法的界限模糊,高度依赖行政法规,许多操纵行为通过"空白刑法"(Blankettstrafrecht)间接界定,导致法律适用的复杂性。另一方面,科技进步使操纵手段日益复杂化,特别是在算法交易、高频交易背景下,传统法律框架难以完全覆盖新型操纵模式。例如,2010 年"闪崩事件"②中的英国交易员萨劳利用高频交易制造市场假象,误导投资者并造成市场大幅波动,最终因操纵市场罪被起诉。这表明,未来法律规制不仅需要进一步细

---

① 参见李珍、夏中宝:《交易型操纵行为影响证券价格的微观机制研究——以连续交易、虚假申报、对倒操纵典型案例为切入点》,载《金融发展研究》2020 年第 5 期。

② See U. S. Department of Justice, "*Futures Trader Pleads Guilty to Illegally Manipulating the Futures Market in Connection With* 2010 'Flash' *Crash*", *Press Release*, available at https://www.justice.gov/archives/opa/pr/futures-trader-pleads-guilty-illegally-manipulating-futures-market-connection – 2010 – flash(accessed on February 14, 2025).

化虚假申报型操纵的构成要件,从而准确认定虚假申报型操纵,增强法律的可操作性;还需要通过监管技术创新,提高监管部门对市场操纵行为的识别能力。在国际化背景下,各国金融市场日益互联,跨境操纵案件增多,如何在不同法律体系之间协调执法标准,成为全球金融监管面临的重要议题。美国在市场操纵案件的调查中采用更为全面的交易数据分析和行为模式识别方法,为其他国家提供了有益的借鉴。未来,只有通过不断完善法律体系、提升监管技术、加强国际合作,才能有效遏制市场操纵行为,保障金融市场的健康稳定发展。

转贷经营行为教义学分析的两重视角

任尚肖[*]

目　次

一、转贷行为的内生逻辑：以存量房贷转经营贷为例
二、放贷视角：转贷经营行为中"高利"的衡量基准及体系影响
三、贷款视角：围绕套取资金行为展开的规范性评价
四、转贷经营行为对放贷与贷款类犯罪教义学分析之启示

摘　要：货币需求常随利率的改变而改变，不同类型贷款利率波动在货币政策传导机制的作用下催生转贷经营行为，从而增加金融数据"失真"风险。转贷经营行为包括垫付资金的放贷行为和套取资金的贷款行为，通过放贷视角和贷款视角重新建构高利转贷罪的犯罪论构造：将"违法所得"要件作为结果要素确立本罪的未遂形态；以"利差所生行为必然性"取代条文中"套取—转贷"行为先后的线性逻辑，实现复合行为的内在统一；套取行为作用的对象是金融机构信贷审核体系，无关乎个人错误认识的有无。以信贷资金风险产生原因和信贷资金风险结果

---

[*] 上海市浦东新区人民检察院第七检察部检察官助理。

为划分依据形成"原因—结果"两两组合的四种情形,对应高利转贷罪、骗取贷款罪、贷款诈骗罪和投机套利四种性质的行为。在与违法发放贷款罪成立对合关系时,行为人与金融机构具有审批决定权的人共谋使得贷款项目脱离审核系统,双方共同支配整个过程,成立违法发放贷款罪的共同正犯,吸收高利转贷罪罪责的同时加大转贷经营行为的刑罚力度。

关键词:转贷经营;高利转贷;金融工具调节有效性;违法发放贷款

本文所称"转贷经营"系指行为人利用金融市场上不同种类贷款的利率差异,通过虚构目标贷款项目以及与金融机构工作人员"内外勾连",成功将实际借款人的高利率贷款转变为低利率贷款,从中盈利的专门中介服务。在实务的多数说看来,此种行为并未造成实际的损害结果或明显的违法获利,至多只是合理利用现有规则,不具备刑事处罚的必要。此种观点并未切中转贷经营行为侵害法益的真正意涵,经济刑法旨在保护一定的经济秩序本身以及保障对一定营业或经济交易加以限制的经济法规的实效性。① 本文首先从转贷行为的内生逻辑确证转贷经营对金融工具调节有效性的破坏,其次从放贷与贷款视角搭建转贷经营行为成立高利转贷罪的构罪逻辑,最后力图从转贷经营行为归结出放贷与贷款类犯罪的一般性规范体系。

一、转贷行为的内生逻辑:以存量房贷转经营贷为例

(一)货币政策传导机制影响下的贷款市场报价利率波动

货币政策的传导机制不仅影响货币供给和利率水平,而且对经济活动产生影响。在货币供给过程中,公开市场操作(open market operation)是最为主要的货币政策工具,具体而言,公开市场购买会导致银行系统内准备金的扩张,公开市场出售会导致银行体系内的准备金数量紧缩,金融机

---

① 参见[日]芝原邦尔:《经济刑法》,金光旭译,法律出版社2002年版,第111页。

构货币流动性的增减直接影响商业银行信贷扩张的能力,①从而影响利率的波动。贷款市场报价利率(loan prime rate,LPR)是以公开市场操作方式为基础形成的市场化贷款参考利率,相较于贷款基准利率的政策性导向(见图1),公开市场操作可以更加及时有效地调节市场资金流动性,实现货币政策意图。

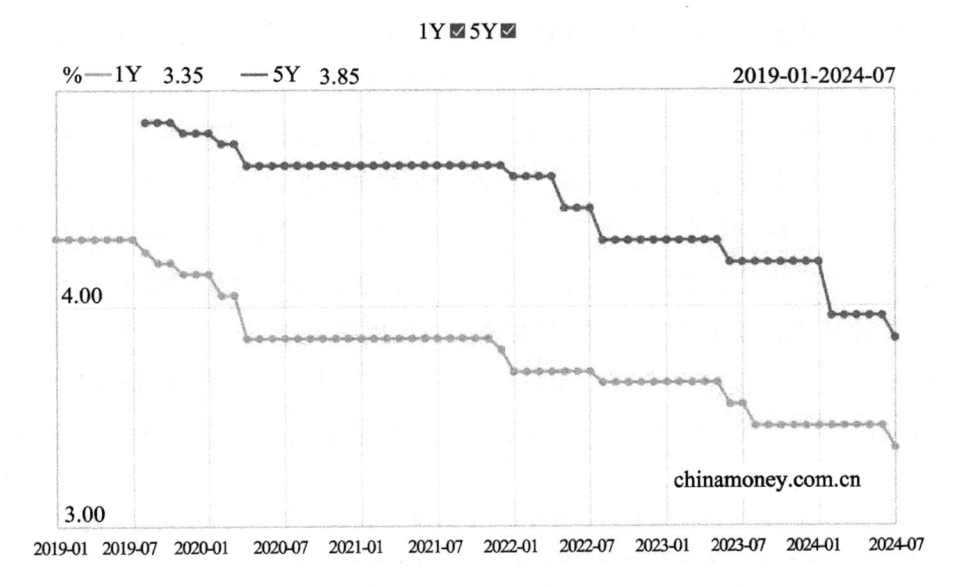

图1 LPR品种历史走势

个人住房贷款利率自2019年10月8日起以最近一个月相应期限的LPR为定价基准并根据信贷政策及贷款风险状况加点数值确立,货币政策受市场供需关系变动的影响以及由此对贷款利率波动的传导作用逐步凸显。投资组合选择理论告诉我们,一项资产的需求量与财富正相关,与

---

① 参见易纲、吴有昌:《货币银行学》,格致出版社、上海人民出版社2014年版,第504页。

资产相对于其他资产的预期收益正相关,与资产相对于其他资产的风险负相关,与资产相对于其他资产的流动性正相关。① 此外,信贷规模的扩张与收缩和资产价格正相关,信贷繁荣推动资产价格,进而推动信贷繁荣,导致资产价格进一步升高。但是,当资产价格的上涨超过其基本价值,资产价格泡沫(asset-price bubble)终归会破裂,随之产生信贷规模萎缩与资产价格暴跌。通过对中国人民银行公布的金融机构人民币信贷收支表分析后发现,住户中长期消费贷款净增量自2020年1月开始逐年递减,自2022年起增长幅度明显放缓且低于经营贷款增量。但相较于LPR在2022年之后开启了多频率大幅度降息操作,企业中长期贷款数量大幅增长,形成了与住户消费贷款差异明显的增长走势,并且两者间的绝对差值呈现扩张趋势。

  住户中长期消费贷款与经营贷款的此消彼长以及企业中长期贷款较短期贷款大幅增长的现象,并不全然符合企业经营规模正常增长以及货币政策引导所产生的贷款增长量(见图2)。检索国家金融监管总局的行政处罚公开信息表发现,在违法事项表述模糊的情况下,信贷资金违规流入房地产行业,②流动资金贷款违规用于固定资产投资,个人消费贷、经营贷流向限制性领域③等违规行为占据一定比重,从侧面反映出转贷行为在个

---

① 参见[美]弗雷德里克·S.米什金、斯坦利·G.埃金斯:《金融市场与金融机构》(原书第9版),丁宁等译,机械工业出版社2020年版,第57页。

② 如《国家金融监督管理总局广安监管分局行政处罚信息公开表》(广安金监罚决字〔2024〕5号),载 https://www.cbirc.gov.cn/cn/view/pages/ItemDetail.html?docId=1169013&itemId=4115&generaltype=9;《国家金融监督管理总局广安监管分局行政处罚信息公开表》(广安金监罚决字〔2024〕4号),载 https://www.cbirc.gov.cn/cn/view/pages/ItemDetail.html?docId=1169007&itemId=4115&generaltype=9。

③ 如《国家金融监督管理总局黄冈监管分局行政处罚信息公开表》(黄冈金监罚决字〔2024〕3号),载 https://www.cbirc.gov.cn/cn/view/pages/ItemDetail.html?docId=1167457&itemId=4115&generaltype=9;《国家金融监督管理总局西双版纳监管分局行政处罚信息公开表》(西金罚决字〔2024〕7号),载 https://www.cbirc.gov.cn/cn/view/pages/ItemDetail.html?docId=1166111&itemId=4115&generaltype=9;《国家金融监督管理总局三明监管分局行政处罚信息公开表》(明金监罚决字〔2024〕4号),载 https://www.cbirc.gov.cn/cn/view/pages/ItemDetail.html?docId=1164876&itemId=4115&generaltype=9。

单位：万元

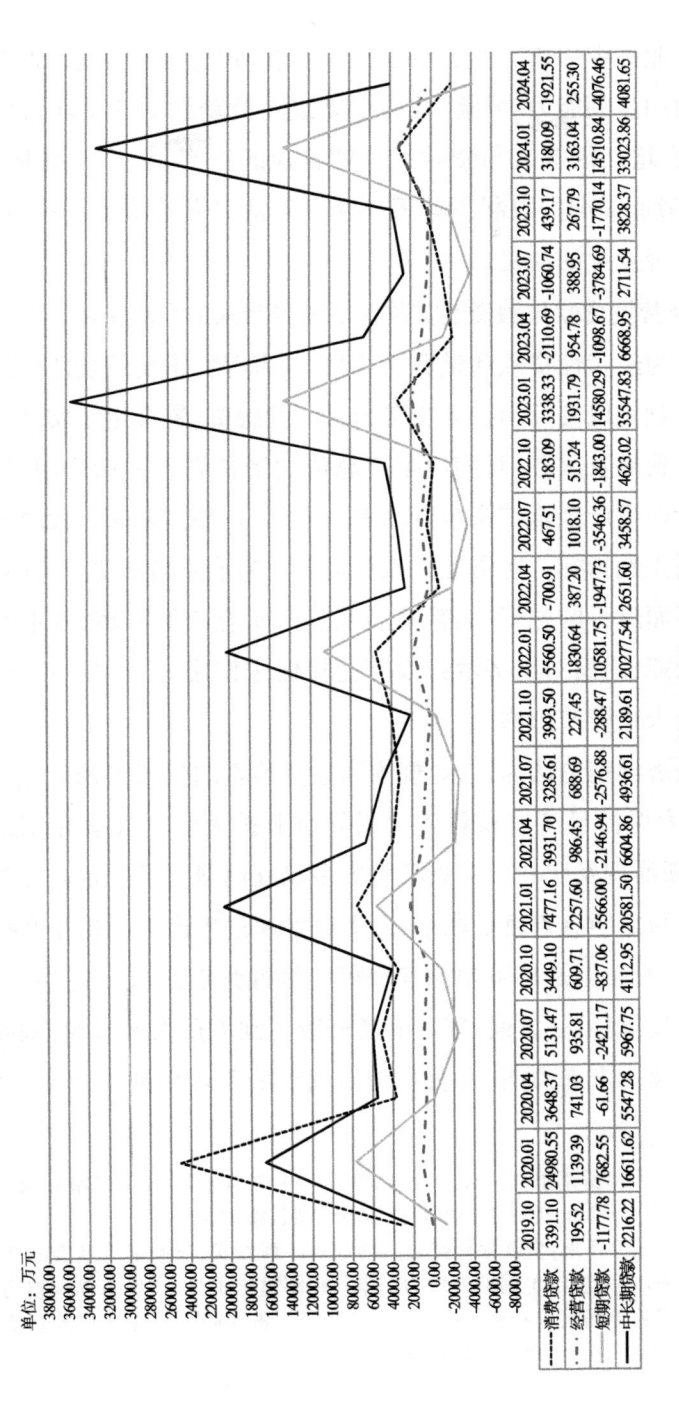

	2019.10	2020.01	2020.04	2020.07	2020.10	2021.01	2021.04	2021.07	2021.10	2022.01	2022.04	2022.07	2022.10	2023.01	2023.04	2023.07	2023.10	2024.01	2024.04
消费贷款	3391.47	24980.55	3648.37	5131.47	3449.10	7477.16	3931.70	3285.61	3993.50	5560.50	-700.91	467.51	-183.09	3338.33	-2110.69	-1060.74	439.17	3180.09	-1921.55
经营贷款	195.52	1139.39	741.03	935.81	609.71	2257.60	986.45	688.69	227.45	1830.64	387.20	1018.10	515.24	1931.79	954.78	388.95	267.79	3163.04	255.30
短期贷款	-1177.78	7682.55	-61.66	-2421.17	-837.06	5566.00	-2146.94	-2576.88	-288.47	10581.75	-1947.73	-3546.36	-1843.00	14580.29	-1098.67	-3784.69	-1770.14	14510.84	-4076.46
中长期贷款	2216.22	16611.62	5547.28	5967.75	4112.95	20581.50	6604.86	4936.61	2189.61	20277.54	2651.60	3458.57	4623.02	35547.83	6668.95	2711.54	3828.37	33023.86	4081.65

图 2 各类贷款净增量季度波动

人住房贷款业务中并非个例。在任何一个市场中,利率的变动都会随着投资机会的预期盈利能力、风险、政府活动或者流动性的变动而发生相应变动,低利率会增加借款人与贷款人过度冒险的概率。① 个人住房贷款"利率重定价"最低周期的限制,②以及不断下调的经营性贷款利率,催生并加剧了转贷行为发生的动机。

(二)经营性贷款与融资性贷款功能差异带来的利率影响

贷款分为经营性贷款和融资性贷款,两者存在重要的功能差异。经营性贷款是贷款人以实际消费和投资为目的的融资,资金用于实体产业的投资和购买消费品及服务,对国内生产总值的增长有着推动作用,经营性贷款是判断企业生产经营扩张与否的重要指标,是预测未来一段时间经济活动走势的领先性指标。融资性贷款是贷款人为购买诸如房产、证券等现有确定性资产而进行的融资,通常只涉及资产所有权的移转,并不具有生产力创造的功能,因而对经济增长没有直接促进作用,但是在一定程度上可以用来衡量未来资产价格。

一般经济学理论认为,企业规模和家庭消费的持续扩张是经济增长的动力来源,为保持经济增长就需要引导企业扩大经营规模并创造更多利润,或者不断涌现发明和创新去吸引更多家庭消费。虽然企业经营扩张与家庭消费升级之间有着密切联系,两者分别通过生产力的扩张和提高购买力实现经济增长,但是从可预测性和可持续性角度来看,由企业经营驱动经济增长更具优势:一方面,家庭消费升级受到多重因素影响,例如个人资产负债状况及对未来预期、发明和创新周期的不可预期性、个人对相关产

---

① 参见[美]弗雷德里克·S.米什金、斯坦利·G.埃金斯:《金融市场与金融机构》(原书第9版),丁宁等译,机械工业出版社2020年版,第195页。

② 利率重定价是指,贷款银行按合同约定的计算方式,根据定价基准的变化确定形成新的贷款利率水平,重定价周期最短为1年。利率重定价日,定价基准调整为最近一个月相应期限的贷款市场报价利率。参见《人民银行公告明确个人住房贷款利率调整相关事项》(中国人民银行公告〔2019〕第16号)。

品的偏好与需求程度不尽相同等。就企业经营而言,个体差异所形成的需求多样性并不能有效反馈给供给端或者因不具备更多盈利可能而被忽略,因此家庭消费的种种不确定性会在不同时期影响经济增长的贡献程度。另一方面,企业具有扩张的动力和压力,企业通常需要通过扩大经营规模、提升生产技术的方式创造更高利润,用以回应股东及市场的盈利预期。此外,公司治理逻辑的可分析性和管理运作的制度化极大地增强了经营行为的可预测程度,尤其是借助资产负债表扩张与收缩趋势的分析判断可以制定有效的货币政策,推动企业持续增长。在预设框架中,不同参与主体彼此遵循共同的行为逻辑并发挥各自功能来实现金融系统的运转,该逻辑不仅可以解释现有的企业经营行为,而且可以进行预测并制定应对措施,确保经济增长的可持续性。

虽然经营性贷款利率与融资性贷款利率都受到货币政策传导机制的影响,但影响两者利率水平的因素并不相同。就前者而言,预期盈利能力影响企业负债及其规模,经营性贷款利益在一定程度上受限于投资回报率。通过供给需求分析可以发现,若经济周期处于扩张周期,收入上升导致更高利率,如果处于衰退周期,均衡利率随之降低。从表面上看,经营性贷款利率波动直接受供需关系的影响,但实际决定融资意愿并影响贷款利率的核心要素始终是企业对投资收益的预期,换言之,投资回报率的下降使得企业融资意愿减弱,资金需求端的减少必然导致贷款利率的下降;就后者而言,资产预期收益率反映现实资产价格与资本利得,融资性贷款利率引导资产价格在合理区间浮动。伴随不同的经济发展阶段以及企业资本追逐境外市场更高的投资回报率,融资性贷款比重相较经营性贷款比重会逐步增加,相应资金会停留在金融部门并投向房地产和股票等现有资产,货币供应量的增加推动资产预期收益率的上升,为防止资产价格泡沫过度扩张导致资产价格崩溃,央行通常以提高或者保持较高的利率削减泡沫。

凯恩斯的流动性偏好理论(Liquidity Preference Theory)提出人们会基

于投机性需求而持有货币,①即人们为了在未来某一适当的时机进行投机活动而愿意持有一部分货币。凯恩斯将预期资本利得取决于当前利率与个人设定"安全水准"利率之间的偏离程度,当利率越高,生息资产越有吸引力,货币的投机性需求越小;反之,利率水平很低时,从生息资产上获得的利息收入不足以补偿可能的资本损失,人们就宁愿持有货币。② 遵循投机性需求的分析逻辑,当资本利得因资产价格下降而减少,经营性贷款利率与融资性贷款利率之间的利差越小,资产收益或者资本补足就越高,货币就会寻求以更低成本的方式实现最大利益,货币的投机性需求越小。在此种情况下,存量房贷利率便是个人衡量利率高低及安全利率偏离程度的基准,与经营性贷款利率利差的高低对货币需求曲线产生影响,并直接反映在相应类型贷款的供给数量之中。

(三)贷款资金支付管控与资金使用成本差异之间的张力

2024年2月,在国家金融监督管理总局有关司局负责人就《固定资产贷款管理办法》《流动资金贷款管理办法》《个人贷款管理办法》(以下分别简称《固贷办法》《流贷办法》《个贷办法》,并统称"三个办法")答记者问中提到,对于将个人经营贷被挪用于房地产领域行为的防控措施,一方面要加大罚责力度,除借款人应当承担违约责任外,贷款人还可以采取诸如提前收回贷款、调整贷款利率及支付方式、收取罚息等一系列惩罚措施;另一方面要健全贷款资金支付管控体系,利用金融科技手段有效监督贷款资金实际使用用途。③ 在货币供给制度中,基础货币(base money)具有存

---

① 参见[英]约翰·梅纳德·凯恩斯:《就业、利息和货币通论》,徐毓枬译,译林出版社2014年版,第170页。

② 参见易纲、吴有昌:《货币银行学》,格致出版社、上海人民出版社2014年版,第250页。

③ 《国家金融监督管理总局有关司局负责人就〈固定资产贷款管理办法〉〈流动资金贷款管理办法〉〈个人贷款管理办法〉答记者问》,载 https://www.gov.cn/zhengce/202402/content_6929810.htm。

款创造功能,基础货币的增加将导致数倍货币供给的增加,其中银行贷款便是存款多倍扩张的主要方式。银行贷款利率对借贷双方有着重要的意义,对贷款人而言,银行针对不同类型投融资行为设置差异化贷款利率体现出货币政策的引导作用,例如为保障服务实体经济而加大对民营企业和小微企业的金融支持,为增强国家先进制造业和战略性新兴产业而对新能源、人工智能、生物制造、量子计算等领域的资金支持,为扩大国内消费需求而创新不同种类消费品的金融支持。通过利用公开市场交易,不仅可以改变货币供应数量,而且可以将货币有效引向政策需要的领域。对借款人而言,利率影响着企业和家庭的日常决策和经济决策,例如消费还是储蓄、是购置房产获取资本利得还是存款获取利息,利率变动直接影响收益水平,正如凯恩斯所言,货币用以满足投机动机者,则常随利率之改变而改变。①

贷款资金挪用现象恰恰体现出贷款利率政策导向与投机动机之间的不可调和性,换言之,为实现经济目的而建构的贷款资金支付管控体系与为最大限度实现到期收益而降低资金使用成本之间存在剧烈的张力。具体而言:第一,金融资源合理配置与忽视资产泡沫个人逐利之间的张力,利率的差异化设置是引导经济在合理区间运行、防范化解金融系统性风险的重要方式,通过降低融资成本将资金引向推动经济持续增长的领域,提高资金使用成本来抑制过度投资,但投机性货币需求并不遵循货币政策的引导,而是以投资收益率为驱动的金融逐利。第二,借款人收益减损与贷款人成本降低之间的张力,发放贷款是银行主要的盈利来源,通常占银行收入的一半以上。由于贷款通常比其他资产流动性低且具有违约风险,尤其是以住房贷款为典型代表的长期贷款,因而银行获取的回报也是最高的。贷款人通过转贷而节省的资金于借款人而言即是减损的利润,两者之间存在此消彼长的关系。第三,"穿透式"资金监管与投机形式多样化之间的

---

① 参见[英]约翰·梅纳德·凯恩斯:《就业、利息和货币通论》,徐毓枬译,译林出版社2014年版,第170页。

张力,在《流贷办法》中强化监控资金回笼账户及资金流向,在《个贷办法》中加强对借款人履行借款合同约定内容的情况,"三个办法"均对贷后管理作了专章规定并试图利用金融科技手段增强对贷款资金用途的监管,尽管如此,货币的投机性需求依然可以通过多种形式规避监管。

在此过程中,专门从事转贷经营的行为在客观上放大、加剧了两者间的矛盾并产生新的金融风险。首先,转贷经营行为的产业化促进了货币投机性需求。经营方在为借款人提供足量资金清偿住房贷款后,不仅协助其"包装"投融资项目,而且利用渠道优势在短时间内发放贷款。伴随资本利得的逐步降低与贷款利差的持续扩大,转贷经营业务对整个流程各环节的"保障"降低了借款人实施转贷行为的难度,引起了更多的货币投机需求。其次,转贷经营方与银行贷款的互相通谋弱化了贷款资金的监管。商业银行审贷分离制度不仅是为了保障贷款资金与预期收益的安全,更为重要的是要确保贷款资金用途符合国家产业政策的需要,①资金使用成本的差异与国民经济和社会发展的需要密切相关,对贷款资金用途一致性的监管是银行实施审贷分离的功能之一。转贷经营业务中,贷款审核人与放贷人对用于转贷的贷款项目疏于履行审核监督职责,以经营性贷款形成呈现的转贷项目增加了贷款资金支付管控的难度,降低了银行对贷款资金的监管。最后,转贷经营业务增加金融数据"失真"风险。转贷经营业务将原本应当统计为融资性贷款增量的数据归入经营性贷款增量,导致金融数据与实际金融运行产生偏差,数据是政策制定的基础,数据真实性直接影响政策的有效性。个体性投机动机可以在政策制定之初预设适当的风险余量,因此对政策的波动有限,然而转贷经营活动除了会造成金融数据的"失真",由经营方与银行"内外勾连"所导致的放贷审核机制失灵,还会进一步放大因金融机构自身职责缺位而带来的对金融体系的冲击。

---

① 参见《中华人民共和国商业银行法》第34条。

二、放贷视角：转贷经营行为中"高利"的衡量基准及体系影响

根据文义解释，《刑法》第175条"套取金融机构信贷资金高利转贷他人"行为是在"转贷牟利"目的下实施的，因此对于利率高低的衡量基准首先应当从行为人角度出发，基于自身客观的成本收益计算出收益率，并以此作为"高利"认定的逻辑起点。至于《关于办理非法放贷刑事案件若干问题的意见》（法发〔2019〕24号，以下简称《非法放贷意见》）所规定36%的实际年利率则是从纯粹客观角度确立了"高利"标准，其适用范围及功能限于《刑法》第225条第4项非法放贷行为"情节严重"的认定，与高利转贷罪中的"高利"没有当然一致性，但并不排除两者在罪数论中形成竞合。此外，尤有讨论必要的是，在以个人成本收益作为"高利"认定的前提下，如果行为人的收益为零或者没有达到刑法所规定的数额标准，则转贷经营行为是否成立高利转贷罪，换言之，对高利转贷罪中"违法所得数额较大"要件在犯罪论体系定位的理解差异直接影响该罪的适用范围。

（一）以投资率确定转贷利率

转贷经营通常包括下述几个环节：第一，行为人帮助借款人垫资结清房屋贷款并解除抵押；第二，行为人协助借款人准备相关审核材料，向银行申请经营性贷款；第三，在银行审批合格后，借款人根据指示将相关经营性贷款转入行为人关联账户用于偿还之前垫资款。在实际办理的转贷经营案件中，整个转贷业务办理的周期通常为两周左右，其间行为人会收取多项费用，例如依照一定比例按日（0.05%~0.08%）收取垫资利息、依照贷款金额收取相应比例（1%~2%）服务费、依照房屋评估价格收取估价比例（0.15%）的评估费、因置换贷款而节约利息成本的降息费以及其他各种手续费。就事实层面而言，行为人主要依据贷款金额或垫付金额的比例收取费用且两笔资金具有一致性，因而行为人所获资金收益可以归因于垫付资金。从性质上来说，李嘉图从投资与储蓄的角度出发，认为决定货币

利息的不是银行贷款时的利息率,而是投资所能得到的利润率,①因而行为人在转贷周期内通过持有对借款人的债权所获收益占资金使用的比率即为利率。与之相对,凯恩斯提出了有别于古典学派的"利率论",他从货币需求与供给的角度出发,认为利息是一种放弃周转灵活性的报酬,利率是使得公众愿意用现金形式来持有的财富,并不是使投资资源的需要量,②银行针对不同类型贷款有选择性地调节货币供给表征便是利率的差异。以垫付方式提供货币供给当然性地受到货币需求端影响,行为人放弃资金周转灵活性潜在的收益价值而获取借款人的收益符合流动性偏好理论下凯恩斯对于"利息"的解释。

虽然上述两种观点分别从投资收益率和货币供需流动的角度对利率进行了阐释,但是将转贷经营业务中行为人收取各项费用所占垫付资金比率就此评价为《刑法》第175条的转贷"利率"依然存在不足,前者将收益率与利率视为一体两面,混淆了二者明显的差异,后者仅从流动性偏好角度解释了客观现象,却并未对具体行为展开分析。行为人垫付资金并收取利润的行为在行为性质上属于投资行为,因而以收益率(rate of return)或投资率无疑更能准确反映利润率,与此同时,行为人与借款人之间的短期资金拆借可以评价为一份持有期限与到期期限一致的短期债券,通过利率与收益率的一致性实现投资率与利率的等效评价。

为此,需要如下推论:

第一,到期收益率与贷款利率的一致性评价,在计算利率的多种方法中,到期收益率(yield to maturity)是从债务工具获得的现金流与其现值相等的利率,也是能够精确衡量利率的方法。行为人与借款人之间确立的短期资金拆借协议是一份普通贷款协议,其利率与到期收益率相同。

---

① 参见[英]大卫·李嘉图等:《政治经济学及赋税原理》,郭大力、王亚南译,商务印书馆2021年版,第309页。

② 参见[英]约翰·梅纳德·凯恩斯:《就业、利息和货币通论》,徐毓枬译,译林出版社2014年版,第144页。

第二，通过设置债券持有期和到期期限相同的债券实现收益率与到期收益率的一致性。收益率是衡量投资人持有债券或者其他资产证券特定时期内所能获得的收益，如果将债券买入时点价格记作 P_n，卖出时点价格记作 P_{n+1}，持有期间的差值较买入价格的比重即为资本利得率（rate of capital gain），资本利得率的波动受持有期间债券价格的影响，当债券持有期限与到期期限不一致时，利率变动会造成资产收益风险，此时的收益率由债券当年到期收益率与资本利得率组成，可以写作：

$$R = \frac{C}{P_n} + \frac{P_{n+1} - P_n}{P_n} = i_c + g$$

当转贷经营中资金拆借的行为可以视为行为人对借款人设立了一份持有与到期期限一致的短期债券，由于影响持有期间价格波动的因素与影响到期收益率的因素之间存在逻辑的一致性，行为人持有周期内价格波动可以全部反映为到期收益率的差异，因而相应的资本利得不另行计算，换言之，债券持有期限与到期期限一致时，则不存在利率风险，此时债券的收益率与到期收益率相等。

第三，在遵循相同的计算逻辑下，投资率较收益率能够更为准确衡量投资收益情况。在投资率的计算中，资金使用周期精确到天数，并且以行为人支付价格与收取价格之间的实际差值作为比率计算的基数，可以写作：

$$i_{投资} = \frac{F - P}{P} \times \frac{365}{n}$$

投资率与利率的等效评价不仅体现在数值比率的一致性，更为重要的是两者在转贷经营业务中具有内涵的同一性。其一，收益来源额的唯一性，行为人通过垫付资金并提供办理贷款材料服务获取借款人的对价，根据《非法放贷意见》的规定，利率不仅是单纯资金使用成本，资金成本之外的费用均作为利息一并计入利率。[①] 因此，确定投资收益与利息的来源是

[①]《非法放贷意见》第5条第1款后段规定，介绍费、咨询费、管理费、逾期利息、违约金等名义和以从本金中预先扣除等方式收取利息的，相关数额在计算实际年利率时均应计入。

特定的。其二,收益的高度确定性,行为人实际控制了转贷经营业务中的每一个环节,通过转让空壳公司、伪造贸易合同及相应银行交易虚构经营活动,与银行审核人员"内外勾连"怠于履行审核义务,最终促成银行放贷,由于影响因素都是限定可控的,因而其收益是确定的。其三,收益的低风险性,行为人在决定垫付之前明确知悉资金拆借的用途,不具有被挪作他用或者从事高风险活动的可能,另外,每一笔费用的收取均是双方意思的真实表示,具备有效保障措施,从而确保了收益的低风险。

(二)转贷经营牟利与非法放贷中"高利"的关系

最高人民法院《关于审理民间借贷案件适用法律若干问题的规定》(法释〔2020〕17号,以下简称《民间借贷规定》)将民间借贷利率上限限定为合同成立时1年期LPR四倍,①在《最高人民法院对十三届全国人大五次会议第6912号建议的答复》(以下简称《答复》)中提到,民间借贷是正规金融的有益补充,利率适度高于正规金融市场的平均利率有助于理性激发民间资本活力,灵活解决中小微企业融资需求,但又不可过度高于实体经济的利润,否则资本的逐利性将推动经济增长的"去实体化"和产业的"空心化",不利于实体经济发展的同时也破坏了民间融资的有序规则。结合《答复》的规范逻辑,可以得出:其一,设置民间借贷利率上限的实质性参照标准是实体经济的利润率,如上文所述,经济持续增长离不开企业经营的持续扩张,过高的融资成本降低企业利润同时阻碍企业扩大经营规模的意愿,因此需要在企业利润率的基础上限制借贷利率上限;其二,1年期LPR四倍内的利率幅度是民间资本理性获利的合法区间,民间借贷相较于金融机构信贷业务具有高度的灵活性,但出借人需要自行承担借款人逾期风险,因而《民间借贷规定》为其提供了相对宽裕的利率幅度以冲抵潜在成本损失;其三,民间借贷利率是规范民间融资的重要方式,从性质上

---

① 《民间借贷规定》第25条第1款规定:"出借人请求借款人按照合同约定利率支付利息的,人民法院应予支持,但是双方约定的利率超过合同成立时一年期贷款市场报价利率四倍的除外。"

来看,超过《民间借贷规定》利率上限即属"高利",对超出部分主张权利的法律不予保护;超过36%实际年利率的属于《非法放贷意见》中"高利",系非法放贷型非法经营罪的构成要件要素。

在证成投资率与利率等效视之的情况下,《刑法》第175条"高利"的认定标准存在下述三种观点:(1)"高于银行贷款利率说",该观点认为高利转贷罪是以转贷牟利为目的,因此只要高于银行贷款利率即属高利,但是对于银行贷款利率的理解稍有不同,有的认为应当以同期1年期LPR认定,有的认为应当以实际获取到的银行贷款利率认定;①(2)"准用民间借贷利率说",最初该观点认为高利应当是大比例地高出银行利率,并以民间借贷最高不超过银行同期贷款利率的四倍作为参照,②后民间借贷利率调整为1年期LPR四倍;③(3)"低于36%年利率说",该观点以出罪视角探讨高利标准,认为36%年利率是法院予以保护利益的最大范围,超过该范围的即属高利。④ 此外,《全国法院民商事审判工作会议纪要》中"高利"的认定与"高于银行贷款利率说"采用了一致的规范逻辑,即从宽认定"高利"的标准,只要出借人通过转贷行为牟利就可评价为高利转贷行为。

上述三种观点遵循着相同的逻辑起点,即客观存在利率差便具有获利空间。"高于银行贷款利率说"从存在论视角出发,通过前后贷款利率比较确证获利空间的存在,高利等价于利差值为正。不同于第一种观点的等价性评价,"准用民间借贷利率说""低于36%年利率说"认为高利是一种需要进行程度衡量的规范性评价,后两种观点看似从纯粹客观角度展开数值的比较并以数值高低衡量"高利"标准,但实际上仍然需要率先完成存

---

① 参见刘宪权:《高利转贷罪疑难问题的司法认定》,载《华东政法大学学报》2008年第3期。

② 参见李纯、王尚新主编:《中国刑法修订的背景与适用》,法律出版社1998年版,第208页。

③ 参见安玉东、刘青:《高利转贷犯罪法律适用疑难问题探究》,载《江西警察学院学报》2024年第1期。

④ 参见姚万勤:《高利转贷除罪化实证研究》,载《政治与法律》2018年第3期。

在获利空间的论证,并且从条文中并不能当然性得出高利具有衡量程度的功能,换言之,行为人取得信贷资金后,以高于借入贷款利率多少转贷他人在所不问,否则,会人为地限制本罪成立范围。① 同样地,在司法实践中,高利转贷罪中的"高利"不等同于民间借贷的"高利",转贷利率高出银行同期贷款利率多少并不影响高利转贷罪的成立。②

通过上述分析可以得出:《刑法》第 175 条"高利"与《民间借贷规定》《非法放贷意见》"高利"没有必然的逻辑关联性,之所以产生联系是因为两种行为都属于刑法所评价的贷款行为,作为贷款行为的必要组成部分,对民间借贷活动中贷款利率的规范性评价在关联到非法经营罪的同时,被惯性纳入金融机构信贷业务的刑法评价之中了。

(三)违法所得作为结果要素对转贷经营行为规范性评价的影响

高利转贷罪的违法所得是行为人在转贷牟利目的下,将套取的金融机构信贷资金转贷他人从中获取的收益,"转贷牟利"是行为目的,"高利转贷"是客观行为,"违法所得"是行为结果,三者具有逻辑的统一性。"违法所得"要素的规范性评价不仅对转贷经营行为本身,而且对贷款犯罪也会产生体系性的影响:

第一,违法所得作为结果要素具有限定范围的功能。从广义的角度来看,违法所得是行为人或第三人通过犯罪享有违法犯罪所得的财物或财产性利益。③ 虽然其套取的金融机构信贷资金属于广义的违法所得,但并不为高利转贷罪中的"违法所得"所涵摄。首先,高利转贷罪的违法所得限于转贷利差,在投资率与利率等效评价的情况下,行为人违法所得主要通过转贷经营业务活动中各项手续费以及资金拆借费取得,其范围并不包括

---

① 参见周光权:《刑法各论》(第 4 版),中国人民大学出版社 2021 年版,第 292 页。
② 参见上海市闸北区人民法院刑事判决书,(2010)闸刑初字第 900 号;辽宁省鞍山市千山区人民法院刑事判决书,(2006)鞍千刑初字第 101 号。
③ 参见何鑫:《刑事违法所得数额的司法认定问题研究——以特别没收为视角》,载《法律适用》2020 年第 11 期。

从银行套取的信贷资金,否则会轻易达到入罪金额和法定刑升格金额,不当扩大适用范围。其次,套取资金属于高利转贷罪的行为要件,是法条对转贷行为的客观描述,违法所得则是行为指向的结果,两者虽然都涉及犯罪数额,但是在高利转贷罪的构成要件中分属不同构成要件要素。最后,如果将套取的金额作为违法所得认定,则会与骗取贷款罪产生定性逻辑的冲突,《刑法修正案(十一)》删除了《刑法》第175条之一第1款"或者有其他严重情节"的规定,使骗取贷款罪的基本犯变为结果犯,相应立案追诉标准中有关骗取数额的规定应随之失效。① 在骗取贷款罪基本犯不再要求骗取金额的情况下,若高利转贷罪中相同性质的行为仍以套取金额作为违法所得认定,则会造成体系上的矛盾。

第二,违法所得作为结果要素具有灵活适用的功能。行为人基于转贷牟利目的实施了将资金高利转贷他人的行为,违法所得却没有达到数额较大的标准,行为人是否构成犯罪存在下述观点:第一种观点认为,"违法所得数额"是构成要件中的情节要素,如果行为人违法所得数额较小的,不符合构成要件该当性,不成立高利转贷罪;②第二种观点认为,"违法所得数额"属于客观处罚条件,违法所得不是本罪的不法构成要件,而是一种间接表示违法性的借用符号,用以评判是否需要科处刑罚的程度;③第三种观点认为,"违法所得数额"是行为结果要素,行为人将资金转贷他人获取违法所得已经完成客观行为并实现其转贷牟利目的,数额要求只是犯罪既遂标准,未达到数额的以未遂犯评价。

上述观点的核心争议在于"违法所得数额"在高利转贷罪犯罪论体系中的定位,申言之,对于高利转贷罪的行为结构以及规范目的,存在根本性

---

① 参见劳东燕主编:《刑法修正案(十一)条文要义》,中国法制出版社2021年版,第73~74页。
② 参见张明楷:《刑法学》(第6版),法律出版社2021年版,第992页。
③ 参见柏浪涛:《构成要件符合性与客观处罚条件的判断》,载《法学研究》2012年第6期。

的理解差异。从本罪的规制逻辑上看,刑法通过限制行为人对他人债权与对银行债务间的不当抵销来实现银行对信贷资金使用的有效管理;从行为客体上看,转贷行为的客体并非实际借款人,而是金融机构信贷资金,违法所得则是转贷行为作用于信贷资金后产生的效果,换言之,结果是在与行为客体的关系上才能够认识到的存在性事实;①如果将违法所得要件作为情节要件,将行为人转贷没有谋取到利益或者谋取利益没有达到数额标准并以此排除犯罪成立的,无疑是人为地限缩了本罪适用范围,使得当行为客观上造成了具体危险时却无法发挥本罪制裁规范的功能。第二种观点以客观处罚条件作为解释路径同样会存在两个问题:一方面客观处罚条件将处罚基础立足于纯粹的事后客观认定,在一定程度上脱离了行为人主观认识,致使刑事责任处于随机状态,有违责任主义原则;另一方面客观处罚条件同样只考虑本罪在基本犯层面的成立与否而忽略罪轻罪重,导致行为所产生的具体危险缺乏有效制裁。

相应地,第三种观点借助未遂犯实现基本犯的罪轻罪重评价,有效弥补了前两种观点的不足。通常而言,行为实施完成之后,始有成立既遂可能;如为结果犯,尚必须等待结果发生,始成立既遂。② 从构成要件要素的结构上看,违法所得是牟利目的的客观体现,信贷资金转贷他人自属行为完成,行为人牟利目的伴随转贷获取收益而达成,具体数额不生影响。作为结果要素,"违法所得数额较大"是刑法明文确定的既遂标准,在针对抽象法益的侵害中,侵害到何种程度只能由刑法根据惩罚犯罪的需要来设定,③没有达到数额标准的并不当然阻却构成要件成立,而是应当纳入未遂犯评价的领域。实践中,高利转贷罪未遂的情形通常是指行为人将信贷

---

① 参见[日]高桥则夫:《刑法总论》,李世阳译,中国政法大学出版社2020年版,第96页。

② 参见王皇玉:《刑法总则》(第8版),台北,新学林出版股份有限公司2022年版,第379页。

③ 参见邵维国:《刑法总论》,中国政法大学出版社2017年版,第274页。

资金转贷他人之后，他人未偿还本息即被发现，致使行为人未获得违法收入。① 另外，在未遂犯的理论框架下，通过《刑法》第 37 条的适用同样可以达至前述两种观点所欲的效果。换言之，未遂犯处罚基础结合了行为人主观与客观面向，其中，主观犯意在刑法评价上具有关键意义，同时以客观表现进行限制，对于法益侵害较轻微的犯罪不罚未遂。②

第三，违法所得作为结果要素具有承载政策延展性的功能。李斯特在《目的刑的决定论的反对者》一文中论述，刑法立法毫无疑问是刑事政策的任务，必须在简化法定犯罪概念的情况下，依据有约束力的法律规则，根据合乎逻辑的法学推论作出有罪宣判。③ 虽然刑事政策不能逾越刑法，但是在刑法解释的框架下能够最大限度地贯彻刑事政策的目的，将违法所得作为结果要素能够最大限度地拓展刑事规制的适用范围，与贷款管理监督形成明显对比的是，现有制度缺乏对已经形成产业的转贷经营行为的监管，单纯的民事追责并不具备预防与规制的功能。货币政策为引导资金而有目的性地设置差异化的贷款利率将不可避免地会产生投机套利，当套利行为成为一种产业并有进一步发展蔓延的趋势，当套利行为对金融数据真实性以及对金融系统性风险的影响逐渐显现，刑法作为社会治理手段确有必要发挥惩治、预防功能，防止抽象危险转向具体危险甚至是实害结果。将违法所得作为结果要素是以政策目的为导向的刑法解释的逻辑必然，其目的不限于对转贷经营产业的惩治，而是最大限度地拓展刑事政策在法律解释空间下的延展性，通过对刑事政策的灵活运用，发挥刑法事前的犯罪预防功能和事后的犯罪处理功能，推动监督管理制度的有效形成。

---

① 参见冯军、梁根林、黎宏主编：《中国刑法评注》（第 2 卷），北京大学出版社 2023 年版，第 1591 页。
② 参见许泽天：《刑法总则》（第 4 版），台北，新学林出版股份有限公司 2023 年版，第 404～405 页。
③ 参见[德]冯·李斯特：《论犯罪、刑罚与刑事政策》，徐久生译，北京大学出版社 2016 年版，第 146 页。

三、贷款视角：围绕套取资金行为展开的规范性评价

《刑法》第 175 条"套取金融机构信贷资金"要件一方面限定了高利转贷资金系银行信贷资金，排除了利用自有资金、民间借贷资金、小额贷款公司资金等高利转贷行为成立本罪的可能；另一方面高利转贷罪的客观行为是复合行为，向金融机构申请贷款是行为人实施转贷行为的必要要件，作为"一体性"评价的前后两个组成行为应当具备事实的连贯与评价的自洽。在贷款视角下，高利转贷罪既有贷款环节过程中独有的问题，如借款人与转贷人、贷款资金与转贷资金同一性的认定，也存在贷款犯罪的共性问题，例如"内外勾连"类型下贷款人违法性要素的实质内容和错误认识是否必要。

（一）套取资金与转贷经营的"同一性"认定

在文义解释的范畴下，《刑法》第 175 条所规定的高利转贷罪行为基础顺序为：①行为人向金融机构申请信贷资金；②在获取信贷资金后行为人以高于原本贷款利率的利率转贷实际借款人；③由实际借款人代行为人向金融机构偿还贷款及利息。通过该行为演进过程可以发现：第一，行为人在实施转贷行为之前并未向实际借款人支付任何借款资金；第二，向金融机构申请贷款的名义贷款人并非实际借款人本人，而是行为人本人或者实际控制、存有关联的第三人或者与借款人和行为人存有关联的第三人；第三，信贷资金不直接进入实际借款人控制领域，需要通过受托支付或者名义贷款人转账等方式交由实际借款人；第四，实际还款义务由实际借款人承担，行为人会通过抵押、保证等方式摆脱与名义借款人的关联和潜在逾期追责风险，实际借款人的信用风险致使金融机构资产处于高度的不确定性。

但是在实际转贷经营业务中，行为人所利用的套利方式与之存在诸多不一致的地方：第一，行为人与实际借款人之间在套取资金之前的法律关系不一样。行为人首先帮助实际借款人垫付资金以完成房屋抵押贷款的解除，然后双方签订资金拆借协议并实际约定以贷款资金偿付行为人垫付款。不同于双方在转贷之后才产生信贷资金的借贷关系，转贷经营业务

中,行为人与实际借款人在申请贷款之前就已经产生了相同信贷金额的借款协议。第二,信贷资金的最终流向不一样。信贷资金最终进入行为人的控制账户而非实际借款人账户,值得关注的是,在基础行为中,信贷资金进入实际借款人账户用以履行转贷协议,行为人收取信贷资金同样是实际借款人履行先期借贷的体现。第三,产生的风险以及风险作用的对象不一样。不同于基础行为中金融机构担忧实际借款人信用风险造成自身资产安全陷入不确定状态,转贷经营中的实际借款人较少出现逾期风险,取而代之的是金融数据统计分项数值失真程度的增加,金融数据既是观察经济运行现状的"窗口",亦是引导经济走势、制定宏观政策的基石,数据失真会造成政策失灵的风险。第四,套利对象的不一样。转贷经营行为的套利空间来源于不同类型贷款的利率差,行为人获取的违法所得并非实际借款人的额外支出,而是为了节省利差而支出的必要成本。换言之,基础行为中行为人违法所得源于实际借款人支付的利息差,属于实际借款人的积极利益;而转贷经营行为中行为人违法所得是实际借款人为获取低息贷款而少节约的成本,属于实际借款人的消极利益。

通过上述行为差异的比较,可以阐明转贷经营行为的基本顺序:一行为人向实际借款人垫付资金并签订与信贷资金数额一致的拆借协议;二行为人作为名义借款人向金融机构申请信贷资金;三在获取信贷资金后以受托支付或者转账方式将资金转入行为人账户完成资金拆借协议的履行;四由实际借款人向金融机构偿还贷款及利息。两者的行为结构可参见图3:

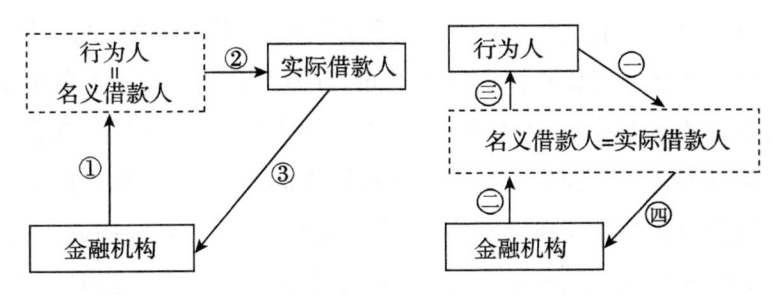

图3 转贷经营行为的基本顺序

如果认为《刑法》第175条是遵循行为线性逻辑展开的规范建构,不仅表现为贷款与转贷发生时间的先后顺序,更主要的是转贷行为创设了高利,那么转贷经营的行为逻辑与之存在明显差异,后者的两笔贷款发生并非依其顺序展开,并且高利亦不是由行为人与借款人所创设。如果将《刑法》第175条的分析逻辑起点移转至"利差所生行为必然性"的角度,无论是银行设置不同的贷款利率,还是行为人与实际借款人约定的利率,两者都客观制造了贷款成本的差异,利率差异必然会诱使行为人通过不同行为方式套取利差,两者行为外观的差异不影响因遵循相同行为逻辑而得出同一性的评价,仅从行为线性逻辑来理解高利转贷罪无疑极大程度地限缩了其适用空间。以此逻辑展开,行为线性逻辑所关注的行为发生先后顺序和高利创设原因只是具体事实的行为要素,不具有独立的规范评价价值,取而代之的是行为人与实际借款人对涉及金融机构信贷资金偿还义务的不当履行。在基础行为结构中,行为人同时存在贷款所负债务与转贷所生债权两种关系,行为人转贷行为是将自身所负银行债务在未经允许的情况下移转给实际借款人,实际达成了行为人债权与债务的不当抵销。在转贷经营行为中,行为人在名义借款人获取信贷资金后偿还先期实际借款人对自己的债务,双方借助不当债权债务的履行来实现套利。因此,比较总结两种行为可以发现,《刑法》第175条所规制的重心是行为人利用或者创造客观利差,以合法形式滥用自身权利实现套利。

尤有疑问的是,转贷经营活动中行为人所扮演角色的转贷功能并不像基础行为结构中那般清晰明了,因此有必要对两者功能的"同一性"进行确证。与实际参与贷款和转贷行为不同,行为人在转贷经营业务中更多的是在"幕后"操纵整个行为过程,一方面是对贷款流程的把控,其表现一为行为人在申请贷款过程中对贷款人材料制作的全权负责,包括但不限于企业法人经营地及经营规模、经营交易银行流水、贷款需求及用途等;其表现二为对不同银行贷款政策的有效利用,能够以更低的利率套取更大利益;其表现三为对银行审核放贷工作人员的内外勾连,能够有效规避银行放贷审核,保障信贷资金的顺利审批放款。简言之,行为人在贷款环节中虚构或实际控制名义借款人并影响银行贷款流程。从贷款流程来看,行为人虽然没有实际参与,但借助名义贷款人来实施自己的行为,符合间接正犯的标志性角色,即行为中介人出于实际上的或者法律上的原因处于劣势地位。①另一方面行为人在转贷经营业务中对放贷流程的控制,其一,行为人对名义借款人账户的实际管理控制,获取银行信贷资金之后,名义借款人根据指示将资金转入行为人的账户;其二,行为人自行决定收取垫付资金利息以及整个过程的服务费用;其三,行为人对实际借款人而言能够有效帮助其节约一定数量的资金成本;换言之,如果转贷业务能够有效节约实际借款人资金使用成本,则放贷环节的所有活动均由行为人主导完成。放贷视角进一步解释了行为人作为间接正犯的意志控制类型——在无目的故意的工具中的意志控制,②行为人以与实际借款人相关联的名义申请贷款,客观上实现了行为人转贷牟利的目的,实际借款人的授意并不是为了实现行为人转贷牟利的目的,但一个"无目的"的工具并不是"无故意"的工具,③在授意受控于行为人行为支配的情况下,名义借款人按指示处置信贷资金可以视为行为人在转贷牟利目的下所实施的行为。

综上,通过《刑法》第175条规范逻辑的转换,可以实现信贷资金与拆借资金以及套取资金主体与转贷经营主体的同一性认定。

(二)成立对合关系违法发放贷款的"违法性"实质要素:基于《流贷办法》的文本分析

在"内外勾连"类型的高利转贷行为中,银行工作人员行为不法性体

---

① 参见[德]约翰内斯·韦塞尔斯:《德国刑法总论》,李昌珂译,法律出版社2008年版,第536页。

② 参见[德]克劳斯·罗克辛:《德国刑法学总论》(第2卷),王世洲译,法律出版社2013年版,第50~51页。

③ 参见Jäger,JuS2000,652。转引自[德]克劳斯·罗克辛:《德国刑法学总论》(第2卷),王世洲译,法律出版社2013年版,第51页。

现为违反《商业银行法》《贷款通则》关于资信调查、风险评价审批、合同签订、发放支付等方面的规定发放贷款,①通过金融机构对企业信贷审核的规范分析一方面可以提取违法发放贷款行为的实质性违法要素,另一方面可以从侧面厘清套取资金行为的具体方式。下文以2024年7月1日实施生效的《流贷办法》为蓝本进行放贷行为"违法性"实质要素的分析:

第一,对尽职调查内容及选择方式的违反。贷款人对借款人尽职调查的形式可以分为现场与非现场两种,《流贷办法》第16条明确以尽调内容选择尽调方式的调查规范是建立在非现场尽调能够真实、完整、有效核实借款人信息的基础上。对于小微企业流动资金贷款业务,虽然可以简化或不再进行现场调查,但并不表示非现场调查是对小微企业流动资金贷款调查的主要或者唯一的方式,通过现场走访可以直接核实企业真实生产经营状况和生产经营规模。转贷经营业务中,行为人深谙贷款人对小微企业流动资金贷款会采取非现场形式调查,书面形式极大地降低了材料制作难度,贷款人从便利性、经济性角度出发选择尽调方式,不利于信息真实性的审核。

第二,对风险评价机制和贷审分离原则的违反。《流贷办法》第20条规定,贷款人应当根据贷审分离、分级审批原则,确保风险评价和信贷审批独立,贷款审核人对借款人信贷材料出具独立风险评估意见,贷款审批人依据风险评估判断信贷审批。转贷经营业务中,行为人与贷款审核人内外勾连,由审核人协调信贷审批,彼此分工协作。贷款审核人明知贷款人经营内容明显存在伪造虚构的情况下,刻意忽略经营规模、业务特征等重要资金测算指标,出具与客观情况不相符的风险评估意见并委托审批人发放贷款,后者在未严格履行审批义务的情况下办理审批。

第三,对贷款发放和支付审核义务的违反。贷款人负有流动资金贷款发放和支付审核义务,以有效监督贷款资金按约定用途使用。②《流贷办

---

① 参见冯军、梁根林、黎宏主编:《中国刑法评注》(第2卷),北京大学出版社2023年版,第1645页。

② 参见《流贷办法》第27条、第28条第1款。

法》第31条、第32条明确,对于受托支付的,应当审核借款人提供的支付申请所列支付对象、金额等是否与相应合同证明材料相符,贷款支付须经审核同意;对于自主支付的,贷款人应当定期要求借款人汇总报告贷款资金支付情况,通过账户分析、凭证查验或现场调查方式核查资金是否按约定用途使用。借款人在获取信贷资金后并未按照用途使用资金,贷款人在贷款资金支付管控中能够较为轻易地发现挪用信贷资金用途的情况,但在转贷经营业务中,贷款人未曾发现贷款资金使用异常情况。

第四,对贷后借款人挪用行为监控管理职责的违反。贷款人应当加强对借款人资金挪用行为以及资金回笼账户的资金进出情况的监控,①对于采用简化或非现场形式的尽职调查业务应当按照适当比例开展贷后实地检查,通过一系列贷后管理措施有效监测贷款使用情况,禁止流动资金贷款用于金融资产、固定资产、股权等投资。转贷经营业务中,申请贷款项目通常不具有真实性,并且缺乏开展经营业务和履行商务合同的可能,通过贷后管理可以较为容易地核实资金是否用于约定项目,"三个办法"进一步强调防控贷款资金挪用行为在一定程度上反映出挪用贷款资金的现象普遍存在。

(三)套取资金行为的"欺骗性"与错误认识的不必要

学理一般认为高利转贷罪中的"套取"是指行为人事实上并未按照正常的贷款用途使用贷款,②具体包含两种情形:一是行为人不符合金融机构贷款条件而以虚假贷款理由或者用途,申请获取正常贷款流程不可能获取的贷款;二是行为人以合法途径获取贷款后未按约定使用贷款,而是转贷他人。③ 从中不难发现,高利转贷罪中"套取"与骗取贷款罪中"以欺骗手段取得"和贷款诈骗罪中"使用诈骗方法"存在内涵的重叠和外延的包

---

① 《流贷办法》第34条、第36条第1款。
② 参见刘宪权:《高利转贷罪疑难问题的司法认定》,载《华东政法大学学报》2008年第3期。
③ 参见肖梦涵:《高利转贷罪的认定及适用问题——兼论小额贷款公司能否成为该罪被贷款方和犯罪主体》,载《金融法苑》2019年第1期。

含,"套取"关注的是贷款使用不符合约定,侧重结果的资金实际用途,后者关注的是使用诈术取得贷款,侧重行为的资金获取方式。但是在转贷经营业务中,行为人为转贷而向金融机构申请信贷资金必然会使用欺骗手段或者掩盖资金真实使用目的,换言之,对套取资金行为进行规范评价必然涉及使用欺骗手段的行为要素,作为被欺骗对象的金融机构是否要求陷入错误认识亦是不可回避的问题。

肯定说认为骗取贷款罪属于(贷款)诈骗罪的特别规定,骗取贷款罪的成立要求行为人使用欺骗手段,使金融机构人员产生错误认识进而发放贷款,只有当金融机构工作人员知道真相就不会发放贷款时,对方才可能成立骗取贷款罪。① 基于肯定说的逻辑,有观点认为骗取贷款罪中的骗取行为不能直接参照一般诈骗罪的行为构造,但是在依然将金融机构人员的主观认识作为评价诈骗的核心要素的情况下,行为人在申请贷款过程中采用了欺骗手段,但金融机构工作人员明知或者是由银行人员授意、指导、帮助下进行,进而发放贷款的,属于主动被害,不具备刑事违法性和社会危害性。② "两高"在先前制定的《关于办理骗取贷款、贷款诈骗等刑事案件适用法律若干问题的解释(草案稿)》(以下简称草案稿)所汇总的多数观点也同样认为,骗取贷款罪应当以银行或者其他金融机构陷入错误认识为前提,③信贷业务审批过程中具有决定权的人员能够代表金融机构意志,应根据其是否陷入错误认识判断金融机构是否陷入错误认识,不具有决定权的人对欺骗手段知情的,不影响骗取贷款罪的构成。

如果采用肯定说,则意味着骗取贷款罪的成立应当首先满足贷款诈骗罪的构成要件,再以其特别要素的存在适用本罪,那本罪独立存在的意义

---

① 参见张明楷:《骗取贷款罪的构造》,载《清华法学》2019年第5期;张明楷:《刑法学》(第6版),法律出版社2021年版,第994页。
② 参见孙道萃:《骗取贷款罪新论》,载《政治与法律》2022年第4期。
③ 需要说明的是,草案稿所汇总的多数说提出者与肯定说观点支持者系同一批人,观点均是从诈骗罪的教义学为蓝本展开骗取贷款罪的犯罪论解释。

值得商榷,换言之,如果像要求诈骗罪一样引起错误认识是不切实际且矛盾的。草案稿的另一种观点则以错误认识不必要的否定说为立论基础,认为金融机构的资金具有金融属性和公众属性,不是某一个工作人员的资金,以欺骗手段取得贷款本身就对资金安全、信贷秩序造成严重破坏,不因工作人员发现与否有所改变。与肯定说相比,否定说更符合骗取贷款罪的犯罪构造和信贷审核系统的实际运行现状。骗取贷款罪规制的是行为人通过欺骗手段有效规避了信贷审核系统对申请项目的风险识别并获取金融机构贷款的行为,金融机构工作人员的错误认识只是信贷审核中的一个组成部分,将分析视角拘泥于个人主观认识的判断与现代金融监管体系下信贷审核系统对信贷项目风险评价的客观事实不符,极大限缩了本罪的成立范围,而且由于分析视角的偏离,在金融机构信贷资金损失实际发生的情况下,本罪与贷款诈骗罪难以形成有效区分。基于否定说的立场,通过欺骗行为所生效果与损害结果间的联系区分项目风险损失与个人不法获利,在厘清两罪界限的同时有助于建构放贷类与贷款类犯罪的规范体系。

  首先,骗取贷款罪使用欺骗手段的意义在于使金融机构不知贷款实际用途的事实,使其不能准确做出放贷决定,而不是某一审核或审批人员陷入具体想象的错误。如果金融机构已经掌握借款人贷款资金实际用途或者明知贷款资金并非用于约定用途,却依然发放贷款的,则阻却构成要件的成立或者不罚未遂。并且与诈骗罪得以对任何自然人施用诈术不同,本罪实施诈骗的对象系金融机构,但却可以经由善意不知情的自然人传达。①

  其次,通过上文违法发放贷款罪中"违法性"实质要素的分析可以发

---

  ① 参见许泽天:《刑法分则》(第 4 版),台北,新学林出版股份有限公司 2022 年版,第 197 页。需要指出的是,许泽天教授是以逃漏税捐罪"稽征机关不知悉"为分析对象展开的错误要件必要与否讨论,其论证思路同样可以沿用至骗取贷款罪错误认识必要性的分析中。

现,金融信贷系统是一套庞杂的体系,在金融信贷领域中存在大量的审核和监测,每一环节都有完整且严密的执行规章和监管措施,仅仅以简单的审核人员、审批人员因借款人不真实贷款申请而产生一个与实际情形不相符的错误认识不仅过于牵强,而且忽略了贷款规则和监管制度功能在评价体系中的地位和影响,所以不如说审核人员、审批人员只是纯粹不知贷款用途不真实。只要行为人向金融机构提出信贷申请并成功获批,就已经既遂,不需要金融机构人员对此有所认知,进而没有讨论陷入错误认识的必要。

最后,从因果关系的角度出发,条件关系认为假定没有该行为则可以认为不存在那样的经过,从而没有产生与之相应的结果,通过禁止规范违反行为并防止结果发生,①因果关系中的结果指向法律所要保护的法益,该法益受到侵害必须是由特定的、为法所确定的行为所造成的,也就是说,行为能够造成特定损害结果且存在法律意义上的对应性。肯定说在欺骗行为与取得贷款因果关系基础上另行建立欺骗行为与错误认识以及错误认识与发放贷款之间的因果联系,试图将错误认识认定为导致损害结果发生的原因,此种分析路径人为限制了欺骗行为所生效果与骗取贷款罪损害结果法律意义的对应性。从条件说角度观察肯定说的主张,没有错误认识就没有损害结果的论断局限地将欺骗行为与错误认识建立联系,忽略了欺骗行为中其他关联因素与损害结果发生的联系,使得错误认识成为解释结果发生的唯一渠道,从而不得已得出两罪系特别关系的窘迫结论。贷款项目自身风险始终是影响金融机构信贷风险的最主要因素,即便引入错误认识因素亦不会改变项目自身风险,不能说金融机构基于正确认识而发放的贷款就不具有损失风险的可能。

---

① 参见[日]井田良:《刑法总论的理论构造》,秦一禾译,中国政法大学出版社2021年版,第40~41页。

四、转贷经营行为对放贷与贷款类犯罪教义学分析之启示

(一) 抽象法益的具体内容

法益概念具有探索法条立法意旨并作为犯罪要件解释指针的功能,[①] 其实质就是某种权力结构下用以整合社会规训机制的概念介面,刑法"生产、创造"出法益的知识理路,将现代社会秩序的政策管制需求转以限缩刑罚且有谦抑导向的法益形貌出现,但在这种和缓、柔软意向表现的同时,法益终能创造更有效能的行动管制纵深与范围。[②] 对抽象法益而言,保护内容的模糊性使得何种利益应为刑法所保护成为价值与目的性的问题,在目的解释的主导下,条文的规范目的与价值可以与管理所需实现高度相容。正如上文所述,因为转贷经营同样遵循"利差所生行为必然性"的转贷逻辑,所以客观行为不影响高利转贷罪构成要件的归入,但是所侵犯的金融管理秩序发生了意涵的改变。从立法的沿革来看,设置高利转贷罪的原因是为了应对当时一些个人和单位从金融机构套取贷款转贷给他人牟取非法利益,严重扰乱金融管理秩序的情况,[③]简言之,禁止信贷资金转贷牟利是设立高利转贷罪的初衷。伴随市场化利率改革,针对不同贷款种类设置差异化利率越发成为货币政策调节经济增长的重要手段,制度设计"天然"地创设了套利空间,市场化改革意味着原本以政府主导的金融活动转变为(多元的)市场参与主体基于供需关系自主开展的金融活动,政府对金融活动干预的效果逐步减弱,因此,有限的市场调节工具的有效性成为金融管理的重要依靠。基于现有的金融管理秩序情状,需要对原本高利转贷罪所破坏的金融管理秩序作出内涵调整,即金融统计分项

[①] 参见许泽天:《刑法总则》(第4版),台北,新学林出版股份有限公司2023年版,第5页。

[②] 参见许恒达:《法益保护与行为刑法》,台北,元照出版有限公司2016年版,第25页。

[③] 参见冯军、梁根林、黎宏主编:《中国刑法评注》(第2卷),北京大学出版社2023年版,第1590页。

数据的失真偏离导致货币政策有效性缺乏。金融数据是政策制定与工具选择的主要参考，也是判断政策是否有效的观察窗口，政策工具调节的有效性建立在数据准确全面的基础之上，转贷经营行为掩盖了信贷资金真实用途，致使金融数据无法客观真实反映资金实际流动，阻碍了信贷资金应当发挥的使用功效，给金融管理秩序造成了诸多不确定性和潜在系统性风险。

结合转贷经营行为的两重视角，可以把行为人获取金融机构信贷资金所生后果区分为抽象危险和实害结果，抽象危险系指未能有效发挥信贷资金使用功效，致使作为信贷资金的货币政策调节工具有效性的丧失。实害结果系指名义或者实际借款人逾期，致使金融机构信贷资金遭受损失；可以把后果发生的原因区分为项目自身风险和个人不法获利，项目自身风险系指信贷资金虽与约定用途不一致却真实使用，不法获利系指行为人追求财产利益的不法性。根据"原因—结果"范式的两两组合，一共存在四种情况，参见表1：

表1　不同原因与后果下，行为的分类

原因	信贷资金使用功效	实际损失
项目自身风险	套利行为	骗取贷款行为（《刑法》第175条之一前段）
个人不法获利	高利转贷行为（《刑法》第175条）	贷款诈骗行为（《刑法》第193条）

基于转贷经营行为展开的《刑法》第175条规范评价，行为人转贷牟利本身具备财产获利的不法性，实际借款人在能够按期归还信贷资金的情况下，金融机构没有实际损失，借款人的行为只能评价为套利行为；如果实际借款人因自身财务状况恶化导致信贷资金无法归还的，金融机构因此受有损失的，借款人的行为可以评价为骗取贷款行为。有观点认为骗取贷款罪保护的法益是贷款秩序，具体体现为金融机构信贷资产的所有权、信贷

资产的安全以及贷款使用的整体效益,①但其具体内容与贷款诈骗罪所破坏的法益内容并无本质区别,即对金融信贷管理秩序的破坏和对金融机构财产的侵害,②因而实务观点认为区分两者的核心在于主观故意,可以从资金是用于生产经营还是个人挥霍、贷款归还数额多少、案发后归还能力等角度判断,③但是经验性判断难以提炼出规范性规则。《刑法修正案(十一)》将骗取贷款罪基本犯修正为结果犯之后,在金融机构信贷资金遭受实际损失情况下,区分两罪的关键要素在于损害结果发生的原因系基于贷款项目本身的自身风险还是行为人纯粹为获取利益的不法性。无论采用何种欺骗方式,金融机构信贷审核的对象始终是借款人提交的贷款项目,贷款项目自身风险不因行为人使用欺骗方式而消失,因此,项目本身金融性风险与个人不法获利在性质上的差异正好可以对应骗取贷款罪与贷款诈骗罪的区分。

(二)贷款与转贷经营归责范围的差异

在"内外勾连"类型中,贷款人与借款人是否成立共犯关系以及成立何种犯罪的共犯存在诸多争议,④草案稿对共同骗取贷款的刑事责任以金融机构工作人员具体职权作为划分依据,如果金融机构工作人员具有决定权,对申请人和金融机构工作人员均以违法发放贷款罪认定;如果金融机构工作人员不具有决定权的,对申请人以骗取贷款罪认定,对金融机构工作人员以违法发放贷款罪认定。学理认为,不能轻易将借款人评价为共同犯罪,首先,借款人在特定情况下使用些许带有欺骗成分的手段不具有处

---

① 参见张明楷:《骗取贷款罪的保护法益及其运用》,载《当代法学》2020年第1期。
② 参见冯军、梁根林、黎宏主编:《中国刑法评注》(第2卷),北京大学出版社2023年版,第1683~1684页。
③ 参见肖晚祥、肖伟琦:《非法占有目的是区分骗取贷款罪和贷款诈骗罪的关键》,载《人民司法》2011年第16期。
④ 具体包括成立骗取贷款罪共犯;贷款人成立违法发放贷款罪、借款人成立骗取贷款罪;贷款人成立违法发放贷款罪,借款人不构成犯罪;挪用资金罪共犯。相关内容参见黄小飞:《违法发放贷款罪的构成要件行为新诠》,载《甘肃政法大学学报》2021年第3期。

罚意义；其次，在贷款人没有丧失自主性情况下，借助可允许的风险理论可以赋予借款人在申请贷款过程中为实现自身利益最大化而实施欺骗行为的正当化依据；最后，审核信贷项目风险是贷款人的职责所在，不能因借款人可预期的欺骗行为而归入贷款人义务违反的刑事罪责之中。[①] 两种观点不约而同地限缩借款人成立违法发放贷款罪共犯的空间，与此同时，虽然贷款行为与放贷行为属于对合关系，但两者并不总是遵循"全有或全无"的规则。

在对向关系中，如果刑法分则只规定处罚一方行为，对向行为是否可以根据共犯理论予以处罚需要根据立法意图进行实质判断，[②]围绕转贷经营中套取行为是否可以归入违法发放贷款罪的罪责需要探讨以下几个问题：

第一，基于否定说立场，贷款人对贷款项目的自主性判断不受借款人欺骗行为影响，贷款人基于严格按照贷款审核流程发放贷款造成的损失不构成违法发放贷款罪，因此借款人获取贷款的行为应当单独评价。金融机构贷款程序包括贷前调查、贷中审查、贷后监测等一系列环节，贷款人依照流程规范操作可以有效地识别贷款项目的真实情况和贷款风险，贷款审核体系在制度设计上就是为了排除人为干扰，包括借款人对贷款人施加的影响。此外，骗取贷款罪中"欺骗"的内容是相对于真实项目而言的，通过虚构、夸大、包装等方式掩盖资金真实用途以规避贷款审核，正如上文所述，行为人欺骗的对象是金融机构，而不是金融机构个人的主观认识，贷款审核人员的个人意见只是审核系统的一个部分，不能代表整个贷款审核流程。

第二，在罪刑相适应原则的限制下，将借款人评价为违法发放贷款罪

[①] 参见黄小飞：《违法发放贷款案：借款人的刑事责任分析》，载《刑法解释》2023年第1卷。

[②] 参见张明楷：《对向犯中必要参与行为的处罚范围》，载《比较法研究》2019年第5期。

的共犯,需要比贷款诈骗行为更为严格的客观行为要件。解释犯罪成立要件时必须考虑刑罚问题,确切地说是应当以相关法条所规定的法定刑及其适用作为解释的基点,①与骗取贷款罪相比,违法发放贷款罪的基本刑和加重刑都更为严苛,因此需要通过"以刑制罪"的方式有效确立犯罪成立要件边界。虽不知草案稿将借款人与放贷决定权人通谋骗取贷款认定为违法发放贷款共犯的完整意图,但从共同正犯理论出发可以探知背后规范逻辑:其一,相较于行为人使用一般方式骗取贷款或者与贷款审核人员内外勾连的,其行为所生效果并未超出金融机构风险防控的阈值,行为侵害的法益依然在骗取贷款罪的法益范畴之内。其二,《刑法》第186条的"前身"是1995年6月30日第八届全国人民代表大会常务委员会第十四次会议通过的《全国人民代表大会常务委员会关于惩治破坏金融秩序犯罪的决定》第9条的规定,其意图是为了规制金融机构工作人员玩忽职守或者滥用权力的行为,随后该规定经过修订后纳入1997年《刑法》,并经历《刑法修正案(六)》修订,虽然现行条文表述与原先规范存在巨大差异,但规范目的并没有发生太多调整,即防止金融机构工作人员滥用职权发放贷款。② 从行为对法益侵害的方向性看,骗取贷款罪所生风险源于借款人通过虚构贷款项目致使贷款资金陷入不确定风险的"外生性侵害",违法发放贷款罪所生风险源于金融机构内部且脱离于贷款审核系统制约却对金融贷款产生重要影响的职权行为,此种"内生性侵害"风险对金融机构贷款资金安全以及政策工具调整有效性的影响远远超过外部风险,因此需要配置更为严厉的刑罚。其三,在排除教唆犯适用的前提下,如果以共同正犯评价借款人,需要解决主体身份性质的"诘难"。与德日刑法以职能分工区分共犯与正犯的共犯理论不同,我国刑法以参与作用大小

---

① 参见劳东燕:《功能主义的刑法解释》,中国人民大学出版社2020年版,第71~72页。

② 相关立法沿革参见陈兴良、刘树德、王芳凯编:《注释刑法全书》,北京大学出版社2022年版,第856页。

进行实质性主从犯的认定,尽管如此,共犯与正犯的分析路径依然在主从犯的立法体例下占据主导。一般学理认为,共同正犯等同于正犯,需要满足所有正犯的构成要件。但是除立法例外,①这一观点并非不容置疑的,就违法身份犯而言,在非身份者和身份者的共动中,只有通过共动而引起了身份犯的构成要件结果,在该场合身份犯和非身份犯能够成立身份犯的共同正犯。②作为少数的有力说认为,共同正犯只是共犯参与类型,并非纯粹的正犯类型,换言之,共同正犯的本质是共犯而非正犯,只要非身份者在犯罪中起主要作用,与有身份者"共同"引起构成要件的结果,就可以成立共同正犯。③因此,成立共同正犯的核心问题在于非身份者对身份者行为结果发生是否起到关键作用,根据犯罪支配理论(Tatherrschaftslehre)中的功能性支配(funktionelle Tatherrschaft)形态,共同实现犯罪行为的彼此之间所分配之行为与角色虽各不相同,但对构成要件之实现各自具有功能性支配力,④具体包括三个核心条件:一是必须存在一个共同的行为计划,二是必须确认一个共同的实施行为,三是在实施阶段必须作出实质性的贡献。⑤草案稿以借款人所通谋金融机构工作人员审批权限的高低划定共同正犯的归罪范围,其预设借款人可以在有审批权限贷款人员的互相配合下轻易绕过贷款审核体系获取贷款资金,在一定程度上反映出两者行为在侵犯法益方面的一致性并且具有同等

---

① 我国台湾地区"刑事性规定"第31条第1项规定,因身份或其他特定关系成立之罪,其共同实行、教唆或帮助者,虽无特定关系,仍以正犯或共犯论。但得减轻其刑。
② 参见[日]山口厚:《刑法总论》(第3版),付立庆译,中国人民大学出版社2018年版,第351页。
③ 参见张明楷:《共同正犯的基本问题:兼与刘明祥教授商榷》,载《中外法学》2019年第5期。
④ 参见王皇玉:《刑法总则》(第8版),台北,新学林出版股份有限公司2022年版,第435页。
⑤ 参见[德]克劳斯·罗克辛:《德国刑法学总论》(第2卷),王世洲译,法律出版社2013年版,第59页。

重要的贡献度。

第三,在学理分析中存在借款人成立作为结果犯的骗取贷款罪或者高利转贷罪与作为行为犯的违法发放贷款罪竞合的情况,有观点认为行为人要求、唆使金融机构工作人员违反规定发放贷款,即使存在一定的违法性与有罪性,也不能认定为违法发放贷款罪的共犯,因为该行为经过立法政策的当罚性判断,认为违法性与有罪性没有达到可罚性的程度,将必要参与行为排除在构成要件之外。① 此种观点背后蕴含着多种情形:一是借款人骗取贷款后按期归还的,不构成骗取贷款罪,在申请贷款过程中要求、唆使贷款人违法发放贷款的,借款人不具有可罚性;二是借款人骗取贷款后未造成重大损失的,即使在申请过程中要求、唆使贷款人违法发放贷款的,违法性与可责性较轻,不具有违法发放贷款罪的可罚性;三是借款人受第三人支配而骗取贷款,未造成损失或者未造成严重损失的,第三人通过要求、教唆贷款人违法发放贷款的,借款人不具有违法发放贷款罪的可罚性。同时第三人为违法发放贷款的行为提供帮助或者教唆的,应当认定为共犯。上述三种情形均排除借款人成立违法发放贷款罪的可能,但是在第三人支配借款人贷款行为并且对贷款人发放贷款施加影响的情况下,作为骗取贷款行为的间接正犯与教唆、协谋违法发放贷款之间便存在竞合的空间。依此情形进一步展开逻辑演进,在高利转贷罪"套取金融机构信贷资金"的行为要件中,行为人通过与金融机构具有决定权的工作人员通谋套取信贷资金,依照草案稿和上文分析,行为人可以成立违法发放贷款罪的共同正犯,从而产生高利转贷罪与违法发放贷款罪的罪数适用问题。从罪状描述看,高利转贷罪中包含了两个独立成罪的行为,在性质上可以评价为结合犯,对结合犯的罪数认定存在包括一罪(异质的包括一罪)、单纯一

---

① 参见张明楷:《刑法学》(第6版),法律出版社2021年版,第581页。

罪和法条竞合的认定争议,①但同时值得关注的是,基于复数的意思决定所实施的行为不能因为肯定行为的一体性而导致责任评价减少,②简言之,对数行为的责任评价始终是在罪刑相适应原则下展开的。将高利转贷罪"数额较大"定性为结果要素有助于扩大高利转贷罪的归责范围,采取吸收原则评价高利转贷罪与违法发放贷款罪之间的罪数问题有助于提升高利转贷罪的刑责上限,但需要做以下几点说明:其一,吸收原则的适用限于行为人成立违法发放贷款罪共同正犯的情形,即行为人与贷款人共同支配发放贷款审核,单纯通过教唆、指示金融机构工作人员放松职责权限内的审核要求却又难以绕过金融机构贷款审核体系的,不成立违法发放贷款罪;其二,吸收原则的适用并非源于牵连犯所生效果,违法发放贷款与高利转贷之间不具有牵连关系,虽然前行为是后行为的手段,但并不存在罪质上的通常的手段结果关系;③其三,违法发放贷款罪与高利转贷罪都属于破坏金融机构贷款管理秩序犯罪,前者是金融机构内部人员行为产生的"内生性侵害",后者则是外部人员套利行为造成的"外生性侵害",虽然行为产生的原因不同,但侵犯的法益具有同一性。

(三)风险责任的分配:风险识别义务与欺骗行为的可预期性

自贝克创立"风险社会"(Risikogesellschaft)概念以阐述现代性风险,"风险社会"一词便成为现代社会的显著"标签",贝克将风险定义为以系统的方式应对由现代化自身引发的危险和不安,④在贝克看来现代化所遭遇的风险正是变迁基础的转变,原本作为现代性进程所依赖的变迁基础无

---

① 参见[日]大谷实:《刑法讲义总论》(第5版),黎宏、姚培培译,中国人民大学出版社2023年版,第487页。
② 参见[日]山口厚:《刑法总论》(第3版),付立庆译,中国人民大学出版社2018年版,第400页。
③ 参见[日]山口厚:《刑法总论》(第3版),付立庆译,中国人民大学出版社2018年版,第406页。
④ 参见[德]乌尔里希·贝克:《风险社会:新的现代性之路》,张文杰、何博闻译,译林出版社2018年版,第7页。

法继续作为支撑,风险概念与自反性现代化正是一组相对范畴。在现代金融市场中,伴随利率市场化改革所出现的多元的参与主体、复杂的交易规则、繁多的金融产品,充分彰显着金融市场繁荣,但与之相应的监管却难以达至风险的有效预防与应对,监管者在金融业的某些角落推行有效监督的过程中存在滞后现象,而这恰巧是对金融业激进冒险、投机取巧地开展业务从而取得发展的唯一"贡献"。① 换言之,在现代化风险以及高度职业化的系统中,尽管人人都有自己的责任,但无人为现代化风险负责,②系统性金融风险是由金融规则漏洞、行为人投机获利、金融机构怠于履职、金融监管穿透力不足等多方面因素共同引发的,因此在风险责任分配层面上应当进行合理计算,而不是将风险的引发归结为单一的行为并予以归责。

刑罚的本质其实是制度为维持本身规律性与功能作用,针对人本身的变数性所采取的一种自我防御的机制,责任的本质则是针对人本身的变数性与某种有限程度范围内对人本身的操控性所发展出来的一种配合制度功能作用的机制。③ 贷款利率政策对金融机构提出了更高的风险识别义务的要求,其内涵并非原先金融机构贷款逾期风险的识别,而是更加侧重两个方面的识别:一是金融机构审核体系对自身系统缺陷的风险识别,一个系统必须能够产生暴露系统缺陷的信息,如果无法实现此种功能,那么它就是不合格的。④ 失误和损失不可避免,但如果系统应当能够预先识别并采取有限措施规避风险防止、损害结果发生的时候,金融机构应该承担未有效识别风险造成结果发生的责任。二是金融机构对从业人员专业性

---

① 参见[英]史蒂芬·普拉特:《资本犯罪》,赵晓英、张静娟译,中国人民大学出版社2017年版,第9页。
② 参见[德]乌尔里希·贝克:《风险社会:新的现代性之路》,张文杰、何博闻译,译林出版社2018年版,第65页。
③ 参见杨益诚:《刑法总则》,台北,瑞兴图书股份有限公司2023年版,第331页。
④ 参见[英]史蒂芬·普拉特:《资本犯罪》,赵晓英、张静娟译,中国人民大学出版社2017年版,第213~215页。

的风险识别,金融的专业性不仅体现在单纯的能力上,而且体现在全体从业人员培养和鼓励正确的职业风气和道德标准上。① 金融市场信息不对称诱发内部人员利用信息优势获取不正当利益,金融机构对金融从业人员道德风险(moral hazard)的识别判断是恪守风险识别义务的当然内涵,对"内外勾连"而造成金融系统损害结果发生的,金融机构应当承担怠于履行监督管理的责任。

现代刑法的责任原则认为,无责任,则无刑罚。罪责非难的内在根据在于,人生而拥有自由、答责、合乎道德的自我决定,因此有能力作出支持法、反对不法的决定。② 虽然行为人在实施行为时具有自我答责的自由意志,但是从犯罪学的致罪原因上看,促使行为发生是社会各系统共同作用的结果,一个人要成为罪犯,就必须使自己永久地或暂时地置身于一种个人的、自然的和道德的状态之下,并生活在从内部和外部促使他走向犯罪的那种因果关系链条的环境之中。③ 从宏观政策的角度来看,设置差异化贷款利率时应当设想到转贷套利行为情形,基于利益衡量原则,应当肯定个人套利行为的可容许性。从个人行为的角度来看,社会行为论认为不法行为作为与社会相关的举止而具有法的重要性,④在制度创设套利空间以及限缩骗取贷款罪"欺骗"内容⑤的前提下,对个人欺骗行为的刑责边界理应限缩。

---

① 参见[英]史蒂芬·普拉特:《资本犯罪》,赵晓英、张静娟译,中国人民大学出版社2017年版,第208页。
② 参见 BGHSt 2,1994(200)。转引自[德]乌韦·穆尔曼:《德国刑法基础课》,周子实译,北京大学出版社2023年版,第117页。
③ 参见[意]恩里科·菲利:《实证派犯罪学》,郭建安译,中国人民公安大学出版社2004年版,第132页。
④ 参见[德]乌韦·穆尔曼:《德国刑法基础课》,周子实译,北京大学出版社2023年版,第92页。
⑤ 参见张明楷:《骗取贷款罪的保护法益及其运用》,载《当代法学》2020年第1期。

反垄断领域犯罪与刑罚的历史连接及范式转移

杨继春[*]

目 次

一、刑事反垄断在东西方不同国家的立法及运行状况
二、我国现阶段不必急于修改刑法增设反垄断相关的犯罪与刑罚规范
三、结语及可能性展望

摘 要:2022年中国《反垄断法》首次系统性修改增设了第67条关于刑事责任的规定,预留了后续以修改刑法等手段对横向垄断协议等严重违法行为实施刑事制裁的可能性。本文试图从反垄断刑法诞生以来的100多年历史及其在东西方不同国家的司法实践出发,从法律传统和中国社会现实的角度,探讨反垄断刑事立法的相关法理和我国反垄断刑事立法的必要性程度及相关理论问题,以供学界评判、立法机构及反垄断执法机构酌情参考。本文从我国的法律文化传统以及我国反垄断法的特殊性及其本

---

[*] 法学博士,日本广岛大学法学院特聘客座教授。

土化历程出发,分析了现阶段我国特有的经济结构、法律体系特征及反垄断法执法结构,呼吁当前需要特别避免象征性立法和刑法工具主义的消极结果,主张刑罚权的引入必须保持补充性、谦抑性及最后手段性的特质,认为目前及可预见的近期内不存在急于对我国反垄断法引进刑事执法手段的必要性。

关键词:反垄断;刑法工具主义;象征性立法;谦抑性

20世纪八九十年代,笔者曾经参与过立法调研工作若干年,深深了解我国各领域的诸多行政执法者无不对刑事制裁对行政和经济及社会管理相关部门法的实施效果抱有极大的期待。诚然,刑事责任对潜在违法行为人的阻却或威慑效果无法以数字统计予以精细证实,却也是行为社会学及犯罪心理学基本予以认可的学术命题。刑事手段相对于民事及行政手段以及一般公示等伦理惩戒,其严厉性及不可挽回性十分明显。作为反垄断法理始祖国的美国联邦层面的《谢尔曼反垄断法》(以下简称《谢尔曼法》)一开始就是以刑事立法的面貌在国会获得通过。《谢尔曼法》超越了在此之前长期积累的普通法反垄断法理,在特定历史条件下理所当然地祭起刑事制裁的大旗,用来应对19世纪末泛滥的铁道托拉斯和石油及棉花卡特尔等破坏市场竞争并哄抬物价牟取暴利等"罪恶滔天"的垄断组织及负有个人责任者。

2022年,在改革开放后持续多年的经济刑法扩张化大潮[①]中迎来中国《反垄断法》颁布15年来的首次系统性修改,不出意料地增设了第67条关于刑事责任的规定:违反本法规定,构成犯罪的,依法追究刑事责任。并撤销了修改前第54条关于反垄断机构工作人员涉嫌行政违法与刑事犯罪的规定。因此,通常理解为,修改后的第67条既应对反垄断执法程序中的经

---

① 1997年《刑法》施行以来,我国《刑法》的十二次修正案中有十部涉及经济刑法,且基本以犯罪化或提升刑罚配置等经济刑法的扩张为主要修改内容。

营者暴力抗法以及反垄断工作人员的职务犯罪等内容,也对作为违反"本法规定"核心内容的垄断行为,比如横向垄断协议,预留了后续以修改刑法等手段予以刑罚制裁的可能性。一时,对部分核心垄断行为的刑事化似乎成为一种必然,学界也开始针对垄断行为如何犯罪化等详细制度设计展开讨论。当然也不乏对垄断行为入刑化的反对声音,有学者基于审慎刑罚观呼吁限制经济刑法的无限扩张,具有最后手段性的刑罚是否该介入我国的反垄断法实施,以及以何种形式在怎样的合理时期介入都是特别值得进一步探讨的课题。

"法律的生命不是逻辑,而是经验。被感受到的该时代的需要,流行的道德和政治理论,公开表达或无意识的对公共政策的直觉知识,甚至法官与他们同胞所持有的前见,在确定哪种规则应支配人们时,都比演绎推理显得更重要。"①美国反托拉斯司法实践中积累了大量刑事判例,作为主要反垄断机构的司法部反托拉斯局在不同时期奉行着不同的反托拉斯刑事执行指针。20世纪中期在以美国为主的盟军最高司令官指挥部经济局直接指导下,日本颁布了《独占禁止法》,在基本沿用了美国《谢尔曼法》和《克雷顿法》的基本实体内容的同时,也引进了美国反垄断法以行政处罚、民事赔偿和刑事制裁为核心的基本执行手段。但日本《独占禁止法》中的刑事手段一直到20世纪90年代都属于名副其实的休眠条款,后来由于美国的高压政策才不得已实施了寥寥数例,个中原因值得深思,下文也试图予以探讨。

本文试图从概览反垄断刑法诞生以来的100多年历史及其在东西方不同国家的司法实践出发,从法律传统和中国社会现实的角度,探讨反垄断刑事立法的相关法理和我国反垄断刑事立法的必要性程度及相关理论问题,以供学界评判、立法机构及反垄断执法机构酌情参考。刑事扩大化不符合德主刑辅的中国法律文化传统,反垄断刑事化宣示不符

---

① [美]奥利弗·温德尔·霍姆斯:《普通法》,明辉译,北京大学出版社2023年版。

合我国反垄断法当前着重强调的鼓励创新大环境;探讨反垄断刑事化命题时需要特别警惕象征性立法和刑法工具主义的消极结果;精准化的行政罚款同样可以期待刑事罚金的反垄断遏制效果;对犯罪化后长期空置的条文可能产生非犯罪化的必要,后续法律频繁修改会有损法律的形象并降低法律规范的严肃性,既不利于法治信仰的建立,也会造成社会资源的浪费,在刑事立法领域尤为明显。因此,刑法是否有必要增设垄断罪应经过循序渐进的缜密讨论后方可做出结论。本文倾向于我国现阶段不必急于修改刑法增设反垄断相关的犯罪与刑法规范。理由如下所述。

一、刑事反垄断在东西方不同国家的立法及运行状况

(一)美国反垄断法的刑事执行核心化特征源于社会政治经济的自然需要

包括中国在内的世界主要国家的反垄断法都基本借鉴了美国反托拉斯法的框架和主要制度,因此在探讨反垄断法的主要问题时我们有必要贯通历史与当下,自然无法回避美国反垄断刑事法理诞生初期的诸多值得回味及借鉴之处。当我们对以《谢尔曼法》为中心的美国反托拉斯法针对违反行为中的本身违法等核心类型(不正当交易限制及市场分割协议等),长期以来刑事制裁手段一直得到积极运用的原因予以分析探讨时,需要注意到以下重点。

1.《谢尔曼法》诞生的经济及社会背景决定该法主要的运行手段之一是刑罚

当1890年《谢尔曼法》诞生时,美国独立建国仅一百多年。这一百多年是移民开拓新大陆寻求财富与自由的历史,也是从种植业和放牧业到大机器为标志的近代工业社会的经济史和美国宪法不断修改完善和普通法传统在北美得以延续并发展的法制史。有学者在形容19世纪美国社会政

治经济史时,使用了"公正价格的社会史"这样的表述。① 到了19世纪末期,全美开放市场的建立和公平竞争的维持,仅仅依靠普通法法理已经到了捉襟见肘的程度。彼时,美国国内石油、糖、棉花和铅等主要行业都成立了垄断组织托拉斯,许多行业逐渐被少数公司所控制。铁路托拉斯对交易对象实行歧视性待遇,采用掠夺性定价策略和不道德的竞争方法来吸收或消灭竞争对手。巨型垄断公司的野蛮行径招致媒体及社会各界的抗议,抗议活动直接导致了反垄断法的诞生。反垄断运动认为,经济垄断导致政治腐败并具有掠夺性,垄断组织不当地抬高价格,给社会造成损害;垄断组织还以虚高的股价欺骗投资者,其因垄断获得暴利后轻易地关闭工厂从而导致大量工人失业。反垄断立法运动最初是在美国南部和中西部农民的组织领导下开始的。由于当时农民是铁路公司垄断的最大受害者,所以农民反垄断运动的主要对象就是铁路公司。运往城市消费的农产品需要长途运输和储存,而大资本控制的铁路公司却收取差别化的运费和仓储费,而它对标准石油托拉斯等公司收取的费率较低,造成严重的价格歧视。农民反垄断组织敏锐地意识到需要采取立法措施来防止这些垄断的有害影响,并开始努力向州立法机构派遣代表。最终,伊利诺伊州、爱荷华州、明尼苏达州和威斯康星州等中西部各州成立了"反垄断党",并制定了《格兰杰法案》以制止铁路公司的垄断暴政。这些州法律禁止铁路公司和仓储企业收取过高的通行费和仓储费,并规定每个州成立一个委员会来设定这些通行费的最高限额,从而引发了一系列反垄断运动。另外,铁路公司在各州提起诉讼,声称《格兰杰法案》违反了美国宪法第十四修正案的"正当法律程序"条款。美国最高法院曾澄清《格兰杰法案》的合宪性,承认铁路等涉及公共利益的私营企业受州级监管机构的管辖。然而,在1886年,美国最高法院又认为,经过两个或多个州的铁路和连接线是州际贸易的一部分,

---

① See John H. Shenefield & Irwin M. Stelzer, *The Antitrust Laws*: *A Primer*, AEI Press,1996, p.7-11.

各州无权监管其运费,并据此宣布《格兰杰法案》违宪。来自南部和西部的农民联合起来成立了全国农民联盟,要求联邦政府监管铁路并限制垄断。此外,由各行业工人阶级成员组成的劳工骑士团成立,要求将铁路归政府所有。这种农民和工人组织努力的结果是国会于1887年颁布了《州际商业法》,对州际商业、运输、传输和通信等事宜作出规定,由州际商业委员会在国家层面进行监管。《州际商业法》作为第一部规定联邦政府有权监管州际商业公司的立法可以说具有重要意义,该法实际上成为第一部联邦层面反垄断法《谢尔曼法》立法作业的重要基石之一。

美国的反垄断立法首先始于州一级,且几乎所有州反垄断法都规定有犯罪与刑罚。在作为联邦层面法律的《谢尔曼法》颁布之前,中西部已经有13个州制定了反垄断法,另外14个州将反垄断条款纳入州宪法。此外,有6个州同时制定了反垄断和宪法条款。我们现在无从根据现存资料详细考证各州反垄断法立法过程中对违法行为的制裁手段的选择经过了怎样的讨论,总体感觉在当时的社会条件和法律文化里,刑事手段的选择似乎是一件水到渠成的自然现象,这一点到联邦层面的《谢尔曼法》立法过程中也几乎完全同样。

2.《谢尔曼法》的刑事追诉标准经过多年的司法提炼已经相对明确稳定

《谢尔曼法》是由参院议员谢尔曼提案并于1890年7月通过的法律。《谢尔曼法》仅仅由8条构成,条文内容本身十分简洁。《谢尔曼法》最初是以刑法的形式制定的。《谢尔曼法》第1条和第2条分别宣布限制交易和垄断为非法,并将其定为犯罪。[①] 正像谢尔曼本人承认的那

---

① 《谢尔曼法》第1条(贸易限制)限制州际和与外国间的贸易或通商的所有契约、托拉斯和其他形态的结合及共谋为违法。缔结依本法宣布为违法的合同和其他结合或共谋的行为为重罪,被确定重罪者,法人处以100万美元以下的罚金,其他人处以10万美元以下的罚金或者3年以内禁锢,或两者并罚。《谢尔曼法》第2条和第1条一样,在宣布独占行为违法的同时,规定了对该犯罪行为应该科处的刑罚。

样,由于该法对违反行为的界定采用了极其简单的表现,违法性和处罚基准问题一开始并没有得到明确:"我本人也承认用法律语言界定合法与违法的结合是一项十分艰难的作业。这项作业应该由法院根据具体案件确定。作为立法者,我们所能够做到的是宣告基本原则,同时我们确信法院会实施这些原则以实现法律的意义。"①《谢尔曼法》条文过于简洁的原因主要在于,普通法并没有在理论上比较完备的内容提供给试图将竞争原理法典化的《谢尔曼法》起草者;同时,为了形成有效的竞争法制,法律需要对复杂广泛的企业交易活动留下规制上的弹性空间。从《谢尔曼法》颁布以来的 100 多年历史看,对于法律条文的解释主要是法院通过参照判决的先例、政策以及贸易惯例形成的。正像谢尔曼期待的那样,法院在反托拉斯法的实施过程中形成了复杂庞大的判例法体系。

在众多违法案件中,刑事案件选择标准的明确性和稳定性是刑事制裁作为重要威慑手段的基本前提。在《谢尔曼法》130 多年的历史中,特别是在 20 世纪上半叶,对《谢尔曼法》刑罚适用批评最多的是其刑罚范围模糊。有人主张,由于《谢尔曼法》处罚标准的模糊性,该法应被宣布为违宪。在各种批评理由中,以不确定性的负面经济效应为理由的批评非常引人注目。根据这一主张,由于《谢尔曼法》的管制对象是经济活动,因此人们担心如果不事先明确处罚范围,经济活动就会萎缩。② 上述各种批判是刑事手段的运用在 20 世纪 60 年代之前没有十分积极的重要原因。但是,以 1955 年司法部反托拉斯局刑事起诉标准的说明为契机,反托拉斯局的刑事起诉标准逐渐明确。反托拉斯审判中的当然违法原则等也逐渐确立。在这种变化的前提下,司法部反托拉斯局逐步实现能够以相当程度的信心

---

① 21 Cong. Rec. 2457(1890)(remarks of Senator Sherman).

② Mercurio, *Antitrust Crimes*: *Time for Legislative Definition*, 51 Notre Dame Law Review 147(1976).

对重大反托拉斯案件予以刑事起诉。①

3. 司法交易等刑事程序上的利便性避免了过度长期化和复杂化,确保了反托拉斯刑事处罚得以正常适用

联邦反托拉斯局设置于司法部内,是最主要的反垄断法执法机构,垄断行为中属于本身违法且公认危害最大的垄断协议属于司法部反托拉斯局专管。对卡特尔的刑事处罚是反托拉斯法的主要执行手段。作为美国刑事诉讼程序最重要的特征,司法交易在95%左右的刑事案件中得到了广泛应用。通过违反独占禁止法刑事案件被告人的认罪答辩,检察官和法官等专家能够迅速处理许多案件,避免了陪审程序的复杂化和长期化。

在美国反托拉斯刑事案件的侦查中,大陪审团具有强大的权力,负责侦查,为了搜集必要证据可以采取必要的相对宽泛的法定措施。此外,通过刑事免责制度,法院和司法部反托拉斯局可与诉讼当事人达成司法交易,承诺不追究有关案件的刑事责任,或不将供述作为不利于证人的证据,从而使证人在大陪审团庭审时针对事实关系作证以达到刑事免责或从轻的目的。这种免责制度强化了共谋参与者进行内部告密或协助调查程序的动机。

此外,美国民事诉讼法上的证据披露程序、集体诉讼制度、三倍赔偿制度等,都被广泛利用,作为反垄断刑事程序后的私法救济手段。巨大数额的反托拉斯法侵权赔偿金对遏制反垄断违法犯罪行为同样发挥着重要作用,因此不需要类似德国、法国大陆法系国家或日本的课惩金那样的行政制裁金制度。②

---

① 联邦反托拉斯局从20世纪70年代起积极实施刑事制裁的一个重要原因是通货膨胀加剧和消费者运动的兴起。换句话说,反托拉斯法中的刑事手段曾经被用作通货膨胀的对策。在20世纪70年代早期,美国经历了严重的通货膨胀,1974年将违反《谢尔曼法》的处罚从轻罪改为重罪,并加重了刑罚。

② 参见杨继春:《最优化遏制理论与中国反垄断法实施》,载《中国法治论丛》(2009－2010卷),第148页。

4. 美国的刑事反垄断得到了社会伦理上的长期支持并呈现严刑化[①]趋势

H. L. 帕克(H. L. Parker)曾经认为,违反道德不是判刑的充分条件,但属于必要条件,他曾经主张对违反反托拉斯法行为实行非犯罪化,理由是反垄断犯罪在道德上是无色的,或者至少与社会道德评价存在不一致。[②] 帕克的说法部分反映了 1960 年或更早的状况,但后来美国反垄断犯罪和惩罚的现实情况与他的主张基本相反。这并不是说帕克的主张本身及其理论基础不准确,而是帕克上述主张的背景发生了变化。针对反托拉斯法违反行为的社会谴责情绪的轻重与通货膨胀等社会问题关联性很深,但最重要的是,美国社会从 19 世纪末开始就对垄断行为有着明确的谴责心理。卡特尔等横向垄断协议作为美国的反托拉斯法禁止及惩罚核心内容,其立法及司法根本理念不在于单纯地阻止价格上涨超过竞争价格,而在于充分认识到竞争者共同行使经济力量对社会经济造成巨大危害,着眼点在禁止竞争者集体行使经济力量。[③] 著名的 US v. Socony-Vacuum Oil Co. 事件判决恰恰表明了这种基本立法及司法理念。[④] 而且,与中国、欧洲及日本等国家不同,美国的《谢尔曼法》等反托拉斯法是从现实经济社会的弊端中自发产生的。美国是对卡特尔等滥用经济权力的管制重要性最为普遍认

[①] 2004 年《反托拉斯刑事处罚增强和改革法案》(Antitrust Criminal Penalty Enhancement and Reform Act, ACPERA)对《谢尔曼法》的刑事罚则进行重大修改,公司被告的最高罚金从 1000 万美元升至 1 亿美元,自然人被告的最高罚金从 35 万美元升至 100 万美元、最高自由刑从 1 年监禁猛增至 10 年监禁。若经济实体及其高级管理人员基于多个垄断协议而涉嫌多宗垄断犯罪案件,可能面对极为严厉的罚金刑与自由刑。《谢尔曼法》提高垄断犯罪刑罚威慑,在很大程度上是与《萨班斯—奥克斯利法案》提升证券犯罪刑罚强度进行刑事立法衔接。同时,《联邦刑罚量刑指南》规定,卡特尔的刑事罚金金额是相关商品在美国销售总额的 20%。高额罚金与长期监禁不仅针对美国本土公司与公民,大量外资跨国公司及其高级管理人员亦受到反垄断刑事罚则的严格规制。
[②] H. L. Parker, *The Limits of the Criminal Sanction*, 1968, p. 354.
[③] 村上政博『アメリカの独占禁止法』(有斐閣,1987 年)86 頁。
[④] Socony-Vacuum Oil Co., 310 U. S. at 221.

可的国家。卡特尔等垄断行为是有害和危险的已经是一个普遍的共识，所以对卡特尔等行为的犯罪化很容易形成社会共识。

反托拉斯法学者J. J. 弗林（J. J. Flynn）在20世纪60年代也说过，正如我们的经济体系建立在私营企业和竞争哲学的基础之上，正如美国的经验充分表明了政府反垄断政策的必要性，违反反托拉斯法的垄断行为显然与合众国市民的经济政治哲学和习俗背道而驰。在某个经济领域建立私营政府的企业不法联合是具有破坏性的，使美国现行经济制度屈服于非自由经济。这破坏了我们经济体系的基本前提，从这个意义上说，违反反托拉斯法违反了美国的既定惯例。违反反托拉斯法不能仅仅等同于道德败坏的犯罪。经济习俗和人类道德性的重要性不能相提并论。①

20世纪50年代以来，对违反反托拉斯法的违法及犯罪行为的制裁方法的研究在美国开展得相对比较深入，并存在从各个角度和方法开展研究的现象。既有从社会学的角度开展研究的，也有从反托拉斯法的角度进行研究的，同时由于《谢尔曼法》的经济刑法性质，从传统刑法理论中刑法的目的和作用的角度开展研究的学者也很多。20世纪60年代美国部分反托拉斯法学者和经济学家提出的反托拉斯制裁措施中的经济分析法学理论的分析和评论具有特别重要的代表意义。

（二）欧盟国家及英国反垄断法的实施程序中极少运用刑事制裁手段

在欧洲主要国家如英国、法国和德国，对违反竞争法的企业主要采取行政罚款等制裁措施，但在法律结构和理论上也可以适用刑事处罚。

法国《竞争法》规定，竞争委员会可以向共和国检察官提交材料（刑事起诉）。该法第L. 420 - 6条规定，对在反竞争协议、滥用市场支配地位及滥用经济依赖状态中起决定性作用的自然人，可处以不超过4年的监禁或7.5万欧元以下的罚款。此外，自2005年1月1日起，对实施反竞争协议

---

① See J. J. Flynn, *Criminal Sanctions Under State and Federal Antitrust Laws*, Journal Texas Law Review, Vol 45:7, p. 1301 - 1346(1967).

的企业也可以处以不超过7.5万欧元的罚款。法国现行刑法还规定了串通投标罪,对参与串通投标的自然人可处以6个月监禁或2.25万欧元以下的罚款。德国《反限制竞争法》(1958年1月1日生效,后经多次修订)规定,联邦卡特尔局在处理涉及刑法第298条规定的串通投标罪时,必须将相关自然人案件移送检察机关。德国《反限制竞争法》主要采取行政罚款、没收、追缴等行政制裁措施,并未直接规定刑事处罚。德国现行刑法规定了串通投标罪,对参与串通投标的自然人可处以不超过5年的自由刑或180万欧元以下的罚款。英国《竞争法》成文法部分主要由1973年《公平交易法》、1980年《竞争法》、1998年《竞争法》、2002年《企业法》及2013年《企业监管改革法》组成。2002年《企业法》引入了竞争上诉法庭、卡特尔罪及个人刑事处罚等内容。对企业处以罚金、对个人处以监禁等刑事处罚(卡特尔罪)及剥夺董事资格令等是英国竞争法的主要执行手段。特别是,个人参与卡特尔(价格卡特尔、市场分割协议、串通投标等)可被判处不超过5年的监禁或罚款,或两者并罚。此外,欧盟作为国家联盟,原则上不拥有刑罚权,因此《欧盟竞争法》没有规定刑事制裁措施作为维护市场正常竞争的法定手段。

值得注意的是,欧盟国家及英国在反垄断法的执行实践中,虽然法律上可以适用刑事处罚,但实际操作中主要采取行政罚款、没收、追缴等行政制裁措施。其原因主要在于:(1)西欧大陆法系国家及英国的竞争法基本结构和法律体系定位不同于美国《谢尔曼法》的刑法体系。(2)尽管大陆法系国家近年来引入了部分司法交易制度,但并未像美国那样广泛适用于刑事诉讼程序。刑事处罚需要通过严格的公审程序,以无可置疑的合理证据证明犯罪行为。(3)反垄断和促进竞争的理念源自美国,西欧等大陆法系国家并未将所有不当交易限制(卡特尔)视为必须刑事处罚的恶性共谋。(4)大陆法系国家通常在私法上承认竞争法违反行为的实际损害金额,缺乏美国反托拉斯民事诉讼中的证据开示程序、集体诉讼制度及三倍损害赔偿制度。因此,行政罚款制度成为最主要的执行手段。

（三）日本《独占禁止法》长期以来以裁量型课惩金和排除措施等行政手段为主，刑事制裁主要起象征作用且影响轻微

对仍然部分保留东方法律文化的日本反垄断法执法历史脉络、法律修订轨迹以及围绕执法理念争议的简单梳理与分析，对中国反垄断法的修订完善具有一定的参考价值。这种借鉴意义既体现在制度设计层面的经验启示，也可以间接了解日本法学界对刑事反垄断领域法律价值取向的思考与博弈。

1. 日本《独占禁止法》规定刑事处罚的主要原因是深受美国反垄断法影响

日本战后在以联合国占领军司令部（General Headquarters, GHQ）（the Supreme Commander for the Allied Powers, SCAP）为核心的司法改革过程中诞生了反垄断法（《独占禁止法》）。日本《独占禁止法》对违反行为主要规定了行政措施（排除措施命令、课惩金支付命令），刑事处罚及民事执行措施。排除措施令是命令违反《独占禁止法》的经营者采取措施制止该违法行为或防止其再次发生等，旨在消除因违反《独占禁止法》行为而获得的限制竞争状态以及恢复和维持竞争秩序。课惩金支付令是1977年修订《独占禁止法》时引入的，对违反不正当交易限制（垄断协议等）及与私营垄断等有关的法律规定的经营者下达支付金钱的行政措施。课惩金金额是根据与违规行为相关的商品等的销售额乘以法定计算率而得出，根据市场规模及行业不同而设定了不同的计算率。

刑事处罚是《独占禁止法》出台之初就已存在的执行制度，但在最初半个世纪的漫长时期里，作为执法机构的公正交易委员会没有发布刑事制裁的启动标准，也没有发动过任何一起刑事制裁。2005年，公正交易委员会发布了《公正交易委员会关于调查违反独占禁止法刑事起诉及违法案件的方针》（2009年和2020年修订）。根据该方针，刑事处罚对象是实质上限制一定交易领域竞争的价格卡特尔、供应量限制卡特尔、市场分割协议、串通投标、集体抵制、私营垄断等违法行为中，被认定为对国民生活产

生广泛影响的恶性重大事件，以及屡次违规的经营者及行业、不遵守排除措施的经营者等有关的违法行为中，仅凭公正交易委员会的行政处分无法达到《独占禁止法》目的的案件。

2. 长期空置化的日本反垄断刑事措施迫于日美贸易摩擦的外压不得已开始运用

自 1980 年以来，日本《独占禁止法》的执行经历了两个历史阶段：一是 20 世纪最后 20 年在外压（主要是美国）下的被动应对时期，二是近 20 年来基于对竞争政策的重视而适当运用时期。刑事制裁的运用也反映了这两个阶段的基本特征。

1989 年启动的《日美结构问题协议》及其后的《日美全球伙伴关系行动计划》将反垄断法及其执行的强化作为重要内容之一。1992 年 7 月，《日美结构问题协议》第二次年度报告提出了一系列建议，包括加强法律措施的应用、提高法律措施的透明度、迅速适当处理外国企业的咨询和投诉、充实公正交易委员会的预算和人员、严格适用课惩金制度、积极行使刑事起诉权及提高罚金刑等。

1992 年，日本《独占禁止法》进行了修订，提高了罚金刑的上限，并分离了两罚规定中对企业罚金刑的法定刑联动。进入 21 世纪后，日本《独占禁止法》的执行更加严格。2005 年《反垄断法》修订提高了课惩金的计算率。2009 年的修订将不当交易限制等罪的刑罚从 3 年以下提高到 5 年以下。2020 年 12 月 25 日生效的修订后的反垄断法将课惩金的计算基础扩大到包括密切相关的业务对价及违规行为所得利益，并将课惩金的计算期间从最长 3 年延长至调查开始日前最长 10 年。

自 2009 年以来，公平交易委员会对反垄断法违规行为的刑事起诉案件数量有了小幅增加，但从《独占禁止法》颁布到 2023 年年底，总数仅为 19 件（包括追加起诉 1 件），且所有自然人的监禁刑均只被判处短期缓刑。①

---

① 日本公正交易委员会「2023 年度公正取引委員会年次報告書」附属资料。

3. 日本《独占禁止法》长期以来以裁量型课惩金和排除措施等行政手段为核心，刑事制裁以象征性为主，实际存在感微弱

《独占禁止法》发布近半个世纪的时间里，刑事制裁的启动标准缺失，导致反垄断法中的刑罚条款几乎成为"死文"。20世纪90年代后，受美国外压等影响，政策有所调整。2005年公正交易委员会发布的《关于反垄断法违规刑事起诉及违规事件调查的方针》明确了刑事处罚的适用对象为对国民生活产生广泛影响的恶性重大案件，以及反复违规的企业或行业、不遵守排除措施的企业等。日本作为大陆法系国家，难以像美国那样以刑事制裁和三倍损害赔偿为核心构建执行体系。课惩金制度在日本《独占禁止法》执行中的核心地位日益凸显。① 2006年和2019年的《独占禁止法》修订进一步强化了课惩金减免制度，特别是引入了"裁量型"课惩金制度，根据企业在调查中的合作程度减免课惩金。课惩金制度的引入在日本国内引发过关于行政机构裁量权的合宪性及公正交易委员会准司法体制不足的长期讨论。② 2019年修订将裁量型课惩金作为课惩金减免制度的一部分引入。此举有助于公正交易委员会在证据收集困难的串通投标和卡特尔案件中获取线索，推动反垄断法违规案件的解决。自1977年课惩金制度实施以来，截至2022年年底，被命令支付课惩金的企业数量为8916家，课惩金总额为57,302,369万日元。③ 相比之下，同期刑事起诉案件仅约20件。以行政罚款为核心的日本《独占禁止法》执行特征非常明显。排除措施和课惩金在日本社会中具有强大的行政权威，能够起到一定的社会制裁作用。此外，通过行政决定剥夺卡特尔等违法行为的非法所得，有助于维护社会公正。此外，课惩金制度作为行政措施，具有计算方

---

① 岸井大太郎「独占禁止法における課徴金制度の展開及び構造」刑事法ジャーナル No.25（2010年）26頁。

② 村上政博「独占禁止法改正と執行体制の整備」刑事法ジャーナル No.25（2010年）19頁。

③ 日本公正交易委员会「2023年度公正取引委員会年次報告書」附属资料。

法的机动性和利便性,因此成为日本《独占禁止法》执行中稳定高效的手段。

4. 日本学界主流认为日本的社会结构和法律文化决定了反垄断行政规制优于刑事规制

围绕《独占禁止法》执行的相关主题,包括刑事处罚与行政罚款制裁间的双重处罚禁止规定的协调关系、两类处罚并用的必要性、各类措施的威慑效果、公正交易委员会等执法机关程序的效率化与透明度保障、企业合规经营与自然人人权保护等,都经历了长达数十年的充分讨论,最终形成了当今的基本法律制度及执法体系。

"由经济发展引发的产业结构升级和社会生活高度化等非政治性因素,也在推动刑事法律的变迁。对于经济犯罪,我国(日本)的法律规制似乎显得较为审慎。本应在经济活跃度上位居世界前列的日本,却在刑事法律介入上表现出迟疑态度,这种看似矛盾的现象,实则蕴含着独特的法治理念。这实质上是对刑法谦抑主义的认同,该理念使得刑事法与经济法之间的映射关系呈现出某种模糊性"。[①] 确实日本曾经历过这样的历史阶段,且这一理念至今仍持续影响着日本反垄断法的执法实践。

日本著名经济刑法学家神山敏雄(Kamiyama Toshio)认为,在目前《独占禁止法》的实施中,刑事起诉的运用瓶颈并非刑事法上的理论问题,而是在该领域的违法行为控制中,刑罚功能已经退化,行政处罚成为主要手段。他认为,日本的经济发展和经济体制受到反垄断政策和控制系统的支持,其运作具有独特的法律文化,尽管从刑事法原则来看并非完美,但可以说其功能是合理的。在全球化的时代,经济活动的规则应尽可能具有全球共通性,但制裁措施必须根植于该国的法律文化。[②]

[①] 松尾浩也「刑事法の国際的潮流と日本」ジュリスト No. 919(1988 年)65 頁。
[②] 神山敏雄『日本の経済犯罪』(日本評論社,1996 年)14 頁。

国际经济法学者石黑一宪(Ishiguro Kazunori)则从法律文化角度分析了日美两国刑事制裁运用程度的差异。他认为,总体而言西方法律文化一直以透明规则和自我责任原则为中心,而东亚式法律文化则以和谐精神为主导文化。反映这一点的是,美国式的法律文化以"正当程序"为代表,它建立在多民族、等级社会的斗争和凝聚之上,而日本式的法律文化则以同质制度为特征,这以"实质性真实主义"为标志,它基于平等、单层社会的相互依存和妥协。不可忽视的是,由于行政方式或司法机构在执行和运作上的差异,使日本与美国之间存在差异。此外,在美国,强调规则的事后复杂监管是主流,而在日本,利用行政指导等非正式手段,基于公私合作的预防性控制型监管是常态。由于法律文化的差异,日本对于企业活动的法律规制手段,实际上持续性的"行政规制"一直优于"刑事规制"。[①]

刑罚权的导入必须是补充性、抑制性和最后手段性的。公正交易委员会已经确定的只对于累犯事件、违反排除措施命令等恶性违法行为以及侵害消费者利益的大规模事件进行刑事起诉的方针基本上符合采用刑罚手段的基本要素,这一点在日本社会和学界已经形成基本共识。

二、我国现阶段不必急于修改刑法增设反垄断相关的犯罪与刑罚规范

我国《反垄断法》在2022年修改时增设了第67条关于刑事责任的规定:违反本法规定,构成犯罪的,依法追究刑事责任。通常理解为,修改后的第67条既应对反垄断执法程序中的经营者暴力抗法以及反垄断工作人员的职务犯罪等内容,也对作为违反"本法规定"核心内容的垄断行为,比如横向垄断协议,预留了后续以修改刑法为手段予以刑罚制裁的可能性。一时间,对部分核心垄断行为的刑事化似乎已经成为一种必然,学界也开始针对垄断行为如何犯罪化等详细制度设计展开议论,当然也不乏对垄断行为入刑化的反对声音。

---

① 石黑一宪等『日本法トレンド』(有斐閣,1993年)264-273頁。

(一)关于中国反垄断法执行中是否应引入刑事手段,近年来中国法学界和实务界提出了各种论点,大致可以分为谨慎派和推进派。

1. 谨慎派

谨慎派中包括部分竞争法学者和行政法学者及主张刑罚谦抑主义的部分刑法学者。谨慎派大多强烈推荐以德国竞争法为代表的以行政手段为中心的执法方式。其主要理由如下:①反垄断法规制的经济活动存在法律上性质不明确的部分;[①]②垄断行为(尤其是不当交易限制等)具有隐蔽性,刑事程序中的证据收集难度大,可能导致案件审理长期化,产生社会成本;[②]③刑事手段中的罚金和监禁刑等可以被高额行政制裁金替代;[③]④许多国家的反垄断法虽然引入了刑事制裁条款,但积极发动刑事制裁的国家并不多,尤其是对自然人的人身自由剥夺的实刑判决非常少见;[④]⑤中国反垄断执法机构的人才相对匮乏,反垄断法的实施时间较短,短期内可能无法应对反垄断刑事案件的调查、起诉和审判工作;[⑤]⑥刑事责任的引入应以行政和民事手段效力不足为前提,市场上的各种违法行为频发的原因在于法律执行相关的社会整体环境,而非现行反垄断法规定的法律责任不完善;[⑥]⑦在中国现行行政主导的体制下,刑事手段的必要性和可行性受到质疑;[⑦]⑧反垄断法在中国仍属较新的法律,行政和司法部门对自由经济市场中的竞争机制和企业行为模式尚未充分掌握,引入刑事手段为时尚早;[⑧]⑨引入刑事手段需要反垄断执法机构与公安机关、检察机关的有效

[①] 参见李国海:《论反垄断法中的慎刑原则——兼论我国反垄断立法的非刑事化》,载《法商研究》2006年第1期。

[②] 参见王晓晔:《我国反垄断法修订的几点思考》,载《社会科学文摘》2020年第5期。

[③] 参见金善明:《论垄断行为入罪化的限度》,载《北京工业大学学报(社会科学版)》2017年第6期。

[④] 参见王晓晔:《我国反垄断法修订的几点思考》,载《社会科学文摘》2020年第5期。

[⑤] 参见王晓晔:《我国反垄断法修订的几点思考》,载《社会科学文摘》2020年第5期。

[⑥] 参见王晓晔:《我国反垄断法修订的几点思考》,载《社会科学文摘》2020年第5期。

[⑦] 参见金善明:《论垄断行为入罪化的限度》,载《北京工业大学学报(社会科学版)》2017年第6期。

[⑧] 参见丁茂中:《我国〈反垄断法〉的修订路径》,载《法学》2020年第5期。

联动,但目前这些部门之间的协调关系尚未有效形成。①

2. 推进派

推进派主要由竞争法学者和实务界人士组成,其主要论点是基于刑事制裁的威慑和抑制效果,以及对国际标准的参照。其主要理由如下:①卡特尔等核心垄断行为可能破坏市场经济的根基,应成为刑罚的对象;②②美国和日本的反垄断法已经证明了刑事责任的必要性,中国反垄断法的进一步发展也需要强有力的刑事执行手段;③③刑事法作为最终手段,可以在其他制裁手段失效时发挥作用;④④刑事法的介入可以弥补违法行为性质与法律责任之间的不平衡;⑤⑤刑事责任的存在对企图通过违法行为获利的贪婪者具有威慑作用;⑥⑥高额行政制裁金效率低下,且企业可能将损失转嫁给员工或社会福利,无法替代刑事手段中的罚金和监禁刑;⑦⑦虽然反垄断法规制的经济活动存在灰色地带,但刑事制裁应仅针对卡特尔等本身违法行为,其他不明确领域仍由行政和民事手段处理;⑧⑧垄断违法行为的隐蔽性不应成为免除刑事制裁的理由;⑨⑨中国的反垄断法已有十几

---

① 参见丁茂中:《我国〈反垄断法〉的修订路径》,载《法学》2020年第5期。

② 参见蒋岩波、黄娟:《卡特尔行为反垄断法与刑法的协同规制》,载《江西社会科学》2020年第10期。

③ 参见孙晋:《我国〈反垄断法〉法律责任制度的缺失及其完善》,载《法律适用》2009年第11期。

④ 参见邵建东:《我国反垄断法应当设置刑事制裁制度》,载《南京大学学报》2004年第4期。

⑤ 参见时建中:《完善个人义务和责任制度 强化〈反垄断法〉实施》,载《中国市场监管研究》2022年第7期。

⑥ 参见孙晋:《我国〈反垄断法〉法律责任制度的缺失及其完善》,载《法律适用》2009年第11期。

⑦ 参见王健:《威慑理念下的反垄断法刑事制裁制度——兼评〈中华人民共和国反垄断法(修改稿)〉的相关规定》,载《法商研究》2006年第1期。

⑧ 吴广海:《反垄断法中的刑事责任问题》,载《安徽大学学报(哲学社会科学版)》2007年第3期。

⑨ 参见王健:《威慑理念下的反垄断法刑事制裁制度——兼评〈中华人民共和国反垄断法(修改稿)〉的相关规定》,载《法商研究》2006年第1期。

年的历史,公平竞争的重要性已被广泛认识,反垄断法的刑事化条件已经成熟;①⑩填补法律空白说,此说在 2022 年反垄断法修订后在一定范围内具有代表性。该说认为根据修订后的《反垄断法》第 64 条虽然规定了反垄断刑事责任,但刑法并未针对此条款作出相应分则规定,造成了一种"特别刑法"中的空白罪状,放任其存在不仅损害法律权威,更会削减刑法保障机能。对此,刑法不仅应对此"漏洞"进行填补,更要为这种填补寻求正当性。

(二)刑事反垄断不适合于现阶段我国反垄断法的实施

首先,美、日等主要国家反垄断刑事犯罪与刑罚的历史与现状说明,反垄断刑事手段的有效利用应该基于该国的反垄断历史传统和法律文化,以及诉讼程序等刑事司法体系的特征,否则将流于形式并导致相关刑事法条文"死文化"甚至出现立法上的非犯罪化需要。

其次,反垄断刑事化宣示不符合现阶段我国反垄断法立法目的中着重强调的"鼓励创新"大环境。《反垄断法》颁布 15 年来,在 2022 年首次修改,为促进完善社会主义基本经济制度和中国特色社会主义法治体系、推动高质量发展,提供了坚实的公平竞争法治保障。我国反垄断法在 2022 年修改时,将第 1 条修改为:"为了预防和制止垄断行为,保护市场公平竞争,鼓励创新,提高经济运行效率,维护消费者利益和社会公共利益,促进社会主义市场经济健康发展,制定本法。"此次修法在 2007 年《反垄断法》第 1 条的基础上,增加了"鼓励创新"这一立法目的,从而使该法的核心立法目的得到进一步丰富。

当今中国正以若干年前完全无法预测的脚步快速进入数字化时代,经营者提供的商品与服务内容及形式已经并将继续发生翻天覆地的巨大变化。以新一代人工智能、量子通信和量子计算机、脑科学与类脑研究等为

---

① 参见冯辉:《刑事责任、有效规制与反垄断法实施》,载《华东政法大学学报》2011年第 2 期。

代表的新科技革命必将为社会经济结构和模式带来革命性的巨大变化,作为新技术的载体并参与市场竞争的,主要是新技术企业法人或非法人组织。我国修改后的《反垄断法》第1条明确指出本法的目的之一是"鼓励创新"。在全球新技术革命的激烈竞争的大环境下,新时期我国反垄断法肩负着保护新技术企业通过参与全球市场的良性竞争提高创新能力并取得最大化的合法收益进而促进新技术经济健康发展的重任,应该尽量避免因惩戒内容及执法方式上的激烈变化对经营者和相关市场带来无法预期的消极影响。

再次,动辄将某种社会规范刑事化不符合德主刑辅的中国法律文化传统。"法律史是我们民族的历史和民族之经验的具体表现,一国人民最优秀的思想可以从其制定的法律中看到,因为人民的日常生活最能在其风俗习惯中反映出来,而风俗习惯又构成了人民日常处理的法律。"[1]历史上同时代的中西文明比较,中国的礼教文明较西方呈现出和谐、开明、宽和、人性的特征。[2] "法律是文化的一部分,并且是历史悠久且根深蒂固的一部分,基本的法律意识与深刻的社会,政治、经济思想之间有着错综复杂的密切联系。法律源于其他文化,又为其他文化增添了新的内容,两者之间互为补充,不可分割。"[3]轻易将某种社会规范刑事化,不符合德主刑辅的中国法律文化传统,也与贯穿中国法理的人道主义精神不相吻合。

又次,现阶段我国垄断行为犯罪化的社会伦理道德基础薄弱,反垄断刑事化社会接受程度不高会导致其维护竞争秩序的功能受限。《反垄断法》刚刚颁布十几年,虽然《反垄断法》是我国法制建设及社会经济水平和产业国际化发展到一定程度的必然产物,但的的确确属于外来法律文化。

---

[1] [美]马丁·费迪南德·莫里斯:《法律发达史》,王学文译,中国政法大学出版社2014年版,第1页。

[2] 参见马小红:《礼与法——法的历史连接》,北京大学出版社2017年版,第5页。

[3] [美]约翰·亨利·梅利曼:《大陆法系》,顾培东等译,法律出版社2021年版,第164页。

社会大众对无形市场有序竞争的关注度还低于有形市场,东方企业经营文化中也存在为了组织机构或集体利益最大化牺牲个人名誉及利益的情形。① 因此,目前我国垄断行为犯罪化的社会伦理道德基础还处于比较薄弱的阶段。"刑罚的手段必然受到社会伦理道德承受能力的限制,国家在动用刑罚手段的时候,如果不考虑一定的伦理因素,那么刑罚就将难以被社会接受并无法发挥其维护社会秩序的功能。"②

刑法的正当性判断,应建立在社会伦理道德基础之上。刑法学研究也应将社会伦理道德判断作为一个检验机制,并使其在立法和法律适用过程中发挥作用。有关刑法的"正确"观念应当从社会基础性的伦理道德规范及其判断而来,由此呈现的问题就是:一方面近代刑法学研究在伦理道德话语方面保持"超然"的姿态,并通过"法益侵害"或者"社会危害性"等同样模糊的分析工具来解释犯罪化的根据;另一方面刑法及其适用本身要接受社会伦理道德的考验,并本能地要顺从(而不排斥)后者并接受后者的检验。在大多数情况下,刑法学都可以使用法学话语来回应基于社会伦理道德秩序的挑战,但也总有力所不逮的情况。解析某一领域犯罪化的必要性时,既需要实证主义的逻辑分析,也需要立法者和学者内心的道德良知,法律之稳定性部分地有赖于与道德的一致性。因此,无论是刑事立法、司法还是行刑活动,具体的执行者都必须服从朴素的道德规范。③ 美国反托拉斯法及日本《独占禁止法》的经验也充分证明了社会伦理对刑事执行正常运行的重要作用。

另外,据中国现阶段反垄断执法特征现状,可预见近期不存在急于引进刑事执法手段的必要性。第一,2022 年《反垄断法》的修改进一步加强

---

① 这也是日本《独占禁止法》刑事手段消极化,特别是针对企业等经营者责任人个人的监禁刑几乎都适用缓刑的文化背景之一。
② 曾粤兴:《刑罚伦理》,北京大学出版社 2015 年版,第 67 页。
③ 参见罗翔:《刑法罗盘》,中国法制出版社 2020 年版,第 105 页。

反垄断机构的执法保障。新法增加规定了反垄断执法机构依法对滥用行政权力排除、限制竞争的行为进行调查,有关单位或者个人的配合义务(第54条),并规定对涉嫌违法行为的经营者、行政机关和法律法规授权的具有管理公共事务职能的组织,反垄断执法机构可以对其法定代表人或者负责人进行约谈,要求其提出改进措施(第55条)。增设对垄断行为的公益诉讼制度,规定经营者实施垄断行为,损害社会公共利益的,设区的市级以上人民检察院可以依法向人民法院提起民事公益诉讼(第60条第2款),进一步健全了行政执法和司法衔接机制。第二,新法完善了法律责任,加大了处罚力度。针对反垄断执法中反映出的问题,大幅提高了对相关违法行为的罚款数额(第56条、第57条、第58条、第62条),新增加重情节的罚款上限,建立加倍处罚制度(第63条),增加了对达成垄断协议的经营者的法定代表人、主要负责人和直接责任人员的处罚规定(第56条、第62条)、信用惩戒的规定(第64条)等,刑事反垄断的必要性已经相对降低。第三,我国反垄断执法已经初步形成了以行政执法为核心,司法机关辅助,坚持依法规范和促进发展并重的基本格局。反垄断执法机构提升了常态化监管水平。在数字经济、民生保障等重点领域,加强了市场竞争状况评估,强化了预防性监管,并且综合运用了行政指导、行政约谈、行政处罚等手段,帮助企业提高了合规管理水平,及时纠治竞争违法行为,严格规范公平文明执法。反垄断执法机构可以在上述经营者合规监管工作上继续投入更多人力、物力,避免因为需要刑事追诉案件移送等前期工作耗去大量精力。

同时,剥夺卡特尔等不法垄断行为获取的非法利益附加惩罚性质的行政罚款,在遏制效果的期待可能性上等同或接近作为刑罚的罚金。在美国《谢尔曼法》100多年的实施历史上,作为主要运行机构的美国司法部反托拉斯局对于违反《谢尔曼法》的主要行为类型(固定价格、串通投标、分割市场协定等)的制裁主要采取刑事追诉手段。然而,这些刑事手段从其内容和实施方式上看,实质上是经济制裁手段,即主要以对违法者剥夺一定的经济利益和施加具有惩罚性质的罚金作为内容。另一个具有独特的反垄断执法模式的国家——日本则将属于行政制裁措施的课惩金制度作为执法机构选择的主要制裁方式。美国反托拉斯罚金和日本的课惩金制度虽然分别属于刑事和行政制裁措施，但从违反企业意愿强制剥夺其部分财产和其他经济利益的角度看，两者从实质上讲属于经济制裁措施，只是由于两国的社会文化背景和法律体系、行政体系的差异，以及社会整体对垄断行为和反垄断法的认识存在不同，两国对违反反垄断法的经济制裁措施分别反映为刑事制裁的罚金和行政制裁的课惩金两种方式。如何掌握住反垄断法运行的一个合理的"度"，特别是卡特尔等垄断行为的事后救济措施的合理程度问题，在很大程度上属于依照怎样的标准和要素，科学并合理地确定经济性制裁金的金额问题，而不是这种经济制裁金属于行政的还是刑事的属性问题。事实上，没收非法所得和罚款等行政制裁金相比于刑事性质的经济制裁金具有迅速性和利便性的特点，因此在大陆法系国家发挥着更大的作用。

最后，垄断行为犯罪化后如果长期闲置，则无犯罪化必要，否则会浪费立法资源。我国《反垄断法》禁止的垄断行为，包括本身违法的核心卡特尔行为和行政垄断行为等，被保护法益的可视性低于其他经济犯罪。与租税、证券、公司治理等其他经济法领域不同，市场竞争活动的合法与非法之界定已经相当艰难，需要相当审慎才能确保不影响企业的正常经营活动，以及不会因不合理的规定或者执法活动妨碍企业提高竞争能力。《反垄断法》具有与其他基础性法律相比程度更高的专业性、复杂性等特点，在完善基本制度规则的同时，需要始终保留应对市场业态及企业经营模型变化的空间，处理好规范与发展的关系。如果将垄断行为上升到罪与非罪的层面，则需要特别谨慎，结果极有可能是犯罪化后的长期闲置，无犯罪化的必要。因此，虽然2022年《反垄断法》的修改为刑事化提供了一个备用选项，但现阶段不急于修改刑法增加新罪名。"刑罚虽然是保护法益的手段,但同时具有明显的副作用,故必须慎重考虑刑罚的必要性界限"[1],也需要警惕过度犯罪化带来的消极后果。

三、结语及可能性展望

"中国式现代化离不开法治现代化,尤其需要经济法治现代化。经济法治与经济体制紧密关联,不仅影响经济、社会、政治等重要系统的优化,也事关国家整体治理水平的提升和文明的进步"[2]。笔者赞同上述论点,但包括市场竞争法治在内的经济法治现代化并不意味着必然走向刑事化,相反,从文明进步的角度考虑,应更加侧重刑事手段以外的民事及行政运行方式以及以经营者等市场主体为核心的自主合规守法文化建设。

当代法律体系中任何一个部门法都不像反垄断法那样,法律实施即运行本身成为一个重要的学术及实务话题。概因反垄断法一诞生就是一部主要在实施过程中不断具象化的法律。要实现反垄断法的立法目的,需要构建高效率的制度结构并采取有效的实施措施。然而,这些要素受多种因素制约,并不存在最优且统一的执法模式或执行手段。正如有学者所指出的:"反垄断法本身并不具有国家特殊性——无论是在东方还是西方,它都适用于商业行为。具有国家特殊性的,是实施反垄断法的制度安排。任何国家要使反垄断法得到有效实施,都必须对这些制度给予充分关注。"[3]这一观点基本值得认同。中国在充分认识本国行政与司法制度特点的基础上,应当深入研究欧美日等国在反垄断法与竞争法实施过程中的经验教训。鉴于反垄断法本身具有的不确定性特征,需要在规范执法机关裁量权的同时保持法律适用的灵活性,这将成为一项需要长期应对的课题。

---

[1] 张明楷:《犯罪的成立范围与处罚范围的分离》,载《东方法学》2022年第4期。
[2] 张守文:《论经济法治现代化》,载《中国法学》2025年第1期。
[3] First Harry = 石川卓磨「反トラストの実施に関する教訓:合衆国と日本の比較研究」比較法学28巻1号43頁。

2023年以来，国家反垄断局加强了群众反映强烈的民生领域监管执法，组织开展了一系列反垄断执法专项行动，依法查处一批医药领域垄断协议和滥用市场支配地位案件，在维护公平竞争的同时，有效降低广大人民群众用药成本和国家医保支出。针对公用事业领域滥用市场支配地位行为加大反垄断查处力度，有力保障企业和消费者的合法权益。查处建材领域垄断协议案件，整治群众反映强烈的建材市场乱象；查处民爆领域系列垄断协议案件，促进行业健康发展。民生领域未来也将是反垄断执法的重点领域，同时笔者也不排除垄断协议等严重违反《反垄断法》的行为犯罪化的必要性将来会以某种方式出现的可能性。犯罪化可能导致社会对该类行为的道德评价发生显著变化。更重要的是，这一举措将促进社会对违法行为的谴责意识形成，有可能发挥推动反垄断执法社会基础进化的潜在作用。

"只要刑罚的恶果大于犯罪所带来的好处，刑罚就可以收到它的效果。这种大于好处的恶果中应该包含的，一是刑罚的坚定性，二是犯罪既得利益的丧失。"①自贝卡里亚时代至今200余年间，犯罪形态与刑罚方式已发生巨大变迁，但贝卡里亚所揭示的刑罚基本原理，在现代竞争社会的经济犯罪领域仍具适用价值。显著不同的是，除刑事处罚外，行政制裁与民事赔偿等手段在多数情况下已与刑罚形成并用格局。在剥夺垄断犯罪者违法所得方面，具有迅捷性与利便性特征的行政罚款制度，在大陆法系国家确实发挥着比刑罚更为重要的作用。

2022年的中国《反垄断法》的修订，由于新增了"违反本法规定，构成犯罪的，依法追究刑事责任"的条款，因此，世间虽然有类似笔者的上述慎重派呼声存在，未来若干年内立法机构也有可能决定在卡特尔等核心违法行为的责任追究体系中，除行政制裁与民事救济外，新增刑事制裁手段，这

---

① ［意］切萨雷·贝卡里亚：《论犯罪与刑罚》，黄风译，中国法制出版社2002年版，第11页。

意味着在刑法之外分散于行政、经济、社会管理、民事等领域的 130 余项特殊附属刑法条款将再添新成员。后续通过刑法修正,私垄断、卡特尔等反垄断核心违法行为极可能被纳入刑法分则"破坏社会主义市场经济秩序罪"章节。但需要特别注意的是,基于中国特有的经济结构、法律体系、反垄断法特殊性及其本土化历程,刑罚权的引入必须保持补充性、谦抑性及最后手段性的特质。同时从欧美日经验观察,反垄断法刑事化后仍将面临诸多重大实施难题。

在探讨反垄断入刑的必要性时还需要留意象征性立法可能出现的消极因素。过去 12 次刑法修正案已经完成了相当规模的犯罪化,过度的回应型立法成为一种现实,立法本来的道德诉求却被忽视。① "随着现代社会发展所导致法益侵害风险的增加,刑法不再耐心等待损害结果的出现,越来越多刑法规范着重于行为的非价值判断,以制裁手段恫吓、震慑带有社会风险的行为"②。"谦抑原则最为基本的要求是在充分适用民事、行政措施解决问题前刑法不应轻易介入。不能一方面高喊着'刑法的最后手段性',一方面大量进行规范取代"③。需要警惕象征性立法因过多地服务于安全目的而损害了刑法的法益保护功能,因谦抑不足而损害了刑法的人权保障功能,因执行不足而损害了刑法的实用主义功能。④ 在第 13 次刑法修正案可能出现垄断协议罪或者其他罪名时,忧心忡忡的刑法学者和充满期待感的部分反垄断经济法学者的不同呼声体现了对刑法工具主义的不同价值取向及视角。

若企业等经营者通过积极自主合规确保经营活动合法有序开展,将有效降低行政与司法部门矫正经济失范行为的成本。从刑法补充性与谦抑

---

① 参见孙万怀:《刑法修正的道德诉求》,载《东方法学》2021 年第 1 期。
② 程红:《象征性刑法及其规避》,载《法商研究》2017 年第 6 期。
③ 孙万怀:《刑法修正的道德诉求》,载《东方法学》2021 年第 1 期。
④ 参见田宏杰:《立法扩张与司法限缩:刑法谦抑性的展开》,载《中国法学》2020 年第 1 期。

性角度考量，这无疑是理想的社会治理形态。但当前中国行业组织与企业的自主合规能力及自我净化机制仍显薄弱，存在较大提升空间。即便在未来某日反垄断刑事制裁制度确立后，如何培育市场主体自律机制，仍将是需要长期应对的课题。①

　　反垄断法的调整对象是复杂且动态变化的经济活动。以交易市场为舞台的经济行为，随着市场要素的变化时刻处于演变之中，这导致反垄断法"因其规范的特殊性，难以预先对何种行为构成违法作出具体严密的规定"。② 由此，反垄断执法机关对违法行为的认定必然需要保持适度弹性空间，其合法性判断的不确定性领域较其他经济法规范更为显著。因此，确保执法公正性成为关键课题。特别是对于正处于法治国家建设进程中的中国而言，如果将刑事制裁引入这一全新领域，如何确保司法公正性及其基础——查处标准的相对稳定性，将成为刑事手段发挥实效的重要挑战。③

　　中国反垄断法正处在具有历史意义的节点。过去为培育具有高创新性的新兴产业，对网络巨头、平台企业等新兴业态的初期发展采取放任态度，甚至默许法律灰色地带存在。近年在问题显性化后不得不转向强化监管。面对这种转折局面，包含选择可能性之一的刑事制裁在内的反垄断执法手段，如何在"法治中国"建设目标与正当程序原则下规范运行，将始终是值得深入观察的重要领域。这一过程不仅关乎反垄断法本身的完善，更是检验中国市场经济法治化程度的重要标尺。

---

① 杨继春「刑事的制裁と中国独禁法の執行」広島法学総第 45 巻第 3 号。
② 西山富雄『現代の経済犯罪と経済刑法』（啓文社，1994 年）169 頁参照。
③ 杨继春「刑事的制裁と中国独禁法の執行」広島法学総第 45 巻第 3 号。

信息网络犯罪研究

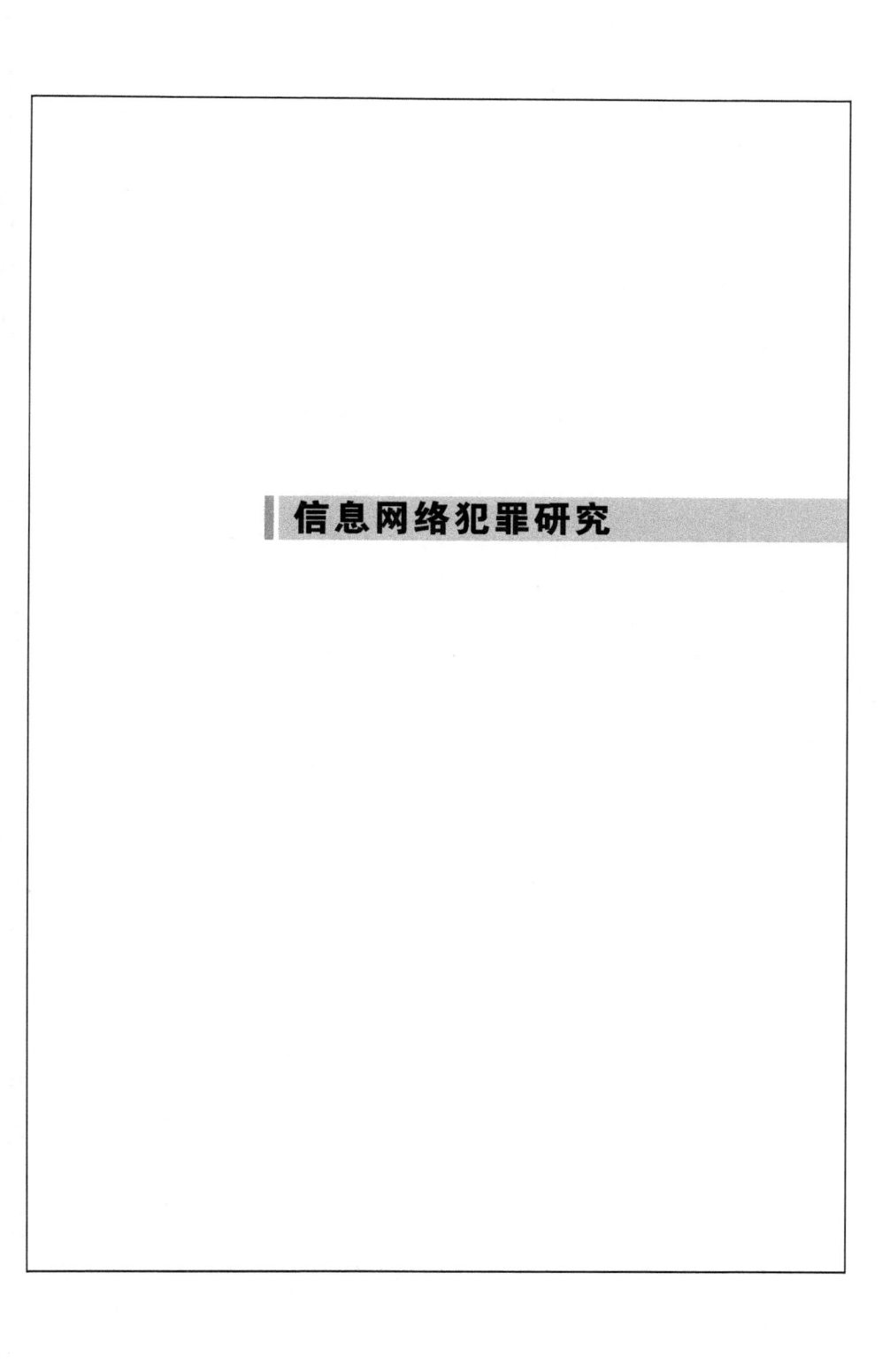

论拒不履行信息网络安全管理义务罪的作为形态

周铭川[*]

目　次

一、问题的提出
二、现有判决将本罪行为描述为作为犯
三、本罪中有些行为属于作为犯
四、"经责令改正而拒不改正"不是行为
五、拒不履行信息网络安全管理义务的实质
六、结语

摘　要：拒不履行信息网络安全管理义务中的义务是指法律义务而不是指作为义务，拒不履行法律义务的方式既有作为也有不作为。其中，对违法信息拒不删除的，实质上是放任信息继续传播的作为犯，不是应当删除而不删除的不作为犯；应当采取有效措施防止用户信息泄露而未采取、

---

[*] 上海交通大学凯原法学院副教授。

应当保存刑事案件证据信息而未保存的,更可能是不作为犯;因而,在本罪的多种行为类型中,既有作为犯也有不作为犯,通说认为本罪只能是不作为犯是不妥的。所谓"拒不改正"只是对行为人继续实施原来行为的一种描述,本身没有任何行为内容,既不能侵害法益又没有社会危害性,不是一种行为,只是一种限制处罚范围的条件,不是认定不作为犯的依据。

关键词:拒不履行信息网络安全管理义务罪;作为犯;不作为犯;拒不改正;限制处罚范围条件

一、问题的提出

拒不履行信息网络安全管理义务罪(以下简称本罪)是2015年8月29日颁布、11月1日起施行的《刑法修正案(九)》第28条新增设的罪名,增设理由在于,1997年《刑法》实施以后,互联网的使用日益普遍,网络犯罪随之增多,而有些"网络服务提供者不履行信息网络安全管理义务,造成严重后果",有必要运用刑法予以打击。[1] 刑法条文和司法解释中都使用了诸如"拒不履行信息网络安全管理义务""(经责令改正而)拒不改正"之类的表述,导致学界普遍认为本罪是(纯正)不作为犯,[2]认为其不作为表现有二:一是拒不履行法律或行政法规规定的信息网络安全管理义务,二是经监管部门责令改正而拒不改正。[3] 从而,普遍囿于罪名、法条和司法解释条文的字面文义,抽象地分析本罪的形态,而没有结合本罪的实际行为来分析,导致对本罪的认识停留在对条文字面含义进行解释的阶

---

[1] 参见全国人大常委会法制工作委员会主任李适时2014年10月27日在十二届全国人大常委会第十一次会议上所作《关于〈中华人民共和国刑法修正案(九)(草案)〉的说明》。

[2] 参见叶良芳:《风险社会视阈下拒不履行信息网络安全管理义务罪之法教义学分析》,载《贵州省党校学报》2019年第6期。

[3] 参见谢望原:《论拒不履行信息网络安全管理义务罪》,载《中国法学》2017年第2期。

段。实际上,本罪有多种行为类型,不同行为类型的作为和不作为形态并不一致,有的是违反命令性规范的不作为,比如应当保存刑事案件证据信息而不保存;有的是违反禁止性规范的作为,比如禁止传播违法信息却放任传播,只是被统摄于"拒不履行信息网络安全管理义务"这一行为性质之下而已。至于"经监管部门责令采取改正措施而拒不改正"(以下简称经责令改正而拒不改正),则既非本罪行为的组成部分,又不是一种行为,而是行为之外的限制处罚范围条件,既不会影响本罪的行为及结果,更不会影响本罪的作为或不作为形态。

二、现有判决将本罪行为描述为作为犯

与帮助信息网络犯罪活动罪的大量适用相比,目前适用本罪的裁判文书可谓寥若晨星,至2024年9月底,在中国裁判文书网和北大法宝上仅能搜索到5个被法院认定为本罪的案例。从这五个案例来看,法院所认定的犯罪事实,均是被告人实施了被有关部门禁止实施的行为,违反的是禁止性规范,应属于作为犯。

【案例一】 被告人胡某于2015年7月至2016年12月,租用国内外服务器,自行制作并出租"土行孙""四十二"等翻墙软件,为境内2000余名网络用户提供境外互联网接入服务,其间受到公安机关两次约谈、一次责令停止联网、警告、并处罚款、没收违法所得的行政处罚,但是胡某拒不改正,继续出租"土行孙"翻墙软件,违法所得23.6万元。法院认为:"被告人胡某非法提供国际联网代理服务,拒不履行法律、行政法规规定的信息网络安全管理义务,经责令改正而拒不改正,情节严重,其行为已构成本罪。"①

显然,本案被告人的行为,是积极向国内网络用户出租翻墙软件,使他

---

① 胡某提供翻墙软件案,上海市浦东新区人民法院(2018)沪0115刑初2974号刑事判决书。

们能够访问被国内禁止访问的境外网站,是被禁止向他人提供翻墙软件而仍然提供的行为,这明显是作为方式而不是不作为方式。① 正如老王持刀砍人、被民警喝令停止而仍不停止时,老王违反的是禁止伤害他人的禁止性规范,而不是必须立即停止砍人的命令性规范,是积极的作为犯罪而不是消极的不作为犯罪一样。

【案例二】被告人朱某2016年起通过网站销售VPN软件,用户购买VPN软件后可以访问国内IP不能访问的境外网站。2017年7月17日,朱某接到荆州市公安局要求关停VPN业务的通知,却拒不改正,继续经营,直至同年9月27日被抓,违法所得4万余元。法院认为,被告人朱某身为网络服务提供者,拒不履行法律、行政法规规定的信息网络安全管理义务,经责令改正而拒不改正,已构成本罪,公诉机关指控其行为构成提供侵入、非法控制计算机信息系统的程序、工具罪的罪名不当。②

同案例一一样,被告人因向他人提供翻墙软件获利而被追究刑事责任。

【案例三】被告人李某于2014年8月至2019年3月在北京远特通信公司担任高级运营总监,该公司曾因违反《电话用户真实身份信息登记规定》《关于防范打击通信信息诈骗工作专项督导检查情况的通报》于2016年12月、2017年1月两次受到责令改正及罚款的行政处罚。2018年9月,山东亚飞达信息公司董事长任某为获取他人手机卡上绑定的微信账号,向北京远特通信公司董事长王某请求将实名用户停机三个月后被回收的手机卡重新制作成新卡提供给其公司,王某安排李某负责此事,李某为

---

① 参见黄勇、莫洪宪:《拒不履行信息网络安全管理义务罪:实质解释与适用检视》,载《湖北社会科学》2022年第3期。

② 参见朱某提供翻墙软件案,湖北省荆州市荆州区人民法院(2018)鄂1003刑初150号刑事判决书。

此重新制作了4000张手机卡交给任某。任某将该批手机卡实名登记在济南两公司名下,并将手机卡出售给昆明某工作室的林某,致使手机卡上绑定的微信账号被林某大量盗取。法院认为,被告人李某负有查验、评估、审核手机卡使用情况的职责,明知违反手机卡实名制管理规定,仍将大量带有公民个人信息的手机卡交给其他公司,造成严重后果,且在两年内经监管部门多次责令改正而拒不改正,已构成本罪。①

显然,该案中李某不应当将其他用户实名但已停机不能使用的手机卡重新制作成新卡提供给他人,却违反禁止性规范违法制作新卡并向他人提供。虽然法院判决结果值得商榷,比如将行为人在2016年、2017年所受行政处罚认定为2018年犯罪之后的责令改正通知明显违背罪刑法定原则,但其认定的行为则明显是作为而不是不作为。

【案例四】2015年10月至2017年1月,被告人何某、李某在经营管理盘古公司辰龙游戏平台过程中,将平台的捕鱼、五子棋游戏提供给参赌人员进行赌博。玩家通过以炮打鱼方式消耗或获取虚拟游戏币,每炮消耗10元至9900元游戏币,捕鱼成功则获取2倍至100倍不等的游戏币奖励,然后在五子棋游戏中通过银商(网上销售、回购游戏币的人)将游戏币兑换成人民币,致使银商胡某、晏某、马某、陈某、范某、熊某等人非法获利130万元。而早在2015年10月9日,金华市公安局等部门即下发《责令限期改正通知书》,责令盘古公司在2015年11月9日之前将平台在规范管理方面存在的问题改正完毕,包括未禁止注册用户账号使用暗含银商交易的个性签名、提供不同用户账号间虚拟币变相转账服务等问题。法院认为,被告人何某、李某利用互联网游戏平台开设赌场,情节严重,构成开设赌场罪;两人在经营管理游戏平台过程中不履行法律、行政法规规定的信息网络安全管理义务,经责令改正而拒不改正,又构成本罪;两人明知他人

---

① 参见李某提供实名制手机卡案,云南省昆明市盘龙区人民法院(2020)云0103刑初1206号刑事判决书。

利用信息网络实施犯罪而为他人犯罪提供技术支持,又构成帮助信息网络犯罪活动罪,应择一重罪以开设赌场罪定罪处罚。①

显然,除开设赌场之外,本案中被告人的行为是,不应当向用户提供暗含银商交易个性签名的账号却违法提供;不应当向用户提供不同账号间虚拟币变相转账服务却违法提供,这些都是作为而不是不作为。

【案例五】被告人许某是某网站负责人,因该网站上发布有大量违法信息而多次被泸州市江阳区互联网信息办公室约谈并责令限期整改,并被泸州市公安局江阳区分局予以警告、责令停止联网和停机整顿,但许某一直拒绝整改,也不履行行政处罚,反而授意其网站管理人员杨某租用国外服务器,先后16次重新申请域名将被关闭的网站通道开通,拒绝删除网站上的违法文章,致使违法文章被7万多人次浏览阅读。法院认为,许某作为某网站的负责人,是网络服务提供者,其不履行法律、行政法规规定的信息网络安全管理义务,经责令改正而拒不改正,致使违法信息大量传播,构成本罪。②

本案中许某的行为是,在其负责、管理的网站上发布违法文章而拒绝删除,致使违法信息大量传播;被公安机关禁止开设网站却先后16次重新申请域名将被关闭的网站通道重新开通。显然,这些都是作为而非不作为。

在以上案例中,虽然法院裁判结果值得商榷,③但无疑可以代表部分法官的观点。虽然法院裁判套用了本罪条文中的文字表述,但是其所认定的犯罪事实,却无一不是被告人实施了被有关部门禁止实施的行为,包括

---

① 参见何某等人开设赌场案,江西省南昌市东湖区人民法院(2018)赣0102刑初585号刑事判决书。

② 参见许某违法发帖拒不删除案,四川省泸州市江阳区人民法院(2018)川0502刑初176号刑事判决书。

③ 参见陈洪兵:《拒不履行信息网络安全管理义务罪条款"僵尸化"的反思》,载《学术论坛》2022年第3期。

向他人提供翻墙软件、向他人提供用户实名但已停机的手机卡、向他人提供特定游戏账号、在自己管理的网站上发布违法信息放任信息传播等,并且都没有写明被告人所违反的法律、行政法规的名称和具体条文,裁判说理明显不够。

三、本罪中有些行为属于作为犯

从《刑法》第286条之一的规定来看,法条本身并未规定本罪的行为,仅规定了本罪行为所违反的法律义务及其造成的后果。前者即所谓"不履行法律、行政法规规定的信息网络安全管理义务",后者即"致使违法信息大量传播的""致使用户信息泄露,造成严重后果的""致使刑事案件证据灭失,情节严重的""有其他严重情节的"。前者只是对本罪行为的某种性质的一种评价,并非针对犯罪行为本身,对于什么样的行为才属于具有这种性质的行为,法条未作任何规定。而法条中"经监管部门责令采取改正措施而拒不改正"同样未规定责令行为人采取什么改正措施。同样,最高人民法院、最高人民检察院(以下简称"两高")2019年10月21日颁布、2019年11月1日起实施的《关于办理非法利用信息网络、帮助信息网络犯罪活动等刑事案件适用法律若干问题的解释》中也没有规定本罪的行为,仅规定了本罪行为所违反的义务性质和严重后果的认定标准,并且有些规定明显违背刑法理论和罪刑法定原则。比如,将"二年内经多次责令改正拒不改正的"规定为本罪定罪情节之一,是将本罪解释成单纯的不服从行政命令的犯罪,完全没有考虑行为的社会危害性和法益侵害性,可能导致将社会危害性极小、不会侵害法益的行为认定为本罪。

至于《网络安全法》《全国人民代表大会常务委员会关于加强网络信息保护的决定》《信息网络传播权保护条例》等法律、行政法规中规定的违法行为,只有能够造成本罪后果的,才能作为本罪行为,否则既不能将任何违法行为都视为本罪的犯罪行为,更不能简单地将行政法上的义务视为刑法上的义务。此外这些文件中的规定往往过于抽象、概括,其内涵与外延均不够明确,难以从中归纳出具体行为。① 比如,虽然现有案例将向他人出售翻墙软件获利行为认定为本罪,但是这种行为到底违反了哪个法律或行政法规的哪一条,却没有哪个法官能讲清楚,原因是本来就缺乏具体规定。

分析本罪的作为或不作为形态,却无法回避本罪的行为类型问题,因为作为犯是指违反刑法的禁止性规范、不应实施某种行为却违法实施的犯罪;不作为犯是指违反刑法的命令性规范、应当实施某种行为却没有实施的犯罪;②事实上的行为或无行为是法律评价的对象,是作为犯或不作为犯的认定基础,如果连评价对象都不存在,自然谈不上将某种并不存在的事物评价为作为犯或不作为犯的问题。由于《刑法》中没有规定本罪的行为类型,"法律、行政法规"及"信息网络安全管理义务"又过于宽泛,只能根据本罪三种行为后果来推测本罪的行为类型。

其中,"致使违法信息大量传播的"所对应的行为类型应当是,行为人应他人请求,在自己所有或管理的网站或网页上替他人发布违法信息,或者放任他人在其所有或管理的网站或网页上发布违法信息,并且无须行为人审核即可直接发布,否则,如果违法信息仍须经行为人审核才能发布,则应属于行为人自己替他人发布,因为违法信息最终是由行为人正式发布的,直接实行者仍然是行为人。如果是行为人自己替他人发布违法信息,则实行行为是行为人亲自实施的,行为人是直接正犯,这显然是作为犯,违反的是禁止传播违法信息的禁止性规范,就此而言,不宜认为本罪仅是帮助行为正犯化罪名;如果是行为人放任他人在其所有或管理的网站或网页上发布违法信息而不删除,则似乎是一种帮助行为,可认为本罪属于帮助行为正犯化罪名。只是从实质来看,违法信息之所以能造成危害后果,是

---

① 参见童德华、马嘉阳:《拒不履行信息网络安全管理义务罪之"义务"的合理性论证及类型化分析》,载《法律适用》2020年第21期。
② 参见张明楷:《刑法学》(第6版),法律出版社2021年版,第191页。

因为信息在网站或网页上公开传播,而不是因为信息的发布,如此则行为人是否亲自发布信息并不重要,不宜成为区分直接正犯与帮助犯的关键。无论是行为人自己发布还是由他人发布,就信息传播而言,行为人都是直接正犯而不是帮助犯,因为只有放任信息传播才能造成危害后果。换言之,放任信息传播是作为犯,是禁止传播却故意传播,违反的是禁止性规范。"不删除"只是放任传播的一种表现,其实体内容仍是传播,即不停止传播而继续传播,删除没有独立评价的意义,不应因为没有实施"删除"动作而被视为不作为犯。

放任他人在自己所有或管理的网站或网页上发布违法信息,实际上是允许、放任他人的违法信息保留在自己所有或管理的网站或网页上,这与容留他人在自己住房内卖淫或吸毒、允许他人在自己住房内储存毒品或枪支等行为非常相似。前者构成容留卖淫罪或容留他人吸毒罪,大多数是为他人卖淫或吸毒提供场所的作为犯,[①]后者构成非法持有毒品罪或非法持有枪支罪。对于持有型犯罪,大多数学者认为是作为犯,少数学者认为是不作为犯,个别学者认为是作为犯与不作为犯之外的第三种行为形态。[②]既然本罪与容留型犯罪、持有型犯罪非常相似,都是为他人违法犯罪提供场所,而这两种犯罪类型大多数是作为犯、直接正犯,则本罪也应包括作为犯和直接正犯。

"两高"2010年颁布的《关于办理利用互联网、移动通讯终端、声讯台制作、复制、出版、贩卖、传播淫秽电子信息刑事案件具体应用法律若干问题的解释(二)》第4条、第5条规定,网站建立者、直接负责的管理者明知他人制作、复制、出版、贩卖、传播的是淫秽电子信息,而允许或放任他人在其所有或管理的网站或网页上发布淫秽信息,达到一定数量者,应以传播

---

① 参见黄瑛琦、张洪成:《容留他人吸毒罪主观限缩之合理性研究》,载《长春理工大学学报(社会科学版)》2018年第6期。

② 参见何荣功:《实行行为研究》,武汉大学出版社2007年版,第85~86页。

淫秽物品牟利罪或传播淫秽物品罪定罪处罚。这也将网站经营管理者放任淫秽信息在其网站或网页上传播理解为正犯行为,而没有将其理解为仅帮助他人传播信息的帮助犯,是从实质上理解传播行为,而没有局限于形式上信息是由谁发布的。

至于"致使用户信息泄露(造成严重后果)""致使刑事案件证据灭失(情节严重)",则更可能源于不作为,即应当采取而未采取足够安全的措施保护用户信息,应当保存而未保存刑事案件证据信息等。如果故意将用户信息泄露出去,或者发现用户信息泄露而予放任,则属于作为犯,是故意侵犯用户信息;如果故意泄露的是公民个人信息,可构成侵犯公民个人信息罪;如果故意泄露的是他人商业秘密,可构成侵犯商业秘密罪,最终应以相关犯罪论处,而不应定本罪。

四、"经责令改正而拒不改正"不是行为

有学者由于法条中"经监管部门责令采取改正措施而拒不改正"的表述,而认为本罪是不作为犯。实际上,这仅是本罪中的限制处罚范围条件,而不是本罪的实行行为,不可能由此导致本罪变成不作为犯。

首先,所谓"拒不改正",至多只能表明行为人对监管部门责令改正的不服从态度,而根本不是一个行为。有学者认为:"经责令改正而拒不改正是一种客观行为(不作为)。"① 有学者认为,根据法条的具体规定,可以将本罪的行为方式概括为"拒不改正+致使违法信息大量传播""拒不改正+致使用户信息泄露造成严重后果""拒不改正+致使刑事案件证据灭失情节严重"三种。② 这种观点似乎不妥。其一,所谓"拒不改正"本身并无任何行为内容,只是表明行为人继续实施被责令禁止实施的行为或继续

---

① 邱陵:《拒不履行信息网络安全管理义务罪探析》,载《法学杂志》2020年第4期。
② 参见李立丰、项艳:《拒不履行信息网络安全管理义务罪争议问题分析——基于法教义学的视角》,载《山东警察学院学报》2019年第6期。

不实施被责令要求实施的行为、从而继续不履行法定义务而已。例如,当监管部门根据《网络安全法》第47条关于"(发现违法信息后)应当立即停止传输该信息,采取消除等处置措施,防止信息扩散"的规定,责令行为人立即将其网页上的违法信息删除时,行为人的"拒不改正"仅表明其拒不删除该信息、拒不停止传输该信息、继续放任该信息经其网页传播扩散,并未在此之外增加一个行为,所谓"责令改正"和"拒不改正"都是围绕信息的删除或保留、是否传播扩散展开的,本身不可能有任何行为内容。又如,张三正在用刀砍李四时,被民警责令停止,张三根本不听,继续用刀砍李四,张三始终只有用刀砍李四这一个行为,"被民警责令停止而拒不停止"并不会导致在砍杀行为之外增加一个行为。再如,王某非法拘禁赵某期间,公安民警多次打电话责令立即放人,但王某置若罔闻,直至被公安机关抓获,王某始终只实施了一个非法拘禁赵某的行为,并没有因"拒不改正"错误而增加一个行为。其二,或许有人认为,正是因为"拒不改正"没有客观的作为,所以才是"应改正而不改正"的不作为,但如此思考的结果是将任何一个作为犯都变成"作为犯+不作为犯",甚至变成一个作为犯加多个不作为犯。比如,先后有多位民警给王某打电话要求王某立即放人而王某均置之不理时,每一次拒绝都要认定为一个不作为犯,这显然难以想象,何况这种"不作为"没有任何法益侵害性和社会危害性,根本不具有实行行为资格。简言之,所谓经责令改正而拒不改正,并不会导致在行为人原有行为之外增加一个"拒不改正"行为,至多能表明行为人的主观恶性较大而已。既然"拒不改正"并不是一个行为,那么其就不可能成为认定不作为犯的依据。

其次,本罪中"责令改正"仍是责令行为人履行信息网络安全管理义务,责令改正的内容与行为人本应履行的义务的内容具有同一性,都是法律、行政法规规定的义务;"拒不改正"则是行为人不停止而继续实施原来的行为,继续拒不履行法定义务。比如,一直让违法信息保留在自己所有或管理的网站或网页上,导致违法信息一直传播扩散等。所谓"责令改正"和"拒不改正"并非本罪实行行为的组成部分,对本罪实行行为的主观要素和客观要素,法益侵害性和社会危害性,均没有任何影响,无法用于论证本罪是不作为犯。例如,甲将同一张淫秽图片分别上传到乙、丙的网页上,截至某月某日,该图片在乙的网页上被浏览6万次,在丙的网页上被浏览2万次,其间,丙曾被监管部门责令删除3次,但丙置之不理,而乙未被监管部门责令删除。尽管丙的拒不删除体现了丙对监管部门行政命令的蔑视态度,但丙行为的社会危害性显然比乙的小很多,"经责令改正而拒不改正"并不会反过来使丙行为的社会危害性超过乙的行为。

再次,从立法意图来看,《刑法修正案(九)》增设本罪是为了减少网络犯罪,认为有必要处罚网络服务提供者拒不履行信息网络安全管理义务的行为。网络服务提供者在信息网络技术和经营管理方面具有优势,有能力协助国家维护信息网络安全,一旦其拒不履行信息网络安全管理义务,其提供的网络服务就可能对他人利用信息网络实施犯罪起到帮助作用,因而有理由予以处罚。只是为了限制处罚范围,法律愿意给其一个机会,允许其改正错误,只要在被责令改正之后立即改正,就可以网开一面不予处罚,体现刑法的谦抑性。对于拒不改正者,则没有理由不予惩罚。虽然对于"经责令改正而拒不改正"的地位,目前大致有构成要件要素说、客观处罚条件说、程序性构成要件要素说、刑事义务说等观点,[1]但显而易见的是,之所以规定"经责令改正而拒不改正",既不是要将其作为本罪的实行行为,也不是为了处罚不服从行政命令的行为,更不是将其作为启动刑事诉讼的条件,仅仅是限制处罚范围的条件而已,类似于丢失枪支不报罪中的"不及时报告"(该罪惩罚的是过失导致枪支丢失造成严重后果的行为)。[2]

---

[1] 参见魏瀚申:《论拒不履行信息网络安全管理义务罪的条文虚置及其风险救济》,载《铁道警察学院学报》2024年第2期。

[2] 参见周铭川、黄丽勤:《论丢失枪支不报罪之限制处罚范围要素》,载《山西警官高等专科学校学报》2005年第4期。

最后，从我国刑法修改过程来看，其他犯罪中也有这种限制处罚范围条件，显然不能因为有这种条件而使相应犯罪变成所谓的"行政犯""不作为犯"。例如，《刑法》第 134 条之一危险作业罪中"被依法责令停产停业、停止施工、停止使用有关设备、设施、场所或者立即采取排除危险的整改措施，而拒不执行"；第 139 条消防责任事故罪中"经消防监督机构通知采取改正措施而拒绝执行"；第 276 条之一拒不支付劳动报酬罪中"经政府有关部门责令支付仍不支付"；第 290 条第 3 款扰乱国家机关工作秩序罪中"经行政处罚后仍不改正"；第 296 条非法集会、游行、示威罪中"（经责令解散而）拒不服从解散命令"；第 196 条第 2 款"恶意透支"中"经发卡银行催收后仍不归还"等。上述犯罪除了拒不支付劳动报酬罪是不作为犯之外，其他都是公认的作为犯，难以想象有人会认为危险作业罪、消防责任事故罪等是不作为犯。

有些罪名则是先规定了该种条件以对处罚范围进行限制，后又在修改刑法时取消了这种限制条件，目的当然是取消之前对处罚范围的限制，将处罚范围恢复到本来应有的程度。例如，1997 年《刑法》第 135 条重大劳动安全事故罪中规定了"经有关部门或者单位职工提出后，对事故隐患仍不采取措施"，2006 年《刑法修正案（六）》则删除了这一条件；1997 年《刑法》第 343 条第 1 款非法采矿罪中规定了"经责令停止开采后拒不停止开采"，2011 年《刑法修正案（八）》则删除了这一条件；1997 年《刑法》第 288 条第 1 款干扰无线电通讯管理秩序罪中规定了"经责令停止使用后拒不停止使用"，2015 年《刑法修正案（九）》则删除了这一条件。显然，不能认为上述罪名先是违反行政命令的行政犯，修改之后则由行政犯变成了自然犯，如果下次修正时又增加该种条件，则又从自然犯变成行政犯。这种限制处罚范围条件不可能成为区分行政犯和自然犯的标准。

五、拒不履行信息网络安全管理义务的实质

在《刑法》分则规定的四百多个罪名中，仅规定行为所违反的义务却

不规定行为本身的罪名,只有本罪一个,绝大多数犯罪是只规定行为而未规定行为所违反的义务,另有5个罪名同时规定了行为和行为所违反的义务,包括《刑法》第169条之一背信损害上市公司利益罪中"对公司的忠实义务",第201条第2款逃税罪中"扣缴义务",第219条侵犯商业秘密罪中"保密义务",第261条遗弃罪中"扶养义务",第434条战时自伤罪中"军事义务"。无论是只规定行为,还是同时规定行为和行为所违反的义务的罪名,其所规定的"义务"均是指法律义务,而不是指作为义务。因此,不能仅根据义务的名称来判断该罪是作为犯还是不作为犯,而必须具体分析行为所违反的规范到底是禁止性规范还是命令性规范。例如,在上述罪名中,违反扶养义务的遗弃罪、违反扣缴义务的逃税罪,大多认为是不作为犯,其作为义务与法律义务的名称相同;而违背对公司忠实义务的背信损害上市公司利益罪、违反保密义务的侵犯商业秘密罪、逃避履行军事义务的战时自伤罪,则大多认为是作为犯,是刑法禁止实施违反这些义务的行为而行为人却违反禁止性规范而实施,其不作为义务与法律义务的名称不一致。至于只规定行为而未同时规定行为所违反的义务的绝大多数罪名,其作为犯与不作为犯的判断,当然更是取决于行为所违反的规范的种类,而不取决于行为所违反的义务名称。

甚至于,许多犯罪罪状都可改写为仅规定行为所违反的法律义务而不规定行为的表述,而不影响人们对该罪的理解。例如,《刑法》第232条(故意杀人罪)可以改写为"拒不履行法律法规规定的对他人生命的义务,致人死亡的,处……,情节较轻的,处……";第234条(故意伤害罪)可以改写为"拒不履行法律法规规定的对他人健康的义务,致人轻伤的,处……,致人重伤的,处……,致人死亡的,处……";第275条(故意毁坏财物罪)可以改写为"拒不履行法律法规规定的对他人财产的义务,导致他人财产毁损,数额较大的,处……,数额巨大的,处……"这样改写之后,完全不影响人们对这三罪的理解,也显然不会因为这样改写而使作为犯变成不作为犯,因为这里的"义务"明显是指法律义务。

那么，为什么对于本罪，许多学者会仅根据行为所违反的义务名称来认为本罪仅是不作为犯？笔者认为，这既是因为受"拒不履行……义务"表述的误导，更是因为误把法律义务当成作为义务，忽略了法律义务与作为义务的重要区别。其中，法律义务是与法律权利相对应的概念，比如，任何人都享有生命权，同时也负有不得侵犯他人生命权的义务，生命权在一般场合是绝对权、对世权，权利人之外的全部人都是义务人，都负有不得侵犯权利人的生命权的义务，但在特定场合则是相对权、对人权，只在特定关系人比如父母与幼儿、保姆与幼儿之间才存在对生命的权利和义务。而作为义务则是不作为犯中才有的义务，是命令性规范要求行为人实施某种行为以保护他人权利的义务，与作为犯中的不作为义务相对应。是否存在作为义务，取决于是否存在命令性规范。比如，当幼儿落水时，法律会命令其父母去救，却不会命令岸边陌生人去救，对幼儿父母而言存在命令性规范，对岸边陌生人而言则不存在命令性规范。从两者外延来看，法与作为义务存在种属关系，法律义务包括作为义务和不作为义务。拒不履行自己对他人的法律义务既可能采用作为方式，也可能采用不作为方式。

本罪中拒不履行信息网络安全管理义务，真实意思是指拒不履行保障信息网络安全的法律义务，不是指拒不履行管理信息网络安全的作为义务，只是由于法律义务通常包括作为义务，因此不排除其中存在作为义务，具体有无作为义务，取决于具体行为是什么、是否存在命令性规范。例如，当法律要求网络服务提供者妥善保存刑事案件证据信息时，违反规定擅自删除这种信息的，尽管存在删除动作，但违反的是妥善保存的命令性规范，是不作为犯，可能造成刑事案件证据灭失的后果，而不是违反"禁止删除"的禁止性规范而"删除"的作为犯；而当法律禁止网络服务提供者放任其网站或网页传播违法信息时，尽管存在拒不删除之事实，但违反的是禁止传播的禁止性规范，是作为犯，可能造成违法信息大量传播的后果，不是违反"命令删除"的命令性规范的不作为犯。

还有学者仅根据本罪条文表述而认为本罪是义务犯，认为本罪的实质在于义务违反,应根据义务犯的法理来理解本罪,而不能按照支配犯的逻辑进行思考。① 这种观点仅分析法条的文字表述而未考虑本罪的行为实际。如前所述,本罪中既有禁止传播而放任传播的作为犯,又有命令保存而拒不保存的不作为犯,并非只有不作为犯一种类型。在行为人放任违法信息通过其网页传播而不删除的例子中,行为人既可以删除信息,也可以拒绝删除,其对信息的传播与否是有支配力的,并非不能适用支配犯的法理,但这里的关键是信息的传播与否而不是有无删除动作,因为,能够造成危害结果的,是信息的传播而不是删除动作,因此应将禁止或命令的思考点放在"传播"上,显然,就规范种类而言,是"禁止传播"而不是"命令不传播",更不是"命令删除"。

因此,应当根据行为人所实施的具体行为,以及行为所违反的规范种类,来判断本罪是作为犯还是不作为犯,不应脱离行为实际而仅从《刑法》条文的字面含义来认为本罪是不作为犯,否则,很容易将作为义务与法律义务混为一谈。

六、结语

本罪条文中仅规定了法律义务和犯罪结果而未规定行为类型,有必要根据犯罪结果来确定行为类型,而本罪三种结果所对应的行为类型并不相同,既有违反禁止性规范的作为犯,又有违反命令性规范的不作为犯,不能将法律义务和作为义务混为一谈,不能将行政义务直接视为刑事义务。本罪中"拒不改正"只是对行为人不停止原来行为、继续原来行为的一种描述,本身没有任何行为内容,既无法益侵害性又无社会危害性,不宜视为本罪实行行为或其组成部分,只是一种限制处罚范围的条件,不宜由此认为本罪是不作为犯。

---

① 参见周光权:《拒不履行信息网络安全管理义务罪的司法适用》,载《人民检察》2018年第9期。

身份数字化刑法保护的法益证成

陈 玲[*]

目　次

一、"身份"的法律内涵
二、身份的识别与认证
三、数字时代的身份价值及其法益证成

摘　要：身份数字化是古老的身份犯罪形态在近40年数量激增并引起国际社会广泛关注和域外刑事立法专门回应的主要原因。随着社会经济的发展和国际文化交流互动，身份发展出多重语义，而在法律层面，其亦具有三种不同内涵，即传统刑法理论上"身份犯"中的身份、传统民法理论上身份权中的身份以及现代"身份识别"意义上的身份。身份数字化中的身份正是身份识别意义上的身份，是人作为社会上的唯一独立存在与其他任何人作为主体的区分。身份体现在各种标识上，但身份和进行身份识别的标识或身份识别信息乃至个人信息是不同的概念。数字时代的身份较之传统社会中的身份有了更多的保护价值，包括身份作为人格利益本身的

---

[*] 上海社会科学院法学研究所助理研究员，法学博士。

价值、身份上附着利益的价值、身份在数字身份系统中的交易和业务功能价值等,因此身份权益虽然由身份主体享有,但与身份有关的犯罪行为同时扰乱了基于身份识别唯一性的社会信任机制和建立在真实信息基础上的社会秩序,由此身份的刑法保护不仅体现了个人法益,也蕴含了超个人法益。

关键词:身份数字化;身份权益;刑法保护价值;个人法益;超个人法益

身份盗窃(identity theft)被认为是世界上增长速度最快的犯罪,也被称为"世纪之罪""千禧年之罪",[1]引起了许多国家、区域性和全球性国际组织的高度关注。但它们却不是一种新的犯罪形态,而是一项很古老的不法行为。我国四大名著之一《西游记》中,唐僧的父亲陈光蕊考中状元,但在赴任途中被水贼刘洪所杀。刘洪其后冒充陈光蕊,霸占唐僧之母,并顶替其赴任江州刺史,以陈光蕊的名义生活和为官18年,直到玄奘报信京城,丞相发兵六万,方才受法伏诛。我国古代律法中也有相关对诈假官、诈冒官员姓名等行为的惩处性规定。[2]

而在域外,根据澳大利亚政策咨询和研究机构 Caslon 的研究,早在公元1世纪前,就出现了身份盗窃行为。[3] Jennine Hurl-Eamon 也曾指出,17世纪和18世纪的英国,冒用他人身份的行为十分常见,因此冒充他人也成了一个非常常见的文学主题,故事和戏剧中充满了采用不同伪装和身份的人,传单和小册子上也描述了那些非常有名的假冒者,为了掩盖贫穷的出

---

[1] See Sean B. Hoar, *Identity Theft*: *The Crime of New Millennium*, 80 Oregon Law Review 1423,1423 (2001).

[2] 《唐律疏议》第二十五卷(诈伪)第370条规定:"诸诈假官,假与人官及受假者,流二千里。谓伪奏拟及诈为省司判补、或得他人告身施用之类。"《明会典》及《大清律例》中亦规定:"凡诈假官、假与人官者,斩。其知情受假官者、杖一百、流三千里。若无官而诈称有官、有所求为,或诈称官司差遣、而捕人,及诈冒官员姓名者,杖一百、徒三年。若诈称见任官子孙弟侄家人总领、于按临部内、有所求为者,杖一百。"

[3] Identity Crime: Pre-Modern ID Crime, Caslon Analytics, http://www.caslon.com.au/idcrimeguide2.htm, last visited on Aug. 23,2011.

身而冒充有钱人,也有女人冒充男人并设法骗了数以百计的人直到最后方才被揭穿。① 司法机关也曾明确身份盗窃这一行为由来已久。在加拿大不列颠哥伦比亚省 R. v. Harris 案中,Ball 法官指出:"控方检察官和辩方律师都认为本案关涉身份盗窃,好像身份盗窃是一个很重要的最近才出现的新问题。我虽然是一个历史学的外行,但我书架上有一本我经常阅读的书《那些走向绞刑架的臭名昭著者》(*Some Notorious Visitors to the Gallows*)就是关于 17 世纪和 18 世纪的身份盗窃案件的,彼时身份盗窃案件可以判处死刑。"②

此时我们不禁会产生一个疑问,为什么与身份相关的犯罪行为由来已久,最近 40 年③才开始引发国际社会和普通公众的大量关注和担忧,引发国际组织、各国立法机关、司法工作者、理论研究者的热烈讨论?④ 最直接的原因当然是,20 世纪末期至今的这几十年间,身份盗窃相关的违法犯罪行为在数量上激增,给个人、社会和国家都造成了巨大的经济和非经济损

---

① Jennine Hurl-Eamon, *The Westminster Impostors: Impersonating Law Enforcement in Early Eighteenth Century London*, 38 Eighteenth-Century Studies 461 – 462 (2005).

② R. v. Harris, [2004] BCJ No. 2847, 2004 British Columbia Provincial Court 532 (Criminal Division) [3].

③ 全球范围内信用卡行业大概在 20 世纪 90 年代中期开始收集有关身份盗窃和账户劫持(account takeover),亦翻译为账户接管或账户盗用的数据。以 90 年代中期为起点,至今约 40 年。

④ 2004 年,欧盟委员会联合调研中心发布《身份盗窃 – 讨论文稿:技术报告》(*Identity Theft-A Discussion Paper, Technical Report*);2007 年,联合国经济及社会理事会(Economic and Social Council of United Nations)犯罪预防和刑事司法委员会(Commission on Crime Prevention and Criminal Justice)发布了《诈骗、身份的刑事滥用以及伪造》(*Fraud and the Criminal Misuse and Falsification of Identity*)研究报告;2008 年,经济发展和合作组织发布了部长级报告《网络身份盗窃之专题研究》(*Scoping Paper on Online Identity Theft*);2011 年,联合国毒品与犯罪办公室发布了《身份相关犯罪手册》(*Handbook on Identity-related Crime*);2022 年,欧盟委员会联合发布了《网络身份盗窃及与身份有关的犯罪的最终研究报告》(*Study on Online Identity Theft and Identity-related Crime-Final Report*);等等。它们分析了身份盗窃、身份有关的犯罪等术语的定义、范围、成因及其影响,旨在为各国政府提供相关政策和立法建议。

失。那么接下来的问题就是,为什么从20世纪末期起身份盗窃相关的违法犯罪行为会大量激增?针对这种自古就存在的犯罪行为,为什么之前不集中以"身份盗窃""身份犯罪"的概念予以描述和在法律上予以应对,而是在新千年前后频繁开始使用这样一个新的犯罪术语和法律术语?或者更准确地说,为什么从20世纪末期开始"身份"开始具有了法律上的独立保护价值,尤其是刑法独立保护的价值?这就涉及对"身份"的理解、身份在信息化时代的表现形式和识别认证方式的转变以及身份在数字时代的价值体现。

一、"身份"的法律内涵

"身份"是一个内涵非常广泛的概念,关涉众多学科,历史学、人类学、政治学、社会学、哲学、心理学、法学等都有以"身份"为主题的学术专著,而"身份"一词的前后也有诸多的限定修饰词,例如性别身份、文化身份、民族身份、政治身份、法律身份、个人身份、社会身份、国家身份、身份认同、身份构建等。不同的学科从不同的角度去理解和塑造"身份"的内涵,构成了"身份"的最广义含义。①

(一)"身份"的多重语义

"身份"一词在汉语中由来已久。在古代,"身份"通"身分",例如《左传·僖公二十三年》中的"固宜退省身分,诚恩之厚,不知报答,当在何期",以及《庄子·外物篇》中的"吾自南及北,未当一言与时人论身分也。"《辞源》将其含义界定为,人在社会上的地位、资历等的统称。②《现代汉语规范词典》则将"身份"解释为:(1)人的出身、地位和资格;(2)特指受人

---

① See Olson De Courcey Alley, *Criminalising Identity Theft: A Comparative Study of Barbados, England and Australia*, Thesis for Doctor of Philosophy at the University of Leicester, 2014, p. 33.

② 参见《辞源》,商务印书馆1983年版,第3011页。

尊敬的地位。① 可见，我国的"身份"一词在起源时与英文的"status"等同，而非"identity"。

随着社会经济的发展以及国际文化交流互动，"身份"一词开始发展出多种语义，并成为多学科的研究对象。首先，"身份"可以指个人在社会、家庭、组织等群体中的地位或角色，用来描述一个人在社会中的身份特征，包括职业、社会角色等。例如，"他的身份是老师。""她的身份比较特殊，是公司的创始人。"其次，"身份"可以指个体在某些特定场合下的认同和归属，包括文化、民族、性别、宗教等身份特征。例如，"身份认同在跨文化交流中起着重要作用。"最后，"身份"可以指确认或识别某人或某物的一系列特征的总和，是其区别于其他人或物的存在本身，或某人或某物在社会中的唯一性和同一性。例如，"身份证是确认个人身份的主要凭证。"身份的内涵还可以从不同学科不同角度作更细致的挖掘和界定，但整体上可以看出，我国"身份"一词的语义具备了英文中的"status""role""occupation""qualification""identity"的多重内涵。

本文的研究主题"身份盗窃"一词对应的英文为"identity theft"。然而，"identity"一词在英文中也是具有多重语义的。《布莱克法律词典》（*Black's Law Dictionary*）并没有单独对"identity"一词给出定义，而是对identity 所组成的词组予以解释，例如 identity of evidence, identity of invention, and identity of design。由此可以看出，这些意义上的 identity 都与"身份盗窃"意义上的 identity 不是同一范畴。根据《韦氏在线词典》（*Merriam-Webster Online Dictionary*），"身份"是指"与描述或提到的某事或某物完全一样或完全符合所描述或提到的某事或某物"；②《牛津英语字典》

---

① 参见李行健主编：《现代汉语规范词典》，外语教学与研究出版社、语文出版社2004年版，第1156页。

② The original text is "the condition of being the same with something described or asserted".

给出了多个有关"identity"的定义,其中之一为"在任何时间的任何情境下人或事的同一性;人或物是其自身而非其他人或其他物的事实"。① 有学者认为,这是"身份"在词源学上的古老之意,指的是特定姓名与特定人之间的(通常是法律上的)关联性,与某个特定的人的同一性。②

(二)"身份"的法律内涵

如上所述,"身份"可以从不同学科不同角度加以理解,其内涵丰富多样,语义各不相同。即便从法学学科加以理解,"身份"一词亦有以下三种内涵。

1. 传统刑法理论上"身份犯"中的"身份"

传统刑法理论上,身份犯是指,以特殊身份作为主体构成要件要素或者刑罚加重、减轻根据的犯罪,前者称为真正(纯正)身份犯,没有法条规定的特殊身份则犯罪不成立,例如《刑法》第253条私自开拆、隐匿、毁弃邮件、电报罪的主体必须是邮政工作人员,如果实施行为的主体不是邮政部门的营业员、分拣员、投递员、押运员以及其他邮政工作人员,其行为就不构成私自开拆、隐匿、毁弃邮件、电报罪;后者称为不真正(不纯正)身份犯,是指特殊身份不影响定罪但影响量刑,例如《刑法》第177条之一第2款窃取、收买、非法提供信用卡信息罪规定,银行或者其他金融机构的工作人员利用职务上的便利实施本罪的,从重处罚。由此可见,"身份犯"中的"身份",是针对特殊的犯罪主体而言,是指刑法所规定的影响行为人刑事责任的人身方面特定的资格、地位或状态,如国家机关工作人员、司法工作

---

① Identity, Oxford English Dictionary, Oxford University Press, 2014, http://www.oed.com.ezproxy3.lib.le.ac.uk/view/Entry/91004? redirectedFrom = identity#eid, last visited on Oct. 5, 2020. "the sameness of a person or thing at all times in all circumstances; the fact that a person or thing is itself and not something else".

② See James Fearon, What is Identity (As We Now Use the Word)?, https://web.stanford.edu/group/fearon-research/cgi-bin/wordpress/wp-content/uploads/2013/10/What-is-Identity-as-we-now-use-the-word-.pdf, last visited on Jan. 25, 2023.

人员、军人、辩护人、诉讼代理人、证人、依法被关押的罪犯等。①

2. 传统民法理论中身份权中的"身份"

"民法上身份云者,谓基于亲属法上相对关系之身份,有一定身份后得享有之权利也。例如家长权为家长对于其家属之身份,夫权为夫对于其妻之身份,亲权为父母对于其子女之身份,是也。亦可谓亲属权。"②亦有学者认为,在民法理论上,身份权有广义和狭义之分:前者泛指一切基于身份关系而享有的权利;后者仅指亲属法上基于亲属身份而享有的权利。③这种身份关系是一种此人与彼人之间得到法律承认和保护的人际关系,并且基于这种人与人之间的关系而产生一定的受到法律承认和保护的权利和利益。我国《民法典》中共出现9次"身份"表述,其中第464条、第1001条中的"身份"是属于传统民法理论中亲权(身份权)意义上的身份;第764条中的"身份"则是主体在社会上和法律上的地位和角色,而第15条、第25条、第1034条、第1195条和第1196条里面的"身份",则是身份识别与人身同一认定意义上的"身份"。

3. 现代"身份识别"意义上的"身份"

所谓"身份识别",是指将某人从群体中挑选出来,并将其作为唯一存在与其他人区分开来的过程。身份是确认或识别某人的一系列特征的总和,是作为"人"区别于其他人的存在。但它并不是指其深层次含义上的"我是谁"或"什么让我成为我"的自我认知和哲学探索,而是指记录在相应证件、文书、系统中的主体的身份,该身份决定了其被正确认出(身份识别)和作为唯一的个体与他人和社会发生交互(办理业务或进行交易)的能力。④加拿大发布的《身份管理指令》(Directive on Identity Management)将"身

---

① 参见《刑法学》编写组:《刑法学(上册总论)》,高等教育出版社2023年版,第164页。
② 参见史尚宽:《民法总论》,中国政法大学出版社2000年版,第21页。
③ 参见刘德良:《身份人格权论》,载《中国法学》2023年第4期。
④ See Clare Sullivan, *Digital Identity: An Emergent Legal Concept*, University of Adelaide Press, 2011, p.163.

份"定义为"用于将唯一的、特定的个人、组织或设备辨认出来的指代或称谓"①。

有学者将其定义为"所谓身份,是一个人在法律上的主体地位和资格"。② 此处所指的主体地位和资格,是指一个人在法律上表现为作为唯一之人的主体本身,而非该主体在社会上作为一个人的存在之外而承担的角色、获取的资格、享有的地位。其与传统刑法理论中身份犯的身份的区别正在于此。后者的"身份"恰恰是作为一个人的主体之外承担的角色、获取的资格和享有的地位,也就是犯罪主体的特殊身份、作为主体之外的身份。

身份识别意义上的"身份"强调主体作为独一无二的存在,在不同时空下的同一性。这是其与传统民法理论上身份权中的"身份"的本质不同。后者意义上的身份关系是一种此人与彼人之间得到法律承认和保护的人际关系,并且基于这种人与人之间的关系而产生一定的受到法律承认和保护的权利和利益。身份识别意义上的"身份",并不需要与他人发生关系,或者说,身份识别意义上的"身份",发生在与人产生关系之前,先作为社会中独一无二的存在拥有了一个作为"人"这个主体的身份,然后再与人与社会发生关系,进行互动。这是一种属于"人格权"范畴的内容,其讨论的核心和根本所在仅关涉"自己是谁",自己作为"人"或法律"主体"区别于其他人的存在本身。

身份识别意义上的"身份"已经得到了我国立法的认可。如上所述,我国《民法典》第15条、第25条、第1034条、第1195条和第1196条里面的"身份",以及我国《刑法》第177条之一妨害信用卡管理罪、第196条信

---

① *Directive on Identity Management*, Treasury Board of Canada-Secretariat（2017）, https://www.tbs-sct.canada.ca/pol/doc-eng.aspx?id=16577, last visited on Nov. 11, 2020.

② 参见李怀胜:《滥用个人生物识别信息的刑事制裁思路——以人工只能"深度伪造"为例》,载《政法论坛》2020年第4期。

用卡诈骗罪中出现的"虚假的身份证明",第280条伪造、变造、买卖身份证件罪、第280条之一使用虚假身份证件、盗用身份证件罪中出现的"居民身份证""用于证明身份的证件",第280条之二冒名顶替罪中出现的"盗用、冒用他人身份"都是此内涵意义上的"身份"。

我国学者们也开始对这一意义上的"身份"开展研究,例如有学者指出,身份是自然人升学、就业、财产确权、工作、继承等几乎所有事情的必备条件,现代科技条件便利了侵犯他人身份行为的实施,且后果更为严重,因此有必要尽快立法确立区别于传统侵权意义上的身份权概念和保护制度,以遏制侵犯身份权行为大量发生可能会带来的社会失序。① 亦有学者从身份法律制度对人脸识别(刷脸)技术予以解读,揭示了其身份认证权利从分布式向集中化的转变以及刷脸背后可能存在的风险,并就其法律规制提出了相应完善建议,②针对数字人身同一认定(身份的确认)的法律规制存在的问题提出相应完善意见,③面对数字化生存的身份变革,就数字公民的身份确认及权利保障,指出要坚持"以人为本"的数字法治原则,消解数字公民的机制性游离,实现数字公民身份的合法化确认等。④

作为本文主题的身份盗窃中的"身份"正是身份识别意义上的"身份"。这一意义上的身份内涵,随着民众个性意识的增强、国家对人权保护的推进、科学技术进步带来的数字主体等新型法律概念的兴起,而逐渐得到更大程度更广范围的认可,并进一步衍生出作为身份识别意义上的"身份"的子概念的法定身份和数字身份。

所谓法定身份,是指个人的正式(官方认可的)身份,与非正式目的、宽泛概念意义上的个人或社会身份(例如不受规制/管理的商业或社交意

---

① 参见杨康乐:《试论身份权的立法保护》,载《法治研究》2008年第8期。
② 参见胡凌:《刷脸:身份制度、个人信息与法律规制》,载《法学家》2021年第2期。
③ 参见李学军:《数字人身同一认定的技术力量与规制》,载《中国法学》2024年第1期。
④ 参见马长山:《数字公民的身份确认及权利保障》,载《法学研究》2023年第4期。

义上的点对点线下或线上接触)相区分开来。它是基于构建个人在群体中或特定情境下的唯一性的个人特征(标志或标识符),且在管理和其他官方正式目的意义上被国家认可的对某一特定自然人的描述(specification)。① 法定身份(legal identity)作为个人唯一的独特的一组特征,从而提供了此人区别于他人的方式。② 法定身份提供了有关个人作为一个人有权根据国家法律获得保护的地位的证明。③

法定身份很大程度上是固定不变的,记载于官方签发和认可的官方证件上,这些证件中包含证明持有该证件的个人的身份和地位的基本信息,从出生登记证书开始,接着是结婚证书、护照,等等。④ 法定身份更鲜明地关涉身份识别性(identifiability),因为法律身份寻求的是在一组事实中,与这些事实所关联的人直接的联系。尽管没有"有形的实体存在",法定身份可以通过出示证件和知晓可以证实其是其所声称之人的信息而证明。⑤ 联合国亦明确,社会、政治和经济活动的每个方面都依赖于组织、机构和政府对个人作为唯一个体的法定身份的确认。要想这些社会、政治和经济活动具有意义,就必须为具体的个人创设和关联一个法定身份,因此与个人其他数据所关联的身份信息必须被创设、移转、存储和检索。身份

---

① See The Financial Action Task Force, *Guidance on Digital Identity*, FATF (Mar. 2020), www. fatf-gafi. org/publications/documents/digital-identity-guidance. html, last visited on Feb. 5, 2023.

② See E. Goffman, *Stigma: Notes on the Management of Spoiled Identity*, Prentice-Hall, 1963.

③ See Caroline Vandenabeele, *Legal Identity for Inclusive Development*, Bangladesh, Cambodia, Nepal (powerpoint resentation) 2, http://www. adb. org/Documents/PRF/REG/RETA-6188-Legal-Identity. pdf, last visited on Jan. 31, 2022.

④ See Syed R. Ahmed, *Preventing Identity Crime: Identity Theft and Identity Fraud (An Identity Crime Model and Legislative Analysis with Recommendations for Preventing Identity Crime)*, Koninklijke Brill NV, 2020, p. 35.

⑤ Emily Finch, *What a Tangled Web We Weave: Identity Theft and the Internet*, in Yvonne Jewkes ed., Dot. Cons Crime, Deviance and Identity on the Internet, Willan Publishing, 2023, p. 87–89.

在人类交往中的关键之处在于改变或伪造身份信息或经由未经授权的接触破坏身份识别系统,能够摧毁政府、金融和社会关系的基本结构。①

随着信息化、网络化、人工智能化的深度发展,人类迈入"万物数字化、一切可计算"的数字时代,②人们的物理生活与数字生活密切交织,线上线下融为一体,物理身份和数字身份交替运用。所谓数字身份,是指以数字化方式呈现的身份,是个体在数字空间中的唯一标识,具有唯一性与可验证性、动态性与跨界性、私有性与匿名性的特征,亦是数字化时代对个体传统身份的突破和超越的产物。③ 在数字化时代,数字身份作为在数字社会中生存主体的重要表征,是了解个体与数字世界互动的关键,同时也是主体进入网络社交和数字经济的基本门槛和准入凭证。④ 更有学者断言,个人信息之上所承载的数字身份,才是真正连接着人类物理世界和虚拟世界的唯一沟通桥梁。⑤

此外,从"身份"与数字身份的关系上看,身份的概念主要关涉用于区分人(将此人与彼人区分开来)的证件和信息。⑥ 科技的进步和发展进一

---

① U. N. Secretary-General, *Commission on Crime Prevention and Criminal Justice, International Cooperation in the Prevention, Investigation, Prosecution, and Punishment of Fraud, the Criminal Misuse and Falsification of Identity and Related Crimes* [Draft 1 Short Version],52, U. N. Doc. E/CN. 15/2007/8 (2007),https://www. unodc. org/unodc/en/organized-crime/identity-related-crime. html, last visited on Nov. 11,2023.

② 参见马长山:《数字公民的身份确认及权利保障》,载《法学研究》2023 年第 4 期。

③ 参见靳梦戈:《去中心化背景下数字身份识别的法律风险及其应对》,载《四川师范大学学报(社会科学版)》2024 年第 5 期。

④ 参见董兴彬、吴满意:《思想政治教育主体数字身份:构成、认同及其价值》,载《理论导刊》2024 年第 2 期。

⑤ 参见陆青:《数字时代的身份构建及其法律保障:以个人信息保护为中心的思考》,载《法学研究》2021 年第 5 期。

⑥ Directorate-General for Migration and Home Affairs (European Commission) & ICF, *Study on Online Identity Theft and Identity-related Crime (Final Report)*, Publications Office of the European Union (Mar. 18,2022), https://op. europa. eu/en/publication-detail/-/publication/f85399b3-abed-11ec-83e1-01aa75ed71a1/language-en, last visited on Sept. 23,2024.

步将身份的概念扩展至网络世界并且引入了"数字身份"这一概念。信息系统用于身份认证,因此数字时代身份的概念也能涵盖私主体分配的用户名、登录信息、个人身份识别号码(PINs)、①用户名或密码。② 换言之,数字身份不仅包含"个人的身份本身"(who an individual is),也包含构成其身份属性特征(attributes)的"凭证"(credentials)。③

(三)"身份"法律内涵的哲学影响

如前所述,身份是一个复杂的概念,拥有多重含义和多个面向,并且不同学科的"身份"的内涵会产生相互影响,尤其是哲学意义上的"身份"对法律意义上的"身份"的影响更应值得关注。有学者认为,欧盟对身份的理解是建立在黑格尔思想的基础上。④ 对黑格尔而言,个人只有在她/他被认出(recognized)时才存在,这种认出来自一系列持续性指向或指代特定个人的信息。受黑格尔思想影响,欧洲法学界倾向于认为,个人对其个人信息享有财产利益(property interest)。黑格尔认为,财产性是人的存在(personhood)的一个特征属性,故给予个人对其个人信息的控制权。因此,欧洲法学理论也都认可,个人在政府帮助下有控制个人信息的能力。

而美国对身份的理解则更多受洛克思想的影响。洛克从意识(consciousness)的角度探讨了身份的概念,即个人有意识地知晓他/她在不同时期,无论在何种场景或环境下,都是同一个存在。个人在其影响的

---

① PINs 又译为密码。

② See Ryter Erwin, *Identity Theft as a Result of Violations of Persona Data Protection in the Light of DDPR*, Criminal Law and Other Legal Regulations in the Era of Increasing Cybercrime, Probacja (2020).

③ See Syed R. Ahmed, *Preventing Identity Crime: Identity Theft and Identity Fraud (An Identity Crime Model and Legislative Analysis with Recommendations for Preventing Identity Crime)*, Koninklijke Brill NV, 2020.

④ See Mary Rundle et al., *At a Cross-roads: Personhood and Digital Identity in the Information Society*, (OECD Working Paper 2007/7, Feb. 29, 2008), www.oecd.org/dataoecd/31/6/40204773.doc, last visited on Nov. 11, 2023.

私领域享有控制权,并享有对抗他人的防御性自由(defensive liberties)。美国个人身份的法学理论涉及的是预防他人干扰其私领域,法律保护个人信息不受他人的干扰。① 在美国,禁止或限制个人对其身份的控制权,包括自由改变身份信息的权利,否则构成犯罪。这种哲学思想的差异导致了欧盟与美国在身份上的理解偏差,也进一步决定了欧盟与美国在身份制度构建、个人信息保护以及身份盗窃的刑法惩治上的路径不同。

二、身份的识别与认证

身份识别意义上的身份是人在社会上的存在,自己与任何他人作为主体的区分。基于此种身份,个人享有在社会中作为主体被认出并享有相应主体利益的权利,即个人享有正确、具备功能性的、唯一的身份的权利及其排他性使用该身份的权利。那么身份如何表现?什么构成了身份?身份经由什么来识别,又如何得以认证?

(一)身份的表现形式

身份体现在各种标识上,通过这些标识将特定的人认出并与其他人区分,换言之,是该特定的人的特征或对其本人而言是独一无二的其人格的面向(facets of his personality),例如生平历史、性格、名字、信誉、声音、笔迹、外表(实体影像)等。② 不同的法律制度、身份系统以及理论学说对这些标识的筛选标准不同,从而构成了身份的不同表现形式。例如,英国《2006年身份证法》(Identity Act 2006)③第1条第(7)款规定,提到某个人的身份就是提到他/她的全名、其他的曾用名、性别、出生日期和地点、死亡

---

① See Mary Rundle et al., *At a Cross-roads: Personhood and Digital Identity in the Information Society*, (OECD Working Paper 2007/7, Feb. 29, 2008), www.oecd.org/dataoecd/31/6/40204773.doc, last visited on Nov. 11, 2023.

② See J. Neethling, J. Potgeiter & P. Visser, *Neethling's Law of Personality*, LexisNexis Butterworths, 2005, p.37.

③ 该法已被英国新的《2010年身份证件法》(Identity Documents Act 2010)取代。

日期(如果去世了)以及他/她的外在特征。根据该条法律规定,个人的身份是一组信息,包含姓名、性别、出生日期和地点以及外在的身份识别特征(手写签名,13个生物识别特征——脸部扫描、2个虹膜纹、10个指纹,以及脸部照片)。有学者基于该法,提出了数据库身份(data identity)与通证身份(token identity)①的区分:前者是身份系统项下数据中可以访问的有关于某个个体的记录的所有数据和信息[除了前述第1条第(7)款中规定的那些信息,还包括地址、居留和公民身份,以及驾驶证号码、护照号码等其他信息];后者是可以确认个体在交易/业务中的身份的一组有限的信息(正是具体数字身份系统项下被选择的一组结合起来用于对业务和交易进行认证的身份标识符集合,创设了一种身份的形式)。组成数据库身份的信息量更大,而组成其他通证身份的信息属于一组更小含量的合集。此外,该学者还进一步提炼出了身份辨认信息(identifying information)的内容,其仅指第1条第(7)款能辨认身份的个人的外在特征,具体而言,个人的生物识别特征、脸部和虹膜扫描、照片以及签名,比通证身份的信息范围更窄。②

还有学者将作为身份标识符的个人身份识别信息分为三类:知晓类(knowledge-based),包括姓和名、曾用名、父亲姓名、母亲姓名、出生日期和地点、地址、婚姻状态、宗教和职业、密码和个人身份识别号码等;通证类(token-based),个人所持有的东西,特别是证件类,包括出生证、结婚证、护照、驾照、信用卡、会员卡、推荐信等和生物识别特征类(biometrics)。③ 英国内政办公室则将身份的三大因素总结为:生物识别特征属性、出生时赋予个人的特征属性(全名、出生日期和地点、父母姓名和地址)以及传记生平式特征属性(包括出生和婚姻登记、教育和资格证书信息、缴税记录、就业

---

① Sullivan在早期著作中使用"token identity"(通证身份)一词,后期较多使用"transaction identity"(交易/业务身份),为表述前后一致,本文采用"通证身份"一词。

② See Clare Sullivan, *Digital Identity: An Emergent Legal Concept*, 2011, p. 26.

③ See Roger Clarke, *Human Identification in Information Systems: Management Challenges and Public Policy Issues*, 7 Information Technology & People 14 – 18 (1994).

经历、房产抵押贷款账户信息、保险单、与金融机构和公共设施机构交往历史等)。① 澳大利亚官方报告则建议,身份可以通过各种身份识别符的使用而认定,这些身份识别符可以是身体的和生物上的,例如虹膜扫描、指纹、声纹,也可以是书面证件,例如护照和驾照,还可以通过金融识别符,例如银行账号或信用卡号等。②

但需要注意的是,身份和进行身份识别的身份标识符或身份识别信息是不同的两个概念。例如,1998年澳大利亚《执法和国家安全(虚假身份)法》[Law Enforcement and National Security (Assumed Identities) Act 1998]规定了"特定执法部门和国家安全部门的工作人员未执行公务而获取或使用虚假身份",其第3条将"身份"定义为"姓名、出生地址或日期、或其他法律规定所给出的有关个人身份的其他方面"。第5条将"个人身份识别符"定义为"人的指纹或手纹(包括使用纸张和墨水所获取的或使用数字现场扫描技术所获取的)、身高和体重、个人照片或其他影像(从头到肩)、个人音频或视频录像、虹膜扫描、个人签名"中的任何一种(包括其数字形式)。身份识别涉及"有优先权的"或确定的特征属性子集的挑选以确保足以确定身份。③ 身份概念与个人的本质属性及个体认知不可分割,它关涉个人对"自我"和"个体"的认知,同时让其他人能够将其辨认出来或将其与其他人区分开来。身份的概念宽于知晓个人的姓名或认出个人的面容。在许多场合下,获知或确认某个人的身份涉及一整套制度性的或社会公认的用于认证此人不同于其他人的唯一性的身份标识符。④ 换

---

① See UK Cabinet Office, *Identity Fraud: A Study*, https://www.statewatch.org/media/documents/news/2004/may/id-fraud-report.pdf,last visited on Mar. 1,2022.

② *The Model Criminal Law Officers' Committee of the Standing Committee of Attorneys-General*,Identity Crime-Final Report,2008,https://nswbar.asn.au/circulars/idcrime2.pdf., last visited on Nov. 1,2024.

③ See Michael Mcguire,*Hypercrime: The New Geometry of Harm*,Routledge-Cavendish,2007,p.149.

④ See Kurt M. Saunders & B. Zunker,*Counteracting Identity Fraud in the Information Age: The Identity Theft and Assumption Deterrence Act* 13, IRLCT 189 (1999).

言之，身份是通过"用于识别个人并将其与其他人区分开来的个人信息的集合"来表现的。① 尤其是在数字化系统中，信息构成身份，而非实物（身份证、其他身份证明文件）。但身份并不等于信息本身，信息的集合也不等于某个具体的信息本身。个人对身份的使用有排他性权利，但对身份的构成因素例如姓名、出生日期或照片并没有排他性权利，行为人对这些信息中的部分信息的错误使用有时并不是对个人身份的使用，不构成对他人身份的侵犯。② 信息的集合可以识别具体的个人，但具体的某个信息本身，例如姓名有时却不能做到这一点，因为会有重名的现象。

因此，在身份和个人信息的关系中，作为身份的表现形式的身份识别符并不一定构成法律认可的个人信息，例如英国上诉法院在 Durant v. Financial Services Authority 案中认定，单纯在文件中提及姓名并不必然使它成为"个人信息"。法院认为，作为数据主体的个人必须是信息的焦点，信息必须给出足够的生平描述，具有关联到具体个人的能力，才构成对个人隐私的侵犯。③ 而反过来，个人信息不一定要具有身份识别功能，它可以是已识别自然人有关的各种信息，这一点也已经得到了我国《个人信息保护法》的确认，而这也是我国《民法典》和《个人信息保护法》对"个人信息"定义的最大不同。④

英国也是同样经过了这样一个从识别性要求到已识别的关联性的转

---

① See Emily Finch, *What a Tangled Web We Weave*: *Identity Theft and the Internet*, in Yvonne Jewkes ed., *Dot. Cons Crime*, *Deviance and Identity on the Internet*, Willan Publishing, 2023, p. 87 – 88.

② See Clare Sullivan, *Digital Identity*, University of Adelaide Press, 2011, p. 104.

③ See Durant v. Financial Services Authority ［2003］EWCA Civ 1746.

④ 我国《民法典》第 1034 条规定，"个人信息是以电子或者其他方式记录的能够单独或者与其他信息结合识别特定自然人的各种信息，包括自然人的姓名、出生日期、身份证件号码、生物识别信息、住址、电话号码、电子邮箱、健康信息、行踪信息等"。我国《个人信息保护法》第 4 条则将"个人信息"规定为"以电子或者其他方式记录的与已识别或者可识别的自然人有关的各种信息，不包括匿名化处理后的信息"。

变。英国《1998年数据保护法》(Data Protection Act 1998)将"个人数据"(personal data)定义为"与活着的个人有关的数据,该人能通过这些数据被识别或者综合这些数据与数据控制者掌握(in the possession)或可能被数据控制者(data controller)掌握的其他信息(包括对该个人的任何看法性表达和数据控制者或其他任何人涉及该个人的任何意图性表明)予以身份识别,与他人区分开来"。为回应《欧盟通用数据保护条例》(European Union's General Data Protection Regulation,GDPR),2018年英国通过《2018年数据保护法》(Data Protection Act 2018)取代了《1998年数据保护法》。① 根据《欧盟通用数据保护条例》,"个人数据"是指"与已经被识别身份(identified)或可被识别身份(identifiable)的自然人或数据主体(data subject)有关的任何信息"。在 R. v. Rooney 案中,一审法院认为被告人在没有得到数据控制者同意的情况下披露了个体的个人信息。上诉过程中,被告人辩称,披露一群个体居住在某个特定的城镇的信息并不构成披露个人信息,因为这并不足以身份识别出这群个体或他们的地址。但上诉法院维持了原判,认定"上述信息包含了法律规定的个人数据,被告人披露的上述信息不一定要对这群个体进行身份识别,因为信息的接收者已经知道这些个体的身份了。"② 因此,居住地址可以像姓名、性别、出生日期和地址等一样归类为个人信息,但地址和有些信息却并不能称为身份。

(二)身份的识别与认证

身份是识别自我和其他主体的特定标识。③ 身份识别(identification)

---

① 实际上,在《欧盟1995年数据保护指令》(Data Protection Directive of 95/46/EC)中,对"个人数据"的定义就已经是"已识别的关联性"加上"可识别性"了,即"个人数据"是指"与已经被识别身份(identified)或可被识别身份(identifiable)的自然人或数据主体(data subject)有关的任何信息"。

② R. v. Rooney [2006] EWCA Crim 1841.

③ 参见武文颖、王鑫:《数字身份构建的伦理困境及其超越》,载《学习与实践》2023年第6期。

是指，"认定某人或某物的身份，或'认可某人或某物与某人或某物（两者之间存在一个参照物，而并非指存在两个人或两个物）的同一性'或'将某人或某物当作某人某物（两者之间存在一个参照物，而并非指存在两个人或两个物）看待'的行为或过程"。① 简言之，身份识别就是认定或接受某个人是他/她所声称的那个人。在信息系统场景下，身份识别的目的就是要将一系列数据与现实世界中的主体关联起来。也有学者指出，身份识别就是要将某个时间点观察到的人认定为另一个时间点观察到的同一人，换言之，身份识别的最终目的不是将数据与特定的人联系起来，而是要将人与人（不同时空的同一个人）联系在一起。② 我国也有学者将此过程称为"人身同一认定"。③

在传统的熟人社会，人们通过认脸（认人）相互识别，从而进行社会交往和合作。随着现代社会人口的高度流动性和陌生化发展，人脸的识别性作用和社会性意义开始减弱，其所代表的对小规模熟悉社会成员的认证职能，逐渐被国家和单位组织提供的大规模认证职能取代，身份法律制度也由此兴起。例如，我国《居民身份证法》规定了作为"每个公民唯一的、终身不变的身份代码""由公安机关按照公民身份号码国家标准编制"的身份证号码。④ 身份法律制度是国家的核心法律制度之一，通过为公民创设唯一的权威身份、颁发身份证件，并通过这一证件对人口、税收、公共服务等方面的统计调查，国家能够实现有效治理。⑤ 法定身份的证明通常依赖

---

① Roger Clarke, *Human Identification in Information Systems: Management Challenges and Public Policy Issues*, 7 Information Technology & People 6 (1994).

② See Lynn Lopucki, *Human Identification Theory and the Identity Theft Problem*, 80 Texas Law Review 89, 96 (2001).

③ 参见李学军：《数字人身同一认定的技术力量与规制》，载《中国法学》2024年第1期；张超、吕凯：《人工智能时代的人身同一认定研究》，载《合肥工业大学学报（社会科学版）》2022年第2期。

④ 参见朱体正、崔晓：《身份证书制度初探》，载《中国司法》2005年第2期。

⑤ 参见欧树军：《权利的另一个成本：国家认证及其西方经验》，载《法学家》2012年第4期。

于政府提供或签发的登记、文件或证书的某种形式,这些登记、文件或证书构成构建和验证正式身份的核心标志(例如姓名、出生日期和出生地点)的证据。证明"正式身份"的标准各地不同。政府行使其主权而确立证明正式身份所需的标志、证据和程序。这些因素可以改变。随着技术和身份的文化概念发生演变,政府可以授权批准各种标志。在确立正式身份的标准上,政府可以使用固定的、描述性的、基于规则的路径,也可以使用基于原则、绩效和或结果的路径。①

随着信息化、网络化和数字化的发展,人们的生活场景和社会关系已经逐步迁移到信息网络和数字化场域,数字身份应运而生,数字身份的可识别性特征变得更多维、更复杂,其识别和认证方式也经历从初始阶段的用户名和密码组合的简单认证到发展阶段的多因素和整合身份管理的复杂认证,从传统的中心化认证到转型阶段的以区块链技术、智能合约为代表的去中心化认证的转变。② 换言之,数字身份的出现改变了身份识别和认证的方式。法定身份的证明由政府或代表政府来提供,在数字时代,我们开始见证新的模式,数字身份及其认证在政府之外,亦由私营部门或与政府合作提供,甚至主要是由私营部门或公私合作来提供。

数字时代法定身份的识别和认证以及数字身份本身的识别和认证都离不开数字身份系统的构建和运作。数字身份系统的构成主要包括身份登记和身份认证。身份登记亦称为最初绑定或凭证提供。这一步主要解决在数字身份系统中身份创设的问题,设立身份账号(登记)以及将个人的唯一身份绑定至该人所持有或掌控的认证物(authenticators)上。在实名制或以法定身份为基础的数字身份构建的情况下,这一步还涉及实名验证和法

---

① See The Financial Action Task Force, *Guidance on Digital Identity*, FATF (Mar. 2020), www.fatf-gafi.org/publications/documents/digital-identity-guidance.html, last visited on Feb. 5, 2023.

② 参见靳梦戈:《去中心化背景下数字身份识别的法律风险及其应对》,载《四川师范大学学报(社会科学版)》2024年第5期。

定身份确认(从法定身份到数字身份)的问题,涉及有关个人身份证据和身份信息的收集、确认(validate)和验证。具体内容为收集核心特征属性和特征属性证据(例如,通过填写线上表格,发送自拍照片,上传护照或驾照等证件的照片等),解析出群体内或场景中的唯一身份;认定身份证据的真实性(authenticity)和身份信息的准确性(accuracy),并通过去重复性或唯一性确认(de-dpulication)关联到一个物理世界中的人(例如,通过重复记录搜索、生物特征识别或去重复性算法);验证已确认的法定身份(已关联到的个人)与申请登记注册数字身份之人之间的关联性[例如,使用人脸识别和活体检测(liveness detection)等生物特征方案];为已经证明了身份的申请人登记,设立身份账户,发布一个或多个认证物,并将身份账户绑定至用户所控制的认证物上。身份认证是用来确认"你是否是识别和验证的这个人?"这个问题的。基于对认证物的持有和控制,"认证"认定主张该身份(登记的顾客或权利人)的人与身份证明和登记的这个人是同一个人。①

  根据金融行动特别工作组的指南,常见的身份认证要素可以分为三类,一为所有权要素,亦即个人所有的东西,包括卡、证书、安全通证(security token)、移动应用程序(mobile app)、通行证/访问卡(access badge)等;二为知晓要素,亦即个人所知道的东西,包括密码、口令(passphrase)、个人身份确认码(Personal Identification Number,PIN)、质询应答(challenge-response)、其他秘密等;三为固有要素,亦即个人固有的东西,包括生物识别特征中的指纹、虹膜、脸部扫描和传记性数据等。② 认证依赖各种不同种类的认证

---

① The Financial Action Task Force, Guidance on Digital Identity, FATF (Mar. 2020), www. fatf-gafi. org/publications/documents/digital-identity-guidance. html, last visited on Feb. 5,2023.

② 此处的认证内容,与欧盟法律框架下的客户身份严格认证(strong customer authentication,SCA)不是一回事。后者是指要求金融服务提供商在客户进行某些关键操作(如支付、访问账户信息等)时采用更严格的身份验证方法的规定。这些方法通常包括至少两个独立要素的验证,如密码、生物识别特征或硬件令牌等,旨在增强交易的安全性和防范欺诈。

要素和协议或过程。这些认证要素的安全等级各不相同。单一的认证要素通常被认为不够可信。采用多种认证要素的认证通常被认为更为稳健。①

严格意义上来说,广义的身份识别包含身份认证,而狭义的身份识别,则是指从一个系统或群体里找出或挑出一个人来,将出示身份识别符或身份识别信息的人对应或关联到某个唯一的人。身份认证,则是证明声称是这个人的人真的是这个人,通过一定的证明途径,将待认证身份的人关联到从系统或群体中识别出的这个唯一的人,证明他们的同一性。通常情况下,输入用户名对应的是身份识别,输入密码则是身份认证,用以证明此时输入用户名和密码的这个人是当时登记注册为这个用户名并知晓这个密码的那个人。但实际操作中,狭义的身份识别与身份认证有时候合二为一了,识别经常融入认证环节,通过认证来识别。例如,提交法定身份证件,就同时具备身份识别和认证过程中的功能,包括展示特定身份信息和通过对比查验以证明特定身份。其中的差异和区别实际上也影响了身份信息、身份认证信息和身份识别信息的内涵和对其的理解。广义的身份识别信息包含身份信息和身份认证信息。狭义的身份识别信息仅指身份信息,是指这个人是谁(who an individual is);身份认证信息是证明你是你声称的那个人的信息。

三、数字时代的身份价值及其法益证成

如前所述,近40年来身份犯罪案件数量大幅上升,引发了社会公众、新闻媒体、金融机构、司法机关、政府部门的大量关注和担忧。《联合国打

---

① 随着数字身份系统的演进,对此的理解变得更为精细。当认证是主动和持续的,有时对认证强度的评估不是基于认证要素的种类和数量,而是基于使用不同来源的动态、数字客户数据(包括预期登录渠道、地理位置、使用频率、使用类型、IP地址、生物力学识别行为模式)所带来的稳健性。

击网络犯罪公约(草案)》在2022年提交磋商和谈判版本中亦曾明确要求各国立法或采取其他措施打击与身份有关的犯罪。① 身份的价值及其保护在数字时代成为各国乃至国际社会面临的一个十分重要的议题。

  身份是作为独立个体被识别和对待的权利，个人对其存在的唯一性具有明确的利益。国际社会已然承认这种权利和利益。1989年《联合国儿童权利公约》(United Nations Convention on the Rights of the Child)系与身份权②(the right to identity)有关的国际法。其第8条特别规定了身份权以及个人身份权的要素，尽管该条没有对"身份"定义，但第8条第1款规定：成员国承诺尊重儿童保持法律认可的身份，包括国籍、姓名和家庭关系，不受非法侵犯。第8条第2款进一步规定，如果儿童的身份的一些或全部要素被非法剥夺时，成员国应当提供适当的帮助和保护，以快速重新构建其身份(re-establishing his or her identity)。虽然《联合国儿童权利公约》只针对儿童，但法理是一样的。所有人的身份权都应该得到保护，尤其是随着数字时代的到来和数字经济的发展，较之传统社会，身份有了更多的保护价值和保护必要性，对身份的保护路径也具有了不同于传统社会的需求。

  首先是身份作为人格利益本身的价值。有学者指出，身份是一个人的唯一性或个体性，从而将其界定为或个体化为某个特定的人并将其与其他

---

① Ad Hoc Committee to Elaborate a Comprehensive International Convention on Countering the Use of Information and Communications Technologies for Criminal Purposes, *Draft United Nations Convention Against Cybercrime: Strengthening International Cooperation for Combating Certain Crimes Committed by Means of Information and Communications Technology Systems and for the Sharing of Evidence in Electronic form of Serious Crimes*, https://documents.un.org/doc/undoc/gen/222/255/1e/pdf/2222551e.pdf., last visited on Aug. 9, 2024.

② 此处的身份权不是传统民法理论亲属权或亲权意义上的身份权，而是个人对身份识别意义上的身份所享有的权利，包括作为唯一主体存在和被认出的权利、享有该唯一主体的身份上附着利益的权利、对该身份排他性使用的权利等。

人区分开来,这在法律上是一种利益,是一种人格利益(an interest in personality)。①个人对其存在的唯一性具有明确的利益,这种利益深藏在它本身的存在性,关系个人的名誉、声誉、信用和社会交往。如果说,从正面不大容易理解这种价值,那么反过来举例说明对此种价值的侵犯或许更有利于说明这种人格利益的价值所在。例如,违法犯罪分子在相关工作人员盘问身份时故意给出其他人的姓名,股东故意使用别人的姓名和身份证号注册公司,结婚登记时使用别人的姓名予以登记,看病买药时使用别人的姓名等。这些社会生活中的行为必定都是有责任主体来承担相应的后果的,尽管有的是法律后果,有的并不是通常意义上的法理后果,但行为必须由主体实施,后果由主体承担,行为人不想让自己这个主体名义实施,也不想让自己这个主体去承担相应后果,于是盗用或冒用别人的身份,借他人名义实施这些行为,让他人承担相应的风险和后果。

其次是身份上附着利益的价值。随着社会经济的发展,身份作为某个普通主体的存在,其上也附着了越来越多的利益。例如,随着社会福利政策的加强,普通老百姓享有了医保利益、老年人享有的领取养老金利益和公交车免票利益等、转业军人享有的工作安置利益、学生的接受义务教育资格、享有某些补助的资格等;又如,社会金融制度和公共服务制度的构建和完善,个人享有的信用贷款资格、享有公共服务的资格,等等;再如,高等学历教育入学资格、公务员录取资格、年卡会员享有的年卡利益、出入境资格、职业资格等也都是身份上附着的利益,更不用说数字时代的网红经济中身份上所附着的流量和影响力等价值。通过冒用、盗用他人身份,就可以享受到这些身份上所附着的利益。

最后是身份在数字时代中交易和业务功能上的价值。数字时代表现在自然人、社会和政府的数字化,人们的生存方式和生活方式都发生的革

---

① See J. Neethling, J. Potgeiter & P. Visser, *Neethling's Law of Personality*, Lexis Nexis Butterworths,2005,p. 36.

命性变化，交易行为越来越多地以在线方式实施，社会关系也越来越多地通过在线方式展开，政府的业务办理也越来越多地以在线方式进行，而身份信息就成为自然人之间、自然人与他人以及政府之间在线开展交易和办理业务的钥匙和凭证。这些交易和业务功能的价值毋庸多说，当交易表现为银行转账、业务表现为房产过户时，巨大的经济利益蕴含其中；当交易和业务表现为对特定商业秘密、技术秘密或资讯或数据的访问处理权限，则市场经济秩序、数据安全乃至人身安全的巨大利益蕴含其中；当业务表现为在线行政审批或其他涉及社会国家安全事宜，则社会安全利益和国家安全利益蕴含其中。

身份权益虽然由身份主体享有，但与身份有关的违法犯罪行为也同时扰乱了基于身份识别唯一性的社会信任机制和建立在真实信息基础上的社会秩序，①因此身份的刑法保护价值上不仅体现了个人法益，也蕴含超个人法益。正是由于身份的价值在数字化时代越发显现，辅以信息网络的便捷性、非实体性和跨国性，使得身份相关的犯罪具有低风险高回报的特点；而作为身份的表现形式的信息，由于政府和非政府组织对个人数据的过多收集和储存、信息和通信技术的发展以及互联网向公众开放使用等原因，其获取非常便利；再加上数字身份认证系统的内在脆弱性和认证技术和认证程序的缺陷性，近40年来身份盗窃犯罪层出不穷，屡见报端，给国家、社会和公民都带来了巨大的损失。刑法作为维护社会秩序、经济秩序，保障公民人身权利和财产权利的重要部门立法，应当予以相应的回应，②以对侵犯身份权益的行为形成有效威慑和预防。

---

① 参见郭纪萍：《人工智能时代身份盗窃的刑法规制》，载《广州市公安管理干部学院学报》2023年第3期。

② MC v. Bulgaria，(2005) 40 EHRR 20, para 150.

场景理论下敏感个人信息侵害性的民刑界分

杨 雪* 徐之涵**

目 次

一、问题的提出：敏感个人信息侵害性的民刑界分
二、个人信息侵害性的民刑界分理论探析
三、场景理论下"个人信息"司法认定的具体展开
四、结语

摘 要：对敏感个人信息的侵害性达到法益侵害程度时，刑法应对其进行保护，而敏感个人信息的变动性导致侵犯性程度的界定困难。场景理论蕴含的动态分析框架可有效应对这一问题，该理论发展出的"元数据""数据食物链"概念，为初始场景的确定、场景变更的合理性判定提供了理论支持。信息主体、信息处理者、处理目的三个要素同时构成了初始场景，初始场景为是否需要刑法介入提供了首要判定限制及后续判定标准。场

---

* 南京师范大学法学院副教授，法治现代化研究院研究员。
** 南京师范大学法学院研究生。

景变更分为无关目的、同一目的、关联目的三种情形。三种情形对应着不同的侵害判定路径,弥补了传统信息分级理论的不足,提供了切实可行的司法实践路径。

关键词:敏感个人信息;场景理论;侵犯公民个人信息罪;民刑关系

一、问题的提出:敏感个人信息侵害性的民刑界分

2024年9月14日我国发布了《网络安全标准实践指南——敏感个人信息识别指南》(以下简称《指南》),明确了敏感个人信息的识别规则及相关类型。同时,在识别规则中,从人格尊严、人身安全、财产安全三个角度强调了侵害性在敏感个人信息识别中的影响。泄露或者非法使用后的侵害性成了识别敏感个人信息的重要标准,而当侵害性达到一定程度,则可能构成侵犯公民个人信息罪。怎样确定侵害程度上的民刑界限,影响着这一规则在司法适用中发挥充足的效用。

现有的有关侵犯公民个人信息民刑界分的主要理论是信息分层理论。信息分层理论着眼于信息本身的属性,根据信息属性将信息分层,继而对应不同侵害程度,但这忽视了信息所处场景对信息敏感程度的影响。这一问题在司法实践中已然出现。以刘某丰、王某丰侵犯公民个人信息案[①]为例,行为人了解到客户公司的账户中含有大量个人简历,可通过将年费过期或倒闭的公司账号出售的方式打包出售账号内公民简历获利。后行为人向他人购买公民简历,购得个人简历11,839份。辩护人认为,行为人所侵害的简历信息不同于常规的信息,该信息本身存在对外公开的属性。同时,简历来源于从事人力资源工作人员私下发布简历的微信群,且时间跨度比较大,个人信息大部分发生了较大的变化,失去了其特定性,不应作为定罪量刑的依据。此时,敏感个人信息在不同场景中被侵害的程度是显然不同的:在信息主体出于特定目的主动提供包含其敏感个人信息的简历时

---

① 参见广东省深圳市龙华区人民法院刑事判决书,(2020)粤0309刑初77号。

让渡了一定的信息权利,法律不应贸然介入、限制其正常提供信息的行为。而在违背主体意愿买卖时,因其造成了对敏感个人信息的侵害,故需要法律介入,但这并不直接等同于以侵犯公民个人信息罪论处。正如辩护人提出的公开属性、时间跨度等要素影响着侵害性程度的判定,继而影响了对侵犯公民个人信息罪的判定。由此可以看出,敏感个人信息在不同场景的变动性加剧了侵害程度的界定困境。传统信息分层理论已不足以应对个人信息保护困境,应探寻出适应于场景理解的路径。然而,具有可操作性的应对路径同样尚未明确。

由此可见,敏感个人信息的变动性决定了对敏感个人信息的认识和保护无法继续限于特定场景,而需根据变化前后场景具体分析,根据场景不同,区分其对敏感个人信息的侵害性程度,继而明确保护途径。因此,若欲更好地保护敏感个人信息,则需探寻更加适宜的动态分析标准。

二、个人信息侵害性的民刑界分理论探析

(一)传统信息分层理论的局限性

在当前的司法实践中,侵害性程度对定罪的影响已然被关注到,在现有的解释中对情节严重程度进行了分级规定,针对不同敏感个人信息进行数量上的规定,体现出了区分侵害性程度对侵害公民个人信息罪成立的影响。根据这一规定,有学者提出应当将敏感信息进行高度敏感信息、一般敏感信息、非敏感信息的区分,继而进行分级保护。[①] 有学者谈到,不同的个人信息的可识别性及其对个人与社会的价值往往存在极大差异,在法律评价的过程中难以等同视之。随着社会转型,个人信息不仅具有专属于个人的自然属性,也具有社会属性。因此,如今的个人信息较以往具有更强的开放性与包容性。由于不同类型的个人信息对个人人身、财产等状况识

---

① 参见喻海松:《侵犯公民个人信息罪司法解释理解与适用》,中国法制出版社2018年版,第38~39页。

别的影响存在较大差异,可用于流通共享的条件与范围也有所不同,因此,有必要对个人信息进行分类分级。① 在这一认知的影响下,学者们将侵害性区分的重点置于信息的分级上。

在此种观念影响下,有学者借鉴了德国的"领域理论"对信息进行分层,以同心圆形式由内向外区分,以层次递进和相互对立为核心,将信息分为核心层、中间层、最外层,对不同层级的信息进行保护,核心层信息涉及最私密的人格尊严,不可侵犯;中间层个人人格利益受到一定限制;最外层个人不再享有信息自决权。② 而这也确与我国的司法解释相契合,有学者进行了具体的分析:司法解释规定的第一类信息中,行踪轨迹信息属于私密空间信息,通信内容属于私密活动信息,征信信息和财产信息属于其他私密信息。第一类信息的私密性最强,法律保护最为严格,因此,司法解释明文列举其中四种信息,不允许司法适用再予以扩张。第二类信息处于中间层的私人领隐私领域的范围,其私密性有所降低,社会性有所增加。司法解释对该类信息采取"明文列举 + 兜底概括"的规定方式,即在明文列举四种信息之外,另行规定"其他可能影响人身、财产安全的公民个人信息"。第三类信息处于最外层的社会领域,信息的私密性最低,社会性最高。司法解释对该类信息没有列举,而是采取开放性规定。③ 私密性与社会性程度影响着信息的属性,进一步影响了对侵害性程度的判定。这样的分级路径也体现出当下侵害性程度界分的主要方式:以信息属性反推侵害性程度。然而,这样的分级路径忽略了一个问题:同一信息是否在不同场景中仍保持单一的属性?

---

① 参见夏伟:《个人信息有序共享的法理言说与制度构建》,载《南京师大学报(社会科学版)》2023 年第 6 期。

② 参见童云峰:《侵犯读者信息行为的刑法分层规制模式》,载《图书馆论坛》2022 年第 5 期。

③ 参见欧阳本祺:《侵犯公民个人信息罪的法益重构:从私法权利回归公法权利》,载《比较法研究》2021 年第 3 期。

此时,已有学者关注到场景对敏感个人信息分级的影响。有学者谈到,"敏感个人信息"保护法益已上升为刑法所保护法益的,刑法应进一步结合具体场景对其属于"高度敏感信息"或"一般敏感信息"作独立性判断。① 然而,既然认为敏感个人信息已经上升到刑法保护的法益,那么再利用场景区分高度敏感信息和一般敏感信息便稍显多余。于是有学者认为可以利用场景对敏感个人信息与一般信息进行了区分,并进一步将场景判断作为处理侵犯敏感个人信息行为罪责轻重的分级标准,认为创设人身、财产安全重大风险的场景符合处理行为罪责严重的判断,并认可在不同场景之下信息敏感程度可能发生转化,将间接敏感信息和一般信息置换为直接敏感信息,反之亦然。② 此时,虽然注意到了场景变更对信息的影响,但仍将信息属性作为侵害性程度判定的直接依据,场景仅起到了工具作用。这样的区分与其说是关注到了场景与侵害性间的关联,不如说仍将关注点置于信息属性的分级上。

如今,个人信息应用的场景更加多元复杂,个人信息作为数字生产的原料和动力被裹挟在广泛的数字传播中,生成于特定的应用场景,却又独立于特定应用场景而存在的个人信息无法作为孤立的固化内容加以保护。③ 就同一敏感个人信息而言,出现于不同的"场景"可能招致不同程度的侵害性,甚至会出现全有或全无的区别,这显然会带来全然不同的结果。正如《指南》中谈到的医疗健康信息,在特定场景下,医疗服务中的个人信息并不需要法律保护的特别关注,比如方便不同医疗机构了解病人情况的病例系统、医疗保险情境中个人的购药信息等。由此可见,就同一信息而言,其极有可能出现于不同场景,且不同的场景可能指向不同的保护需求。

---

① 参见石经海、李鑫:《侵犯公民个人信息犯罪行刑衔接的困境与出路》,载《吉林大学社会科学学报》2023年第5期。
② 参见熊波:《数据分类分级的刑法保护》,载《政法论坛》2023年第3期。
③ 参见林凌、程思凡:《个人信息场景化传播困境及保护研究》,载《当代传播》2021年第5期。

因此,应当探寻更加适宜的动态分析理论应对这一问题。

(二)场景理论引进的争议

由于敏感个人信息在实践中的变动性,仅以静态标准进行界定已然不足,学界试图寻找新的判定标准满足实践中的动态需求。2004年,美国纽约大学的海伦·尼森鲍姆指出,在信息时代,传统的理论无法回应有关隐私的根本争议,尤其是针对公共监控问题。海伦就此提出了新的隐私保护框架:场景公正理论。她认为应当将隐私保护与特定场景联系起来,要求信息收集和传播的场景适宜并遵守特定场景中的分配规范。① 由于敏感个人信息同样涉及隐私,这一理论首先在民法领域获得了较多学者的支持,随着对场景理论动态分析框架的了解深入,刑法学者对该理论的支持也体现在更多方面。张勇指出,在对敏感个人信息的保护过程中,所谓"私法公法化"和"公法私法化"并不可取,敏感个人信息应当受到公法和私法的多元化、多层次保护,而在不同的具体场景中,敏感与非敏感的标准因人、因事而异,有必要借鉴域外场景理论与相关立法,兼采静态和动态认定方法。② 此时,场景理论已经在刑法问题上体现出了其适用价值。然而,若欲使该理论在司法实践中发挥作用,仍需进一步讨论如何运用该理论以明确刑法对个人信息的保护路径。

由于侵害性程度影响着刑法与其他法律的区分适用,场景理论为分辨侵犯公民个人信息罪中的法益侵害程度提供了理论支持。李川和杨胜刚认为,在场景理论的指引下,侵犯公民个人信息罪的保护法益应为个人法益,但个人信息同样具有社会属性,在不同场景之下需要不同的保护力度。③ 蔡燊认为,虽然信息利用利益无法通过刑法法益检验,但场景理论

---

① See Helen Nissenbaum, *Privacy as Contextual Integrity*, 79 Wash. L. Rev. 119 (2004).

② 参见张勇:《敏感个人信息的公私法一体化保护》,载《东方法学》2022年第1期。

③ 参见李川、杨胜刚:《法益重塑与模式更新:场景化视域下个人信息刑法保护的动态转向》,载《广西大学学报(哲学社会科学版)》2023年第6期。

作为判断个人信息权法益受侵害程度的方法有其价值,信息价值只有在具体情境中才能被完整判断。①　马永强进一步指出在侵犯公民个人信息罪情节的理解中,还需结合信息被利用的可能场景,判断是否有足够的法益侵害。基于场景理论,对于公民个人信息的保护,应根据场景的不同,遵循不同的判断规则,以适应不同场合中的情况。②　由此可见,敏感个人信息所处场景的不同,影响着侵害性程度的判定。

然而,场景理论在法益判断上的价值并未体现出该理论在实践中的作用,对"场景理论"的适用并非毫无争议。杨楠直指场景理论之下难以明确划分出具体的适用场景。③　这一论断并非毫无价值,即使是认可场景理论在法益确定上价值的学者,也更多将认定基础置于法益之上,仅以场景理论为辅助性判断原则,未发展出场景理论的具体适用路径。而试图提出方案的学者也并未完全提出场景划分的具体方案,仅以场景理论为手段,提出了新的判断路径。储陈城和魏培林提出了"场景式判断 + 知情同意"的模式,将已公开个人信息存在的场景予以具体划分进行初步判断,譬如将其划分为"共享性场景""盈利性场景""违法犯罪性场景",当场景式理论判断无法界定已公开个人信息的利用是否属于合理范畴时,再以知情同意规则来进行规制。④　王雨田和周明提出了场景融入和场景抽离的双重路径,首先根据场景中的要素进行初步判断,再抽离出场景回归到信息本身。⑤　这些方案并未回应场景划分标准不明确的问题,虽试图初步划分场

---

①　参见蔡燊:《侵犯公民个人信息罪的保护法益及其运用——从个人信息的公共属性切入》,载《大连理工大学学报(社会科学版)》2024 年第 3 期。
②　参见马永强:《侵犯公民个人信息罪的法益属性证成》,载《环球法律评论》2021 年第 2 期。
③　参见杨楠:《已公开个人信息刑法规制的分层建构》,载《政治与法律》2024 年第 5 期。
④　参见储陈城、魏培林:《刑法视阈下已公开个人信息的合理利用——以个人自治法益观为中心的探讨》,载《重庆邮电大学学报(社会科学版)》2023 年第 5 期。
⑤　参见王雨田、周明:《公民个人信息的刑法归类研究——基于场景理论的判断标准构建》,载《山东法官培训学院学报》2023 年第 2 期。

景,但在无法细分时仍将关注点转为后续应对方案。同时,此类方案将对场景的划分重点置于场景本身性质,尤其关注利益等场景特性,这样的判定逻辑试图根据利益进一步确定对信息的使用是否侵害了法益,却忽视了一个问题:同一信息在不同场景之中的危害是难以衡量的,而这与是否涉及利益等特性无关。那么,场景理论究竟应如何适用于侵害性判定问题之中呢?

(三)场景理论植入的反思与构想

提出场景理论的海伦·尼森鲍姆在近年来也就这一问题进行了更为深入的研究,其与科尔斯滕·马丁通过改变情境行为主体、信息类型、信息流/信息使用三个要素所涉及的40个具体要素进行民意调查,根据统计结果对民众认知的隐私,即有必要保护的个人信息的因素,进行了更加细致的认定。他们发现,满足隐私期望,即对必要个人信息的保护取决于环境因素,比如接收信息的行为者及信息的用途。在他们的统计中,购买信息在零售情境中对满足隐私期望有积极影响,但在医疗保险情境中则不适宜被使用;政治信息在搜索和图书馆领域可以为人们提供便利,但在零售和医疗情境中则可能侵害信息主体权益。[①] 由此可见,即使同样涉及利益,信息在场景中的使用目的不同会使得侵害结果的确定产生变化。出于对场景要素中具体要素的总结归纳,可以明确场景界定中的三个重要因素:信息主体、信息处理者、处理目的,而对其余变量的评价实则围绕这三个要素的评价而展开,利益仅为处理目的中的一个具体要素。因此,对场景理论的适用有必要根据所涉场景的共性将个人信息类型化,继而结合不同场景中个人信息的使用目的进一步判断,得出具有普适性的方法论。

在场景理论核心理论基本明确后,海伦·尼森鲍姆与宝拉·基夫特对

---

① See Kirsten Martin & Helen Nissenbaum, *Measuring Privacy: An Empirical Test Using Context to Expose Confounding Variables*, 18 Colum. Sci. & Tech. L. Rev. 176 (2016).

该理论进行了更加全面的阐述,试图对场景理论中的重要因素进行解析,继而建构更完善的判定框架。他们就美国国家安全局收集电话数据问题提出了"元数据"(metadata)概念,认为该概念对个人信息保护路径的确定同样起着极为重要的作用。元数据是"关于数据的数据",在信息搜索中发挥重要角色,可以根据元数据将其他信息进行分类。他们结合场景理论进行分析,认为如今的元数据与过往认知的不同,当元数据提供者改变了其提供信息的意愿,元数据的接收者极大地提高了聚合、存储、组合和分析元数据的能力或元数据分享的风险超过了最初目的时,就会改变数据的属性,损害信息的敏感性。[①] 因此,当信息主体不再自愿共享他们的元数据时,便会影响对个人信息再次使用的合理性认定。由此可见,"元数据"概念可以为个人信息保护路径的确定提供引导:由于具有侵害性的信息可以直接被识别为敏感个人信息,敏感个人信息首次被使用的场景的合法性,成为判断刑法是否可以介入的首要标准。

敏感个人信息的侵害性特征使得初始场景的变更提高了损害信息主体权益的可能。然而,这并不意味着场景的变更必然使得侵害性达到侵害刑法法益的程度,这样的认知忽略了信息变动的合理性。在正视个人信息变动性这一特征后,海伦·尼森鲍姆提出了数据食物链(data food chain)的隐喻,以此强调信息的流动(flow)在场景理论中的重要性,并指出了上下级数据链的发展过程,即数据分析师根据推理原则从低阶数据推理或合成高阶数据时沿着数据链向上移动的过程,而这样的过程会给信息主体带来强烈不安,亟须新的管理规范进行制约。[②] 这一隐喻恰与个人信息变动性相呼应,同时指出了实践中存在关联性的信息所属场景。依此路径,在

---

① See Paula Kift & Helen Nissenbaum, *Metadata in Context—An Ontological and Normative Analysis of the NSA's Bulk Telephony Metadata Collection Program*, 13 ISJLP 333 (2017).

② See Helen Nissenbaum, *Contextual Integrity up and down the Data Food Chain*, 20 Theoretical Inq. L. 221 (2019).

明确敏感个人信息所涉初始场景后,可进一步根据场景关联性,对敏感个人信息保护进行细化讨论,明确场景变更与侵害性程度间的关联,进一步确定侵犯公民个人信息罪与前置法律规范的适用区分。然而,如何理解场景中的关联性,此种关联性是否仅存在"上下级"关系仍有待进一步讨论。海伦·尼森鲍姆对场景理论基本理念的发展延伸,对构建我国敏感个人信息的刑法保护路径同样有着启示作用:首先正确认识个人信息所涉初始场景,继而根据场景变更情况判定刑法介入情境。

综上,基于场景理论得出的动态分析标准,可有效应对信息变动性带来的敏感个人信息保护困境,根据场景理论的内置概念意涵和具体应用标准,可进一步得出适用于我国刑法的敏感个人信息保护路径。敏感个人信息中的"元数据"为首次出现的初始场景,对其中蕴含的信息主体、使用目的等要素属性的变更,可能损害个人信息的敏感性,造成对个人信息的侵犯。而具体的侵犯程度是否达到刑法规制的范畴,则需根据场景变更的关联性进一步分析,在正视"数据食物链"背后信息变动的正当性的基础上明确不当变动的界限,以确定侵犯敏感个人信息的场景变更情形及判定原则。

三、场景理论下"个人信息"司法认定的具体展开

(一) 初始场景的确定与限制

根据敏感信息的识别规则,易于导致侵害性产生的信息被认定为敏感信息,而这并未将敏感信息与侵害性之间直接画上等号。结合"元数据"的相关理论进行分析,场景理论认为,元数据的收集是否违反了对隐私的合理期望,不仅需要对元数据"是什么"进行本体论分析,还需要根据进化的社会和技术环境对其规范意义进行评估。因此,刑法对敏感信息的保护需要从初始场景出发,对其进行首要判断。

针对初始场景的确定路径,有学者提出了四个步骤进行判定:首先,应

基于信息参与者之间的特定关系来判断某类信息是否具有私密性。其次，根据参与主体的共同利益来确定具体情境。再次，确定权利人的隐私利益在共享利益中的范围。最后，出现新的情境时，评估利益关系、伦理价值以及情境目的等变量，对初设的信息规范进行修正与约束。① 实际上，这一路径也与场景界定中的三个重要因素的判定相契合。因此，这一路径在信息的交互性明确后，已确定了敏感个人信息所涉的"初始场景"。

"初始场景"的确定，不仅是场景变更判定的前提，也是刑法可以保护敏感个人信息时机的确定依据。在黄某丰侵犯公民个人信息案②中，行为人接受"测试软件是否运行正常"的业务和玩网络游戏打装备卖钱。行为人为了开展业务需要，从相关客户处非法获取并使用非法个人身份信息注册六七千个账号。行为人认为，起诉中提到的业务开展完全是合法合规的，其注册账户未使用身份证注册，只用随机英文字母注册，与本案无关。辩护人认为，行为人的电脑所储存的公民个人信息，并非其本人使用非法手段收集、购买或者交换获取，该批公民个人信息在行为人被动接收前，已经被非法收集，涉及的全部公民个人身份信息均已被侵犯，行为人的行为与损害后果的发生并不具有因果关系。这一案件也引发了一个问题：在非法场景公开的个人信息，若变更至合法场景是否可出罪？

在"初始场景"中使用的敏感个人信息已经应当由刑法介入进行保护，主导场景变更的信息处理者即使在后场景中合法使用相应信息，仍是对犯罪的延续，不应凭此出罪。由此可见，初始场景首先决定了刑法的介入可能。若初始场景合法，才需进一步通过场景变更确定刑法介入的合理时机。此时，场景变更的具体情形决定了刑法介入的合理性。然而，初始场景确定的复杂性同样导致了其场景变更并非如"数据食物链"的上下级

---

① 参见姬蕾蕾：《私密信息界定的司法困境及其破解方向》，载《上海大学学报（社会科学版）》2022年第6期。

② 参见广东省深圳市龙岗区人民法院刑事判决书，(2020)粤0307刑初1334号。

变更般单一,尤其是在未公开个人信息中,初始场景受限于特定的信息交互性,此种限制易导致将处理目的与初始场景中所限范围混为一谈。以非公开形式传递的个人信息的初始场景的范围确为信息交互的双(多)方,而处理目的则需独立进行判断。对相应信息的使用或可允许在同一目的之下进行进一步的处理,并非完全限于初始场景之内,而"数据食物链"的存在更是提出了在上下关联目的中处理的可能。值得注意的是,上下关联虽为关联目的中较为重要的部分,但仍可能存在平行关联目的,上下关联目的与平行关联目的共同组成了关联目的之下的变更。

  细言之,在场景变更中,存在同一目的之下的变更和关联目的之下的变更两类,而在关联目的之下的变更中又存在上下关联目的变更和平行关联目的变更两类。同一目的之下的变更只改变了信息接收方,其余要素并未改变,且信息接收方的变更对信息的传递无任何实质影响,目的变更前后将指向同一结果。而关联目的之下的变更除信息主体这一要素外,其余要素均可能发生改变,但处理目的的变更不得完全超出原处理目的,"数据食物链"提及的上下级变更在处理目的上进行了分解或聚合提炼,使得前后目的呈现(被)包含关系。平行关联目的之下的变更并不常见,此种变更与同一目的变更类似,可在变更前后得到同一结果,不同于同一目的变更的是,平行关联变更前后,目的发生了部分实质变更,如实现目的途径等。举例而言,通过特定员工而内推向特定岗位的个人简历,若提供至其他岗位,处理范围已超过初始场景所限范围,而处理目的的不同则会影响场景变更的判定。若认为处理目的为通过内推获得工作,则推荐至其他岗位仍为出于同一目的的处理。若将处理目的局限于通过内推获得特定岗位,则推荐至其他岗位变更了处理目的。由于获得工作和获得特定岗位的工作呈现出包含关系,应当认为处理目的存在关联,且此种关联为上下关联。而同样将通过内推获得特定岗位作为原处理目的,若将信息主体简历推荐至其他单位的同一岗位,信息主体可以获得同一结果(获得特定工作),却突破了原始目的的期待手段(内推),变更了原处理目的。虽然这些情形的认定结果可能一致,但是认定路径却大相径庭。由此可见,即使明确了敏感个人信息的初始场景,场景变更仍较为复杂,需进一步细化讨论。

综上,信息的交互性确定了敏感个人信息的"初始场景",若初始场景已侵犯信息主体的合法权益,则无论场景如何变更,刑法均可介入进行保护;若初始场景尚未侵犯信息主体的合法权益,则需依据场景变更进一步明确刑法对个人信息保护的合理性。

(二)场景变更的类型化规制

在初始场景明确后,场景变更情况进一步影响着侵害性的判定。根据数据食物链概念,应当认为信息处理者承担了信息前后流动的主要衔接作用。信息处理者在处理过程中可能对场景中各要素进行变更,而涉及信息主体的各要素在初始场景中便已明确。因此,本文将以初始场景中的原始处理目的作为连接点,根据前后场景的目的关联进行类型化分析(见图1)。

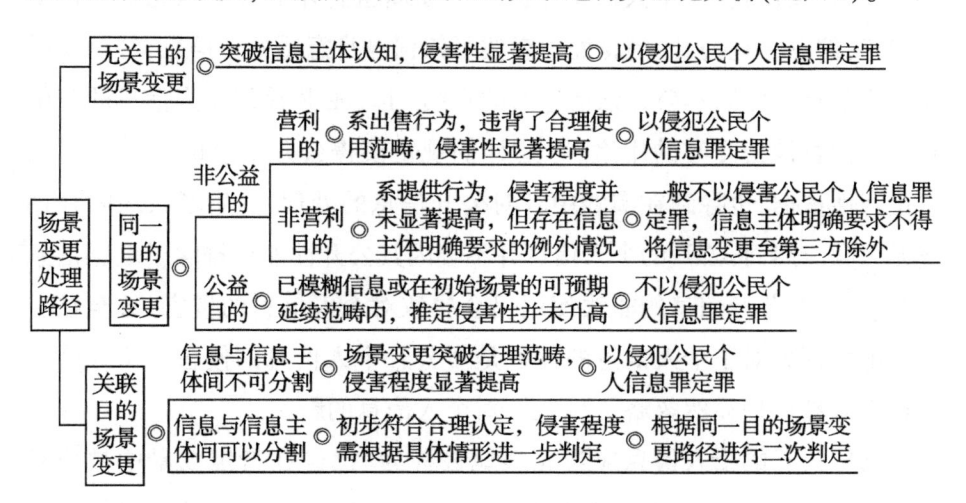

```
场景变更处理路径
├─ 无关目的的场景变更 ─ 突破信息主体认知,侵害性显著提高 ○ 以侵犯公民个人信息罪定罪
├─ 同一目的的场景变更
│   ├─ 非公益目的
│   │   ├─ 营利目的 ─ 系出售行为,违背了合理使用范畴,侵害性显著提高 ○ 以侵犯公民个人信息罪定罪
│   │   └─ 非营利目的 ─ 系提供行为,侵害程度并未显著提高,但存在信息主体明确要求的例外情况 ○ 一般不以侵害公民个人信息罪定罪,信息主体明确要求不得将信息变更至第三方除外
│   └─ 公益目的 ─ 已模糊信息或在初始场景的可预期延展范畴内,推定侵害性并未升高 ○ 不以侵犯公民个人信息罪定罪
└─ 关联目的的场景变更
    ├─ 信息与信息主体间不可分割 ─ 场景变更突破合理范畴,侵害程度显著提高 ○ 以侵犯公民个人信息罪定罪
    └─ 信息与信息主体间可以分割 ─ 初步符合合理认定,侵害程度需根据具体情形进一步判定 ○ 根据同一目的场景变更路径进行二次判定
```

图1 场景变更处理路径

1. 无关目的的场景变更

在未公开个人信息案件中,处理者在处理个人信息的前后场景发生毫

无关联的变更极易判断。以王某智侵犯公民个人信息罪、侵犯公民个人信息案为例,行为人利用服务之便,获取他人手机号及验证码,并将其发送至各类软件拉新微信群,提供给其他行为人进行京东、淘宝等软件账号的注册,注册账号成功便获得相应报酬。① 在此类案件中,手机号及验证码所有者在获取服务的过程中提供了个人的手机,其个人信息初始场景应为获取服务的场景。在无注册软件认知的情况下被迫提供手机号及验证码并完成注册,由于手机号及验证码所有者无公开意愿,该信息属于未公开信息,即使手机号及验证码具有相应软件的指向性,但不应认为敏感个人信息所处场景未产生变更,实为敏感个人信息所处场景完成了毫无关联性的变更,场景变更过程较为明晰。这样的变更并未获得信息主体的许可,可以推定这样的获取行为实为"窃取"行为,可以以侵犯公民个人信息罪进行定罪处罚。

然而,依据我国《个人信息保护法》,处理已公开个人信息无须获得知情同意,信息一旦公开,信息处理者便可依自身意愿处理信息,甚至不需要关注信息主体原本公开该信息时的意图,也不必将使用个人信息的范围限制于信息被公开时的用途。② 这样的规定使得公开信息的场景变更具有正当性依据,也导致在实践中针对公开信息的处理,前后场景之间往往毫无关联。然而,公开的个人信息并不会因其公开性而被排除于敏感信息范畴之外,对公开信息的非法使用仍会导致对个人信息的侵害,甚至在实践中绝大部分对于个人信息的侵害是对公开个人信息的侵害。认为公开信息不必被保护显然忽略了"场景"对个人信息的影响。

已经公开的个人信息应当完整地被称为"已经在特定场景中被公开的个人信息"。因此,对于已公开的个人信息,应当根据其被公开场合而

---

① 参见江苏省连云港市连云区人民法院刑事判决书,(2021)苏 0703 刑初 249 号。
② 参见马新彦、刘睿佳:《已公开个人信息弱化保护的解释论矫正》,载《吉林大学社会科学学报》2022 年第 3 期。

区别界定。学界一般认为,"已公开个人信息"又可进一步细分为意定公开和法定公开两类,即个人出于本人意志的主动公开和为维护公共利益在公权力机关参与下的被动公开。在法定公开的场景中,由于法定公开信息关涉公众知情权等公共利益的实现。因此,对此类公开信息的保护程度可远低于对意定公开信息的保护程度。在此场景之中,公共利益的法定性使得信息主体与其个人信息的直接利益之间出现了分离,而不直接涉及信息主体利益的个人信息是否值得保护本就存在质疑。然而,在法定公开的情形中,信息所处初始场景明确且固定,其限定性更强,且不以获利为目的,其法定公开性可将"提供"或"窃取"的要件进行排除,但若信息处理者存在"出售"行为,则突破原公开场景的变更将使特定公开信息完成毫无关联的变更,发生了明确的场景变更,可以侵犯公民个人信息罪论处。

而意定公开则较为复杂,在意定公开的场合中,又分为绝对的公开和相对的公开两类。正如有学者所说,发布朋友圈、仅特定人群可见的微博内容发布等行为便是典型的"相对的公开",由于"公开"要求不限定于部分人群,针对特定人的传播就有可能不构成"公开"。① 指向不特定人群的"公开"属于绝对的公开,而指向特定人群的"公开"则为相对的公开。

绝对公开与法定公开存在高度相似性,处理他人信息的行为也并非由于公开信息访问的不受限性而完全摆脱了刑法的桎梏。个人在处理本人信息时,必然受制于发布信息时的有限理性与信息偏在,难以充分预见到后续的处理可能。因此,在情势变化时,应当允许其拒绝他人继续处理原信息。如果后续处理行为可能对信息主体的权益造成重大影响,则应当告知并征得信息主体的事前同意。② 同时,绝对公开的信息也同样存在场景

---

① 参见刘晓春:《已公开个人信息保护和利用的规则建构》,载《环球法律评论》2022年第2期。
② 参见齐英程:《已公开个人信息处理规则的类型化阐释》,载《法制与社会发展》2022年第5期。

性。正如有学者所举之例,个人在公开社交平台分享的个人生活,其中可能包括消费习惯等个人信息。信息处理者对相关信息的商业利用应当限制在分享主体的合理预期之内,若将信息出售给犯罪集团或者进行"人格画像",此时显然超出了合理预期,不应被容忍。[1] 从商业场景转向犯罪场景抑或人格分析场景便构成对原有场景的超越,应当受到相应限制,虽然对其的限制无须如同对待相对公开的信息般严格,但一定的限制是必然存在的。回归黄某丰非法获取公民信息案,已被非法收集的个人信息于后行为人而言已可被视为"绝对公开",然而,这并不意味着此类个人信息不值得保护,后续的使用已经超出了信息主体的原有认识,更不必论合理预期,必然不能因此缘由进行出罪辩护。

在相对公开的场合中,应当严格限定"合理处理"的范围。在该场合中,敏感个人信息的公开目的、公开范围等较为明确,个人在选择公开时对后续的处理存在明显的合理期待。因此,一旦违背了个人的合理期待,便极有可能侵害其信息权益,刑法对此具有干预可能性。[2] 对信息主体而言,原公开场合便为其所期待处理相应个人信息的"场景","场景"的更换可能突破信息主体的原有期待,形成毫无关联目的的场景变更。以李某薇、徐某芳侵犯公民个人信息案为例,行为人利用发送礼品的方式吸引周围居民办理实名制手机卡,后为牟利将办理的 50 张实名制手机卡以 4500 元的价格出售给他人。[3] 虽然信息主体自愿提供其个人信息,但是行为人并未准确告知信息主体后续对其信息处理方式,以隐瞒的方式变更了利用他人个人信息的场景。办理手机卡的场景与售卖手机卡后可能使用相应个人信息的场景毫无可预计的关联,在此类情形中,个人信息所处场景发

---

[1] 参见宋伟卫:《处理已公开个人信息的刑法边界》,载《吉林大学社会科学学报》2022 年第 6 期。

[2] 参见宋伟卫:《处理已公开个人信息的刑法边界》,载《吉林大学社会科学学报》2022 年第 6 期。

[3] 参见河南省信阳市中级人民法院刑事判决书,(2021)豫 15 刑终 574 号。

生了毫无关联的变更,甚至可以认为,信息处理者在获取个人信息时存在隐瞒和欺骗的故意,其对信息的获取符合侵犯个人信息罪中第三项的"窃取"要件,可以侵犯公民个人信息罪进行定罪量刑。

然而,在意定公开情境中,判定难度确实高于其他情境。我国《个人信息保护法》第6条作出了"与处理目的直接相关"的规范性要求,在意定公开个人信息场景中,由于初次公开表达了信息主体使用其个人信息的首次同意,为规避法律的制裁,信息处理者一般在后续处理时不会脱离原处理目的,而这也就进一步出现了两种情形:信息处理前后场景中使用个人信息的目的完全一致、信息处理前后场景中使用个人信息的目的存在直接关联。这使得场景变更难以在目的层面进行分辨,为明确其变更及场景理论在此类案件中的适用,本文将进一步在此基础上进行进一步的细化讨论,将意定公开个人信息的场景变更分为"同一目的下的场景变更"及"关联目的下的场景变更"两个类别,并明确在此类场景变更不明晰的案件中的判定规则。

2. 同一目的下的场景变更

在同一目的下的场景变更的情形中,对场景变更前后所涉个人信息的使用目的是一致的。以吴某、张某、葛某宇等侵犯公民个人信息案为例,行为人创建了贷款App并置于多家贷超内,继而将部分客户注册的所有个人信息及授权提取的个人信息推送给其他贷款App,并为其代挂在其他贷超内进一步获取个人信息,后将该App售卖给他人进行放贷使用。① 在该案中,行为人所出售的敏感个人信息在买卖前后使用目的未变,均为贷款。类似的情形还有婚恋网站中介向其他婚恋网站提供他人个人信息、售卖艺术品的网站获取在其他艺术品售卖网站使用者信息等。此类案件在司法实践中并不常见,然而,这并非由于同一目的下场景变更情形较少,而是由于即使出于同一目的,也可能会出现公益和非公益目的的区分,较典型的

---

① 参见安徽省滁州市中级人民法院刑事附带民事判决书,(2020)皖11刑终195号。

公益目的情形是医疗场合下的场景变更：信息处理者为使信息主体获取相应医疗救助而将其个人信息转移至可能提供相应医疗救助的医院、研究机构等。信息共享趋势下的科研、智慧法院等均属于公益目的之下出于同一目的的场景变更。

在非公益目的之下，同样存在两种不同情况，若出于营利目的，则对敏感个人信息的处理符合"出售"的要件；若出于非营利目的，则对敏感个人信息的处理符合"提供"的要件，此时，若同时符合情节严重，便已满足了侵犯公民个人信息罪的要件。然而，场景变更的合理性在《个人信息保护法》第6条规定的引导下，可以承担起违法阻却的作用，可凭此探寻出罪的可能。此时，由于变更前后并未改变信息主体处理信息的目的，应当将判定重点置于信息处理者对信息使用的合理性。有学者指出，根据是否存在约定，"合理使用"方式应分为三类：一是基于用户协议的约定方式，不得从事超出协议范围的行为；二是基于法律规定的处理方式；三是基于行业惯习的处理行为。[①] 结合行业惯习来看，相同性质的处理机构间确会存在信息共通行为，比如婚恋机构、房屋租赁机构为提高成功率而在同功能平台同时挂出相应信息。然而，此种共通行为往往以互惠互利为基础，不以"出售"为实现形式。因此，出售行为必然违背了合理使用的范畴，提供行为则并不必然违背合理使用的范畴，因此，应当认为，出售信息行为难以逃脱侵犯公民个人信息罪的制裁。而针对提供行为，则需进一步分析，在意定公开的场景之中，所涉情形均可视为基于用户协议的约定方式，此处的协议并不等同于书面意义上的协议，而是信息主体与信息处理者之间对于初次公开信息场景的共识。因此，应当将目光重新聚焦于"协议"之上。若信息主体明确指出，对其信息的处理仅能在特定信息平台（信息处理方平台），则其余平台对信息的掌握均会使得对信息的侵害性达到突破认知

---

① 参见吴国喆、王文文：《数据共享视域下个人信息"合理使用"的场景化判定》，载《西安交通大学学报（社会科学版）》2023年第3期。

的程度,可以侵犯公民个人信息罪定罪处罚;若信息主体未明确提出相应要求,则不能认为其他平台对相应信息的掌握达到了应由刑法处置的侵害程度。

而在公益目的之下,便不能简单地一概而论。数字技术为多领域带来的便利,健康医疗、智慧法院等场合,越来越多的人提倡信息共享以促进公共利益的实现,而公共利益的实现也会反馈给个人。因此,出于同一目的而对敏感个人信息的"初始场景"进行变更并非全然不合理。在非公益目的的案件中,单纯出于营利目的而进行的场景变更违反了相关法律,致使行为人受到刑法的规制。然而,这并不意味着出于公益目的而进行的场景变更均不侵犯公民的敏感个人信息。敏感个人信息所保护的个人权利与出于非公益目的所指涉的普遍利益并不存在高下之分,二者是协同一致的。因此,仍需对此作出进一步的限制。

有学者就健康医疗的信息披露提出了几项限制路径,比如落实数据的分级分类管理制度,确立数据的共享原则与共享模式,明确利益相关者在数据共享各个环节的权责;实行更加严格的知情同意要求与标准,区分收集同意与共享同意;进行数据脱敏及数据匿名化等。① 这些路径同样适用于其他出于非营利目的而使用"个人信息"的场合。逐一细看这些限制路径,分级分类管理制度指向我国《刑法》规定中"一般信息""重要信息"的区分,而这影响着"初始情景"的范围限度,即"一般信息"的"初始场景"比"重要信息"的"初始场景"更为广泛。收集同意与共享同意的区分指向了二次授权,二次授权赋予行为人变更"初始场景"的正当性。数据脱敏及数据匿名化使"个人信息"的"可识别性"降低乃至消失,甚至难以继续称其为"个人信息",进一步导致"初始场景"的消亡。

诚然,也有学者认为,在科研信息处理活动中克减个人信息权利,有助

---

① 参见陈怡:《健康医疗数据共享与个人信息保护研究》,载《情报杂志》2023年第5期。

于促进个人信息的合理利用,因此可以通过法律法规等框定个人信息权利克减的适用范围,通过利益衡量合理构建个人信息权利克减的实体内容,通过利益沟通科学筑构个人信息权利克减的程序设计,通过司法审查确保个人信息权利克减真正符合公共利益,进而赋予克减个人信息权利的正当性。① 然而,正如上文所述,不应依据公益对个人信息的保护进行高下判断,在科学研究场合中,也可以利用相应措施使得对敏感个人信息的利用不突破"初始场景"或者获得突破"初始场景"的许可。因此,即使在出于公益目的而使用敏感个人信息的场合中,"初始场景"是否变更仍然是刑法介入的重要判断标准。若欲达成个人权益与公共利益之间的平衡,在处理敏感个人信息时,仍不应突破征得信息主体同意的前提,但是可在个人对处理自己信息具有较高容忍度及合理期待的必要场景中,限缩知情同意规则的适用,代之以信息主体知情,即使其没有同意也推定其默示同意,这种模式可概括为"场景合理+知情+推定同意=合法处理"。② 此处"场景合理"的"场景"并非单纯指向"初始情景",而是涵括了"初始场景"的社会延续,即授权者在首次授权时,认识到"初始场景"的合理延伸,并对此表示认可。在此种情形下,即使未获得二次授权,出于"场景合理"仍可限制刑法的介入。

因此,在分析对敏感个人信息的使用是否突破"初始场景"这一问题时,无论出于何种目的,"合理"始终是重要的判断标准。场景变更时的主体合理、方式合理等均为判断刑法介入的条件,应结合具体情境进行针对性分析,既完成对敏感个人信息的保护,又保证大数据发展的可能。

---

① 参见徐磊:《科学研究中个人信息权利的克减及其限》,载《科学学研究》网,https://doi.org/10.16192/j.cnki.1003-2053.20230412.002。
② 参见蔡星月:《数据主体的"弱同意"及其规范结构》,载《比较法研究》2019年第4期。

3. 关联目的下的场景变更

在关联目的下的场景变更的情形中,对场景变更前后所涉个人信息的使用目的存在直接关联,且多以数据食物链中的上下变更为表现形式。以元某宗侵犯公民个人信息案为例,元某宗作为建筑装饰公司的营业经理,为提高团队业绩,通过同行、开发商、物业、空调售卖公司、装修材料销售公司等渠道,获取公民个人信息并提供给本公司业务人员用于联系潜在客户。① 在该案中,"同行、开发商、物业、空调售卖公司、装修材料销售公司等"前端信息处理者拥有可能需要装修的客户信息,而行为人所在"建筑装饰公司"需要相应的前端信息,前后两场景处理信息的主体对敏感个人信息的使用具有直接关联。类似的案例还有将业主信息售卖至装修等相关公司、将考试报考或信息学籍信息售卖至教育咨询公司、将学生信息提供给相应保险公司等。

在同一目的下的场景变更判断中,已经提及合理性判断。不同于同一目的下的场景变更判断的是,关联目的下的场景变更判定多了对目的变更合理性的判定,这也是两种情形判定路径的唯一区别。因此,在这一场景中,唯一需要解决的问题是明确目的合理性判定的标准。由于目的的变更加剧了场景变更的复杂性,合理性判定标准也因此变得更多元。由此可见,合理性判定标准对场景是否变更的认定起到了至关重要的作用。然而,"合理"并非单纯的法律概念,这导致在司法实践过程中难以以明确标准解读"合理"的范畴,需要借助一定的判断要素对合理性判定标准进行确定。

在我国《个人信息保护法》中反复出现了"合理"的概念:第1条规定了"合理利用",第6条提及了"合理的目的",第13条与第27条的规定均要求"合理的范围内",第24条从反面要求"不得对个人在交易价格等交易条件上实行不合理的差别待遇",第51条明确了"合理确定个人信息处理的操作权限"。梳理其对"合理"的使用,可以初步探索合理性判断涉及

---

① 参见山西省太原市中级人民法院刑事判决书,(2020)晋01刑终156号。

的要素。第 1 条规定提纲挈领地提出"合理性"要求,并未涉及具体要素。第 6 条规定关注了主体同意要素。第 13 条与第 27 条规定对合理范围的要求实则是对场景变更的限度提出了要求。然而,之所以需要对合理性判定标准进行确定,是因为在意定公开场景中,场景变更的限度难以确定,需依靠更明晰的要素。针对这一问题,有学者指出,对"合理范围"的解读应当从处理者规制视角回归到信息主体权益视角,在"推定同意"的合法性基础之上,"合理范围"应以公开时的"合理预期"为标准。① 依此方案,"合理范围"指向了主体同意这一要素,场景变更的限度可以此为核心进行分辨。第 24 条和第 51 条规定关注了信息处理者应承担的义务,关注到了方式合理的要素,而这些义务指向了场景变更前的主体同意及对主体同意可能限度的推测,因此应当认为这两条规定并未完全脱离主体同意这一要素。由此可见,在场景变更时,主体同意要素是最核心的一环,其余要素均为这一要素的延伸。同时,上文已提及,在首次授权时,信息主体认识到"初始场景"的合理延伸,并对此表示认可,即使未获得二次授权,仍可限制刑法的介入。因此,场景变更时合理性判定标准的明确问题,进一步聚焦于判断是否需要获得主体二次同意。

　　站在民事法律的角度看待主体同意这一要素,同意规则对此问题影响较大,而同意规则本身引发了较多讨论,方案便难以确定。然而,上文已将个人信息所涉场景进行了数次细分,问题可在一定程度上简化,此时的讨论重点已经限缩至意定公开前提下,在具有关联目的的场景中,主体同意对场景变更的影响。有学者在"合理使用"问题中提出了"分离性标准",即将信息处理行为分为两类:可分离使用类和不可分离使用类。不可分离的使用可能会违反处理者的合法义务从而间接损害到信息主体的权利。因此,在此种使用方式中,应赋予信息主体一定的控制权。特别针对与人

---

① 参见彭诚信、王冉冉:《自行公开个人信息利用规则的合理范围研究》,载《厦门大学学报(哲学社会科学版)》2023 年第 3 期。

格尊严密不可分的处理情形,不可分离的使用与相关规范价值联系在一起,主体应具有控制与人有必然联系的事物的能力。① 由于"合理使用"同样指向了主体同意,这一标准对主体同意标准的确定同样具有启发性。若个人信息与信息主体间存在特定联系,二者不可分离,在此种情形中,主体同意具有单一指向性,并无对初始场景可能延伸场景的使用许可,即使两个场景所涉目的存在关联性,信息处理者也无权擅自处理其信息。将业主信息售卖至装修等相关公司类案例便属于此情形,业主信息与业主存在极强的身份及财产性联系,业主同意提供个人信息仅出于购房及物业等获取附属于房屋本身服务的需求,装修虽为购房的延伸场景,信息处理者也无权进行处理,若欲处理此类信息,必须获得信息主体的二次同意。仅当个人信息与信息主体间的关联性已经较弱,二者确可分离时,才可在未获二次许可时突破初始场景,在关联目的之下的延伸场景中处理敏感个人信息。

因此,在意定公开情形中,可分离性标准进一步划分出两类情景;在不可分离的情境中,获取了主体二次同意才符合场景变更的合理性,而可分离情境中可适当降低要求,在关联目的的场景变更中未获二次同意也可能符合场景变更的合理性,应以同一目的情形的认定路径进行进一步的分析,判定以何种法律进行保护。

(三)场景判定争议问题的回应

场景判定路径的完善补足了场景理论的内在不足,将数据食物链完整化,使场景变更情形具体化。同时,具有可操作性的判断路径使抽象的理论范式落地于实践,有力回应了场景理论的实用性质疑,场景理论在我国刑法问题中的适用困境得以解决。

首先,在侵害性判定这一核心问题上,场景判定路径回避了法益确定的困境,而将抽象问题具体化,以场景变更对侵害程度的影响进行落实。

---

① 参见王冉冉:《已公开的个人信息的合理使用及其缩限》,载《现代法学》2023年第4期。

当前,侵犯公民个人信息罪的法益并未在学界达成同一认识,而侵害性程度的确定与法益侵害问题确不能完全割裂而论。然而,这并不意味着在法益确定前,侵害性判定就陷入困局。在法益确定的争论中,不再局限于对权利的探索,而涌现出了对"风险"范式理念的关注。① 此种理念的出现,实质上体现出对信息流动合理性的认可。甚至有学者直指侵犯公民个人信息罪的法益便是个人信息的合理流动权,应将关注重点置于个人信息被非法利用危险的升高。② 这些认知的出现基础在于当下信息变动的不可控以及对信息变动产生的合理利益的需求。那么,场景的变更契合了信息的流动,对场景变更合理性的判断便隐含了对风险的判定,进而回应了侵害程度判定这一核心问题。

其次,在判定标准模糊这一问题上,初始场景提供了具体标准,既成了首要分辨标准,也为场景变更后的要素提供了原始依据。在场景理论最初进入我国学者视线时,这一理论的价值在于强调信息所处情境的完整性,而对单一完整情境的确定并不能应对信息变动问题。因此,场景理论本身难以提供明确的判定标准,必须辅以其他判断途径。随着场景理论的提出者对这一理论的进一步完善,这一问题也在逐渐消解。数据食物链概念强调了信息的变动、场景的变化,场景不再是孤立的,它们以前后关联的情境衔接并可对其进行对比。由元数据概念引申出的初始场景与最初认知中的情境完整性更为一致,以一个完整的、具体的情境描述了特定的信息情况,而这便为后续变更产生的每一个具体情境提供了比对标准。

最后,在与信息属性的关联上,场景判定路径并未否认信息敏感程度的关联,且与当前司法解释达成了实质一致。无论是初始场景的构成,还

---

① 参见李昱:《迈向"风险"范式的侵犯公民个人信息罪之教义学重构》,载《苏州大学学报(法学版)》2024年第3期。

② 参见李川、杨胜刚:《法益重塑与模式更新:场景化视域下个人信息刑法保护的动态转向》,载《广西大学学报(哲学社会科学版)》2023年第6期。

是场景变更具体情形中信息与信息主体的可分割性判断,实质上都体现出了信息的敏感程度,并且对不同属性的信息提出了不同的场景判定路径。虽然场景判定路径并未对具体的信息进行分类,但同样受到了"情节严重"相关具体规定的限制。应当认为,场景判定路径与信息分级均最终指向侵害程度判定,但场景判定路径更加关注信息分级这一静态分析路径难以应对的变动性问题,弥补了信息分级可能导致的僵化问题,进一步防范对风险变化的忽视。

综上,在场景理论提供的动态分析框架下,元数据、数据食物链概念可以进一步发展完善,以适应我国侵犯公民个人信息罪的司法适用,避免过分依赖信息属性进行侵害性程度界分可能导致的认知僵化问题,直面敏感个人信息变动性导致的侵害性程度判定困境。基于元数据概念发展出的初始场景既承担起侵害性程度的首次界定作用,又为后续判定提供了标准。数据食物链指明了同一信息的变动对侵害性程度变化的影响,基于此概念细化出的不同变更情形则为侵害性程度提供了更为具体的判定方式,既明确了同一信息在不同变更情形中可能导致的不同结果,又为侵犯公民个人信息罪的适用指明了合理路径。

四、结语

在数字时代,敏感个人信息保护的重要性毋庸置疑,而敏感个人信息的变动性却使得对其的保护不可同日而语。在信息传播越发多变的今天,无法仍以较为刻板的分析框架对其进行分析,否则可能阻隔敏感个人信息的正当流动,也会导致对信息侵害性的错误判定。场景理论创建了个人信息保护的动态分析范式,而这一理论首先运用于民法领域,在逐步应用于刑法领域的过程中尚未形成清晰的民刑界限,且未提出刑法领域具体的适用路径,难以直接将其作为我国刑法适用的规范。本文在充分理解其内在意涵和运用机理后,结合我国司法实践,提出了更具可操作性的场景判定方法,以期弥补传统信息分层理论的认定僵化问题和场景理论的民刑界限模糊问题,为全面规范保护个人信息提供更有可行性的理论路径。

　　场景理论中的"元数据""数据食物链"概念提供了路径引导,为初始场景的确定及场景变更的认定提供思路,而其中规定却并不周全,仍需进一步延伸。信息主体、信息处理者、处理目的三个要素明确了初始场景,如"元数据"般起到了奠定作用,为刑法对敏感个人信息的保护明确了保护门槛,而真正确定刑法介入时机的场景变更并非仅存在"数据食物链"的上下级变更。在我国司法实践中,场景变更时的目的可能存在毫无关联、存在关联和完全一致三种情形,上下级变更仅为存在关联目的变更情形中的一种。而在不同情形中,侵害性判定的难度并不相同,因此需以不同路径进行侵害性判断,保障侵犯公民个人信息罪的合理适用。刑法作为最后一道防线,承担了在数字时代保障公民"个人信息"安全的职责,应当为数字时代的稳定发展和数字社会的长治久安发挥效用。

实务研究

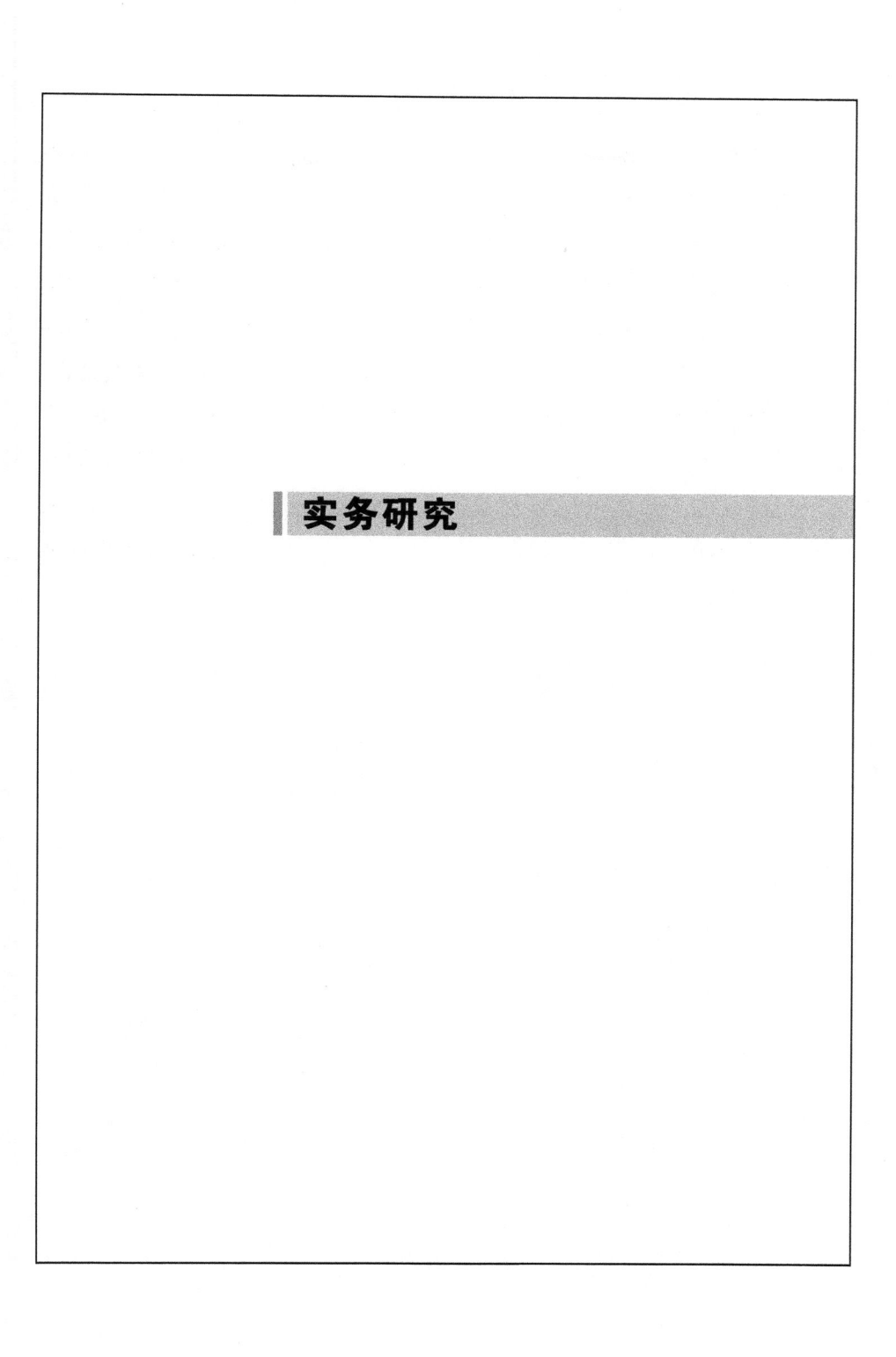

刑事涉案财物处置程序的规范[*]

兰跃军[**]

目 次

一、刑事涉案财物处置程序的概念与特点

二、刑事涉案财物的保管

三、刑事涉案财物的返还

四、刑事涉案财物的随案移送

摘 要:刑事涉案财物处置程序具有处置对象的特定性、诉讼性质的独立性、处置主体的法定性和参与主体的多样性四个特点,实务中包括七个方面:一是查封、扣押、冻结;二是先行处置;三是随案移送;四是保管;五是返还;六是追缴、责令退赔;七是没收,各自都存在不同问题。我国应当由法院进入审前程序对查封、扣押、冻结等对物强制措施实行司法审查,各地设立跨部门的涉案财物保管中心,建立统一的涉案财物信息管理平台。审前程序返还涉案财物由被害人向法院提出申请,由法院裁定并交由涉案

---

[*] 本文系司法部国家法治与法学理论研究重点项目"以审判为中心的诉讼制度改革研究"(编号:15SFB1004)阶段性成果之一。

[**] 上海大学法学院教授,上海大学马克思主义研究院特聘研究员。

财物保管机关执行;审判程序返还要求法院在判决书中详细写明涉案财物的处理情况,同时,还应当完善单据移送的随案移送方式,由中央和省级财政部门统一足额保障各地方政法机关的经费。

关键词:涉案财物;处置程序;保管;返还;随案移送

完善查封、扣押、冻结等强制措施的制度是党的二十届三中全会部署的重点任务之一,是坚持正确的人权观,加强人权执法司法保障的重要举措。改革和完善刑事涉案财物处置程序也成为正在酝酿的第四次《刑事诉讼法》修改的重要内容之一。虽然我国刑法、刑事诉讼法及其司法解释和有关规范性文件对涉案财物处置程序作出一些规定,[1]学者们一直研究提出相关改革方案,[2]但司法实务中涉案财物定性模糊、处置工作随意性

---

[1] 参见《刑法》第64条"犯罪物品的处理"的规定,《刑事诉讼法》第245条"查封、扣押、冻结财物及其孳息的保管与处理"的规定。2012年和2018年修改《刑事诉讼法》分别增加"犯罪嫌疑人、被告人逃匿、死亡案件违法所得的没收程序""缺席审判程序"两种特别程序。中共中央办公厅、国务院办公厅《关于进一步规范刑事诉讼涉案财物处置工作的意见》(以下简称《两办涉案财物意见》),健全处置涉案财物的程序、制度和机制,提出17条具体举措。最高人民法院《关于全面深化人民法院改革的意见——人民法院第四个五年改革纲要(2014—2018)》规范法院处理涉案财物的标准、范围和程序;最高人民法院《关于适用〈中华人民共和国刑事诉讼法〉的解释》(以下简称《刑诉解释》)专设第十八章共14条规定"涉案财物处理";最高人民法院《人民法院第六个五年改革纲要(2024—2028)》将"推动完善查封、扣押、冻结制度,健全刑事案件涉案财产查明与协调处理机制,规范涉案财物处置程序和规则"列为"深化刑事诉讼制度改革"的重要内容之一。最高人民检察院《人民检察院刑事诉讼涉案财物管理规定》(以下简称《高检涉案财物规定》)规范人民检察院涉案财物处置工作。公安部《公安机关涉案财物管理若干规定》(以下简称《公安部涉案财物规定》)规范公安机关涉案财物处置工作,等等。

[2] 笔者2025年2月25日以"涉案财物处置"作为主题词在中国知网进行搜索,得到结果498篇,包括叶永光:《涉案财物管理缺失涉及公安法制建设若干问题》,载《公安学刊》2004年第6期;熊秋红:《刑事诉讼涉案财物处置程序检视》,载《人民检察》2015年第13期;葛琳:《刑事涉案财物管理制度改革》,载《国家检察官学院学报》2016年第6期;方柏兴:《刑事涉案财物处置程序的诉讼化及其限度》,载《兰州大学学报(社会科学版)》2019年第1期;李玉华:《刑事诉讼法修改与涉案财物处置制度改革》,载《中国刑事法杂志》2024年第2期,等等。还有学者出版的各种专著、著作等。

大,保管不规范、移送不顺畅、信息不透明、被告人和被害人、案外人等利害关系人权利保障缺失、处置不及时、救济不到位等问题突出,①随着前几年非法集资、集资诈骗、电信网络诈骗等涉众型经济犯罪案件频发,以及近两年反复出现的"远洋捕捞"式违法异地执法和趋利性执法现象,②更暴露出涉案财物处置问题的严重性,引起社会公众高度关注。贯彻落实中央部署和《宪法》《民法典》《刑法》等保障公民合法私有财产权规定,持续深化以审判为中心的刑事诉讼制度改革,规范刑事涉案财物处置程序成为亟待研究的一个重要课题。

一、刑事涉案财物处置程序的概念与特点

(一)涉案财物

关于"涉案财物"的概念,《高检涉案财物规定》和《公安部涉案财物规定》都在第2条作了界定,③从这两份规范性文件的规定看,《高检涉案财物规定》侧重涉案财物的经济属性,而《公安部涉案财物规定》侧重涉案财物的证据属性,但都主张严格依照法律规定的范围界定涉案财物。学者也存在不同认识,有学者将"涉案财物"界定为"由有权司法机关依据其职权

---

① 参见《中办国办:进一步规范刑事诉讼涉案财物处置工作》,载搜狐网,http://news.sohu.com/20150302/n409274191.shtml。

② 参见蒋小天:《如何治理"远洋捕捞式执法"?罚没收入制度改革成焦点》,载南方都市报 App,https://m.mp.oeeee.com/a/BAAFRD0000202411071022285.html。

③《高检涉案财物规定》第2条规定:"本规定所称人民检察院刑事诉讼涉案财物,是指人民检察院在刑事诉讼过程中查封、扣押、冻结的与案件有关的财物及其孳息以及从其他办案机关接收的财物及其孳息,包括犯罪嫌疑人的违法所得及其孳息、供犯罪所用的财物、非法持有的违禁品以及其他与案件有关的财物及其孳息。"《公安部涉案财物规定》第2条规定:"本规定所称涉案财物,是指公安机关在办理刑事案件和行政案件过程中,依法采取查封、扣押、冻结、扣留、调取、先行登记保存、抽样取证、追缴、收缴等措施提取或者固定,以及从其他单位和个人接收的与案件有关的物品、文件和款项,包括:(一)违法犯罪所得及其孳息;(二)用于实施违法犯罪行为的工具;(三)非法持有的淫秽物品、毒品等违禁品;(四)其他可以证明违法犯罪行为发生、违法犯罪行为情节轻重的物品和文件。"

确认的与刑事案件有关的并应当依法予以追缴、返还、没收、责令退赔的财物。"①与前两份规范性文件相比,该界定多了一个"确认程序"。还有学者将"涉案财物"界定为:"与刑事案件的事实有关、能够用于证明案件事实,或者与刑事案件的财产处理结果有关、需要用于赔偿损失或者执行财产罚没,因而应当被司法机关采取查封、扣押、冻结等处置措施的各种财产和物品的总称。"②该定义将涉案财物等同于涉案财产,主张从更广泛的范围界定涉案财物,但其将取保候审保证金纳入涉案财物,值得商榷。笔者认为,从广义上界定涉案财物,更符合党的二十届三中全会精神和司法实践需要。涉案财物是指在刑事诉讼中与犯罪行为相关联,能够直接或间接证明犯罪事实发生或犯罪情节轻重的、具有财产价值的各种财产和物品,③《刑事诉讼法》第298条第3款的规定体现了这一点。

(二)涉案财物处置程序

《刑事诉讼法》第141~145条、第245条、第298~301条和《刑法》第64条及有关司法解释、规范性文件等规定,涉案财物处置包括七个方面:一是查封、扣押、冻结;二是先行处置;三是随案移送;四是保管;五是返还;六是追缴、责令退赔;七是没收。其中第一、二、三个方面属于证据收集与保全或财产保全的程序性处分,第四、五、六、七个方面属于涉案财物的实体性处分,实务操作中以上七个方面各自都存在不同问题。涉案财物处置程序就是由对物的强制处分程序、先行处置程序、审前返还程序和裁判程序构成的一个制度体系。④ 作为涉案财物处置程序的"入口",查封、扣押、

---

① 参见李长坤:《法官文库:刑事涉案财物处理制度研究》,上海交通大学出版社2012年版,第8页。

② 参见黄华生、石军英:《批判与重构:刑事涉案财物的概念界定》,载《江西社会科学》2022年第5期。

③ 涉案财物包括违法所得及其孳息、供犯罪所用的本人财物、非法持有的违禁品以及其他与案件有关的财物及其孳息,包括涉案虚拟财物。

④ 参见方柏兴:《刑事涉案财物处置程序的诉讼化及其限度》,载《兰州大学学报(社会科学版)》2019年第1期。

冻结有着相对具体的规定,实务中做法较为统一。但查封、扣押、冻结等对物的强制性措施,相对于对人的强制措施而言,最大的问题在于缺乏认定及启动的实体要件和程序要件,权力缺乏监督和制约。为了解决这一问题,有学者认为,对人身和对财物的强制侦查措施均由法院进行审查,可行性不大,他主张高强度与较轻程度的强制侦查的审查分别由检察机关和公安机关实施。① 但是,第一,查封、扣押、冻结等强制性措施批准权属于司法裁判权的范围,要求裁判主体中立,其不适宜由公安机关或检察机关行使。第二,公安机关和检察机关作为控诉方,自行行使查封、扣押、冻结等强制性措施的决定权,会出现集侦查、处置、监督于一身的现象,无法改变涉案财物处置的混乱现状,"侦查中心主义"仍将大行其道,使得审判只不过是对侦查结论的确认而已,"以审判为中心"无法实现。第三,由法院对查封、扣押、冻结等强制性措施进行审查,既符合我国《宪法》第140条和《刑事诉讼法》第7条规定的公检法三机关"分工配合制约"原则和以审判为中心的刑事诉讼制度改革的要求,又是落实我国《宪法》和《民法典》保障公民合法私有财产权的需要。为此,笔者主张建立中国式司法审查制度,由法院(通过审前法官)进入审前程序履行裁判职能,②对查封、扣押、冻结等对物强制性措施实行司法审查和司法授权,并提供司法救济,这样才能保证涉案财物处置程序的相对独立性、完整性。

相对于查封、扣押、冻结等强制性侦查措施而言,目前关于涉案财物的保管、返还和随案移送的立法规定过于简略,在实务中也未达成共识。而作为一种程序性保全措施,查封、扣押、冻结涉案财物在整个刑事诉讼过程中所起的仅仅是最初的临时固定作用,后续的保管、返还和随案移送才是影响刑事诉讼进程的关键。为此,笔者结合《刑事诉讼法》相关

---

① 参见龙宗智:《强制侦查司法审查制度的完善》,载《中国法学》2011年第6期。
② 关于我国法院进入审前程序实行司法控制的法理分析,参见兰跃军:《以审判为中心的刑事诉讼制度改革》,社会科学文献出版社2018年版,第38~41页。

规定和有关规范性文件,将涉案财物的保管、返还和随案移送作为规范涉案财物处置程序的研究重点。关于追缴、责令退赔、没收以及附带民事诉讼中涉案财物的处置程序,笔者曾分别做过专门研究,在此从略。①《刑诉解释》第 439 条对特殊涉案财物审判阶段的先行处置程序作出规范,②有利于保障相关权利人的合法财产权,许多地方探索扩大适用该程序,积累了一些有益经验,但也暴露出许多问题,亟待立法统一规范。③

(三)涉案财物处置程序的特点

与刑事诉讼其他程序相比,涉案财物处置程序具有四个方面的特点,这些特点为研究规范该程序提供了依据。

1. 处置对象的特定性。在刑事诉讼中,立案、侦查、审查起诉、审判和执行程序的处理对象都是刑事案件,即刑事诉讼客体,包括人和案件事实两个方面。涉案财物处置程序的处置对象是涉案财物,其仅仅是刑事案件事实的一个方面或一部分,必须具有"案件关联性",其兼具证据属性和财产属性、刑事属性和民事属性。④ 而涉案财物的有用性和流通性,决定了

---

① 参见兰跃军:《刑事被害人人权保障机制研究》,法律出版社 2013 年版,第 297~299 页、第 365~367 页,以及第 369~378 页。

② 从该规定看,先行处置的对象限于易损坏、易贬值等特定涉案财物,在判决前通过拍卖、变卖等方式予以提前处分,所得款项由法院保管,其启动必须经权利人申请或者同意,并经院长批准。关于该问题研究,参见方柏兴:《刑事涉案财物的先行处置》,载《国家检察官学院学报》2018 年第 3 期。

③ 主要包括四个方面:一是明确先行处置的范围与条件;二是明确先行处置的启动方式;三是明确先行处置的权力主体;四是细化具体程序,明确先行处置的时间、地点、具体方式、救济手段等。参见李华伟:《涉案财物处置机制研究》,载《民主与法制》周刊 2025 年第 5 期。

④ 参见汪海燕:《〈刑事诉讼法〉再修改与涉案财物处理程序的完善》,载《政法论坛》2025 年第 1 期。涉案财物不仅是案件处理的依据,也是财产权的客体,要求其处理程序具有一定的独立性;涉案财物不仅附着了刑事法律意义上的违法性争议,还有可能涉及民事法律意义上的权属争议,要求刑事诉讼程序的设置除了保护被追诉人的权利外,还要充分保障被害人、案外人等利害关系人的权利。

其极易被挪用、截留、私存和私分,必须对其加强保管和监督。因此,涉案财物并不等同于赃款赃物,对其查封、扣押、冻结等必须严格依法进行,①其处置程序应当正当化。

2.诉讼性质的独立性。涉案财物处置程序是刑事诉讼"对物之诉",其主要功能是审查处理涉案财物,包括其来源、权属、性质、价值等,区别于刑事诉讼为解决犯罪嫌疑人、被告人刑事责任问题(定罪量刑)的"对人之诉",涉案财物处置程序具有相对独立性。这要求明确侦查机关、监察机关在侦查、调查过程中全面收集证明涉案财物性质、属性等证据材料,并随案移送;检察机关对涉案财物事实和证据进行实质审查,并就涉案财物处置提出一个相对独立的诉讼请求;法院就涉案财物事实和证据专门组织法庭调查和法庭辩论,收集和查明涉案财物证据,并作出裁判和执行。《刑事诉讼法》第245条第3款和《刑诉解释》第279条、第444条规定,公安司法机关必须审理查明涉案财物的名称、金额、数量、存放地点等,明确其处理方式,并及时通知被害人或其他权利人认领。

3.处置主体的法定性。《刑事诉讼法》第245条第1款规定,有权处置涉案财物的只能是公安机关、人民检察院和人民法院,具有法定性。其他任何机关、团体和个人都无权处置涉案财物。②且公、检、法三机关及其工作人员处置涉案财物,必须严格遵守法定程序,根据涉案财物的具体情况,分别在审前程序或审判程序中采取先行处置、保管、返还、随案移送、追缴、责令退赔、没收等不同处理方式。《刑事诉讼法》第245条第5款规定了司

---

① 《刑诉解释》第449条规定:"查封、扣押、冻结的财物与本案无关但已列入清单的,应当由查封、扣押、冻结机关依法处理。查封、扣押、冻结的财物属于被告人合法所有的,应当在赔偿被害人损失、执行财产刑后及时返还被告人。"同时,第279条第3款规定:"经审查,不能确认查封、扣押、冻结的财物及其孳息属于违法所得或者依法应当追缴的其他涉案财物的,不得没收。"最高人民法院法官法答网问题(编号K2024061219952)答复,追缴违法所得只能以违法所得及孳息为执行对象,不能追缴等值合法财产。

② 监察案件涉案财物由监察机关处置,适用《监察法》《监察法实施条例》等规定。

法工作者违法处置涉案财物的刑事诉讼法律责任，①防止涉案财物被贪污、挪用或私自处理。

4. 参与主体的多样性。涉案财物处置涉及犯罪嫌疑人、被告人及其家庭成员、被害人、案外人等利害关系人利益，一旦权属关系认定错误，就可能损害有关权利人的合法财产权。因此，公、检、法三机关处置涉案财物，应当依法、公开、公平进行，认真听取有关涉案财物所有人、被害人和案外人等利害关系人意见，准确查明涉案财物的性质和权属关系，并通知其参加有关处置程序，这决定了该程序的参与主体具有多样性。② 2024 年 10 月 11 日，《人民法院报》刊登黑龙江省牡丹江市中级人民法院公告，督促已经外逃的鹤岗市原副市长李某良的近亲属和其他利害关系人就涉案财物申报权利和申请参加诉讼，李某良违法所得没收案涉案金额超 31 亿元，查封房产 1021 处，系至今全国涉案金额最大的职务犯罪适用违法所得没收程序案件。③

二、刑事涉案财物的保管

（一）涉案财物的保管模式

我国法律没有规定涉案财物的保管问题，司法实践中办案机关通常依

---

① 参见兰跃军：《刑事诉讼法律责任研究》，中国政法大学出版社 2022 年版，第 112~113 页、第 154~146 页。

② 《刑事诉讼法》第 299 条规定，法院受理没收违法所得的申请并发出公告后，犯罪嫌疑人、被告人的近亲属和其他利害关系人有权申请参加诉讼，也可以委托诉讼代理人参加诉讼。利害关系人参加诉讼时，法院应当开庭审理。第 300 条规定，法院经审理后，裁定没收违法所得及其他涉案财产，或者裁定驳回没收涉案财物的申请，解除查封、扣押、冻结措施的，犯罪嫌疑人、被告人的近亲属和其他利害关系人或者人民检察院可以提出上诉、抗诉。

③ 李某良将违法所得投入其个人实际控制的公司、项目中，用于土地一级开发整理、房产开发、工程建设等以及购买房产、车辆、土地、设备等，案发后扣押、冻结资金共计人民币 140,987.522529 万元，查封 1021 处房产，查封土地、滩涂 27 宗，查封林地 8 宗，扣押汽车 38 辆，扣押机械设备 10 台（套），冻结 18 家公司股权。参见《涉案超 31 亿、查封房产 1021 处，李传良案详情披露》，载新京报网，https://www.bjnews.com.cn/detail/1728881660129089.html。

据司法解释及各部门下发的规范性文件进行。当前涉案财物的保管模式主要有实物移送、分别管理和单据移送、公安管理两种模式,二者各有利弊。① 各地政法机关根据实际情况探索适合本地的涉案财物保管方式,形成了"厦门模式""成都模式"等多种各具特色的涉案财物管理模式,值得研究。

(二)涉案财物保管中存在的主要问题

1. 保管主体混乱、浪费司法资源。这主要出现在实物移送、分别管理模式中。涉案财物从最初的扣押到保管可能需要途经多手,使办案机关通常只关注涉案财物是否已接收,至于具体的保管事宜并不关注。而涉案财物根据不同的诉讼阶段由公检法三机关分别保管,需要各自设置保管的场地并安排保管人员,容易浪费司法资源,增加财政负担。例如,上海市某检察院于2006年将某抢劫案中需要没收的涉案摩托车移送至法院,但法院只在单据上注明暂存于检察院,并未接收。直到2012年,法院仍未执行没收该财物,依然由检察院保管。②

2. 办案人员与保管人员不分。《两办涉案财物意见》第3条明确提出建立办案人员与保管人员相互制约制度,禁止由办案人员自行保管。但实践中,对涉案财物保管往往并不设专门人员,而由办案人员自行保管财物。这样,保管人员既是侦查人员,又是保管人员,其能够自行决定涉案财物的处分事宜。我国目前还没有建立刑事证据保全制度和实物证据保管链制度,③这种不受制约的权力,必然导致办案机关容易忽略涉案财物的证据属性,而更加重视其经济属性,这对涉案财物的保管是极为不利的。

---

① 参见程建:《刑事诉讼涉案财物集中管理的实证调研和制度构想》,载《上海政法学院学报》2013年第2期。

② 参见程建:《刑事诉讼涉案财物集中管理的实证调研和制度构想》,载《上海政法学院学报》2013年第2期。

③ 关于刑事证据保全和实物证据保管链,参见兰跃军:《以审判为中心的刑事诉讼制度改革》,社会科学文献出版社2018年版,第264~273页。

3. 缺乏有效监督机制。对涉案财物保管的监督往往只有办案机关的自我监督和有限的外部监督,即上级机关监督下级机关、本机关内部监督、检察机关对办案机关的监督。这些监督的有效性大打折扣,实务中对涉案财物的保管基本处于权力丝毫不受约束的无监督状态。

(三)涉案财物保管程序的完善

1. 设立跨部门的涉案财物保管中心。《两办涉案财物意见》《高检涉案财物规定》《公安部涉案财物规定》都强调要在各自机关内部实施办案人员与保管人员制约机制,但并无相关具体措施,且三机关分别制作的规定缺乏统一指导,涉案财物处置往往涉及多部门之间的工作,如此规定只能延续当前混乱不清的局面与"各自为战"的状况。设立跨部门的涉案财物保管中心成为解决这一问题的关键。所谓跨部门的涉案财物保管中心,是指在原公、检、法三机关保管场地之外设立的由公检法等办案机关共用但独立于办案机关的专门用于涉案财物交接、保管、移送和返还的场所。保管中心作为"物的看守所",实现"实物不动,手续流转",具有保管功能、服务办案功能、保值增值功能和协助处置功能。[①] 四川、广东、浙江、上海、福建等地积极探索试行"涉案财物跨部门集中统一管理",包括区县级跨部门集中统一管理和跨区县的地市级跨部门集中统一管理。2015年7月,四川省成都市温江区设立刑事诉讼涉案财物集中管理中心,其与以往的保管场地相分离,所有案件的涉案财物均于此进行集中保管。[②] 浙江省湖州市2018年率先建成市级跨部门"刑事涉案财物管理中心",公检法各部门的涉案财物都在这里被集中保管。

从实践看,涉案财物保管中心的管理主体主要有四种模式:第一,公安

---

① 参见李玉华:《刑事诉讼法修改与涉案财物制度改革》,载《中国刑事法杂志》2024年第2期。

② 参见陈俊伶:《刑事诉讼涉案财物规范管理的四川样本》,载《人民法治》2016年第9期。

机关管理或代管,以成都市温江区和杭州市滨江区为代表。公安机关是涉案财物保管最主要的机关,从场地、经验及便利程度上都优于检察机关和法院,具有不可替代的优势,①其仅需将办案人员与保管人员相分离即可。第二,办案机关共同作为管理主体或公检法共管,以上海市浦东新区、上海市嘉定区和浙江省诸暨市为代表。由公检法等办案机关分别派员参与其中,分别在各自的诉讼阶段内对保管中心进行管理。② 第三,办案机关共同管理,同时,对一些需专业保管的涉案财物引进社会主体托管,采用政府购买服务的方式委托第三方机构专业化管理,以实现对涉案财物的科学管理,便于随后诉讼程序的进行。四川成都和福建厦门在试行这方面改革。③ 第四,行政机关管理,以深圳市宝安区为代表。保管中心交由行政机关负责,由其专门统一管理涉案财物。④ 对于第一种,由公安机关管理或代管,公安机关既是办案主体又是管理主体,可以任意处分涉案财物,保管中心缺乏独立性和中立性,如此依然无法摆脱"侦查中心主义"的影响。另外,由公安机关管理或代管只不过将原来公安机关内部的保管场所换至更大的一个场地而已,并未体现出设立保管中心的实质意义。第三种由办案机关共同管理并适当引进社会主体托管,确实能够在效率及便利程度上有所提高,相较于当前的保管模式而言具有一定优势。但涉案财物不仅具有经济属性,而且是重要的证据,引进社会主体托管如何防止案件泄密,是一个需要解决的问题。一旦泄密,可能危及刑事诉讼的顺利进行。因此,引进社会主体托管在理论上比较具有吸引力,但却存在较大的安全风险。

---

① 参见葛琳:《刑事涉案财物管理制度改革》,载《国家检察官学院学报》2016年第6期。

② 参见陈俊伶:《刑事诉讼涉案财物规范管理的四川样本》,载《人民法治》2016年第9期。

③ 参见葛琳:《刑事涉案财物管理制度改革》,载《国家检察官学院学报》2016年第6期。

④ 参见江佳佳:《刑事诉讼涉案财物管理的改革模式与路径选择》,载《地方立法研究》2023年第3期。

笔者赞同将第二种和第四种结合起来,对于公检法共管,不能简单地理解为三机关派员参与保管中心的分阶段管理,而应理解为保证保管中心的独立性和中立性,将涉案财物的事务性管理权从侦查权、检察权、审判权中分离出来,仅在扣押、保管、随案移送等程序性处置过程中,涉案财物的控制权在三机关之间流转,一旦涉及涉案财物实体处分时,必须由法院审查决定,并由相应阶段的保管机关执行。① 笔者主张借鉴目前的看守所管理体制,涉案财物保管中心由县级以上政府统一设置,委托公安机关管理,待将来条件成熟时,与看守所一起改由司法行政机关或其他机关管理。

2. 建立统一的涉案财物信息管理平台。《两办涉案财物意见》第5条提出探索建立跨部门的地方涉案财物集中管理信息平台,旨在解决各部门之间信息不共享、不流畅、处置不透明、监督无效的问题,同时使被害人及相关利害关系人能够参与到涉案财物的处置程序中,以保障其合法权益。具体而言,各诉讼阶段的保管机关都是涉案财物信息平台的操作者,公检法等办案机关应当将涉案财物信息录入平台并发布,详细说明涉案财物的保管情况及交接过程。以条形码作为辨认和保管涉案财物的重要方式,构建"涉案财物进入保管中心—涉案财物信息录入及发布—涉案财物的随案移送—涉案财物移出保管中心"的科学保管方式,严格规范办案机关从最初的查封、扣押、冻结到随后的保管均能合理进行,为随案移送及返还创造条件。北京市西城区人民检察院运用互联网技术,建立了一套高度智能化的涉案扣押冻结款物管理系统,每件涉案财物都有唯一的二维码,给其带上"电子身份证",借助信息技术手段实现涉案财物从侦查、起诉、审判到执行各个环节的顺畅流转,实现涉案财物扣押处置流转在公检法执法办案过程中的全程"电子化",以阳光透明的"标配"让涉案财物得到依法处

---

① 例如,成都温江区和浙江诸暨市的涉案财物管理中心都采用"党委领导、公安为主、部门协同",公、检、法、财政等部门共同参与的模式,中心所依托的场所、人员、设备都来自公安机关。

置,减少甚至消除涉案财物处置工作存在的保管不规范、移送不顺畅、信息不透明等问题,确保涉案财物对被告人的定罪量刑和保障人权的正确适用。目前各地研究推广的人工智能在司法系统中运用,为解决该问题创造了条件。

三、刑事涉案财物的返还

相对于扣押、冻结及保管等临时性保全措施,涉案财物的返还是对涉案财物的实体性处分,关乎公民个人财产权等基本人权能否得到有效保障,对维护社会的和谐稳定和促进交易的顺利进行具有重要意义,更能让人民群众在每一个司法案件中感受到公平正义。

(一)涉案财物的返还模式

1. 审前程序返还。在案件尚未经过法院审判,处于侦查或审查起诉阶段,即在涉案财物权属明确且不影响审判的情况下,分别由公安机关、检察机关将涉案财物返还给被害人。《刑法》第 64 条和《刑事诉讼法》第 245 条第 1 款等都明确要求及时返还被害人的合法财产,《刑诉解释》第 438 条作了细化规范,[①]但都未提及返还主体,也未明确返还方式。完善审前返还程序,不仅有利于及时弥补被害人的经济损失,减少社会矛盾,而且可以减轻保管中心的管理压力,降低保管成本,减轻财政压力。[②] 因此,在权属明确且不影响诉讼进行的情况下,公安机关和检察机关都可以作为审前程序的返还主体,对此,《高检涉案财物规定》第 22 条第 2 款和《公安部涉案

---

① 《刑诉解释》第 438 条规定:"对被害人的合法财产,权属明确的,应当依法及时返还,但须经拍照、鉴定、估价,并在案卷中注明返还的理由,将原物照片、清单和被害人的领取手续附卷备查;权属不明的,应当在人民法院判决、裁定生效后,按比例返还被害人,但已获退赔的部分应予扣除。"

② 为此,《两办涉案财物意见》第 6 条提出完善涉案财物审前返还程序,要求对于那些权属明确的被害人合法财产,凡返还不损害其他被害人或者利害关系人的利益、不影响诉讼正常进行的,公安机关、国家安全机关、人民检察院、人民法院都应当及时返还。但对于权属有争议的财产,应当由人民法院判决时一并处理。

财物规定》第19条都作出明确规定。

审前程序返还存在的主要问题包括两个方面：一是违反程序法定原则。程序法定原则要求涉及司法权等公权力的配置以及涉及公民人身、财产等私权利的保障等重大事项，必须由立法机关以法律的形式予以规定，其他司法机关、行政机关等都不得加以规定。《刑事诉讼法》第245条虽然对涉案财物的返还作出规定，但既未指明返还主体，也未规定返还程序。《高检涉案财物规定》和《公安部涉案财物规定》对《刑事诉讼法》进行细化规范，其效力已然等同甚至超越法律。二是当事人合法权益无法得到保障。我国目前在对涉案财物的认定及采取强制性侦查措施方面缺乏司法审查，侦查机关可以随意认定并查封、扣押、冻结当事人的财物，这极易导致被追诉人、被害人或案外人的合法财产遭受不法处置。加之我国侦查和审查起诉程序过于封闭，利害关系人无法得知自己的财物所处的阶段及状态，实践中常常只有涉案财物被返还时才被告知，在返还之前几乎不能提出有效抗辩。这种程序上的不公正侵犯了当事人、案外人等利害关系人对财产处置的知情权和程序参与权，极易造成涉案财物处置的"审前中心主义"，有悖于程序公正，更不利于社会稳定。

2.审判程序返还。即通过法院的审判将涉案财物加以认定并恢复到该财物被侵犯之前状态的实体性处分。审判程序返还是对被害人权利救济的手段，法院通过审查认定涉案财物并返还，修复了财产的本来归属关系。《刑诉解释》第279条、第438条、第442条和第445条等作了细化规范。

从司法实践看，审判程序返还也存在两个方面问题：一是裁判文书中对涉案财物处置的描述过于简略。裁判文书是保障被害人的财物能够顺利返还的依据，也是判决执行的依据，被害人对涉案财物返还的期待甚至远超过对被告人可能判处的刑罚。《刑事诉讼法》第245条第3款要求法院判决对查封、扣押、冻结的财物及其孳息作出处理，《刑诉解释》第279

条第1款首次补充规定了涉案财物审理程序,①第444条对判决书记载涉案财物处置情况作出规范。② 但笔者在上海市某中院调研时发现,几乎全部有关涉案财物的裁判文书均未对该财物的相关信息及处置情况加以说明。以上海市第二中级人民法院(2016)沪02刑初106号张某抢劫案为例,被告人抢劫了被害人的名贵手提包、钱包以及现金3500元。在判决书主文中对上述财物的描述仅有"查获的赃款赃物发还给被害人家属,犯罪工具双刃尖刀及刀鞘予以没收"一句话,既未提及上述财物的种类、价格,亦未说明其处置方式。笔者就该问题询问了承办该案件的法官,其答复是由于侦查机关在移送方面的各种原因,法院对涉案财物在返还前的处置情况知之甚少。二是因随案移送导致"空判""漏判"现象。涉案财物的随案移送程序,是为保障涉案财物从侦查阶段顺利地出现在下一诉讼阶段中,直至法庭审判,其是后续的审查起诉和审判的前提。随案移送若出现问题,就会对被告人的定罪量刑和返还被害人财产产生重大影响。在司法实践中,涉案财物的随案移送中可能出现种种问题,如选择性移送、拒绝移送等,法院判决之后无法返还被害人财物,导致被害人的合法财产权益无法得到保障。

(二)涉案财物返还程序之改革

1. 审前返还程序改革。侦查和审查起诉阶段的返还仍然属于刑事诉讼程序,应当受到刑事诉讼法的调整,贯彻"以审判为中心"。在立法上对

---

① 《刑诉解释》第279条第1款规定:"法庭审理过程中,应当对查封、扣押、冻结财物及其孳息的权属、来源等情况,是否属于违法所得或者依法应当追缴的其他涉案财物进行调查,由公诉人说明情况、出示证据、提出处理建议,并听取被告人、辩护人等诉讼参与人的意见。"但该规定存在审查对象狭窄、审查内容模糊、审查方式存有争议以及案外人参与审判的程序缺失等问题,不符合"审判中心主义"要求,有待改革完善。参见汪海燕:《〈刑事诉讼法〉再修改与涉案财物处理程序的完善》,载《政法论坛》2025年第1期。

② 《刑诉解释》第444条规定:"对查封、扣押、冻结的财物及其孳息,应当在判决书中写明名称、金额、数量、存放地点及其处理方式等。涉案财物较多,不宜在判决主文中详细列明的,可以附清单。判决追缴违法所得或者责令退赔的,应当写明追缴、退赔的金额或者财物的名称、数量等情况;已经发还的,应当在判决书中写明。"

审前程序返还加以明确规定,成为遵守程序法定原则的必然前提。在法院进入审前程序履行裁判职能的基础上,对于权属明确且不影响诉讼进行的涉案财物返还的审查及返还的决定,应当由法院作出。

涉案财物的返还与对涉案财物采取强制性措施不同,前者属于对涉案财物的实体性处分,带有行使审判权的性质,后者仅仅是程序性措施,为了保障诉讼顺利进行,并不涉及对涉案财物的实体性处分。而侦查机关和检察机关只能行使程序性权力,对于实体性处分权的行使只能交由法院行使。因此,对于侦查、审查起诉阶段的返还,应当由被害人向法院提出申请,由法院作出裁定,交由涉案财物保管机关执行。具体而言,首先,由被害人向法院提出返还请求。通常而言,涉案财物的返还是在审判之后由法院依职权进行的,审前返还作为返还程序的例外,属于被害人主张私权利的情形,理应依申请而非依职权进行。其次,经过法院的审查,若确实属于权属明确且不影响诉讼顺利进行的情形,法院应当作出返还的裁定,被害人凭借该裁定至保管机关取回财物。最后,若出现被害人与利害关系人意见不一致的情形,双方都应当向法院提交相应的证据,但法院对返还涉案财物的裁定只要达到"优势证据"的证明标准即可。返还的决定权仍由法院行使,具体执行则交由涉案财物的保管主体。关于我国侦查程序被害人财产返还机制的规范与实践、比较法考察以及返还条件、返还程序、违反返还规范的制裁等,笔者曾做过专题研究,在此不再赘述。[①]

2. 审判返还程序改革。审判阶段的返还是法院依法行使审判权,通过对涉案财物进行审理认定并返还给被害人的行为。为了更好地保障被害人的合法财产权和知情权,同时保障涉案财物处置程序公开,法院应当在判决书中专项说明涉案财物的处理情况,凡是有涉案财物的案件,判决书中均应对涉案财物的处理作出明确说明,不得出现漏判、漏项

---

① 参见兰跃军:《侦查程序被害人权利保护》,社会科学文献出版社2015年版,第193~202页。

等情况。具体而言，首先，对于需要返还给被害人的涉案财物，应当根据《刑诉解释》第444条规定，在判决书中写明或附清单。若在审判之前，涉案财物就已经返还的，应当写明返还的对象、财物的信息等。其次，对于涉案财物被查封、扣押、冻结以及之后的交接、保管、随案移送等处置程序，都应当写明。① 最后，应当告知被害人该财物所处保管中心的具体地点以及取回所需的手续情况，及时通知被害人、案外人等利害关系人认领。

此外，《刑诉解释》第443条还要求追缴依法应当追缴却被被告人用于投资或置业的涉案财物所形成的财产（份额）及其收益，②这有利于更好地保护被害人的合法财产权。③《两办涉案财物意见》第12~15条要求明确利害关系人的诉讼权利，完善权利救济机制，加强监督制约。为了落实这些规定，立法应当构建案外人参与涉案财物处置程序，有关办案机关在调查和处理涉案财物之前，应当通过公告方式，向社会发布需要处理的涉

---

① 为此，还应当准确把握追缴、没收、责令退赔与返还的关系。追缴与责令退赔都是程序性措施，没收和返还被害人则为实体性处理措施。对于犯罪所得，可以通过追缴的方式进行查封、扣押、冻结，追缴后的财物只是处于国家机关的暂时管理之下，待作出生效裁判后再作处理。凡是通过责令退赔方式可以解决的，应当责令犯罪嫌疑人、被告人退赔。如果系违禁品，则应当予以没收；对于追缴在案的财物，经审理查明确实属于被害人的，应当判决及时返还被害人。

② 《刑诉解释》第443条规定："被告人将依法应当追缴的涉案财物用于投资或者置业的，对因此形成的财产及其收益，应当追缴。被告人将依法应当追缴的涉案财物与其他合法财产共同用于投资或者置业的，对因此形成的财产中与涉案财物对应的份额及其收益，应当追缴。"

③ 最高人民法院2016年印发《关于在执行工作中规范执行行为切实保护各方当事人财产权益的通知》，要求严格区分涉案人员个人财产和家庭成员财产，处理涉案人员犯罪不得牵连其家庭成员合法财产。该通知还要求依法严格区分违法所得和合法财产，对于经过审理不能确认为违法所得的，不得判决追缴或者责令退赔。同时，要求坚决杜绝超范围、超标的查封、扣押、冻结财产。参见《最高法：处理涉案人员犯罪不得牵连家庭成员合法财产》，载网易网，https://www.163.com/news/article/C7L8C09300014Q4P.html。

案财物信息,案外人等利害关系人提出异议的,应当通知其参加庭审、进行听证和询问调查等,核实涉案财物的性质、权属,保障案外人等利害关系人的权利。《刑诉解释》第 279 条第 2 款赋予案外人对涉案财物处理的异议权。①《德国刑事诉讼法典》第 431 条规定的没收、扣押财产程序中的"第三人参加程序"也值得我国借鉴。②

四、刑事涉案财物的随案移送

涉案财物随案移送是衔接强制性侦查措施、保管与返还的关键程序,由于"侦查中心主义"的影响,涉案财物返还和保管程序中的问题大都源于此。《刑事诉讼法》第 245 条第 2 款虽对涉案财物随案移送作了规定,③但司法实务中存在两种不同的做法。④ 完善涉案财物的随案移送程序成为持续深化以审判为中心的刑事诉讼制度改革中各环节的重中之重。

---

① 《刑诉解释》第 279 条第 2 款规定:"案外人对查封、扣押、冻结的财物及其孳息提出权属异议的,人民法院应当听取案外人的意见;必要时,可以通知案外人出庭。"但这里没有明确异议权的行使要求、方式,且通知案外人出庭需要以法院认为"必要"为前提,这使得案外人权利的行使受到较大的限制。

② 参见《德国刑事诉讼法典》第 431 条的规定,当第三人可能对被没收的标的物享有法律上的请求权时,侦查人员在侦查程序中应当尽可能对他进行询问,并在中间程序和审判程序中通知其参与诉讼。经过法院的参与命令,该第三人即成为"没收之参与人",其原则上享有与被告人相同的诉讼权利。第三人有权对没收的裁判提起不服,并于审判程序中在场,提出调查证据的申请,以及提起法律救济。参见[德]克劳思·罗科信:《刑事诉讼法》(第 24 版),吴丽琪译,法律出版社 2003 年版,第 600 页。

③ 《刑事诉讼法》第 245 条第 2 款规定:"对作为证据使用的实物应当随案移送,对不宜移送的,应当将其清单、照片或者其他证明文件随案移送。"根据该规定,实物作为证据使用,必须同时具备三个条件:一是必须与案件有关联,即具有法律上的因果关系;二是必须具有特定性,即具有法律上的不可替代性;三是必须能够在法庭上予以展示。

④ 一种做法是涉案物品除因本身性质不适宜移送的外,如易变质或者有易燃易爆性,一律移送。该做法基于对涉案物品证据属性的肯定性认识。另一种做法是对涉案财物区分不同情况,其不作为证据使用的,可以不移送实物,仅移送其清单、照片和证明文件。

(一)"侦查中心主义"下随案移送程序的实然状态

1. 侦查机关自行处置涉案财物。《刑诉讼法》和有关规范性文件规定,①侦查机关可以根据侦查的需要对涉案财物进行查封、扣押、冻结。对于易损毁、易灭失、易变质以及市场价格波动较大的股票、基金等特定财物,侦查机关只要经其主要负责人批准,即可对其进行拍卖、出售等先行处置。在审前返还程序中,侦查机关在确认权属的情况下可以将涉案财物返还给被害人。《刑事诉讼法》第245条第2款要求对不宜移送的涉案财物,应随案移送清单、照片或者其他证明文件。如果侦查机关认为该涉案财物不宜移送,就可以将照片、单据等随案移送,而财物由自己保管。可见,侦查机关既可以自行查封、扣押、冻结涉案财物,又可以自行决定是否进行随案移送和实体处分,况且,目前随案移送与否的标准不统一,导致实践中随案移送乱象丛生。② 如此强大而不受约束的侦查权,便是"侦查中心主义"下随案移送程序出现问题的根源所在。

2. 收支两条线的涉案财物管理方式。如果说侦查机关可以任意处置

---

① 事《公安机关办理刑事案件程序规定》第288条规定:"对查封、扣押的犯罪嫌疑人的财物及其孳息、文件或者冻结的财产,作为证据使用的,应当随案移送,并制作随案移送清单一式两份,一份留存,一份交人民检察院。制作清单时,应当根据已经查明的案情,写明对涉案财物的处理建议。对于实物不宜移送的,应当将其清单、照片或者其他证明文件随案移送。待人民法院作出生效判决后,按照人民法院送达的生效判决书、裁定书依法作出处理,并向人民法院送交回执。人民法院在判决、裁定中未对涉案财物作出处理的,公安机关应当征求人民法院意见,并根据人民法院的决定依法作出处理。"

② 立法对随案移送的程序和不宜移送的涉案财物范围缺少具体规定,也未规定无正当理由拒绝接收移送或不移送涉案财物的诉讼法律责任,导致选择性移送、接收和拒绝移送、拒绝接收情况并存,这既存在办案机关或部门囿于部门利益不愿或不及时移送涉案款项和贵重财物的情况,也存在一些办案机关由于不具备保管条件只愿接收涉案款项、权利凭证、财物清单、照片及其他证明文件,而不愿接收聚众斗殴案件的棍棒、故意伤害案件的刀具等涉案工具以及大宗、易腐变质的涉案实物的情况。产生这种现象的一个重要原因是涉案财物与办案机关之间存在利益关联,一些办案机关以查扣的赃款赃物来弥补经费缺口。参见葛琳:《刑事涉案财物管理制度改革》,载《国家检察官学院学报》2016年第6期。

涉案财物只是随案移送问题的表象,那么,收支两条线的涉案财物管理方式就是随案移送程序出现问题的实质所在。笔者在上海市某中院刑二庭(经济类犯罪业务庭)调研时曾经看到众多的刑事案件相关问题的统计,包括历年案件种类的比例、无罪判决率、二审改判率等。在如此丰富的数据统计中,唯独缺少一份针对涉案财物移送情况的统计。笔者与法官访谈得知,涉案财物处置是司法实践中极度混乱的领域之一,在审判中常常出现侦查机关认为涉案财物已经随案移送但法院没有收到该财物的奇怪现象。另外,法院内没有专门保管涉案财物的场地及人员,对于侦查机关随案移送的财物往往也不愿意接收实物,只接受照片和清单。因此,法院对涉案财物随案移送的态度较为排斥,对侦查机关是否随案移送也听之任之。那么,在涉案财物不随案移送也不先行处置的情况下,涉案财物最终流向何方呢?这就涉及收支两条线的涉案财物管理方式。

收支两条线的涉案财物管理方式是指将有关部门的非税收收入与支出脱钩,收入部分上缴国库,部门经费则由财政部门予以保障的资金管理模式。① 设置该管理方式旨在预防与治理腐败,将"收""支"分离,避免有关部门与涉案财物发生利害关系,从而保障公正执法。这种将收支脱离的财政管理方式在一定程度上确实能够从源头上遏制司法腐败的发生,并且在实施初期取得了不错的效果。然而,随着收支两条线改革的深化,受财政经费拨款的制约,这一改革正与其所希望的目标背道而驰。从经费保障看,由于"财权上移、事权下移",使得改革中出现了"办案""装备""待遇""基建""医疗"经费难以保障的"五难现象"。② 各级财政机关的拨款仅能使同级司法机关勉强维持现有状态,不可能对其装备进行更新和增加员工

---

① 参见柳叶:《深化收支两条线改革后基层政法经费保障问题的思考》,载《民族论坛》2002年第6期。

② 参见柳叶:《深化收支两条线改革后基层政法经费保障问题的思考》,载《民族论坛》2002年第6期。

福利。这样,司法实践中侦查机关往往不将涉案财物随案移送,在侦查期间就将财物交给同级财政部门,而同级财政部门再根据其上缴的数量拟定拨发的财政经费,实务中将这样的做法称为"按比例返还"。① 这就使得曾经收、支脱离的改革又恢复到收、支挂钩的状态,开启变相的"自收自支"模式,同时也深深地打上了"司法地方化"的烙印。

3. 侦查机关与案件发生直接利害关系。通过上述两方面的共同作用,侦查机关与其所承办的刑事案件发生直接利害关系。侦查机关牢牢地掌握对涉案财物的控制权并将其上缴达到创收的目的。随之而来的是,侦查机关积极追求法院将被告人定罪,以证明其侦查结论的正确性。实务中检察机关不敢作不起诉,法院不敢判无罪,这样一来无罪判决率极低。一旦法院作出无罪判决或者认定该财物属于非涉案财物,不仅是对侦查机关侦查行为的否定性评价,更是对侦查机关获得财政收入的严重打击。因此,侦查机关(包括随后审查起诉和提起公诉的检察机关)就会对法院审判施加各种影响,从而导致庭审虚化,尤其是涉案财物审理流于形式,涉案财物处置错误也就无法避免。

(二)"审判中心主义"下随案移送程序的应然状态

1. 构建案件材料与实物证据先后移送的随案移送新模式。随案移送不等同于一并移送中要求涉案财物与案件材料同时移送。实际上,涉案财物只要能够在一定时间内随同案件流转即可。为此,可以构建案件材料与实物证据先后移送的随案移送新模式,也就是说,对于涉案财物的移送范围及移送与否,检察机关收到移送审查起诉的案件后,经审查符合起诉条件的,应当在五日内经由案件管理部门向公安机关发出移送涉案财物的通知书,②公安机关再根据通知要求移送。这样,可以保证涉案财物移送与

---

① 参见陈瑞华:《论侦查中心主义》,载《政法论坛》2017年第2期。
② 参见杨宏亮、沈东林:《刑事诉讼中涉案财物的移送及监管问题研究》,载《人民检察》2013年第20期。

案件管辖移送保持同步。

2. 完善单据移送的随案移送方式。单据移送的随案移送方式是目前司法实务中涉案财物随案移送的常见做法。成都市温江区已建立涉案财物集中保管中心，涉案财物的随案移送方式也随之变成保管场地不变，实际保管及处置权限随案件移送至检察院和法院。① 然而，若将涉案财物的处置权限一同随案移送，建立涉案财物保管中心的意义就仅仅是为了节约保管成本，未对侦查权的行使予以监督和制约，仍在延续"侦查中心主义"模式。因此，应当将对涉案财物的控制权限制在程序性处置阶段。换言之，首先，由法院对涉案财物进行认定，同时，由法院审查授权侦查机关实施查封、扣押、冻结等强制性措施，这样，便可以从涉案财物入口环节制约侦查权的任意行使。其次，随着涉案财物进入保管中心，公、检、法三机关可以通过单据移送的方式将对涉案财物的控制权交给下一个机关。最后，涉及涉案财物的实质性处分必须由法院裁判，如此即可从涉案财物出口处监督制约侦查机关。

3. 加强对政法机关经费的保障。通过完善单据移送的随案移送方式，可以从程序上避免侦查机关与涉案财物之间产生利害关系，而更为重要的是要保障各政法机关的经费。若不能有效地解决经费问题，设计再好的制度来制约办案机关都是徒劳的。首先，由中央和省级财政部门统一足额保障各地方政法机关的经费是必要的，也是可行的。具体而言，先可采取按经费性质分类保障的方法，业务和装备的经费由中央和省级财政机关统一保障，人员和公用经费仍维持分级保障。这样，既可以满足对经费的需求，改变"自收自支"的现象，保障公正司法，又可以避免体制调整所导致的人员和公用经费的划拨。②

---

① 参见陈俊伶：《刑事诉讼涉案财物规范管理的四川样本》，载《人民法治》2016年第9期。

② 参见夏鹏程等：《关于政法机关经费保障问题的思考》，载《地方财政研究》2009年第7期。

待条件成熟时,再统一由省级财政保障,以此彻底避免"司法行政化"以及"按比例返还"的现象。其次,加强政法机关经费的科学核算是控制政法经费过度增长的重要方式。由中央有关部门先行研究政法机关经费划拨标准,下达指导意见,再由地方各级政法机关根据自身的实际情况,科学核算业务经费和装备经费情况,以避免资源浪费和提高资源利用率。最后,通过对政法人员编制的控制,压缩非必要的经费需求。中央和地方各级政法机关应严格核算在编人数,严禁过度增加在编人数,由中央和省级编制部门根据实际需求进行适当调整。同时,由各编制部门对政法编制人员进行严格审查,加强监督,严禁擅自增编、超编和变相聘用各种临时工作人员。中央深化司法体制综合配套改革的一项重要内容,就是实行省级以下法院、检察院人财物统一管理,这将有助于解决这一问题。

检察直接侦查权的职能定位与实践优化[*]

张　栋[**]　张爱菁[***]　郑逸风[****]

目　次

一、问题的提出
二、检察直接侦查权的性质演变与职能定位
三、检察直接侦查权运行的现实困境
四、检察直接侦查权的运行优化

摘　要：作为检察权力束衍生的重要子权力，检察直接侦查权内蕴监督、侦查双重属性，对保障法律监督、完善反腐败体系、维护司法公正具有重要意义。实践中，该权能存在线索质效不佳、管辖衔接不明、数字技术融合不足等适用困境，需要以体系化原则为指引，健全线索管理机制，完善侦查办案机制，重视人才培养建设，借力科技赋能侦查，以期对检察侦查权的

---

[*] 本文系最高人民检察院检察理论研究课题"检察机关侦查职能定位和工作机制研究"的阶段性研究成果。
[**] 华东政法大学刑事法学院副院长、教授、博士生导师。
[***] 上海市徐汇区人民检察院副检察长。
[****] 华东政法大学刑事法学院研究生。

运行有所裨益。

关键词:检察直接侦查权;职能定位;行权原则;运行机制

一、问题的提出

检察直接侦查权是指检察机关在履行法律监督职责过程中,针对司法工作人员利用职务之便实施非法拘禁、刑讯逼供、非法搜查等侵犯公民权益、破坏司法公正的犯罪行为依法启动侦查程序的专门权能。在权力配置上,检察直接侦查权是检察侦查权的重要组成部分,也是检察机关履行法律监督职能的重要保障和有力支撑。2018年《刑事诉讼法》修正后,随着反贪污贿赂、反渎职侵权职能的监察转隶,检察侦查权经历了结构性调整,逐步形成"三位一体"的权力架构,即直接侦查权、补充侦查权与机动侦查权并行的新型体系。国家监察体制改革不仅重构了司法领域的权力配置格局,更促使检察直接侦查权的运行模式产生深刻变革。

在新型检察侦查权体系基本确立的背景下,如何实现检察直接侦查权的效能优化已成为检察实践中的重要课题。最高人民检察院(以下简称最高检)检察长应勇明确指出,依法规范行使检察侦查权对于惩治司法腐败、强化法律监督具有不可替代的法治价值,强调需要秉持"依法稳慎、精准适用"的实践原则。然而,检察直接侦查权与监察调查权之间存在一定程度的职能重叠和交叉。如何妥善处理两者之间的界限与关系,实现两者的协调与互补,成为当前检察机关深化改革进程中亟待解决的重要问题。

二、检察直接侦查权的性质演变与职能定位

(一)检察直接侦查权的双重属性

1. 监督属性的强化

以历次法律法规修改为节点回溯,在现代意义上的检察侦查权确立以前,检察机关侦查权即经历了范围上逐渐限缩、性质上不断回归法律监督

属性的演变历程。纵观其发展史,检察侦查自肇始时期就是检察制度的重要组成部分。中华人民共和国成立初期,1954年《人民检察院组织法》规定"对刑事案件实行侦查",1956年第三次全国检察工作会议更是将侦查工作确立为检察机关工作重点。该阶段检察机关侦查权,已因与公安机关侦查权有所界分,初显监督属性雏形。此后,1978年"七八宪法"恢复并重建人民检察制度,1979年《人民检察院组织法》修订,更是将检察机关"一般监督"定位明确为"法律监督"。为保障检察机关作为法律监督机关的权威,立法者赋予检察机关更为能动的侦查权,由1979年《刑事诉讼法》加以规定。自此,检察机关侦查权在反贪污贿赂局的运行下发展、鼎盛,既相对独立,又仍内蕴监督属性。1996年《刑事诉讼法》在前一阶段的基础上,进一步明确检察职能的功能面向,即"人民检察院依法对刑事诉讼实现法律监督"。在该教义影响下,检察侦查范围被调整,更体现其刑事法律监督属性。伴随2018年《刑事诉讼法》出台,现代意义上的检察侦查权逐步确立。通过制度史的梳理,不难发现检察侦查权对于维护检察机关权威、强化法律监督属性,具有关键作用。检察机关的侦查权虽早于"法律监督机关"定位被转化为立法语言,但"法律监督"概念自始为检察侦查权的行使提供具体、清晰的规范性、教义性指引,为检察侦查权刻上监督属性的烙印。①

2. 侦查属性的专业化转向

检察直接侦查权在规范层面兼具检察权与侦查权的双重法律属性,其运行机制遵循刑事侦查活动的普遍规律。根据联合国《关于检察官作用的准则》的规范性要求,检察机关在职务犯罪侦查领域承担特殊职能,重点针对公职人员贪腐、权力滥用及重大侵权类犯罪行使调查权。检察机关作为国家刑事司法体系的重要组成部分,检察直接侦查权本质上属于以查明犯罪事实、收集证据材料为目的的特殊公权力形态,具有权力行使的强制性与手段运用的专业性特征。从比较法视角考察,尽管不同法系国家存

---

① 参见秦前红:《检察侦查权的制度逻辑与时代走向》,载《政法论丛》2023年第4期。

在"检警一体"(以德、法、日等大陆法系国家为代表)与"检警分离"(以英、美等普通法系国家为典型)的制度分野,但检察机关对特定类型犯罪行使侦查权已成为现代法治国家的普遍实践。我国检察侦查权的制度建构源于对苏联检察体制的借鉴,与现行俄罗斯联邦刑事诉讼制度具有历史承继性。《俄罗斯联邦刑事诉讼法典》明确赋予检察机关对特定类型刑事案件的广泛侦查权限,包括但不限于羁押、逮捕、搜查等强制措施的实施权,构建了刑事追诉程序的制度基础。我国检察直接侦查权在权力配置层面具有国家强制力保障特征,严格遵循法定程序对人证物证实施强制性调查。这种权力配置模式既符合侦查权运行的基本法理,也体现了国家监察体制改革背景下检察权的功能调适。

(二)检察直接侦查权的职能定位

1. 法律监督的保障性权能

国家监察体制改革后,检察机关原本的检察侦查权被限缩,专注于保留的三项侦查权。检察机关以此为契机,在新的时代坐标下积极寻找法律监督新的切入点,正式确立刑事、民事、行政、公益诉讼"四大检察"的法律监督新格局。这一转变不仅重塑了检察机关的侦查职能,也促使其在法律监督,乃至国家整体监督体系中的功能定位发生变化。实践中,检察监督手段多限于纠正违法、检察建议等柔性的监督,效果时常不尽如人意。作为检察机关为数不多的刚性手段,检察直接侦查权能够保障其他司法机关的侦查调查在合法范围内规范运行,其监督属性不言自明。[1] 作为人民检察院的一项重要职能,检察直接侦查权与机动侦查权、补充侦查权构成的检察侦查职能体系,和侦查监督、刑事审判监督、刑罚执行监督、民事诉讼监督、行政诉讼监督等一起,构成了我国检察机关诉讼监督职能的基本体系。

从发展脉络上看,无论是检察机关从"一般监督"演变为今天的"法律

---

[1] 参见曹化、陈修勇:《检察侦查权的适用逻辑与实践优化》,载《犯罪研究》2024年第1期。

监督",还是检察直接侦查权各发展阶段的适用范围不断限缩,都强调了检察机关的法律监督职权,表明了检察侦查权与检察权的一体性。在侦查范围上,直接侦查的案件线索来自刑事、民事、行政诉讼监督过程,覆盖了检察机关法律监督工作的全过程。① 因此,"监督型"侦查权与"法律监督"的价值同样重要,成为国家监督体系的关键组成部分、法律监督职能履行的重要保障权能。

2. 高效反腐的必要性配置

最高检的"三个重要"论述,②指出检察直接侦查权作为"严惩司法腐败的重要手段"的第二重定位。从监察机关和检察机关的职能划分来看,两者在反腐败工作中各有侧重,相互补充。监察机关的主要任务是预防、惩治、减少贪污腐败犯罪行为,为实现这一目标,需要集中力量查办贪污腐败犯罪,确保反腐资源有效利用。检察机关对司法工作人员职务犯罪进行立案侦查,可以作为监察调查的有效补充。一方面,能够实现问题发现、立案侦查两个环节的无缝衔接,提高工作效能;另一方面,通过行使法律监督、案件审查等职能,更及时发现司法工作人员犯罪线索,顺畅推动诉讼进程。③ 这种分工合作方式,使得监察机关能够更加专注于查办贪污腐败犯罪,从而实现反腐资源的优化配置。

检察侦查权的"选择性启动"模式,进一步增强其在反腐败体系中的灵活性。在行使直接侦查权时,检察机关并非唯一侦查主体,而是与监察机关相互协作,共同打击职务犯罪。当监察机关对某类案件不予立案调查

---

① 参见姜明、宿德政:《检察机关检察侦查与案件管理融合履职路径探析》,载《警学研究》2024年第5期。

② 关于检察侦查,新一届最高人民检察院党组有着"三个重要"的职能定位——检察侦查是法律赋予检察机关的重要职能,是严惩司法腐败、维护司法公正的重要手段,也是加强法律监督的重要保障。

③ 参见朱德安、王喆:《新检察侦查权适用的三个问题分析》,载《政法学刊》2019年第3期。

或主动移交给检察机关时,检察机关才能够立案侦查。同时,检察机关在立案侦查过程中,需要与同级监察委员会(以下简称监委)进行沟通,遵循"监察为主、调查优先"的原则,确保反腐工作的有序进行。这种机制避免了反腐资源的重复投入,提高了司法资源的利用效率。同时,检察侦查权能够实现对监委办案"四种形态"的补充。结合最高检最新要求,目前正在"探索建立检察侦查检监衔接机制,对于检察机关立案后认为不构成犯罪的违法线索,依法移交纪检监察机关处理",①实现对监委办案"第二种形态""第三种形态"的补益,以"双向衔接"推动反腐败体系的缜密与完善。

3. 司法公正的关键性手段

作为"维护司法公正的重要手段",检察侦查权是检察机关确保公平正义得以实现的关键"防线"。一方面,检察侦查权保障犯罪嫌疑人、被告人诉讼权利。我国刑事诉讼的职权主义色彩相对浓厚,私权主体难以与公权主体形成同位关系。处于侦查阶段的犯罪嫌疑人、被告人,尤其是当其处于被羁押状态时,其诉讼权利可能面临被侵犯危险。检察机关作为法律监督机关,在审前阶段能够通过直接侦查权,防范和约束国家追诉权滥用,实现权利救济保障。对于防止司法工作人员侵犯公民权利、损害司法公正的14类职务犯罪开展侦查,从而维护刑事诉讼的规范有序。在此基础上,通过检察侦查权的行使,可以在追诉职务犯罪的同时,纠正打击职务犯罪行为造成的冤假错案,保障司法公正。

另一方面,检察侦查权护航刑罚公正执行。自监委转隶、内设机构改革以来,初期阶段由刑事执行检察部门行使检察侦查权,刑事执行检察部门成为检察机关唯一具备自侦权的部门。即使在多个省级检察机关成立检察侦查部门的当下,多数基层检察院仍存在刑事执行与自侦的编制、人员合一。究其原因,这一现象与检察侦查权的监督属性、侦查属性及行权要旨密切相

---

① 参见葛晓燕:《依法全面履行刑事检察职权切实加强新时代新征程刑事检察工作》,载《人民检察》2024年第24期。

关。司法实践中,职务犯罪侦查线索的挖掘,通常源自刑事执行检察监督活动。两项权能归属同一部门,契合检察改革、职权调整背后的政策要旨。刑罚的公正执行问题是司法公正的"最后一公里",依托刑事执行检察权与检察侦查权的职能融通,加强对减刑、假释、暂予监外执行的法律监督,能够避免再次出现"纸面服刑""该减不减""该放不放"等乱象,维护刑事司法公平公正。

三、检察直接侦查权运行的现实困境

(一) 检察直接侦查权的实践检视

国家监察体制改革与相关立法调整对我国检察机关侦查权运行机制产生了直接影响,数据显示,2018年度全国检察机关自侦立案数骤降至71件,较改革前同比下降98.5%,[1]但伴随职能定位的重新厘清,检察侦查体系经过结构性调整后呈现显著复苏态势,其职能运行模式在司法实践中逐步重构。

改革初期,检察侦查资源配置呈现明显地域差异和层级分化:部分基层院因侦查骨干力量随"两反"职能整体转隶导致办案能力断层,案件办理量持续低位运行;而刑事执行检察部门基础扎实的检察机关,依托既有的专业化团队和成熟工作机制,顺利实现侦查权衔接,保持了办案效能的稳定性。对此,最高检通过系列政策指引强调,检察侦查职能的价值实现关键在于精准把握法律监督属性,构建办案质效并重的发展路径,着力通过典型案例办理提升司法公信力,具有标杆意义的案件办理成效显著:最高检直接立案的西藏公安系统杨光明徇私枉法案、督办的山东傅振锋涉黑保护伞案、云南孙小果案等重大案件,不仅有效彰显了法律监督刚性,更通过类型化案件办理形成了规范指引效应。

虽然较改革之初,检察直接侦查权的运行已经获得显著成效,但是从实

---

[1] 参见2018年《最高人民检察院工作报告》,载https://www.spp.gov.cn/spp/gzbg/201903/t20190319_412293.shtml。

践效果来看,检察侦查权的行使总体上依旧处于低迷状态,适用率较低。从司法统计数据来看,2018年制度改革后司法工作人员职务犯罪立案量虽保持年均增长态势,但其在职务犯罪追诉总量中的占比始终较低(见图1)。而地方检察机关行使检察侦查权的实践也符合上述特征(见图2)。

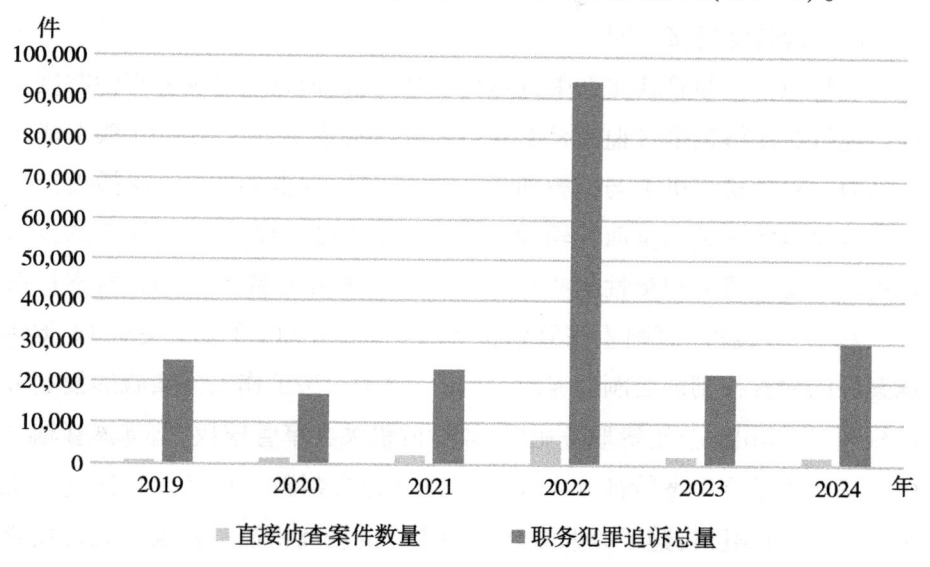

图1 2019~2024年监察机关直接侦查案件与职务犯罪追诉总量对比图

资料来源:2019~2024年《最高人民检察院工作报告》。

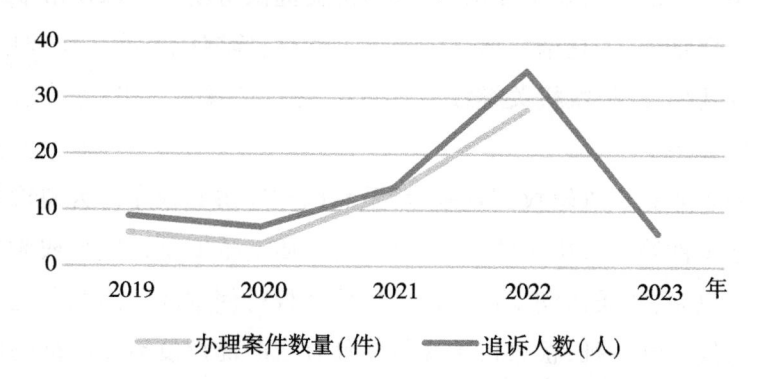

图2 上海市各级检察机关2019~2023年直接立案侦查权的行使情况

资料来源:2020~2024年《上海市人民检察院工作报告》。

尽管检察直接侦查权的案件适用范围有限,案件基数相对较小,但鉴于其作为法律监督权能的重要构成,在维护司法公正和保障程序正义方面具有不可替代的法治功能,仍需在司法实践中予以充分重视和有效保障。

(二)检察直接侦查权的运行困境

1. 监检管辖衔接不明

现行职务犯罪管辖体系中,检察机关的直接侦查权呈现补充性制度定位。现行法律框架中,《监察法》第11条与《刑事诉讼法》第19条形成规范张力。对于检察机关与监察机关的共管案件,《监察法》以概括性授权方式确立监察机关的全面管辖权,而《刑事诉讼法》仅采用"可以"的授权表述赋予检察机关裁量性侦查权。这种授权差异导致:一方面,监察机关可以基于"全覆盖"原则主张管辖优先权;另一方面,检察机关对14类特殊案件的侦查权则缺乏刚性保障。因此,对于司法工作人员实施的侵害公民权利、破坏司法公正等职务犯罪,监检两机关共享管辖权,但具体管辖主体的确定需结合个案特征和办案需求进行综合判断。在互涉案件处理机制方面,现行制度构建了以监察调查为主导的协商机制。检察机关在侦查过程中发现涉及监察管辖的职务犯罪线索时,应当启动与同级监委的协商沟通程序。通常由监委主导调查,检察机关提供协助。特殊情形下可能出现两种处理路径:一是全案移送监察机关管辖,检察机关终止侦查程序;二是实行管辖分离,检察机关继续办理本机关管辖部分,同时将关联线索移送监察机关。①

这种职务犯罪管辖权配置制度,虽然以沟通协商程序作为监检共管案件和互涉案件管辖权决定的前置程序,但实质上依旧是以监察权为核心的管辖配置机制,实质压缩了检察机关的侦查权行使空间。因职务犯罪案件普遍具有复合性特征,检察机关在行使侦查权时需反复启动跨部门协作程

---

① 参见张青:《刑事诉讼法再修改与检察侦查权的优化配置》,载《公安学研究》2024第3期。

序,极易导致司法资源耗损与管辖状态的不确定。尽管立法试图通过"一般情形""必要情况"等原则性规定进行程序规制,但此类模糊性表述缺乏可操作性标准,实际执行中往往演变为检察机关的单向协调请示。① 权力配置失衡制约检察裁量空间。监检机关在权力体系中的结构性差异,使得程序规范中预设的"沟通协商"机制在实践中易异化为监察决策主导模式,检察机关难以为个案管辖争取实质性裁量空间。②

2.案件线索质效不佳

检察侦查线索的获取,是检察侦查权运行的起点与开端。司法实践中,诸多内外因素制约线索数量与质量的提升。

一是线索经验不足。检察机关侦查管辖的犯罪案件线索主要是在检察人员在对诉讼活动实行法律监督或者在监督办案过程中发现的。客观上说,检察侦查工作的专业性、经验性极强,面向的对象反侦查能力强、熟悉相关法律制度漏洞、犯罪手段隐蔽,同时检察侦查工作具备案情复杂、敏感保密程度高、办案周期长等特点。监察体制改革后,大部分侦查人员和侦查资源转隶至监察机关。这一调整,虽然在某种程度上优化了反腐体系的结构,却也在无形中给检察侦查工作带来挑战,特别是在办案人员的专业化程度方面暴露出明显短板。原本精通侦查业务、经验丰富的检察人员减少,新加入的侦查力量可能尚未充分适应检察侦查的特殊性要求,从而在一定程度上影响案件线索的发现、挖掘及后续侦查工作的质量与效率。

二是线索意识不强。检察侦查权的运行不同于公诉权,检察侦查权的行使仰赖于机关内外部的协作配合。在司法实践中,从检察侦查线索的发现到案件的顺利办理,都需要"四大检察"的配合协作。除从刑事执行监

---

① 参见郭华:《我国检察机关侦查权调整及其互涉案件程序的探讨》,载《法治研究》2019年第1期。

② 参见侯亚辉:《司法工作人员相关职务犯罪侦查实务研究》,载《人民检察》2021年第18期。

督中挖掘线索,刑事检察、民事行政检察、控告申诉检察等部门的移送,也是检察侦查线索,尤其是司法工作人员职务犯罪线索的重要来源。然而,实践中存在挖掘检察侦查线索意识不强、发现线索能力不高等情况,如对14种司法工作人员职务犯罪罪名的立案标准、犯罪规律、多发环节等不熟悉,偏向"就案办案"。即便能够意识到线索发掘必要性,但实际操作层面,检察人员发掘线索的技巧与能力仍有待提升。更为关键的是,各地检察机关在针对业务部门检察人员开展职务犯罪线索发掘方面的专业培训上显得捉襟见肘,缺乏系统性和针对性强的培训项目,这无疑进一步制约了检察人员线索挖掘能力的提升。[1]

三是硬件配置不够。检察侦查工作的顺利开展需要相关基础设施,如专门讯(询)问室、证据线索保存室、指定居所监视居住场所以及技术侦查设备等。然而,自反贪反渎转隶后,检察侦查相关场所、设备条件在较大程度上被削弱,多数检察侦查部门缺乏此类硬件基础设施。与此同时,侦查手段亦存在不足。如检察人员在运用数字检察信息化手段挖掘案件线索、构建相对稳定成熟的检察侦查大数据监督模型时,所面临的条件尚需进一步优化。检察人员通过信息化手段发现的线索数量较少,数字侦查能力亟须提高。其中,检察侦查数据、信息获取难成为主要阻碍。因案件信息保密或不当过问案件等原因,部分检察侦查部门甚至对本院案件信息都无法全面获取,遑论获取公安机关、法院、司法行政机关等外部单位的数据。

3. 数字技术融合不足

数字检察赋能效能的发挥需以检察业务的实际需求为根基。在职务犯罪侦查领域,数据建模的价值在于构建针对性数据模型,揭示职务犯罪特征,通过整合分析跨部门执法司法数据,实现线索发现能力的跃升。技术与制度的协同进化需经历实践验证的螺旋式发展过程,通过持续迭代优

---

[1] 尚爱国:《检察机关侦查管辖案件线索发现途径与相关机制的完善》,载《人民检察》2024年第15期。

化形成稳定运行机制。①

一方面,当前法律监督模型研发已进入深化应用阶段,部分成熟模型实现跨区域复用。但深层次挑战在于如何突破表层技术应用,构建检察侦查业务与数字技术的深度融合机制。合格的法律监督模型需要建立在对监督业务本质规律的精准把握之上,确保技术工具与监督需求形成价值闭环。现有大数据法律监督模型管理平台部署的五类典型侦查监督模型,虽覆盖共同犯罪终止侦查监督、酒驾执法监督等关键领域,但实践数据显示其派生模型生成数量与应用活跃度均未达预期。②

另一方面,复合型人才培养不足已成为检察侦查现代化发展的瓶颈。检察侦查业务的数字化转型需要兼具法律解释能力与数据建模技术的"双栖人才",但在现有工作机制下,业务专家与技术团队存在沟通障碍:前者难以将监督要点转化为可量化的数据特征,后者则容易陷入技术完美主义的误区,过度追求算法复杂度而忽视侦查监督的时效性要求。③ 这种人才能力断层不仅影响既有模型的使用效能,更阻碍监督模型体系的迭代升级。

四、检察直接侦查权的运行优化

(一)确立以检察一体化原则为指导的侦查办案理念

检察一体化原则,是我国检察机关在行使监督和办案职能过程中形成的一种重要原则,强调检察机关作为一个整体,统一、高效地行使国家检察权。在我国现行司法制度下,检察一体化并不是一项全新的工作理念。只

---

① 参见周雪光、刘世定、折晓叶主编:《国家建设与政府行为》,中国社会科学出版社2012年版,第352页。

② 参见李晓明、刘舒婷:《数字赋能检察侦查:场景、逻辑、困境及发展》,载《犯罪研究》2024年第6期。

③ 参见华宇元典法律人工智能研究院编著:《让法律人读懂人工智能》,法律出版社2019年版,第6页。

不过,随着近年来司法体制改革的深入推进,我国检察制度正在发生全方位的变化,检察机关内部已经形成了"四大检察"和"十大业务"的新格局,上下级检察机关的关系也出现了一些变革的迹象。在此背景下,检察一体化就具有了新的内涵、外延与要求。[①] 具体到检察直接侦查权,检察一体化改革通过系统性整合资源、衔接职能与强化监督,构建了高效协同的侦查工作体系,有效破解了传统体制下资源分散、办案与监督脱节及内部制约不足等难题,其主要体现在横向一体化与纵向一体化两个方面。

横向一体化着重于检察机关内部各职能部门的协同作业与相互支持,旨在最大化发挥检察资源的整合效应。通过各业务部门强化协作,整合利用多样化的检察资源,共同形成检察工作的强大合力。刑事、民事、行政及公益诉讼检察部门应当构建线索发现协同体系,重点完善"异常案件"筛查机制。具体而言,需建立以案件全面复查为基点的渎职线索识别模型,通过证据链交叉比对、法律适用多维论证等专业方法,提升监督线索的转化效率。在操作层面,可探索构建"三同步"工作法:线索发现与违法研判同步推进、类案监督与个案侦查同步开展、检察建议与调查核实同步实施,以此强化监督刚性与实效性。在案件办理层面,涉及诸如民事、行政枉法裁判类侦查案件,更加需要发挥"四大检察"的专业性优势进行审查判定,辅助检察侦查的案件办理。同时,横向一体化也涵盖跨地域检察机关之间的紧密合作,不同辖区的检察机关可以探索建立标准化案件信息共享平台,实现电子卷宗同步传输、关键证据云端核验、专家意见实时共享等技术支撑。在京津冀、长三角等案件高发区域,可试点建立区域检察协作中心,采用联合专案组模式,破解地域管辖壁垒,提升重大疑难案件的办理质效。

纵向一体化则强调上下级检察机关间的紧密协作与统一行动,它们共同构成一个整体,协同执行宪法与法律所赋予的检察职责。在这一框架

[①] 参见陈文聪:《检察一体化问题研究》,载《法律科学(西北政法大学学报)》2023年第2期。

下,上级检察机关对下级检察机关实施明确的领导体系,这体现在上级拥有检察决策、办案指导、管理监督、检察督导及组织协调等多重权力。下级检察机关则需遵循上级的领导方针、任务分配及战略部署,确保通过合法程序报告案件进展,并严格执行上级的指示,以此来保障检察机关内部指令流通无阻。①

在检察直接侦查实际办案中,首先,需要强化省级检察院对侦查办案的统筹指导。在构建地域性范围内机动侦查案件数据库、线索库、人才库和数字化平台,统一检察侦查线索挖掘考核评价与激励体系等方面,上级院具备更多的话语权、权威性,能够充分整合调动辖区资源,指导基层院突出办案重点,在侦办有影响、有震动、有引领意义的案件上下功夫,实现"线索—办案—更多线索"的螺旋式上升。尤其是根据《刑事诉讼法》规定,机动侦查权立案必须经省级以上检察院决定,更能体现"上对下"的工作指导与管理。

其次,需要完善纵向一体化的组织架构。纵向一体化机制建设重在上下一体、协同联动,在司法工作人员职务犯罪侦查中,要坚持系统思维,明确各级检察院的角色定位。在"纵向一体化"机制中,省级检察机关需强化统筹引领功能,着重实施战略决策与政策指引;市级机关应确立侦查执行中枢地位,集中行使重大案件侦查权并构建跨区域办案指挥体系;基层机关则定位为监督预警终端,依托属地优势履行线索筛查与基础调查职责。此种职能配置形成梯度衔接、互补联动的运行范式,能有效规避层级职能重叠与资源耗散。在上述办案体系中,要建立三项机制,进一步推动"纵向一体化"顺畅贯通。其一,构建案件质量管控机制。上级检察机关在案件交办过程中,需突破行政程序局限,通过选派资深检察官实施全过程领办督导,构建"决策—执行—监督"的闭环管理体系。其二,完善疑难案件协同研判机制。针

---

① 参见姜昕、李成林、张建伟等:《检察一体化机制建设的推进与落实》,载《人民检察》2022年第3期。

对侦查实践中的复合型法律难题,建立跨层级专家会商制度,整合法学理论与实务智慧,形成系统性解决方案。其三,优化检察人力资源配置。依托组织法赋权建立动态化资源配置机制,既实现跨院际的纵向人才调度,又强化部门间的横向专业协作,构建矩阵式侦查力量组合模式。

(二)确立检察管辖优先,构建合理主导与衔接机制

在司法工作人员职务犯罪治理体系中,检察侦查权作为国家反腐败机制的重要组成部分,具有诉讼监督与程序衔接的双重功能。从权力运行机制分析,该侦查权的保留不仅完善了诉讼监督体系,更通过案件线索的及时发现与侦查启动,构建起与监察机关协同反腐的制度通道。基于此,检察机关在行使侦查权过程中需要强化系统思维,通过建立常态化沟通机制、完善犯罪线索双向移送规程,实现与监察机关在程序运行和证据标准上的有效衔接,从而形成反腐合力。

检察直接侦查权行使的范围,是检察机关相关职务犯罪侦查机制构建的首要问题。针对监察机关与检察机关的管辖竞合问题,笔者认为可以适当建立检察侦查管辖优先的适用规则,即在两机关均具管辖权的案件中确立检察机关的优先管辖地位。如前文所述,从《刑事诉讼法》的修订轨迹观察,监察制度改革后,立法机关一方面将检察机关对贪污贿赂等传统职务犯罪的侦查权能转隶给监察机关,另一方面保留检察机关对司法工作人员职务犯罪的特别侦查权。这种制度设计的规范逻辑在于,检察机关作为法律监督机关,在刑事、民事、行政诉讼监督过程中更易发现司法人员侵犯公民诉讼权利、破坏司法公正的职务犯罪线索。具体而言,法律保留检察机关对司法工作人员特定犯罪的侦查权,具有三重制度价值:其一,契合诉讼监督职能的实现机理。检察机关在证据合法性审查、诉讼违法性调查、刑罚执行监督等履职过程中,能够同步发现刑讯逼供、徇私枉法、执行判决裁定失职等犯罪线索,形成监督与侦查的职能协同。其二,提升司法反腐的效能。通过将线索发现与侦查取证程序相衔接,可有效解决证据收集时

效性问题,避免因程序衔接空耗导致的证据灭失风险。其三,强化法律监督的刚性约束。侦查权的保留使诉讼违法行为调查可向刑事追诉转化,形成对司法工作人员的行为威慑,确保监督措施的实效性。基于此,笔者认为,从监察机关和检察机关的职能分工角度出发,共享罪名案件应以检察侦查优先。① 当然,出于反腐败工作的统一、严肃性,检察院在立案侦查前应当提前与监察机关沟通。

建立检察机关和监察机关协作配合机制是准确行权、有效衔接的另一个重要方面。监检协作配合机制需要以提高侦查效率为目标,通过优化流程、简化手续等方式,避免不必要的程序拖延。同时,还需坚持可操作性要求。在具体制度设计中,可以从以下几个方面加强双方的衔接协作。

其一,线索的有效衔接是亟待推进的一项重要工作。监察机关在调查案件的过程中遇到司法人员相关职务犯罪的相关线索可以移交检察机关。同时,检察机关在开展机动侦查时发现属于监察机关立案调查的线索也需要及时移交,这种立案衔接是双向的,同时也是贯穿立案和侦查过程的。检察机关的核心任务聚焦于反腐败斗争,通过深入开展职务犯罪侦查来推进这一使命。在监察机关履行职责的过程中,若遇到涉及司法工作人员职务犯罪的案件线索,可适时转交检察机关进行侦查。一旦监察机关将职务犯罪案件移送检察机关,捕诉部门在后续的审查起诉阶段,需细致审阅案卷材料,从中发掘线索,并与监察机关展开初步沟通。待双方达成共识后,捕诉部门需将这些线索内部流转至侦查部门,这就要求检察机关内部首先强化捕诉与侦查部门之间的沟通协调机制。随后,侦查部门将在此基础上,进一步与监察机关深化合作与交流。同理,检察机关在履职过程中若发现涉嫌职务犯罪的线索,亦可向监察机关移送,由监察机关对这些线索进行深入分析与研判。

其二,加强案件侦查手段方面的协作。当前司法工作人员职务犯罪侦

---

① 参见张栋、陈修勇:《监察实践中管辖竞合的类型化分析与解决》,载《犯罪研究》2023年第1期。

查工作中,检察机关的侦查手段存在显著局限性。依据现行法律规定,检察机关在行使侦查职能时主要依托讯问犯罪嫌疑人、询问证人及调阅案卷材料等常规性措施。由于上述侦查措施普遍缺乏强制执行力,在犯罪嫌疑人拒不供述的零口供案件中,案件侦办进程往往遭遇阻滞。相较而言,监察机关依据《监察法》授权,依法享有技术侦查、留置措施等16项具有强制属性的调查手段,这种制度优势使其在案件调查过程中能够更有效地获取关键证据。通过建立职务犯罪侦查一体化协作体系,检察机关可依法借助监察机关的技术侦查权限和强制措施执行能力,实现侦查资源的有效整合。这种制度协同不仅符合《宪法》关于国家机关分工配合的原则性规定,更能从程序法层面强化职务犯罪证据链的完整性,特别是在突破重大疑难案件过程中,可有效弥补检察机关单一侦查手段的固有缺陷,提升职务犯罪案件办理的法治化水平。

其三,打通案件处理结果方面的协作,则是实现惩治与预防并重目标的重要保障。检察机关对于其侦查的职务犯罪案件仅能作出移送起诉或撤销案件两种处理,难以覆盖职务犯罪案件中违纪与违法交织的复杂情形。相比之下,监察机关构建了司法处置与纪律惩戒相结合的复合型处置模式,这为案件处理结果的体系化衔接提供了制度接口:第一,当检察机关作出存疑不起诉决定时,可通过监察程序对违纪事实进行纪律审查,避免出现监督真空;第二,对经审查不构成犯罪但存在违纪行为的情形,形成纪律处分与司法审查的程序闭环;第三,在监察机关作出政务处分后,检察机关可通过检察建议等方式督促涉案单位完善内部监督机制。这种处置结果的协同效应,能够有效弥合法律评价与纪律惩戒之间的制度间隙,形成惩治与预防的良性互动。

(三)完善检察直接侦查权运行的配套机制

1. 健全线索管理机制

首先,要拓宽检察侦查的线索来源。检察机关业务部门在履行法律监督职责过程中,需要构建以自主发现为主、外部移送为辅的职务犯罪线索挖掘机制,重点通过以下路径发现案件线索:其一,负责捕诉工作的部门在办理公安机关移送的审查逮捕、审查起诉案件时,需要强化侦查意识,着重识别司法工作人员涉嫌职务犯罪或符合机动侦查管辖范畴的重大犯罪线索。针对案件中出现的漏捕、漏诉、捕后变更强制措施、另案处理等异常情形,需要及时启动调查核实程序,重点核查侦查环节是否存在徇私枉法等职务违法行为。其二,负责公诉工作的部门在办理监察机关移送的司法人员受贿案件时,应注重挖掘潜在案源,重点审查受贿行为与后续司法权行使之间的关联性。对于涉及公检法司机关工作人员的案件,需要系统分析受贿行为与相关职务犯罪之间的因果链条,着重发现是否存在滥用司法权、徇私舞弊等关联性职务犯罪行为。其三,负责民事、行政、公益诉讼的部门需要建立线索筛查机制,通过案件质量评查、专项监督等方式主动识别职务犯罪线索。在履行诉讼监督职责过程中,需要依托检察一体化机制整合资源,针对重大疑难案件开展协同审查,强化法律监督的穿透力和实效性,进而推动"四大检察"协同发展。其四,控告申诉检察部门需构建信访线索分析模型,重点筛查反映司法工作人员在案件办理中涉嫌刑讯逼供、徇私枉法、滥用职权等违法情形的信访材料。通过建立线索分类评估机制,对涉及司法权不当行使的举报控告进行专业化研判,严格按照管辖规定实现线索的精准移送和程序衔接。①

其次,需要建立检察侦查部门集中统一管理线索机制。当前司法实践中,案件线索管理存在多头分散管理的问题,导致线索查询、汇总及监管效率受限。基于检察机关现有组织架构,建立案件线索管理机制具有现实必要性。具体而言,应确立案件管理部门作为统一受理枢纽,系统整合刑事、民事、行政及公益诉讼等各类线索来源,包括自主发现线索与群众举报信

---

① 参见尚爱国:《检察机关侦查管辖案件线索发现途径与相关机制的完善》,载《人民检察》2024年第15期。

息。该部门应承担线索登记、分类流转、程序监督等核心职能,通过构建标准化管理流程实现线索处置规范化与案件化运作。对于跨区域案件线索的处置,在现有技术条件下可采用分级备案机制,通过检察机关内部机要通信系统向管辖地同级机关移送线索材料,同步向上级检察机关备案登记,并建立双向反馈机制确保线索办理时效性。在具体处置程序方面,应根据案件线索性质差异实施分类管理:对于具有可查性且属检察管辖范围的线索,经检察长审批可采取自主立案、指定管辖或异地核查等处置方式;对于存疑待证类线索,实施动态监管并纳入待查案件库;对于明显缺乏立案条件或超过追诉时效的线索,应作程序终结处理;涉及其他司法机关管辖权的线索,则依法启动案件移送程序。

最后,需要加强对线索的分析研判,注重对线索的综合利用。检察侦查部门可以定期召开联席会议对案件线索数据进行汇总分析,通报线索管理、结果反馈、办理案件线索的质量等情况,发现办理线索的短板弱项和管理弊端,分析研判管理线索中存在的突出问题,及时完善和改进相应举措。通过对线索的总体情况、成案情况、具体分类情况、所反映的重点领域和共性问题等进行全面系统分析,为推动检察业务全面均衡发展提供有力参考,最终服务于检察业务决策和社会治理。

2. 重视人才培养建设

随着刑事诉讼制度改革的深入推进,检察机关侦查职能已实现由传统办案向法律监督效能提升的战略转型。针对司法工作人员职务犯罪案件呈现的新型特征,亟须通过专业化队伍建设和系统性能力培养,构建适应法治现代化要求的侦查监督体系。

其一,加强侦查经验人员配备。在专业化侦查队伍建设方面,需要建立以经验传承为核心的人才配置机制。基于国家监察体制改革后检察权运行效能优化的现实需求,需要整合原职务犯罪侦查部门转隶人员中具备丰富侦查经验的专业力量,通过定向遴选机制组建复合型侦查团队。此类人才配置策略既能有效缓解当前侦查队伍实务经验结构性缺失的问题,又可依托资深侦查人员的传帮带作用,系统性提升侦查人员在证据调取、事实甄别及法律适用等关键环节的实务能力,从而强化法律监督的实质化运作效能。

其二,组织培训提升履职能力。鉴于司法工作人员渎职案件的特殊性,应通过加强业务培训、组建人才库等方式,加强业务骨干培养。针对司法渎职类案件的专业特性,需重点围绕2018年修订的《刑事诉讼法》确立的14类职务犯罪构成要件,建立覆盖证据规范、法律解释及类案指引的全要素培训机制。通过推行跨区域联合培训、典型案例解析研讨等多元化培养模式,实现侦查标准统一化与业务能力专业化双重提升目标。同时,应建立动态化侦查人才储备库,遴选具备刑事、民事、行政及公益诉讼等多领域实务经验的复合型人才,形成针对重大疑难案件和新型犯罪形态的快速响应机制,确保法律监督职能精准高效实施。

3. 借力科技赋能侦查

数据来源充分是数字赋能职务犯罪检察侦查的前提,倘若没有基础数据支撑,大数据法律研判模型也只能束之高阁。因此,针对数字赋能检察侦查的业务数据需求,有必要搭建多项跨数据共享机制。以数字检察工作开展为契机,打破数字壁垒,联通数据孤岛,实现数据资源的共享共用,打造具备检察侦查价值的数据库、案例库和研判模型。

其一,建构专业化检察侦查数据资源库。基于法律监督职能实现需求,应建立适配直接侦查与机动侦查权运行特性的双轨制数据库架构。针对全国检察机关统一业务应用系统中长期沉淀的职务犯罪数据资源,需建立数据唤醒机制,通过结构化标记、多源整合、标准化清洗及关联规则挖掘等技术手段,实现监督线索的智能化识别。鉴于直接侦查与机动侦查案件基数有限,且面临司法程序封闭性、犯罪智能化等现实约束,需要运用相关性分析框架对内部数据实施类型化重组。在数据库建设模式上,宜采用最高检顶层统筹规划与市级检察机关自主创新相结合的协同机制,同步整合"12309"检察服务中心举报数据流。此外,针对毒品犯罪、刑拘案件、伤害类案件等特定侦查领域,需构建专项信息库,通过异常数据监测模型提升常规办案中的职务犯罪线索发现能力。

其二,构建侦查线索研判模型。检察侦查数字化转型的核心在于构建监督规则驱动的研判范式,具体包含三重技术路径:(1)通过案件集群分析提炼规律性监督规则,形成可计算的侦查特征向量;(2)基于共性案件的类型化特征构建数据模型,实现类案智能匹配与线索自动生成;(3)构建限缩型研判模型,通过降低专业门槛,提升侦查效能,有效破解检察侦查权运行效能瓶颈。该模型体系依托监督规则库与案件特征库的双向校验机制,运用数据碰撞分析技术实现监督线索的精准输出,显著增强检察侦查程序的启动确定性与结果可预期性。

土地使用权人无证采矿案件的现状检视与处置归正

王 杰*

目 次

一、土地使用权人无证采矿案件的评价模式困境
二、土地使用权人无证采矿案件的二分规制展开
三、处置土地使用权人无证采矿案件的刑行衔接
四、结语

摘 要：当前，土地使用权人无证采矿案件频发。实务中已探索形成了地权与矿权分离和地权限制矿权两种入罪模式，但尚未厘清地权合法性效力的射程和擅自售卖矿产资源行为的性质。地权的合法性效力射程应有限度地延伸至开采阶段，必要开采行为不具有回避可能性，土地使用权人亦欠缺违法性认识，应作实质出罪。土地使用权人擅自售卖行为的性质系对开采所得原矿的采选行为，损害了矿产资源的国家所有权，构成非法

---

* 陕西省宝鸡市中级人民法院刑一庭法官助理。

采矿罪。土地使用权人无证采矿案件的本质是地权与矿权的冲突交织,处置此类案件应以刑行衔接为路径。刑事上须厘清不同采矿行为法益侵害的指向类型,明确开采行为对生态环境的损害,采选行为对国家所有权的侵犯,准确扣除必要开采量和从轻处罚售卖行为,实现从结果答责到精准量刑;行政上应从地权资料提交、合规协议签订和常态监管落实三阶段进行建章立制,确保土地使用权人对矿产资源的开采行为和售卖行为合规落地。

关键词:土地使用权;无证;采选行为;售卖行为;刑行衔接

土地价值的产出关键在于使用,要实现以市场化的方式利用土地,则需要设立用益物权。①《民法典》第三分编的第十一章、第十二章、第十三章分别规定了土地承包经营权、建设用地使用权以及宅基地使用权。依照《民法典》的规定,土地承包经营权人有权使用流转土地从事种植业、林业、畜牧业等农业生产;建设用地使用权人有权使用拍卖、划拨土地建造建筑物、构筑物及其附属设施;宅基地使用权人亦有权使用土地建造住宅及其附属设施。从权利内容来看,土地承包经营权人"掘土为农",建设用地使用权人与宅基地使用权人"筑基建造"时,按照生产习惯或行业标准均会先行清理目标土地内赋存的矿产资源。由于矿产资源的稀缺性和高价值特征,关涉经济发展基础、生态环境保护和国家资源安全。②故现行法律对采矿权设置了严格的许可准入门槛,但因土地使用权人生产作业时并未取得"采矿许可证",面对矿产资源的大量流失,如何在打击资源犯罪与保障正当权利之间寻求平衡,是司法机关规范处置土地使用权人无证采矿

---

① 参见李国强:《论作为用益物权设立条件的"农民集体决定"》,载《法制与社会发展》2023年第6期。
② 参见侯艳芳:《非法采矿罪的法教义学展开》,载《华南师范大学学报(社会科学版)》2023年第1期。

案件的最终落脚点。

一、土地使用权人无证采矿案件的评价模式困境

矿产资源是在经历了漫长且复杂的地质作用后形成并自然赋存于地上或地下,与土地具有不可分割性,[①]已与土地形成了物质与载体的关系。为了实现农业生产和工程施工,土地使用权人难免会触及、采挖地下赋存的矿产资源。《矿产资源法》(2024年修订)虽已对采矿行为作出了强制性规定,且自1986年颁布至今,先后经历的三次法律修改均沿袭了采矿许可制度,但在现行法律体系下,土地使用权人以合约承包、划拨拍卖等方式取得土地使用权限后,并无任何法律规定提示或机关部门要求土地使用权人在生产或施工范围内依法办理采矿许可证,于是土地使用权与采矿权之间在具体应用时产生了摩擦。当前司法实务中,土地使用权人无证采矿案件通常以非法采矿罪论处,主要存在"地权与矿权的分离模式"和"地权对矿权的限制模式",但两种入罪模式在具体应用层面均存在内生性不足。

(一)开采行为本体违法:地权与矿权的分离模式

案例1:2016年6月,被告人周某某在开原市业民镇某村西侧清河东岸承包了40多亩河滩地,并交付某村7万元承包费。同年7月,被告人周某某办理了该地块滩涂养殖许可证,同时签署承诺书表示严格遵守《中华人民共和国渔业法》及各项法律规章制度,不以养殖为名进行采砂活动。随后被告人周某某向开原市矿产资源咨询服务中心缴纳3万元矿产资源补偿费。在此期间,被告人周某某开始以挖鱼塘为名擅自采砂。经勘测,被告人总计采出砂石196,200m³,经市价格认证中心鉴定,砂石合计价值人民币7,415,627元。[②]

---

① 参见李雨佳:《自然资源特许物权与土地使用权的冲突与协调》,载《社会科学战线》2023年第8期。

② 参见辽宁省铁岭市中级人民法院刑事裁定书,(2021)辽12刑终175号。

在案例 1 中,被告人周某某辩称其系合法承包并修建鱼塘,且已缴纳了矿产资源补偿费,不存在实施非法采矿犯罪行为。但法院审理认为,矿产资源属国家所有,开采矿产资源须经审批取得采矿许可证。被告人周某某违反《矿产资源法》的相关规定,在未取得河道采砂许可证和采矿许可证的情况下,擅自非法采砂,情节特别严重,其行为已构成非法采矿罪。通过案例 1 可见,辩护观点与裁判结果的冲突映射了事实与规范的错位。前者以权利行使的具象化客观事实,试图强调土地使用权(地权)与采矿权(矿权)具有不可分性;后者则从权利取得的规范程序出发,意在说明土地使用权的合法与否,不应动摇采矿许可的强制性规定,强调对国家利益、社会公共利益的维护。①

事实上,案例 1 中法院采取了地权与矿权分离模式。该模式主张,法律规范的核心内容是权利义务关系,②既然两种权利的规定内容差异较大,取得方式亦独立运行,即使行为人依法享有土地使用权,若其未取得采矿许可证,则开采行为亦本体违法,故而权利人在先地权的合法性不能延伸至在后采矿行为。但面对权利行使事实与权利取得规范的错位,上述入罪模式回避了地权与矿权相关联的案件事实。在本案中,被告人合法承包河滩地后,行使地权(水产养殖)时必不可缺的环节便是挖塘蓄水,而该环节中被告人亦定然会开采矿产资源。司法审判的重要一环是对不法行为作出准确、完整的评价,③对上述客观事实如何定性,如在裁判时不加考量则难以实现对案件的全面把控。正如有观点认为,土地用益物权人在其权属土地范围内开采矿产资源并不当然具有法定犯逻辑前提的行政违法性。④

---

① 参见王利明:《论效力性和非效力性强制性规定的区分——以〈民法典〉第 153 条为中心》,载《法学评论》2023 年第 2 期。
② 参见江必新、张雨:《习近平法治思想中的权利保障论》,载《法律适用》2024 年第 2 期。
③ 参见王杰:《环资审判的多维困局与突围路径》,载《国家林业和草原局管理干部学院学报》2023 年第 1 期。
④ 参见钭晓东、肖庚奇:《法教义学视角下土地用益物权司法案例研究——土地用益物权人无证采矿行为之定性探讨》,载《南京工业大学学报(社会科学版)》2023 年第 5 期。

行为人虽未取得采矿许可证,但地方政府要求或者同意行为人采矿并缴纳相关费用的,不宜认定为非法采矿罪。① 可见,从土地使用权人的用地事实考量,以案例1的入罪模式解决土地使用权人无证采矿案件欠缺妥当。

(二)售卖行为溯及违法:地权对矿权的限制模式

案例2:2019年11月25日,被告人陈某出资成立公司并向陕西苗木繁育中心(以下简称繁育中心)提出租赁该中心土地用于建设高标准猕猴桃示范园。经繁育中心及主管单位宝鸡市林业局研究,批准向陈某公司租赁300亩林地用于建设高标准猕猴桃示范园及附属冷库、水肥一体化池等设施,并同意将租赁林地开挖3~4米进行土壤改良。2019年12月11日,繁育中心与陈某公司签订土地租赁协议,并将该项目拟实施内容向眉县发展和改革局备案。2020年3月,陈某、米某某在租赁林地里开工建设,因前期资金投入较大,二人商议将挖出的砂石出售。2020年3月至4月,陈某等人将挖出的砂石向某资源再生有限公司、卢某等单位和个人出售,获取违法所得83.7116万元。②

在案例2中,辩护人认为被告人陈某从租赁土地到土壤改良直至开工建设均不构成犯罪,其为弥补前期资金投入,将挖出的砂石出售获利,与一般的非法采矿有明显区别。但法院审理认为,被告人陈某等人违反《矿产资源法》的规定,在未取得采矿许可证的情况下,擅自开采建筑用砂对外出售牟利,情节特别严重,其行为已构成非法采矿罪。不难发现,本案中法院查明的事实与裁判的说理存在整体性脱节、不匹配的问题。查明的事实中,法院认定被告人构成犯罪的核心点是"擅自售卖建设过程中采挖的砂石",事实上是默认了被告人地权取得与用地建设的合法性,此时开采行为应属正当。理论上,法院应针对擅自售卖行为是否构成非法采矿罪在裁

---

① 参见张明楷:《刑法学》(下),法律出版社2021年版,第1497页。
② 参见陕西省扶风县人民法院刑事判决书,(2023)陕0324刑初35号。

判文书中加以论述,提升说理的充分性,①但是本案法院却回避了上述论理,反以被告人未取得采矿许可证,否认了开采行为的合法性,造成事实认定与裁判说理相冲突的问题。

上述入罪模式的逻辑是地权对矿权的限制。该模式承认土地使用权与采矿权存在权利行使事实上的关联,行为人正当用地过程中的开采行为一般具备合法性,但其若擅自售卖已开采矿产资源,则违法性溯及至开采行为。简言之,地权的合法性可否等同矿权自动取得,存在特定的限制条件。一般情形下,土地使用权的合法性效力可以延伸至采矿行为,但该效力可因否定性要素的介入而中断,即权利人不得擅自售卖已开采的矿产资源,否则售卖行为的违法性溯及至开采阶段。可以说,该模式是法院处理此类案件的"无奈之举",因为无法否定土地使用权人经相关行政机关批准后,建立示范园及附属设施、进行土壤置换等行为的合法性,只能寻求以"擅自售卖行为"的违法性否定"先前开采行为"的合法性,用售卖行为溯及违法的方式来达到论证自洽。

基于此,该入罪模式存在疑问之处。有观点认为,虽然2019年12月17日自然资源部出台的《关于探索利用市场化方式推进矿山生态修复的意见》(已失效)与2020年3月25日国家发展改革委等部门发布的《关于促进砂石行业健康有序发展的指导意见》,均明确在工程施工范围及施工期间采挖的砂石,除项目自用外,多余部分允许依法依规(依托于公共资源交易平台)对外销售,但是土地使用权人擅自将已采挖的矿产资源对外销售仅系一般行政违法行为。从刑法谦抑性原则考量,当售卖行为可以依托规范性文件作行政处罚时,应尊重行政机关对行政事务作出优先判断及处理的权力。② 不可否认,售卖行为溯及开采行为违法,本质上是以售卖行为认定行为人构成非法采矿罪,但售卖行为与采挖行为本就不具有同类

---

① 参见刘树德:《裁判文书说理原论》,法律出版社2023年版,第88页。
② 参见黄先雄:《行政首次判断权理论及其适用》,载《行政法学研究》2017年第5期。

相当性,于是在入罪上便存在类推解释之嫌。此外,有观点认为,行为人虽然在主观上能够认识到其所开采的矿产资源属他人财产,但当其未经发包方许可即擅自销售开采出的矿产资源之时,即已形成对他人财产的非法占有,已满足盗窃罪的构成要件。① 以上足见,案例2的入罪模式亦不是处置土地使用权人无证采矿案件的最优解。

(三)小结:两种入罪模式引发的司法认定痛点

基于从严惩治矿产资源犯罪、注重生态环境保护,②在案例1与案例2中,司法机关对土地使用权人无证开采案件均作了入罪评价,但两种入罪模式在实际处置时均存在内生性不足。在地权与矿权的分离模式中,形式上过度强调"采矿许可证"对行为性质的决定性影响,但因在先权利这一合法性因素的介入,用地开采行为符合生产、建设行业的正当期待,既然客观上存在缺乏期待可能性的事情,理当阻却责任。③ 在案例1中,若法官仅限于理解条文表面含义、机械适用法条,则可能使裁判结论与实质公正、朴素正义观出现明显偏差。④ 可见,该模式仍未能厘定地权合法性效力的射程范围,无法准确划分开采行为的罪与非罪界限。

在地权对矿权的限制模式中,虽在一定程度上考量了地权合法性效力对采矿行为的影响,认为责任的非难必须是道德伦理上的否定评价,⑤回应了土地使用权人的适法性期待。但对于因生产或施工脱离生态环境的矿产资源,土地使用权人将其以直接售卖、粉筛加工后售卖等方式处置,由

---

① 参见钭晓东、肖庚奇:《法教义学视角下土地用益物权司法案例研究——土地用益物权人无证采矿行为之定性探讨》,载《南京工业大学学报(社会科学版)》2023年第5期。

② 参见喻海松:《〈关于办理非法采矿、破坏性采矿刑事案件适用法律若干问题的解释〉的理解与适用》,载《人民司法(应用)》2017年第4期。

③ 参见张明楷:《外国刑法纲要》(第3版),法律出版社2020年版,第224页。

④ 参见黄海龙、潘玮论:《论"穿透式审判"的基本内涵与实践方法》,载《法律适用》2023年第7期。

⑤ 参见罗翔:《机械司法与客观归罪之破局——以非法狩猎罪的司法限缩为视角》,载《探索与争鸣》2023年第1期。

于该售卖行为与传统开采行为差异较大，但却造成大量矿产资源流失，且相关法律规定及司法解释空白，此时以土地使用权人存在擅自售卖行为为据，认定其成立非法采矿罪，会引发定性争议的新问题。

鉴于此，面对土地使用权人无证采矿案件，司法机关依托上述两种入罪模式办案所形成的困境，本质上是以下两方面的认定痛点：一是在先权利（土地使用权）的合法性效力射程是否可延伸至在后采矿行为？二是土地使用权人擅自售卖已采挖的矿产资源的行为应如何精准处置？

二、土地使用权人无证采矿案件的二分规制展开

在检视现有评价模式的基础上，应对土地使用权人无证采矿案件进行二分规制。土地使用权的合法性效力射程应有限度地延伸至后续的开采行为，即土地使用权人正当利用土地而采挖矿产资源时，必要开采行为具备合法性。但若超范围采矿，则脱逸了在先权利的合法射程，符合非法采矿罪的犯罪构成要件。当土地使用权人擅自售卖已开采的矿产资源（原矿）时，无论是否系必要开采的矿产资源，均应以非法采矿罪定罪论处。

（一）土地使用权人必要开采行为应实质出罪

刑事实体法上的出罪机制致力于从处罚必要性与合理性的角度对犯罪构成进行实质解释，通过实质解释将形式上符合刑法条文字面含义但实质上不具有可罚性的行为排除在犯罪圈之外。[1] 土地使用权人正当使用土地时所附带的开采行为，形式上虽符合非法采矿罪的构成要件，但以权利人立场，只要农业生产或建设施工的法律手续齐备，那么在生产或施工范围内的关联行为当然合法，这与一般公众的法律认识相吻合，故对必要开采行为作实质出罪具有现实性。

---

[1] 参见刘艳红：《刑事一体化视野下少捕慎诉慎押实质出罪机制研究》，载《中国刑事法杂志》2023年第1期。

1.非法采矿罪构成要件的规范释义

法教义学要求对现行实在法进行解释、建构与体系化,[①]目的是要落脚于法律适用,为司法实务提供一般性规则。[②]《刑法》第343条对非法采矿罪构成要件作出"未取得采矿许可证擅自采矿"规定,通常对此规定作整体解释,即未取得采矿许可证,是非法采矿罪的基本要件。[③] 事实上,对上述构成要件要素应进行分层释义。法律推理本质上是一种实质性推理,[④]"未取得采矿许可证擅自采矿"应分为"未取得采矿许可证"(p)与"擅自采矿"(q)两层要素,在逻辑命题中应属于"且命题"。按照推理要求,当且仅当p、q均为真时,p且q命题才能为真。可见,"擅自"并不是"未取得"的单纯同语义强调,对其应作独立认定。这一规范释义,在土地使用权人无证采矿案件的处置中起关键性作用。在案例1和案例2中,被告人虽未取得采矿许可证(p为真),但均已按照法律程序取得土地使用权,农业生产与工程施工亦均已取得有关部门批准,因而其正当利用土地时附随的必要开采行为已事实上被"默示许可",不应再被认定为"擅自采矿"(q为假),此时p且q命题为假,必要开采行为不该当非法采矿罪的构成要件,不具备适法性基础。此外,从其他部门法条文规定亦可推导出开采行为的合法性。2009年《矿产资源法》(已修改)第35条规定:"允许个人采挖零星分散资源和只能用作普通建筑材料的砂、石、粘土以及为生活自用采挖少量矿产。"按照"出罪举重以明轻"的原则,既然普通个人未经许可或批准可行合法采挖矿产资源之实,那么土地所有权人在行使权利时

---

① 参见雷磊:《法教义学与法治:法教义学的治理意义》,载《法学研究》2018年第5期。

② 参见车浩:《法教义学与社会科学——以刑法学为例的展开》,载《中国法律评论》2021年第5期。

③ 参见康纪田:《论非法采矿罪的归位与拓展》,载《时代法学》2012年第5期。

④ 参见牛子涵、熊明辉:《中国法律论证学的语用转向》,载《逻辑学研究》2024年第2期。

附随的必要开采行为更不应被评价为非法行为。

2. 必要开采行为不具有结果回避可能性

结果回避可能性理论认为,行为人若实施合法行为仍不能避免结果的发生,则结果并非法所禁止实现的风险,仍不可归责于行为人。[1] 该理论虽多为过失犯罪中因果关系的判断工具,但由于容许风险的存在,结果回避可能性理论可以适用于故意作为的法定犯。[2] 在非法采矿犯罪中,"容许风险"就是先前权利行使时对矿产资源的必然性开采,这一论断符合司法解释的相关规定。最高人民法院、最高人民检察院《关于办理非法采矿、破坏性采矿刑事案件适用法律若干问题的解释》(以下简称《采矿解释》)第 2 条规定:开采超出许可证规定的矿种的,属于未取得采矿许可证情形,但共生、伴生矿种除外。易言之,先前获批的采矿权行使时,对共生、伴生矿种的开采不具有结果回避可能性,超许可的开采行为应实质化出罪。按照相当性原理,既然土地使用权人的先前权利适法,那么其在农业生产或工程建造时不可避免的开采矿产资源亦不具有结果回避可能性,法律应容许该客观风险的发生,从而认定必要内开采行为的正当性。

3. 土地使用权人不具备违法性认识

矿产资源犯罪侵害的是复合法益,[3]其中国家对矿产资源的所有权是非法采矿罪的鲜明法益特征。当行为人通过法定程序取得国家相关部门的采矿许可后,产生的客观事实是国家同意权利人不减损其所有权的情况下,享有对矿产资源的占有、使用和收益的权利,而被害人(国家)同意与否正是行为人是否构成非法采矿罪的逻辑前提。因此,被害人同意出罪的正当性基础在于由自己决定权导出的法益主体对法益的自由支配。[4] 同

---

[1] 参见谢治东:《论结果回避可能性与过失犯的归责》,载《政法论坛》2017 年第 2 期。
[2] 参见金燚:《故意作为犯中"结果回避可能性"之反思》,载《政治与法律》2022 年第 12 期。
[3] 参见焦艳鹏:《矿产资源犯罪判断中的法益识别》,载《政治与法律》2024 年第 2 期。
[4] 参见方军:《被害人同意:根据、定位与界限》,载《当代法学》2015 年第 5 期。

理,"被害人同意理论"亦可为土地使用权人必要开采行为实质出罪提供理论基础。虽然土地使用权人不是以申请采矿许可证的方式,直接获取矿产资源的开采授权,但土地用益物权的权能表征就是开发、利用土地,如案例1中的挖塘养殖、案例2中的土壤置换,如此表明国家已经事实上默示许可土地使用权人在用地必要范围内开采矿产资源。在这一场合,通常来说,是能够否定违法性意识的可能性的,换言之,是能够认定欠缺违法性意识这一点具有相当理由。① 既然土地使用权人对必要开采行为不具备违法性认识,那么司法机关就不宜将其认定为非法采矿罪,否则土地使用权将沦为一项"空壳权利"。

(二)土地使用权人擅自售卖行为的入罪证成

在司法实务中,行为人"凿山挖石""涉河取砂"符合司法经验对传统开采行为的认识,应以非法采矿罪定罪处刑,但对土地使用权人擅自售卖矿产资源的行为如何处置存在定性聚讼。

1. 擅自售卖行为应否评价为行政违法

行政犯之特殊性在于其不具有与社会伦理的直接联系,其由于被法律禁止,才成为非难的对象。② 矿产资源犯罪作为行政犯,不法行为当然具有行政违法性,但不能据此仅以行政处罚对案件定性。若将土地使用权人擅自售卖行为评价为行政违法,则不足以实现对矿产资源的保护。因为诸如案例1、案例2等类似案件中,已开采的矿产资源虽摆脱了原始自然载体(如山体或河流),难以认定土地使用权人擅自售卖行为对生态环境造成破坏性,但其损害了矿产资源的国家所有权法益。根据《矿产资源法》第3条规定:"地表或者地下的矿产资源的国家所有权,不因其所依附的土地的所有权或者使用权的不同而改变。"土地使用权人擅自售卖矿产资源

---

① 参见[日]山口厚:《刑法总论》(第3版),付立庆译,中国人民大学出版社2018年版,第266页。

② 参见邹玉祥:《行政犯概念的中国表达》,载《法制与社会发展》2022年第3期。

的体量大、价值高,其对国家所有权的侵害程度仅以行政处罚规制,不足以全面评价案件事实和打击矿产资源犯罪。

2. 擅自售卖行为是否应认定为盗窃罪

从盗窃罪的构造特征来看,作为转移占有型的财产犯罪,盗窃的行为对象是"他人占有的财物"。① 在案例1和案例2中,矿产资源自然赋存于土地之下,在未被采挖脱离前,村集体作为发包人、繁育中心作为出租人均不具有对矿产资源的占有权限,反而是被告人自己事实上占有开采的矿产资源,在此逻辑下,盗窃罪作为转移占有型犯罪便失去适用基础。从盗窃罪与非法采矿罪的关系来看,两罪应系法条竞合关系,理应优先适用特别法条。如果适用盗窃罪处置,因土地使用权人通常擅自售卖矿产资源的价值系数额巨大或数额特别巨大,相较传统非法采矿案件,会导致量刑失衡。基于此,应承认土地使用权人已开采的矿石仍属于矿产资源,②先予考察非法采矿罪的适用可能性,防止案件出现罪责刑不相适应问题。

3. 擅自售卖行为应以非法采矿罪规制

一般来说,行为(包括行为本身以及行为的状况与条件)、行为对象(行为客体)、结果、因果关系等都是构成要件要素。③ 采矿行为与矿产资源是非法采矿罪的构成要件要素,故土地使用权人擅自售卖行为是否成立非法采矿罪,关键在于解释"采矿行为""矿产资源"与"售卖行为"的关系。

---

① 参见付立庆:《盗窃罪认定的基础难点及其理论应答——以江苏省高级人民法院一起再审改判无罪案件为中心的考察》,载《清华法学》2024年第2期。

② 如果认为土地使用权人已开采矿石不属于矿产资源,那么无法解释两种现象:其一,已开采矿石与原始自然赋存载体仅达到初级脱离(机械化脱离),如果认为其已不属于矿产资源,那么因地震、泥石流等原因脱离的矿石也无法被评价为矿产资源,这显然有违一般观念;其二,在恢复性司法理念下,法院会要求被告人进行生态修复,当被告人使用外购矿石填坑、掩埋、平整等修复时,难道外购矿石不属于矿产资源?可赋予一般人采挖之权?这亦有违一般观念。

③ 参见张明楷:《犯罪构成体系与构成要件要素》,北京大学出版社2018年版,第117页。

第一，采矿行为包括开采行为与采选行为。一部分法律规定认为采矿行为即为开采行为。如《矿产资源法》《矿产资源法实施细则》《矿产资源开采登记管理办法》虽均未在独立法条中明确规定采矿行为的定义，但可从法条内容上概括出采矿行为是开采矿产资源的行为。另一部分法律规定认为采矿行为包括开采和采选。如《资源税法》《矿产资源补偿费征收管理规定》均在第 3 条第 4 款间接规定了采矿行为包括矿产资源的开采和采选。表面上两种规定存在冲突，但这是因立法技术和现实需要所致。前者侧重对采矿行为的强制要求，客观上以行为违反矿产资源法的相关规定为前提，①法条内容突出对"矿产资源的种类、矿产资源的开采审批以及开采的基本要求"的规定，目的旨在规范传统经验法则中的"上山挖石、下河取砂"行为，因为当法条规定开采阶段必须依法经审批取得采矿许可证时，开采行为的合法性效力当然延伸至必要的后续阶段，故无须再着墨强调；后者则规定的是采矿行为的税费缴纳标准。法条内容是权利人采挖矿产资源须缴纳资源税和资源补偿费，此时法律条文必须将应缴纳费税的采矿类型或阶段作清晰、完整规定，而其中对权利人实施采选行为亦要求缴纳相关费用，这足以说明"采选"依法属于采矿行为。

第二，矿产资源包括已开采的原矿。固态矿产资源的赋存载体是矿石，矿石富集后可以形成矿体，矿体又可以构成矿床，矿床还会再形成矿田，这是一个由小到大，由窄到广的过程。根据《资源税法》第 3 条第 4 款的规定，矿产品包括原矿和选矿产品。权利人实施开采行为，将矿产资源从自然赋存的山体河湖等载体剥离，所得到的即为原矿产品；采选（选矿过程）属于采矿业门类，是指利用各类物理和化学的选矿方法，使原矿产品中的有用矿物脱离自然赋存状态的行为。事实上，矿产品按照最后进入消费领域前经历的生产过程大致可分为初级矿产品、中间矿产品和下游矿产品。② 经

---

① 参见周光权：《非法采矿罪的关键问题》，载《中外法学》2022 年第 4 期。
② 参见张志敏、刘超：《基于战略认知的初级矿产品：概念、属性与经济关系》，载《科技导报》2022 年第 40 期。

过规范解释后,原矿(初级矿产品)虽经历轻度外力脱离原始载体,但尚未经过采选而进入生产生活领域,在性质上仍然属于矿产资源,而中间矿产品和下游矿产品则是人工利用矿产资源后的结果,不应再纳入矿产资源。

第三,售卖行为存在于采选行为前后。根据市场经济需要,经开采后的原矿与采选后的选矿产品均可进行交易流通,故售卖行为可存在于采选行为前后。当土地使用权人擅自售卖原矿时构成非法采矿罪,理由是对原矿的采选行为亦属于采矿行为,虽然土地使用权人未直接实施采选行为,但是售卖原矿后的必经阶段为破碎、粉筛等采选行为。土地使用权人擅自售卖行为本质上是"把他人作为犯罪工具加以利用,操纵并支配他人实施犯罪的情形"[1]。此时,土地使用权人擅自售卖行为应以非法采矿罪定罪处罚,如在案例1与案例2中,被告人的行为便属于此种类型。当然,若土地使用权人是对原矿采选后才进行售卖,因此时选矿产品不属于矿产资源,该售卖行为应实质出罪,但其直接实施的采选行为则构成非法采矿罪。

三、处置土地使用权人无证采矿案件的刑行衔接

新类型案件是社会新问题与新矛盾在司法领域的表现形式,其审理常常无法规可依、无先例可循,审理难度大。[2] 土地使用权人无证采矿案件的本质是实质合法地权与形式违法矿权的冲突交织,进而造成争议纠纷甚至违法犯罪的产生。正是基于此,相较传统类型的非法采矿罪,土地使用权人无证采矿案件在实际办理时障碍较多。司法机关在处置土地使用权人无证采矿案件时,应及时更新过往案件的办理观念,着力克制盲目的结果答责,不能仅以案件存在法益损害就不加区分地定罪量刑。行政机关在

---

[1] 梁根林:《间接正犯的中国命运》,载《比较法研究》2019年第5期。
[2] 参见王雨田:《稳妥审理新类型案件,切实回应群众期待》,载《人民法院报》2021年12月16日,第2版。

案件被刑事处置后,还应确保土地使用权人的开采行为和售卖行为合规落地,实现预防再犯与降低新犯。

(一)刑事界分:从结果答责到精准量刑

如果说刑事立法的功能,对犯罪圈的合理划定与刑罚结构的有序调整起着至关重要的作用,①那么刑事审判的规范处置,更是关系着涉罪案件事实的最终定性界分。于前文可知,"非法采矿罪"是一个复杂的构造体系,②现行的矿产资源相关法律法规虽已在整体上规定了采矿行为与矿产资源的类型范围,但当前的刑事审判处置存在以法益侵害结果对土地使用权人答责的偏差,故有必要在厘清采矿行为中开采行为和采选行为的法益侵害指向类型后,对土地使用权人无证采矿案件进行精准量刑。

1. 厘清不同采矿行为法益侵害的指向类型

开采行为应是侧重对生态环境的损害。在传统非法采矿案件中采矿行为不会超出"上山挖石、下河取砂"的同质性认识,《采矿解释》第3条规定的入罪标准,实为突出行为人的开采行为直接损害了山体、河流等自然赋存载体。但在案例1和案例2中,土地使用权人在用地开采前已经过行政机关的环境损害评价等相关审批,无论是在观念上还是在客观上,用地区域已从自然社会范畴转变为人类社会范畴,故必要开采行为不足以再对自然赋存载体(生态环境)形成实质性、范围性或系统性损害,故对土地使用权人的必要开采行为应作出罪处置。可见,非法采矿罪中开采行为的本质特征侧重于对生态环境的损害。

采选行为是对矿产所有权的侵犯。矿产资源的边界是"形成并依附于生态环境后,终结于进入生产生活领域前",原矿虽已脱离生态环境载体,但其未被生产生活化前仍属于矿产资源。非法采矿罪保护的法益包括

---

① 参见陈伟:《刑事立法的政策导向与技术制衡》,载《中国法学》2013年第3期。
② 参见康纪田、严旭:《非法采矿罪的反思与重构》,载《中国地质大学学报(社会科学版)》2022年第2期。

国家对矿产资源的所有权,①行为人针对原矿实施采选行为,破坏了有用矿物的自然赋存载体(原矿),彻底改变了原矿的矿产资源属性,客观上造成了国家对矿产资源的所有权最终灭失,但需明确的是采选行为发生于开采行为之后,不可能亦无法形成对原始生态环境的破坏。

对不同采矿行为法益侵害类型的厘定,可以确保采矿行为与非法采矿罪保护的复合法益相契合,避免对土地使用权人无证采矿案件的"一揽子"入罪,有利于消解地权与矿权的冲突。

2. 土地使用权人无证采矿案件的精准量刑

准确扣除必要开采的矿产资源量。在法律规范与学理解释下,土地使用权人的必要开采行为具备合法性,因而在案例1与案例2中,土地使用权人因生产与建设用地而开采的矿产资源数量,在事实认定中应当予以扣除。但当前司法实务中,由于行政机关在地权审批时未考量计算权利人必要开采的矿产资源数量,致使司法机关不易做到准确扣除。为厘清案件中实际非法采挖的矿产资源数量,一方面,应优先依照《采矿解释》第14条的规定,由鉴定机构或主管部门出具专业报告;另一方面,若前述方式难以进行准确计算,则司法机关应按照生产或建设行业规范与习惯作出有利于被告人的扣除方式。

从轻处罚擅自售卖矿产资源行为。从立法论上说,有些犯罪应当以行为侵犯了另一法益为根据提升法定刑。② 因非法采矿罪系复合法益,包括生态环境与矿产资源的国家所有权等,故在具体案件中,行为人的开采行为与采选行为应在量刑上有所区别。考察行为损害法益的类别,不难发现,开采行为不仅必然伴随对原始生态环境的破坏,而且后续售卖行为亦侵害了矿产资源的国家所有权。采选行为的对象是原矿,矿产资

---

① 参见胡东飞:《非法采矿罪的保护法益与违法性认定》,载《政治与法律》2024年第2期。
② 参见张明楷:《具体犯罪保护法益的确定方法》,载《现代法学》2024年第1期。

源已脱离生态环境,故仅能损害矿产资源的国家所有权。据此可见,相同矿产资源体量下,土地使用权人擅自售卖行为的不法程度要低于开采行为,司法机关在量刑时应有所区分,对被告人的采选行为应酌定从轻处罚。

(二)行政溯源:从执法空白到建章立制

如果说自然犯的治理,只要秉持并践行刑事一体化的理念,在传统刑法的知识体系里就能自如应对,那么行政犯的治理,则是传统刑事治理体系无法独立解决的棘手难题。① 行政机关作为处置行政犯的一线亲临主体,需要在刑事处置后着力发挥行政执法的溯源治理功能,确保土地使用权人的开采行为和售卖行为合规落地,行政执法作为延伸性保障措施,既能避免土地使用权人再次涉罪,亦是实现从源头上降低案发率的关键环节。于案例1和案例2中,土地使用权人从合法取得地权到非法采矿犯罪的演变,与地权审批时制度缺失,执法空白密切相关,故行政机关必须从审批前、中、后三个阶段进行建章立制。

1. 地权审批前的地下资料提交

由于土地使用权人在用地生产或建设时,不可避免会对土地进行开采挖掘。当前行政机关在审批时注重对用地申请资质、用地规模"四至"图、生产或建设设计图、环评通过文件等地上手续资料的审核,却忽视了权利人用地时开采挖掘土地的面积、深度等地下手续材料,如案例1中权利人修建鱼塘的深度,案例2中权利人建设园区、库池所需的地基深度等相关材料。这些材料既关乎土地使用权人必要开采行为的范围,也是司法机关在处理此类案件时需要依法扣除矿产资源方量的客观证据。因此,行政机关在用地审批前应对照申请人提交的材料,并作出科学的评估审核。

---

① 参见田宏杰:《合作共治:行政犯治理的路径选择》,载《法律科学(西北政法大学学报)》2022年第5期。

2. 地权审批中的合规协议签订

实务运行表明,申请人取得土地使用权后,进入生产或施工的第一个环节就是地表与地下的土石方清理采挖,这一阶段往往预示着土地使用权人实施非法采矿犯罪活动的起点。为了防止土地使用权人超必要开采行为与擅自售卖行为的出现,行政机关有必要于地权审批中督促其签订承诺协议。① 具体而言,协议内容应包括:(1)权利人的项目应开采体量及相关税费收取;(2)开采的矿产资源应优先用于本项目建设;(3)剩余的矿产资源纳入县级以上政府公共资源交易中心,若需自行售卖,则应依法取得采矿许可证。承诺协议既可保证权利人的用地规范,亦是司法机关认定权利人具备非法采矿罪违法性认识的证据支撑。

3. 地权审批后的常态监管落实

从损害结果来看,案例 1 与案例 2 中土地使用权人开采的矿产资源体量巨大,已经达到非法采矿罪"情节特别严重"的标准。这一现象反映的问题是,行政机关对地权审批后的用地监管存在疏漏。鉴于此,行政执法是行政监管措施之一,②强化执法力度与广度落实是防止违法犯罪扩大化的必然举措。从土地使用权人涉非法采矿罪的时间点着手,在地权审批后,行政机关应至少现场踏勘两次,一次是在土方工程开始后,核查生产或建设施工现场有无违反承诺协议进行超必要开采、擅自售卖矿产资源;另一次是在实际用地阶段,巡查监督土地使用权人有无以生产或建设名义,未实际用地而持续开采、售卖矿产资源。司法实务中,上述两个时间节点易引发非法采矿案件,行政机关应积极帮助土地使用权人对接矿产资源交易平台,合规处置开采的余量砂石,以行政监管措施的落实来有效预防矿

---

① 签订承诺协议的方式在部分地区中亦有适用,参见浙江省宁波市奉化区人民法院刑事判决书,(2020)浙 0213 刑初 688 号。

② 参见陈景善:《商事自由中的行政监管与司法判断界分》,载《行政法学研究》2021年第 4 期。

产资源犯罪活动。

四、结语

司法实践的规律揭示,具体犯罪的行为手段存在转变、迭代的客观现象。即便法官可以把握特定时点人们关于某一事物的社会一般观念,但这种一般观念不可能恒久不变。① 采矿许可本质上为行政许可,主要制度价值乃在于国家为了防止矿产资源开发利用过程中可能产生的负外部性,②其目的不仅在于形式上的合法授权,更关键的是避免恣意的采矿行为。土地使用权人用地内必要开采矿产资源时,虽未取得采矿许可证,但该行为符合生产、建设行业的一般期待,不应轻易选择入罪。对非法采矿罪的行为要素,也应从单一的开采行为向二元的开采与采选行为转变。面对土地使用权人无证采矿案件,只有落实刑行衔接,靶向施力,才能一体实现权利保障与犯罪治理。

---

① 参见张建军:《论规范的构成要件要素的明确性》,载《当代法学》2012 年第 5 期。
② 参见田心则:《采矿许可证有效期届满后相关法律问题研究——基于环境资源审判"三合一"的探讨》,载《中国应用法学》2022 年第 6 期。

域外译文

日本的侵犯商业秘密罪研究

——保护法益与行为类型[*]

[日]西贝吉晃 著[**]　钱日彤 译[***]

目　　次

一、引言

二、保护法益

三、行为客体论——保密性要件的解释

四、侵害管理权行为的解释论

五、结语

摘　要：日本的侵犯商业秘密罪自2003年设立之后历经多次修改，形成了复杂的条文规定。该罪主要保护个人法益而不包括社会法益，其法益内容是所有者基于商业秘密有用性而享有的利益(使用权)与秘密管理体制不被破

---

[*] 原文载佐伯仁志等编『山口厚先生古稀祝賀論文集』（成文堂，2023年）571－605页。摘要与关键词系译者添加。

[**] 日本千叶大学大学院社会科学研究院教授。

[***] 南开大学法学院博士研究生，日本早稻田大学法务研究科访问研究员。

坏的利益(管理权)。保密性是商业秘密的构成要件,其要求客观且持续进行的保密措施能够使潜在行为人认识到信息的保密性。获取和披露是侵害管理权的重要行为类型,其当罚性在于增加信息的管理可能性。获取行为包括口头告知、数据复制和媒介占有;披露行为则是使第三方获得管理可能性。

关键词:侵犯商业秘密罪;保密性;认识可能性;侵害管理权行为

一、引言

日本《不正当竞争防止法》(以下简称《不竞法》)第21条及以下规定的侵犯商业秘密罪自2003年设立之后历经多次修改,形成了如今复杂的条文规定。本文将对该罪的部分解释论进行梳理。具体而言,本文旨在明确保护法益、商业秘密的适用,以及《不竞法》第21条第1项与第2项①中规定的行为类型的概念。

在进入正文之前,不妨先看一下它与民事法之间的关系。虽然日本关于商业秘密保护的法律制度已经有30多年的历史,但其实务却是以民事领域为中心发展起来的。而且,如果基于充分限定商业秘密概念的理解,且在民法与刑法上都试图保护相同范围内的客体②,例如对于商业秘密的适用,认为其在民法和刑法上保持一致,则此观点基本上是妥当的。③ 尽管如此,相较于商业秘密的民法保护,侵犯商业秘密罪是通过设定谋利加害目的的要件,将行为类型予以具体化等方式,把处罚限定于恶性案件中。④ 但是,商业秘密的适用,尤其是对保密性的判断,存在极为广阔的解

---

① 根据令和5年《不正当竞争防止法》的修订,以是否存在法人双罚制整理罚则和构成要件的修改行为,旨在明确相关行为的时期。虽然条文编号有所变动,但除此之外没有实质修改[黑川直毅等「令和5年不正競争防止法改正の概要」NBL1250号(2023年)21页,28页]。下文将说明2023年修订后的规定。
② 山口厚「営業秘密の刑事罰による保護」NBL820号(2005年)12页,15页。
③ 名古屋地判令和4年3月18日 LEX/DB25592076。
④ 田村善之「営業秘密の秘密管理性要件に関する裁判例の変遷とその当否(その2・完)」知財管理64卷6号(2014年)791-792页。

释空间,其解释结论可能随着时间推移而发生灵活的变化。在此种情况下,倘若出于民事保护的需要而提出缓和的标准,刑法的解释应当防止将不具有处罚必要性的案件纳入其中;倘若在民事领域上提倡严格的标准,也应当开展解释论的研究,以免陷入否定民法上的侵权,却又肯定刑法上的侵害这种不均衡的结论。

二、保护法益

(一)保护个人法益的犯罪结构

关于侵犯商业秘密罪保护的法益,通常认为是作为个人法益的企业利益以及作为社会法益的持续的公正竞争秩序。① 后者是否应当作为独立的法益予以维护,②值得思考。

首先,若存在商业秘密的所有者(以下简称所有者)的同意,则不成立侵犯商业秘密罪,因而不能否定保护个人法益的一面。而且,目的要件由"不正当竞争的目的"修改为"谋利加害目的"(2009 年修正),可以将被害人理解为经营者。③ 不仅如此,侵犯商业秘密罪曾经属于亲告罪。诚然,虽然其现在已经是非亲告罪,但这是因为已经存在保护被害人商业秘密的程序法方面的特殊规定,故非亲告罪化并不会影响对该罪的罪质及保护法益的解释。

由此可见,个人法益的保护似乎受到了重视,那么问题在于是否应当

---

① 《不正当竞争防止法》的保护法益,参见经济产业省知识产权政策室编:《逐条解说·不正当竞争防止法(第 2 版)》(2019)(以下简称《逐条》)第 252 页。

② 最近的研究,参见松泽伸「営業秘密の保護と刑事法」甲斐克則编『企業活動と刑事規制』(2008 年)181 頁;内田幸隆「営業秘密侵害罪の基本的性格とその課題について」『増田豊先生古稀祝賀論文集・市民的自由のための市民的熟議と刑事法』(2018 年)361 頁,367 - 371 頁。还有观点认为,尽管应当正面保护公正的竞合秩序,但要求侵害经营者在竞争上的利益[林尚儒「営業秘密の刑事的保護に関する一考察(2・完)——台湾法を中心に」論叢 189 巻 6 号(2021 年)115 頁]。

③ 维持公正竞争秩序的要素是稀薄化的[島田聡一郎「不正当競争防止法における営業秘密侵害罪について)西田典之等『民商事法の改正と経消刑法の動向(トラスト60研究叢書)』(2014 年)364 頁,378 頁]。

进一步对社会法益予以独立保护?

的确,如果经营上的利益受到直接侵害,则可能发生间接地侵害公平竞争秩序的危险。① 然而,此处的疑问是公平竞争秩序的具体化是否必要。②《不竞法》与《独占禁止法》(以下简称《独禁法》)等其他法规互相配合,被认为有助于维护公正的竞争秩序。此时,尽管无法否认其重合之处,但有人认为,《独禁法》应该负责公法的规制(保护公共利益),而《不竞法》应该负责私法的规制(保护私人利益)。③ 此种观点对于现行法律的分析大体上也是正确的。在将不正当竞争行为所产生的成本转嫁给普通消费者这一点上,或许也有可能从中找到社会法益,但与此处的社会法益相当的部分保护可以在侵犯商业秘密罪中通过保护个人法益予以实现。具体而言,与违反标识规定的行为引起普通消费者的不安感,进而可能侵害社会法益不同,④可以通过在法律上保护所有者的商业秘密,以维护所有者在经营上的利益,从而抑制对于公正的竞争秩序的负面影响。⑤

---

① 内田幸隆「営業秘密侵害罪の基本的性格とその課題について」371頁。与此相对,松泽伸「営業秘密の保護と刑事法」181頁,指出虽然通过直接侵害竞争秩序,间接地构成对商业信用的个人法益的侵害,但基于侵害社会法益而损害个人法益的理解是倒因为果。其缘由是已经设定了商业信用这一个人法益。判时2276号143页的匿名解说与小野昌延编『新・注解不正競争防止法(第3版)下巻』(2012年)(以下简称《新・注解下》)1329-1330页,佐久间修持相同观点。尽管佐久间氏引用了经济产业省的解释,但该解释是将法益确定为经营上的利益。《不竞法》区分了商业信用(第2条第1项第21号)与经营上的利益(第3条),并采用包括后者和前者在内的更广义的概念。本文试图从有别于信用的视角对利益予以具体化。
② 田村善之:『不正競争法概説(第2版)』(2003年)376頁注1。
③ 小野昌延「不正競争防止法の現状と問題点」特許研究7号(1989年)28頁,30頁。
④ 一原亜貴子「営業秘密侵害罪の保護法益」商学討究59巻4号(2009年),165頁,190頁。还可参见最大判昭和35年4月6日刑集14巻5号525頁。
⑤ 一原亜貴子「営業秘密侵害罪の保護法益」190頁。田村善之『不正競争法概説(第2版)』21-22頁也指出,《不竞法》对于冒用成果行为是"通过"而非"因为"保护成果创造者来发展竞争秩序。可以说,此处竞争秩序能否形成取决于各经营者是否将商业秘密作为秘密保护的意思决定。四條北斗「営業秘密の刑法的保護の必要性について」大阪経大論集64巻4号(2013年),第71頁,81頁。

与此相对，依据社会法益（维护公正的竞争秩序）为主，个人法益为辅的观点，仅凭侵害主要法益即可认定犯罪的成立，那么如果基于所有者的同意而泄露商业秘密等违反竞争秩序，则可以总结为，在侵犯商业秘密成立与否的语境中，虽然存在法益侵害，但否认其谋利加害的目的。然而，此种情形应当被视为违反《独禁法》的问题，不应按照侵犯商业秘密罪处罚。

关于竞争秩序中所包含的要素，倘若能够在保护商业秘密的法律体系中找到需要特别保护的内容，那就再好不过了，可是目前尚未明确。也有观点认为，在考虑"跳槽"自由的界限问题时，维护公正的竞争秩序这一社会法益仍然是重要的。① 如果是在立法论的语境下展开讨论，此种理解未尝不可。② 然而，在解释论的语境下，为了界定保护范围，本文的立场是将可以通过法律解释推导出的内容作为保护法益。③ 因此，这种法益概念可能仅限于法律目的或制度要求的范围内。法益的过度抽象化可能会导致处罚范围的扩大，因此最好从具体和个别的角度来把握法益；④而且，从阻却违法性的角度（并非从侵害法益的角度而是从保全法益的角度）出发，因为以考虑"跳槽"自由的形式解构构成要件，在此语境下的解释论，没有必要将公正的竞争秩序作为法益。

综上所述，公正的竞争秩序应当被纳入个人法益之中，无须将其视为独立的法益，应当认为该罪是针对个人法益的犯罪。⑤ 不过，在要件的解释上可以考虑维持公正竞争秩序的观点。侵犯商业秘密罪是基于维护公正竞争秩序这一法律目的，保护经营者的个人利益的犯罪类型。⑥ 因此，

---

① 星周一郎「営業秘密の刑事法的保護の意義」法学会雑誌59巻1号（2018年）137頁，170頁。星氏还认为，需要将国民经济的健全发展这一国家法益作为法益。
② 井田良『講義刑法学総論（第2版）』（2018年）15－16頁。
③ 平野龍一『刑法概説』（1977年）40頁；山口厚『刑法総論（第3版）』（2016年）46頁；伊東研祐『刑法講義総論』（2008年）68－69頁。
④ 山中敬一『刑法総論（第3版）』（2015年）18頁。
⑤ 一原亜貴子「営業秘密の刑事法的保護」銀法733号（2011年）40頁，41頁。
⑥ 有关转移罪的判例（最判昭和24年2月15日刑集3巻2号175頁。相同判旨，还有最判昭和25年4月11日刑集4巻4号528頁，最判昭和26年8月9日刑集51号363頁）指出，"为维持社会的法律秩序"，虽然需要保护作为个人法益的事实上的占有，但未必要将特定秩序本身作为法益考虑。

通过解释将前述意义上的经营者的利益予以具体化确有必要。为此,需要确认作为行为客体的商业秘密的定义内容,并试图推导出具体的法益。

(二)从商业秘密的定义推导出的具体法益

由于《不竞法》第6条第2项明文规定了有用性、非公知性、保密性三个要件,下文将从这些要件出发对法益的具体化展开讨论。

1. 有用性

商业秘密的有用性,是指它能够适用于正当的①经营活动,并有助于节省成本和提高经营效率。仅凭这一点,似乎只要具备绝对的价值就足够了。然而,若果真如此,在实际案件中的大多数存疑信息都可能满足有用性的要求(参见财产犯罪的构造)②。

不过,有观点指出,如果公开的信息也能具备相同的效用,那么就可以否定其有用性。③ 依据此种观点,有用性可以被理解为,对于不知晓该信息的主体来说,使用该信息可以取得竞争上的经济优势④(相对的价值⑤、竞争的价值⑥)。

诚然,有判例将专门使用的可能性纳入财物的财产价值之中,在判断财物属性时是否需要作出此种考虑是值得讨论的。⑦ 不过,基于《不竞法》

---

① 以违反公序良俗为内容的信息不具备有用性。从不宜将法律作为助长不正当行为的手段的见解来看,这一点在某种程度上可能是妥当的。

② 山口厚「現代刑事法学の視点」法時767号(1990年)91頁,93頁,早已指出应当基于财产犯罪的构造限定客体,即限定此处的有用性。

③ 荒川雄二郎編『営業秘密Q&A80』(2015年)52－53頁。

④ 一原亜貴子・岡法60巻3号(2011)554頁;鎌田薫「営業秘密の保護」判夕793号(1992年)54頁,58頁;小野昌延＝松村信夫『新・不正競争防止法概説(第3版)上巻』(2020年)338頁。此外,横浜地判令和3年7月7日判例秘書L07650906在有用性的语境下将"保护基于正当所有的信息而具备的竞争上的有利地位"作为商业秘密保护制度的宗旨。

⑤ 佐久間修『刑法における無形的財産の保護』(1991年)214頁。

⑥ 商业秘密的本质并非财产价值,而是竞争价值(一原亜貴子「営業秘密侵害罪の保護法益」193頁)。进一步说,是竞业财产(《新・注解下》850頁【小野昌延＝大瀬戸豪志＝苗村博子】;吉岡一男『刑事学各論の研究』(2000年)93頁)。

⑦ 照沼亮介「財産的利益の刑法的保護」刑ジャ49号(2016年)4頁,6頁。

的目的,可以将竞争上的利益纳入法益之中。①

2. 非公知性

商业秘密的有用性是根据信息差所产生的,其中,应受保护的信息差作为独立要件所呈现的内容被认为具有非公知性(秘密性)。非公知性是指,一般情况下不为人知且不易为人所知的状态。② 法律并未提及经营者或者项目的规模,不应采取这样一种解释结论,即理所当然地认为大规模的项目不受保护,由于是非公知性,被允许知悉信息的人数并非问题

---

① 有观点早已指出,问题在于在企业秘密的场合基于排他利用而取得利益的保护。佐伯仁志「秘密の保護」阿部純二等編『刑法基本講座第 6 巻』(1993 年)138 頁,146 頁。

② 参见渋谷達紀『知的財産法講義Ⅲ(第 2 版)』(2008 年)133 頁【实际上不知悉且不可能知悉的状态】。在此,《逐条》第 2 版第 44 页将正文中的"且"改为了"或",而且部分刑事判例(如名古屋地判令和 4 年 3 月 18 日 LEX/DB25592076 判决)沿用了此种表述(具体适用将在后文讨论)。若遵照字面意思,为了否定非公知性,需要满足"一般都知道且容易知道"的条件,这显然是过高的要求。实际上,前述名古屋地判令和 4 年 3 月 18 日的判决中,以"内容是众所周知的或容易知道的"为由,不认定具有非公知性。若采用"或",即使内容不是众所周知的,但如果是容易知道的,也会被保护。然而,这种情况没有保护的必要,这可以从经济产业省的《商业秘密管理指针》(最终修订于 2019 年 1 月 23 日)第 17 页中得知,即倘若信息容易被知悉,则不具有非公知性。此外,采用"或"的《商业秘密管理指针》第 17 页注 11 也提到,《TRIPs 协定》第 39 条第 2 项(a)号也使用"或",尾岛明的《逐条解说 TRIPs 協定》(1999 年)第 182 页也有"或"的翻译。然而,该条款的原文是"... is secret in the sense that it is not,... generally known among or readily accessible to persons...",在连接"不"和"不"时的"or",由于其本身也带有否定的含义,故应该理解为"且"。实际上,在"the information is either (a) generally known by or (b) readily accessible to persons"的场合,由于其不是秘密,所以不被保护,Correa 在 *Trade-Related Aspects of Intellectual Property Rights* 第 357 页中如此解释。该书指出,即使在协议所涉及的人群中不知道,但如果通过市场内的产品逆向工程可以"readily accessible",则不被认为是秘密,这也与"且"的理解不符。另外,经济产业省在提出日本的商业秘密保护法律制度时,明确参考了《美国统一商业秘密法》的商业秘密定义中的非公知性描述部分("not being generally known to, and not being readily ascertainable by proper means"),并表示这与自身想法相同。此外,例如,U. S. v. Hsu, 155 F. 3d 189 (3d Cir. 1998)将 18 U. S. C. §1839 (3\B)中的"not being generally known to, and not being readily ascertainable through proper means by, the public"改为"not be generally known to, or readily ascertainable by, the general public"。综上所述,至少在"且/或"问题上,采用"且"是妥当的,这也符经济产业省的真实意图。

所在,①即使被多数人知悉,也可能具有非公知性。

3. 保密性

即使是有用且非公开的信息,若是没有在物理上或者人际上对其进行管理,也可能在知晓该信息的人之间流通(扩散),即便这与自然现象有所差异。如果对这一过程过度处罚,通过刑罚保护给予信息持有者利益的信息差,尽管可能有助于保护希望维持非公知性的人,但也会在很大程度上导致信息流通的萎缩。② 因此,只有那些采取了维持非公知性措施的信息,即有保密措施的信息,才应当受到保护。

4. 小结

如上所述,商业秘密的"有用性"是从该信息的"非公开"状态中产生的,因而为了维持该状态,有必要将其"作为秘密进行管理"。

(三) 法益的确定

1. 两种具体的法益

根据(二)中对具体法益的考察,应当认为所有者具备基于(商业秘密的)有用性而享有的利益,以及为了维持有用性与非公知性而设立的秘密管理体制不被破坏的利益(商业秘密的管理权)。

侵害管理权可能会损害商业秘密作为秘密所具有的价值。③ 并且,通过侵害使用权,在他人非法使用信息而实现创造财富的可能性时,信息的管理和垄断所产生的信息在经济活动中被使用而创造财富的可能性与来源的价值就可能会受到侵害。④

---

① 小野昌延『営業秘密の保護(増補)』(2013年)451頁。这与刑法中的公然不同(山本庸幸『要説不正競争防止法(第4版)』(2006年)145頁)。

② 東京高判平成29年3月21日判夕1443号。其第80页指出:为了不抑制信息利用的自由,需要对应保护的信息与不应保护的信息进行区别管理。

③ 产业结构审议会知识产权政策部关于技术信息保护的小委员会「営業秘密に係る経時的措置の見直しの方向性について」(2009年)8頁。

④ 山口厚「財産的情報の刑法的保護」刑法雑誌30巻1号(1990年)30頁。

从此处得出的法益可以推导出两项法益侵害行为。从侵害排他的使用权的角度来看,其并非妨碍使用而是未经授权而使用的行为;以及从侵害管理权的视角来看,违反保密措施的行为。前者构成使用罪,后者对应的是获取、泄露、领得罪。在实务中所处理的多数案件都并非使用罪,而是与侵害管理权有关。因此,本文试图梳理一下侵害管理权的行为类型。但是,对于被称为使用行为的前置阶段的侵害管理权,需要对其与使用行为进行同等程度处罚的理由展开讨论。

2. 侵害使用权与侵害管理权的关系

诚然,侵害管理权的行为似乎是与使用商业秘密所产生的后果相去甚远的行为类型(使用预备或者未遂的行为)。① 基于此种考虑,将会得出在法益侵害发生之前便进行处罚的结论,因而人们可能对采用同一法定刑产生疑问。② 但是,侵害使用权与侵害管理权存在质的差异。一方面,侵害使用权仅仅是不正当地"分一杯羹",③但是就秘密使用这一点而言,在未被发觉的情况下,仅以追求自身利益的方式,根据具体情况反而是合理的,从总体上来看,因公开而导致商业秘密属性丧失的危险略有降低。另一方面,侵害管理权虽然不具备"分一杯羹"的直接效果,但该行为的问题并非无权使用,而是因信息公开化而产生可能使商业秘密属性本身丧失的危险,在此之后,该信息可能将不再被作为商业秘密而得到保护,任何人都可以随意地使用,并最终给所有者造成重大的损失。如此一来,尽管严格比较侵害的程度并非易事,但因为侵害使用权和侵害管理权分别包含不同的当罚要素,从立法衡量的角度来看,采用同一法定刑便是正当的。

---

① 山口厚「財産的情報の刑法的保護」37頁。
② 帖佐隆「刑法における領得概念と無形的な営業秘密の保護」久留米法学73号(2015年)25–26頁。
③ 从该观点出发,最终可能导致商业秘密的有用性被破坏。帖佐隆「不正競争防止法21条1項3号と任務違背・図利加害目的」久留米法学74号(2016年)39頁,41頁。

三、行为客体论——保密性要件的解释

在商业秘密的三个要件之中,无论信息的性质或者内容如何,确保当罚性所需的保密性通常需要进行实质的判断,并且其容易引起争议,是应当精细化解释的重要要件。因此,下文将以保障非公知性的管理措施,即以对保密性的考察为焦点,对此进行分析。

(一)认识可能性的要件

在促进那些有用但未经保密管理的信息使用的同时,需要对于另外作为秘密进行管理的信息(提供刑罚的预测可能性[1])提供保护,有必要在两者之间目的性地寻求一种平衡。

作为保密措施,客观措施是必要的,这一点在解释上无可争议(不妨将其称为"访问限制"),问题在于措施的具体内容。对此,需要关注《商业秘密管理指针》(经济产业省)等指导方案[2]以及判例的动向,并尝试从刑法的角度展开说明。

首先,如果保密管理的门槛要求过低,可能会对信息的使用产生萎缩效应,因此需要采取能够消除萎缩效应的措施。从抽象的角度来看,如果将行为人一方的认识或者认识可能性作为必要条件,则萎缩效应就会降低。然而,由于保密管理是针对信息进行的,是客观要件,而非行为人的主观要件,[3]无法将行为人的认识作为保密管理的要件,其充其量是构成客观措施的内容,将行为人一方的认识作为保密性的要件。

其次,进一步的问题是"行为人一方"包括哪些人。[4] 对于特定的行为

---

[1] 東京地立川支判平成 28 年 3 月 29 日判夕 1433 号 231 頁。

[2] 《商业秘密管理指针》第 1 页指出,"关于商业秘密的定义,(中略)为了推动创新,基于海外动态及国内外判例(中略)采取一元的思考方法",从第 1 页介绍的修订历程来看,可以认为其说明了《不竞法》的法律解释。

[3] 关于商业秘密保护和利用,参见小委员会第 2 次议事录(2014 年 10 月)13 页田村善之委员发言。

[4] 長井謙「営業秘密管理指針の全部改訂の解説」L&T67 号(2015 年)47 頁,51 頁。

人而言,在作为行为客体的信息应该被保密的情况下,是否要认定保密性?在这种情形中,对于行为人 A 来说,可以肯定保密性,但是对于行为人 B 来说,却又可能否定保密性。然而,在这种情况下,与上述相同的理由也被认为是妥当的,在刑事处罚的语境下,根据行为人的个别情况相对地认定保密性似乎并不妥当。①

那么,是否应该要求超出可能认识到属于秘密的措施进行保密管理呢?在过去,有力的观点认为,客观的访问限制和认识可能性应该各自作为独立的要件予以把握,此种观点时至今日仍然存在。在考虑这种观点的同时,有必要探究能够确定访问限制程度所需的元标准。

首先,有观点认为,仅仅是对作为秘密进行管理的认识可能性是不够的,②而应当是充分的访问限制,有必要对"充分"的含义进行具体化。在这一点上,要求构建一个除有必要使用信息的人之外,其他人无法使用信息的体制,③这与信息安全的最小信息权限原则(Need to Know 原则)的逻辑是相称的。但是,信息安全所追求的保护程度与法律保护的程度可以有所区别(只要两者共同实现信息保护的目的即可)。④ 因此,如果要求在法律上具有使用权限的人员范围与通过保护措施(具有事实上的使用可能性)具有使用权限的人员范围完全一致,似乎是过于严格了。⑤

---

① 关于商业秘密保护和利用,参见小委员会第 2 次议事录 14 页铃木千帆委员发言。还可参见 13 页相泽英孝委员发言。即使在民事上,保密性也应当是包括全体员工的认识可能性的客观判断,个别员工实际上存在何种认识并不重要(知财高判令和 3 年 6 月 24 日 LEX/DB25571625)。

② 大庭沙織・法時 93 巻 2 号(2021 年)128 頁注 6;黒根祥行・甲南法務研究 15 号(2019 年)130 頁。

③ 帖佐隆・特許ニュース15416 号(2021 年)3 頁。

④ 西貝吉晃「コンピュータ・データへの無権限アクセスと刑事罰(1)」法協 135 巻 2 号(2018 年)386 頁,319 – 318 頁,或者 320 頁以下。

⑤ 帖佐隆「不正競争防止法における営業秘密の秘密管理性概念について」久留米法学 78 号(2018 年)25 頁,65 頁。尽管此类方案的成本不高,但需要判断人员单位而非部门单位的访问,并据此采取必要的措施,在执行过程中可能会耗费较高的成本。

其次,有观点认为,从公平竞争的角度来看,付出值得予以保护的努力即可,①这种观点在抽象层面是正当的。然而,其仍然无法确定是否存在超出认识可能性的标准。② 作为法律保护的要件,倘若过分要求高度的保密,一旦满足了相应的要求,实际上就很难破除该保护。在这种情况下,会产生是否还有必要采取法律保护的疑问,③而且会有人放弃法律保护,最终造成法律无法提供充分的保护(参见《商业秘密管理指针》第 5 页)。由于法律并未规定在这种情况下受保护的经营者的规模等事项,应当理解为从大企业到中小企业的所有企业都将受到保护,并且应当根据企业的情况确定所需的程度标准。与此同时,还需要一个能够向经营者传达应该采取哪些措施的标准。

归根结底,似乎在目前的状况下,要求超过"能够识别为秘密的客观措施"是困难的。④ 但是,即使根据这一标准,只要至少对存在保障认识可能性的措施具备某种程度的认识,就可以认定那些突破此类措施的行为具有当罚性。此外,根据这一标准,在"可能认识的"措施这一意义上,可以向所有者传达所需的标准程度,并且能够在参照公司规模和内部状态的基础上,灵活地实现合理的保护,这也是其优点(《逐条》第 41 页、《商业秘密管理指针》

---

① 田山聪美・刑ジャ56 号(2018 年)154 页,158 页。
② 荒川雄二郎编『営業秘密 Q&A80』31 页。有观点指出,作为竞争行为的容许边界,预见可能性是充分的元标准。TMI 综合法律事务所编『Q&A 営業秘密をめぐる実務論点』(2016 年)14 页。
③ 不如说,正是自力更生也无法构筑完全的防御,法律的保护才是必要的。田村善之「営業秘密の秘密管理性要件に関する裁判例の変遷とその当否(その2・完)」791 - 792 页。津幡笑「営業秘密における秘密管理性要件」知的財産法政策学研究 14 号(2007 年)191 页,210 页。
④ 参见东京高判平成 29 年 3 月 21 日判夕 1443 号 80 页。爱知靖之 = 前田健 = 金子敏哉 = 青木大也『知的財産法(第 2 版)』(2023 年)58 页【青木大也】。此外,大阪地判令和 2 年 10 月 1 日 LEX/DB25571149 的判决指出,虽然访问限制可以作为独立的要件予以把握,但与判例的整体方向可能是不同的。爱知靖之 = 前田健 = 金子敏哉 = 青木大也『知財判例コレクション』(2021 年)195 页。

第 5 页)。① 实际上,如果由于公司规模较小,所有员工在客观上都容易具备认识可能性,那么所需措施的程度标准就会变得缓和。② 而且,如果经营者所属行业中存在一定的惯例,相应的标准水平也可能随之上下波动。③

综上所述,为了维持保密性,即特定信息的非公知性,有必要采取能够产生认识可能性的客观措施(《商业秘密管理指针》第 6 页)。④ 下文将根据重视认识可能性的观点,同时期待确立起一个客观措施所需的标准,并参考民事判例,简单地梳理当前判断的趋势。

(二)认识可能性的主体及其发生或维持

1. 管理对象信息的确定与基本的必要策略

首先,对作为行为客体的信息是保密对象这一事实具备认识可能性是必要的。例如,仅凭对作为对象的秘密没有具体规定的(保密)规章等⑤,就很难说采取了保密措施。⑥ 亦即,管理对象的确定是必要的。由于难以

---

① 鎮目征樹＝西貝吉晃＝北條孝佳編『情報刑法Ⅰ』(2022 年)284 頁【津田麻紀子＝西貝吉晃】;津幡笑「営業秘密における秘密管理性要件」212 頁。

② 東京地判令和 2 年 6 月 11 日 LEX/DB25571452;大阪地判平成 15 年 2 月 27 日 LEX/DB28081388;大阪地判平成 8 年 4 月 16 日知的裁集 28 卷 2 号 300 頁。此外,如果重视客观访问限制并结合小规模的特征,最终正如大阪地判平成 14 年 9 月 26 日 LEX/DB28072928 的判决一样,在涉及小规模企业的案件中否定保密性。

③ 虽然《逐条》第 42 页指出,"接触过信息的人能够认识到该信息属于商业秘密(客观认识可能性),"但由于"属于商业秘密"这一表述中包含了保密性,本文为避免循环论证而作出修正。此外,关于问题意识,参见結城哲彦「営業秘密の概念要件及び保護要件と秘密管理性の関係」『渋谷達紀教授追悼論文集・知的財産法研究の輪』(2016 年)483 頁,486 頁。

④ 如顾客信息等经营负责人自行形成和累积的信息,在果蔬行业一般认为是归属于经营负责人所有的案件中,对其他特定信息不存在特别约定和规章时,对使用该信息的人应进行严格管理,以使其知晓该信息是当事公司的保密信息,参见刑事判例津地判令和 4 年 3 月 23 日 LEX/DB25592281。

⑤ 作出"完成业务时从公司取得的全部信息"都是"秘密信息"这种极为概括的规定是不够的(前注津地判令和 4 年 3 月 23 日)。

⑥ 東京地判平成 17 年 2 月 25 日判時 1897 号 98 頁;東京地判令和 2 年 10 月 28 日 LEX/DB25571199;東京地判令和 3 年 2 月 26 日 LEX/DB25571536;京都地判平成 13 年 11 月 1 日 LEX/DB28070149。

将企业内部的所有信息都作为管理对象,有必要在管理对象与非管理对象之间作出合理的区分(参见《商业秘密管理指针》第7页)。

在确定信息后,通常会在纸质文件上标记为绝密,并指定可以上锁的保管位置。对于数据来说,需要通过 ID 和密码对具备访问权限的人员进行管理,并向人们告知对这些信息予以保密的要求,从而使其产生认识可能性(参见《逐条》第41页)。有判例认为,在涉及由海量数据组成的商业秘密的场合,如果只能从中逐项提取单个数据,并且要求履行琐碎的处理手续,则此种情形与设置了多重密码具有相同的效果。① 此外,虽然不针对特定信息的企业内部公告、信息安全培训等活动,②与针对特定信息采取的措施相结合,也可以期待其具有容易产生认识可能性的催化作用,但也可能仅此而已。③

2. 认识可能性的主体

如果试图通过认识可能性保障行为自由,则在理论上认识可能性的主体应当被解释为所有潜在的行为人(参考对于外部人员和员工的理解)。④ 对于交易相对方,假设以其内部已经实施保密措施为前提,可以通过保密协议等方式使之产生认识(可能性)(参见《商业秘密管理指针》第15页)。除此之外,关于外部人员的范围。如果无限制地扩大外部人员的范围,那么就必须以所有人都可能认识为前提采取保密措施,这可能会导致在保密

---

① 東京地判平成12年10月31日判時1768号107頁。有文献认为该判决是重视认识可能性(荒川『営業秘密 Q&A80』32頁),但若根据适用的密度,可以直接理解为是将访问限制和认识可能性两者作为要件,并对访问限制予以细致的评价(参见判夕1097号295頁,296頁【匿名解説】)。

② 知財高判平成24年7月4日LEX/DB25444731。

③ 在否定保密性的语境下,禁止外部人员进入研究所、回家时寄存钥匙等措施,仅仅是公司的正常管理,尤其是对内部员工而言,不属于保密行为。指出这一点的,前注京都地判平成13年11月1日。

④ 知財高判平成23年9月27日LEX/DB25443820【关于外部人员及员工两方的讨论,均肯定保密性】;前注京都地判平成13年11月1日。

工作方面分配过多的成本。而且,向外部人员展示特定信息是被作为秘密进行管理的,这一点甚至就是在故意告知秘密的存在(可是秘密本身的存在就是需要被隐藏的),这可能会与保密的目的相冲突。

关于这一点,《商业秘密管理指针》指出,只要对那些能够合法且实际接触到该信息的员工和交易相对方等采取保密措施就足够了。那些即使职务范围并不明确,但能够合法接触到该信息的人①也包含在其中。处于这一范围内的人并不仅限于"被披露者",以下将此种观点称为"管理指针标准"②。以各经营者试图采取的保密措施为基础,可以设想哪些人可能接触到信息,并据此设定措施的严格程度,在这个意义上,管理指针标准似乎是合理的。然而,基于这种理解,对于那些无法接触到该信息的员工和外部的非法获取者(盗窃犯或非法访问者)而言,认识可能性这一要求是不必要的。③ 因此有必要从刑法的角度出发,确认对于那些管理指针标准范围之外的人,是否存在突击处罚的风险(对这种解释妥当与否的检查工作)。

虽然这主要是关乎外部人员的问题,但在保密性的语境中,有观点认为:行为人"无论被归入哪种类型的使用者,保密性的严格程度并不会因此发生变化",并且在刑事处罚中存在加重要件,可以通过这些规定处理。④ 因此仅需关注(仅在非法获取罪中作为附加的要件)欺骗行为或侵害管理行为的要件。这个要件可理解为,为了防止外部人员产生萎缩效

---

① 例如,部门之间传递信息的员工、在所谓开放办公环境阅览不加密文件的其他部门员工。关于最近(平成后期到令和初期)的判例,参见津田麻紀子 = 渡邊遼太郎『営業秘密事件裁判例の読み方——平成 28 年 ~ 令和 2 年 7 月の主な事例から(別冊 NBL186)』(2023 年)。

② 在考虑信息内容的基础上,向员工传达禁止行为内容的判断不无可能(前注知财高判平成 23 年 9 月 27 日;荒川雄二郎編『営業秘密 Q&A80』32 頁指出绝对价值较高的情况),需要注意这一观点引申的认识可能性基本上只会发生在被披露者。

③ 長井謙「営業秘密管理指針の全部改訂の解説」51 頁。

④ 关于商业秘密保护和利用,参见小委员会第 2 次议事录 13 页田村善之委员发言。

应,除对员工采取可能认识的措施之外,对于外部人员还要求满足一定的攻击样态,①如欺诈等行为或者侵害管理行为。由于欺诈等行为和侵害管理行为已经具备一定的当罚性,可以说其不太可能进一步增加萎缩效应。② 如后文所述,对于保密性的认识可以作为故意内容的一部分,因此在侵犯商业秘密罪的适当性问题方面,导致突击处罚的风险也是微乎其微的。

综上所述,在刑法上采用管理指针标准似乎不存在太大的问题。

3. 动态管理——保密措施的运用

保密措施并非在确定方针之后就告一段落,而是(理应如此)需要持续进行的。保密措施的开始与侵害行为之间可能存在时间差,在此期间,信息管理的方法可能已经改变或者可能发生其他的侵害事件。一般来说,如果保密措施的实效性丧失,变得形式化时,则无法认定存在保密性(参见《商业秘密管理指针》第8页),其理由也可诉诸认知可能性的欠缺(由于认知可能性的时间标准是构成要件行为,因此可以说这一结论是理所当然的)。

首先,如果信息保存于多个媒介中,通常需要对这些媒介统一采取保密措施(参见《商业秘密管理指针》第13页)。③ 当某人能够接触到包含同一商业秘密的多个媒介时,虽然根据他对其中一个媒介所采取的措施可以肯定认识可能性,但如果实际上没有对多个媒介采取保密措施,对于

---

① 吉冈一男『刑事学各論の研究』31頁,对于探知,说明了明确其与通常的信息收集活动之间差异的必要性。

② 参见專田泰孝,高橋則夫=松原芳博編『判例特別刑法第2集』(2015年)191頁,193頁注8。

③ 大庭沙織・法時93卷2号(2021年)127頁;四條北斗『新・判例解説Watch vol. 30』(2022年)189頁。当信息存在于多个媒介时,不应仅凭对某一媒介内的信息采取了保密措施就认为已经足够。如果对包含同一信息的其他媒介没有采取任何管理措施,那么这一事实应被视为评估该信息保密性的障碍事实。然而,名古屋高判令和3年4月13日LEX/DB25569572的判决对此持相反观点,本文对此存在疑问。

仅知悉管理不完善状态的员工而言,可能无法满足认识可能性的要件。因此,如果存在多个媒介且其中一部分没有被采取保密措施,则需要销毁(使其销毁)媒介(不是简单地将其丢进垃圾箱,而是要使用碎纸机等手段,将媒介上的信息销毁至无法被提取的状态),①或者需要清除(使其清除)媒介上的数据。对于离职员工所持有的媒介,数据的清除尤为重要。②

其次,人(的大脑)也是一种媒介,③因而在知晓秘密的人数增加的场合,采取如签订保密协议或发出警告等对人的措施是有必要的。例如,如果没有签订保密协议就披露信息(在多数情况下会伴随着媒介的交付),则可能会丧失保密性。④ 员工入职等人员增加的场合同样如此,如果他们符合管理指针标准,就需要对这些人员采取能够使之产生认识可能性的措施。⑤ 并且,即使基于业务上的必要性,员工等在使用商业秘密的过程中接触可能被识别为商业秘密的信息,⑥或者存在试图规避保密措施的员工,该信息的保密性并不因此而消失。对于前者,难以认为仅凭该事实就会丧失认识可能性;对于后者,例如,即使有人利用私人的数据媒介复制作为商业秘密的数据,或者将写有 ID 和密码的纸张贴在桌子上,⑦又或者没

---

① 参见東京地判平成 11 年 7 月 23 日判夕 1010 号 296 頁。
② 如果认为需要维持员工所有的媒介上的商业秘密,则应当事先科以数据删除义务。关于在私人电脑上安装管理顾客信息的软件(需要 ID 或密码)且在辞职时删除的管理措施,大阪地判平成 25 年 4 月 11 日判时 2210 号 94 页肯定其存在保密性。
③ 山口厚「営業秘密の侵害と刑事罰」ジュリ 962 号(1991 年)46 頁。《逐条》第 41 页指出,在没有使用媒介时,人可能会发生忘记等情况,应当将之视为特殊的媒介。
④ 大阪高判平成 31 年 2 月 14 日 LEX/DB25570046。另外,以对资料原件采取重大管理措施为前提,将分配的资料带回家且没有将其毁坏,由于其具有经营上的必要性,无关人员没有接触该信息,有案例也认为其容易产生认识可能性(知财高判平成 24 年 7 月 4 日 LEX/DB25444731)。
⑤ 東京地判平成 12 年 11 月 13 日判夕 1047 号 280 頁。
⑥ 知财高判令和 3 年 11 月 25 日 LEX/DB25571820。
⑦ 東京地判令和 3 年 6 月 4 日 LEX/DB25571814。

有注销离职员工的 ID 和密码,①仅凭这些情形并不会直接导致对特定信息的保密措施的认识可能性丧失,因此也不会立即失去该数据的保密性。然而,如果违规行为比比皆是(或者常态化)以及员工违规行为被放任不管司空见惯等情况导致保密措施变得形式化,则会被评价为没有认识可能性,从而失去保密(参见《商业秘密管理指针》第 6 页)。② 为了避免这种情况,需要对事件进行适当的监控,并持续努力地防止保密措施流于形式化。

如上所述,通过实际执行合理的保密措施,可以产生认识可能性(认识可能性的评价依据事实)。在此基础上,积极或者消极地考察构成要件行为发生之前的实际管理状态,才能判断行为当时是否存在认识可能性。在这个意义上,不彻底的客观管理措施可能成为损害保密性的评价障碍事实。③

(三)故意——商业秘密性的认识内容

由于侵犯商业秘密罪是故意犯罪,故需要对作为客体的商业秘密存在认识。换言之,需要认识到其有用性、非公知性以及保密性。关于有用性和非公知性,对于具体案件的当事人而言,通常可以肯定其存在未必的认识。然而,关于保密性的认识,如果涉及泄露者与公司外部人员作为共犯参与的案件时,则要求该名公司外部人员也必须认识到其商业秘密性,因此需要确认其内容。④

---

① 大阪地判平成 20 年 6 月 12 日 LEX/DB28141423。关于刑事案件,仙台地判平成 21 年 8 月 13 日特許ニュース12621 号 1 頁。

② 知财高判平成 28 年 12 月 21 日 LEX/DB25448348 的判决指出,在公司允许各负责人制作记录信息的笔记,对此不采取保密措施的案件,即使假设对资料原件采取了保密措施,该措施也丧失实效并流于形式,应否定保密性。此外,在前述仙台地判平成 21 年 8 月 13 日的案件中,虽然存在阻挡访问的功能,但被指出保密措施过于松懈(一原亜貴子·岡法 60 卷 3 号(2011 年)555 頁以下),但关于其是否形式化,仅从判文来看无从知晓。

③ 参见大阪地判平成 29 年 10 月 19 日 LEX/DB25449075。

④ 对于公司以外的人肯定未必故意的案例,参见横浜地判令和 3 年 7 月 7 日判例秘書 L07650906。

为了满足保密性的要求,存在对处于管理指针标准范围内的人员能够认识到的客观措施是必要的,并且该措施并非形同虚设。首先,需要认识到此种保密措施的存在。不过,不仅包括实际上认识到这种措施的存在,还包括即使可能采取措施也无所谓(存在这种措施)的未必的认识,在管理指针标准范围内的人员不包括完全的外部人员,因此对于这类人员来说,有时难以肯定其直接的认识可能性,但这并非保密性的要件。此外,如果存在一种措施,使得完全的外部人员和在管理指针标准范围内的人员都能认识到(至少是未必的),则可以肯定对保密性的认识。亦即,对于非雇员的被告人,如果所有者没有表明其保密的意思,则主张其不存在故意可能是失当的。①

因此,只要没有特殊情况,就不能说管理措施是形同虚设的。基本上,只要证明已经采取管理措施就足够了。虽然认识到存在导致管理措施形式化的特殊情况,就可以否定故意,但如果实际上管理措施已经形式化,那么客观的保密性也就随之丧失,在这种情况下,根本不会牵涉故意的问题。

四、侵害管理权行为的解释论

接下来,探讨一下有关侵害管理权行为类型的解释论。

(一)概念梳理

1. 管理权的内容

由于商业秘密是信息,故应当将商业秘密的权限独立于有体物的所有、占有关系展开考察。在考察信息或数据等法律权限时,区分以下两种权限是有益的:(1)可以实施一定行为的权限;(2)可以赋予(1)中提及权

---

① 涉及被披露者之外的人(非被披露者)的共犯问题,对作为外部人员的被告人,要求具备对员工展示的保密措施的未必认识,参见高松地判令和3年2月8日判例秘书L07650905。

限的权限(给付权限)。即使是对于(1)中提及的权限,也可以根据行为类型区分数种权限。在侵犯商业秘密罪中,规定了权限的内容。亦即,关于(1)中提及的权限,存在获取、领得、①披露、使用等各个行为的权限问题。如果通过行使合法获取、领得、披露的权限,使得包含商业秘密的媒介或数据,或者增加能够知晓商业秘密的人数,那么这些也会由所有者进行管理。

各个权限可以被分开进行归属。② 例如,存在拥有披露权限但没有使用权限等情况。此外,可以规定向 A 披露但不能向 B 披露,此种披露对象的限制也能够构成所有者的保密措施的一环,若是违反,就属于不正当的披露。

给付权限是能够决定(1)中提及权限的权限。拥有给付权限的人[在多数情况下也拥有(1)中提及的权限,或者本身可以给自己赋予(1)中提及的权限]被认为是所有者。给付权限本身也可以转移给第三方,在这种情况下,就发生了所有者的更替。那么,在许可的情况下会怎样呢?例如,在签订保密协议的前提下,将商业秘密的使用许可设定为 3 年,授予许可的人保留给付权限,即所有者不变。虽然被授予许可的人在 3 年内拥有使用权限以及获取权限,但没有披露权限,期限过后既没有使用权限也没有披露权限。③

2. 基于是否可能管理的概念理解

从秘密管理的角度来看,获取和披露是重要的概念。在法律条文中多

---

① 由于领得本身包含无权限的含义,所以需要稍微修改一下定义。基于后述的领得定义,涉及领得权限,依照后述定义,领得并非增加潜在知悉者的行为,而是无权限地将秘密置于所有者管理支配之外的行为。

② 渋谷達紀『知的財産法講義Ⅲ(第 2 版)』137 頁以下。

③ TMI 综合法律事务所编『Q&A 常業秘密をめぐる実務論点』68 頁。被许可者是《不竞法》第 2 条第 1 项 7 号的主体,即"被披露者"。此外,有观点认为被许可人也是所有者(《逐条》第 260 页【所有者是指基于正当权源而取得并持有商业秘密的人,被赋予使用商业秘密的正当权源的被许可人也是所有者】,辰巳直彦『体系化する知的財産法(下)』(2013 年)525 页【将所有者解释为事实上管理商业秘密的经营者,被许可人也符合这一要求】,还可参见《新·注解下》850 页,1348 页【佐久間修】)。关于此罚则的解释论,需要考虑其与民法之间的关系。

次出现的这些概念应该统一理解。商业秘密是一种信息。然而,它以语言、图像等各种形式呈现,并通过计算机或纸质媒体保存下来。使用商业秘密以知悉其内容为前提(使用计算机的场合,输入是必要的),"获取"信息的行为原本可以理解为了解对象的意思。① 基于这一理解,仅仅接收文件或接收了记录商业秘密的文书,并不意味着已经了解信息,也不构成获取信息。然而,法律上却将它们统一理解为:只要将商业秘密置于管理之下,就是取得该商业秘密(参见《逐条》第260页)。这种综合理解的分析方法是存在问题的。在讨论这一点时,以处理信息的法学视角,采取从对象的内容(信息)、表现(数据)、存在形式三个角度进行分析的三分法是有益的(见表1)。②

表1 针对同一信息的行为

层面	获取	披露
信息	口头泄露	口头传达
数据	下载、接收电子邮件	上传、发送电子邮件
媒介	取得媒介的占有	交付媒介

首先,可以考虑通过口头③等方式直接知悉或告知信息本身(信息层

---

① 西貝吉晃『サイバーセキュリティと刑法』(2020年)178頁。

② 在侵害商业秘密的语境下,关于信息与物之间的关系,虽然已有基于存在形式层面分类的法学理论(大泉隆史「企業秘密の侵害と刑事責任」経営刑事法研究会『事例解説経営刑事法Ⅰ』(1986年)58頁,60頁以下),如今侵犯商业秘密罪也具有网络犯罪的要素,因此要求对数据层展开讨论。根据经济产业省的逐条解说,直至2011年及2012年修改之前,根据对信息和媒介有无支配区分了4种情形,可以说本文所称的管理可能性就是对信息或媒介的支配[経済産業省知識財産権政策室編『逐条解説不正競争防止法平成23・24年版』(2012年)187頁]。虽然这一区分在分析上是有益的,但对信息/媒介的二分法与数据的访问权在处理上较为困难(如既未占有媒介,也无记住信息,但具备数据访问权),故本文采用三分法展开讨论。

③ 《逐条》第2版258頁,《新・注解下》1348頁【佐久間修】。此外,名古屋地判平成27年1月20日 LEX/DB25505781。

面)。这是现实中的认知类型。在此种情况下,必须能够复现地记住信息,①仅仅看一眼是不够的。②

其次,获取数据也相当于获取商业秘密。例如,下载、上传或收发电子邮件等,将显示商业秘密的数据复制到自己(或第三者)的支配领域③(数据层面)。④ 如果复制完成并可以使用,则在此时构成获取[在未完成复制就无法打开文件的场合(下载未完成),则在复制过程中或复制开始时只构成未遂]。

最后,还要考虑自己或第三者取得包含商业秘密的媒介的占有(媒介层面)。⑤

综上所述,是否存在不受他人干涉,能够管理信息的状态(以下称为管理可能性,将具有管理可能性的人称为管理可能者)是重要的。同时,为了进行综合理解,不得不使用包含模糊程度的"可能性"概念。所以,获取基本上是指使(没有管理可能性的)自己或第三者产生管理可能性的行为,而披露是指(管理可能者使没有管理可能性的)第三者产生管理可能性的行为。⑥ 无权限的获取和披露在增加管理可能者这一点上具有类似的当罚性。⑦

---

① 《新·注解下》1348-1349 頁【佐久間修】。
② 山口厚「財産的情報の刑法的保護」37 頁。
③ 自己的账户的邮件服务器或云端也属于自己的支配领域,但如果只是拥有他人的云端的下载链接,由于他人可以自由删除原数据,故不满足该要求。
④ 《新·注解下》1349 頁【佐久間修】。
⑤ 山口厚「不正競争防止法上の罰則」山口厚編『経済刑法』(2012 年)63 頁,《逐条》第 2 版 260 頁。
⑥ 从所有者处获知下载链接而被披露商业秘密的人,在自己下载前将该链接告知第三人,该第三人用其下载数据的场合,由于告知链接的时点不具备管理可能性,告知行为本身不构成不正当披露。在此类案例中,可能会讨论该第三人属于不正当获取的共犯,但参与行为仅限于狭义共犯时,对从属性而言就足够了,故可能就类似披露的行为讨论单独正犯的问题。关于该行为,应当认为将下载链接告知第三人是侵害管理行为,而第三人通过下载实际取得商业秘密则构成获取。
⑦ 披露可以针对多数人进行,但如果获取(多数情况下)是自己获取,则披露方的违法性通常可能更大。渋谷達紀『知的財産法講義Ⅲ(第 2 版)』137 頁。

号规定的主体(参见《逐条》第 263 页)①。例如,如果所有者在授予 ID 和密码时规定只能以数字数据的形式获取和使用,而被披露者窃取了纸质原件,则可能构成不正当获取罪。②

与民事上不正当获取中规定的"其他不正当手段"这一行为类型(《不竞法》第 2 条第 1 项第 4 号前段)相比,从明确化的角度来看,行为类型分为欺诈行为和侵害管理行为,并列举了部分行为类型。

(1)欺诈等行为。欺诈等行为的行为类型必须是达到与诈骗罪、强盗罪、恐吓罪所要求的欺骗、暴力、胁迫程度相当的行为。贿赂和诱导不包括在内(参见《逐条》第 258 页),在这些情况下,不构成欺诈等行为时,可以以不正当披露罪的共犯处罚(参见《逐条》第 258 页)。③ 然而,强盗和恐吓在手段行为的强度上存在差异。考虑到欺诈、恐吓行为和抢劫行为以相同的法定刑进行处罚,即使行为客体是信息,也难以作出解释。因此,考虑到依赖第 2 项犯罪有其局限性,④ 可能需要考虑更严厉的信息强盗罪的

---

① 山口厚「不正競争防止法上の罰則」64 頁。此外,关于被披露者变更 IP 地址并记录数据的案件,有判例指出应当适用《不竞法》第 1 项第 1 号(侵害管理行为)而非第 2 项第 1 号(帖佐隆『パテント』68 卷 5 号(2015 年)19－20 頁)。不过,基于侵害管理行为是违背职责的特殊情形(关于这一点,参见后注),即使原本可能适用第 1 项第 1 号的案件,从证明的视角来看仅以第 2 项第 1 号起诉并判处有罪,也不存在太大的问题。

② 在以被披露者为主体的规定中,违背职责属于构成要件,但由于诈欺等行为或侵害管理行为都可能被解释为违背与商业秘密管理相关职责的情形,不会得出不均衡的结论(产业结构审议会知识产权政策部关于技术信息保护的小委员会「営業秘密に係る経時的措置の見直しの方向性について」10 頁也指出,诈欺等行为之类的情形属于违背商业秘密管理职责的行为)。

③ 山口厚「不正競争防止法上の罰則」61 頁。

④ 采取足以压制反抗的暴行或胁迫,要求被害人用手机转移包含商业秘密的数据,虽然可能成立商业秘密的不正当获取罪,但是否构成强盗罪存在疑问。由于没有转移手机的占有,犯罪人获得的只是信息,将信息本身作为财产利益把握是困难的(松原芳博「情報の保護」法教 298 号(2005 年)60 頁,木村光江「財産上の利益の意義について」曹時 67 卷 2 号(2015 年)1 頁,11 頁),适用第 2 项的强盗罪也存在局限性。然而,林幹人对此持肯定态度(「刑法における情報の保護」西田典之＝山口厚編『刑法の争点』(2005 年)158 頁)。

立法。

(2)侵害管理行为。这是以损害所有者管理的行为整体为手段的类型(参见《逐条》第260页)。列举的例子包括盗窃行为、入侵建筑物的行为、不正当的访问行为。基于未来信息通信技术的迅捷发展,为了妥当应对可能随之出现恶劣的手段,以及不正当获取的类型的多样化,采取了以非限定列举的形式的规定(参见《逐条》第260页)。例如,通过窃听或无线电拦截等方式窃取所有者的对话或会议等的方法,以及损坏财物(《特定秘密保护法》第24条第1项)(参见《逐条》第260页)。为了下载数据,未经所有者许可,使用具有远程操作和文件传输功能的软件的行为也包括在其中。①

此外,解密也被认为属于此类行为。换言之,基于发送者的失误而偶然接收了附有商业秘密数据的电子邮件,仅此而言并不构成不正当获取,但如果附件文件设有密码,而破解并解除该密码,则构成不正当获取。②

《不竞法》第21条第1项第1号的问题在于侵害对象是"商业秘密所有者的"管理。诚然,虽然签订保密协议的人管理的秘密可以构成所有者管理的内容,但侵害不正当获取者的管理并不构成侵害管理行为。尽管两者对商业秘密的危险性看起来是同等的,但由于不正当获取者不是所有者(参见《逐条》第260页),故难以成立不正当获取罪。③ 在欺诈等行为的情况下,这种现象不会发生。亦即,在进行欺诈等行为的情况下(需要注意加害目的的对象是持有者),可能连续成立不正当获取罪,但在实施侵害管理行为的情况下(由于持有者没有改变),只能解释为不成立不正当获取罪,这一点存在疑问。由于该条文前面明确列举"其他"的字样,因

---

① 大阪地判平成27年11月13日判例秘书L07050632。
② 荒川雄二郎『営業秘密Q&A80』73頁。
③ 渋谷達紀『知的財産法講義Ⅲ』138頁。

确实,尽管被披露者通常被认为是实际取得信息的人,但并非总是如此。首先,如果理解为通过授予对数据的访问(浏览等)权限而被"披露"①(将被授予使用许可的人理解为被披露者②),这与被披露者属于获取者的理解相冲突。此外,虽然无法设想被披露者进行不正当的获取,但在《逐条》第263页等中也承认被披露者可能实施不正当的获取。从这些情况来看,"被披露"不等于获取(如下载数据),而应理解为具备被赋予与获取权限相同的权限(例如有权根据权限下载数据)的状态。既不需要实际了解信息,③也不需要将数据置于身边保管或占有载体。

被披露者的获取行为是不可罚的,这是因为该获取行为是基于被赋予的获取权限。此时,问题在于是否对获取方法附加条件。从秘密管理的角度来看,也需要对被获取的商业秘密的存在形式进行管理,因此可以对获取方法附加条件,违反该条件则被认为是构成不正当(无权)获取的基础。

(二)侵害管理权的方式

侵害管理权的行为存在以下两种情况:通过心理或物理手段破解(《不竞法》第21条第1项第1号),以及被披露商业秘密者违背职责(《不竞法》第21条第2项第1号~第4号)。

1. 第1项第1号类型(不正当获取罪)

无权获取管理可能性的行为符合《不竞法》第21条第1项第1号的规定。首先,并非公司内的所有人都属于被披露者,故公司内的被披露者当然属于第1项第1号规定的主体。此外,被披露者也可能成为第1项第1

---

① 东京地判令和2年7月9日判例秘书L07530982等判例的倾向与本文相同。最决平成30年12月3日刑集72卷6号569页也指出交付ID和密码,可以评价为"被披露"。此外,还可参见《逐条》97页、263页。

② 渋谷達紀『知的財産法講義Ⅲ(第2版)』155頁。

③ 小野昌延编『新·注解不正競争防止法(第3版)上卷』(2012年)558页【小野昌延=平野惠稔】。

商业秘密侵害罪不是管理侵害罪,而是信息保护罪,由于其法益是信息的管理权,因此有时需要考虑采取折中的解释。

例如,如果重视侵害结果的有无,对于某一信息,一旦取得管理可能性,就不能(不应)设想对同一信息进行额外的法益侵害(即使是刑法上的泄露秘密罪,也认为泄露的对象仅限于不知悉秘密的人)。据此,通过不正当访问行为,在周一下载了商业秘密的数据,并且没有删除数据的情况下,如果周二以相同方式再次下载相同数据,那么只有周一的下载行为构成不正当获取罪(不过,在诉讼上只能对可以证明的下载行为提出疑问)。对于第二次行为所产生的结果,可以将其定位为现行法上不可罚的、类似于复制不正当获取后的数据(不正当获取后的领得罪)①的行为。

另外,如果强调侵害管理的一面,当保存数据的地点增加时,可以肯定进一步的管理权侵害。关于侵占,如果通过增加信息载体,进而肯定进一步的管理权侵害,则可以理解为成立多个不正当领得罪。考虑到这一点,为了确保商业秘密的周全,似乎也不能完全否定这种观点。

关于披露,对于指向同一人的行为,可以将其与获取同等对待,但如果针对不同的人披露,则由于存在进一步的管理权侵害,可能成立多个不正当披露罪(如果一次性向多人披露,则可能构成想象竞合)。

3. "被披露"的含义

在侵犯商业秘密罪中,存在作为身份犯规定的"被披露者"这一主体要件(参见《不竞法》第21条第2项第1号~第4号)。并且,"被披露"被解释为与(从所有者处正式)②"获取"相同的含义(参见《逐条》第262页)。③

---

① 《不竞法》第21条第2项第1号规定的是以不正当获取以外的形态取得商业秘密的类型。

② 《新·注解下》1350頁【佐久間修】中指出,虽然可以解释为是对存在事实支配的强调,但或许是以正式获取为前提的。

③ 土肥一史「営業秘密侵害罪に関する不正競争防止法の改正について」ジュリ1385号(2009年)78頁,82頁。

此这一疑问可能同样适用于前面列举的行为类型。从为商业秘密提供周全保护的角度来看,应该讨论是否去掉"商业秘密所有者的"这一要件。

2. 被披露者的行为(第 21 条第 2 项第 1 号)

在以被披露商业秘密者为主体的情形下,违背职责属于构成要件。虽然被披露者被赋予获取商业秘密的权限,但同时也承担"与该商业秘密的管理相关"的职责。违背职责是指超出从所有者处取得的(通过保密规程或具体指示进行具体化)权限的行为。如果所有者许可(包括指示),则不构成违背职责。①

权限可以通过明示或默示的方式被授予,由此决定职责的范围。在与所有者的委任合同或雇佣合同等中,通常会科以保密职责,或者通过保密协议等个别地规定应保密的职责(参见《逐条》第 263 页)。一般认为,一般性的职责会通过具体的指示等得到具体化,但合同和个别指示之间可能存在逻辑上的矛盾,在具备授权的人通过指示实施超出合同内容的行为场合,为了避免后续的麻烦,对于行为人和所有者两方来说,事先保存明确的证据是非常重要的。

在侵犯商业秘密罪中,问题在于构成要件行为是否构成违背职责。如果所涉及的行为不属于披露、获取、使用,则不符合该罪的构成要件。

违背职责的认识也是故意的一个要素。在被披露者以外的人参与共同犯罪的情况下,要求共犯认识到被披露者的违背职责性。这一要素与作为保密性要件的认识可能性在证据上可能会重叠,但其在理论上却有区别。保密性的认识是指对构成认识可能性基础的事实,即对问题信息的相关情况的认识。而违背职责性的认识则是对被传达的权限内容的认识。保密性所涉及的认识可能性存在于潜在的整体行为者中,但对职责(违

---

① 第 171 回国会参议院经济产业委员会会议录 5 号(2009 年 4 月)3 页[松永和夫政府参考人(经济产业省经济产业政策局长)发言]。

背)的认识可以通过个别地传达给行为者产生。反之,个别的传达权限内容对违背职责的判断具有直接的意义,但这并不意味着自动肯定了保密性所涉及的认识可能性。

例如,如果认识到信息应予保密的情况,就存在构成保密性基础的事实的认识,但如果实际上误信自己有复制信息的权限,则缺乏违背职责性的认识。不过,即使没有明确地传达权限内容,但如果可以从其他间接事实推导出禁止行为的内容,并且处于可能知道是禁止行为的情况下,则可以肯定未必的认识。①

(1)披露。在上述理解的违背职责性这一点上,由于可能存在指向非公知性的危殆化,已经被认为有一定的当罚性。在此基础上,法律上进一步明确了披露和获取的行为类型。披露被解释为将商业秘密置于可能被第三方知晓的状态(参见《逐条》第 261 页),②可以认为其是管理可能者向第三方设定(创造)管理可能性。

(2)领得。此外,从历史沿革的角度来看,《不竞法》第 2 项第 1 号(旧《不竞法》第 1 项第 3 号)规定的领得,是指将他人之物(事实上)变为己有,③是具有所有权转移④含义的法律用语。正如财物的领得与不法利得(第 2 项犯罪)的区分,在刑法中,领得的概念基本上只适用于物。⑤ 在此,由于涉及的是商业秘密这一信息的领得,故领得概念的重新解释成为一个

---

① 帖佐隆「不正競争防止法における営業秘密の秘密管理性概念について」48 頁。作为违背职责的构成要件,是"明确地转达给对象人员",但基于这一解释,容易导致违背职责及对违背职责本身的认识相混淆。

② 包括在网络上公开发表等造成能被公众知悉的状态[山本庸幸『要説不正競争防止法』153 頁],此种情况直接导致非公知性丧失。

③ 穴沢大輔「不法領得の意思について」刑法雑読 55 巻 2 号(2016 年)287 頁。

④ 樋口亮介「不法領得の意思」研修 891 号(2022 年)3 頁。还可参见大判昭和 6 年 12 月 17 日刑集 10 巻 789 頁。"作为自己的物领得是指像对他人的所有物具有一般支配权一样,作出类似于所有人的行为"。

⑤ 但是,也有判例采取对物的经济价值的领得这样的表述(大判明治 43 年 2 月 7 日刑録 16 輯 175 頁),可以认为,作为自然语言的领得概念从很久以前就不确定。

问题。

如果抽象地理解商业秘密的领得,便是将商业秘密占为己有。基于这一理解,首先,将领得理解为无权处分是直观的,经济产业省在采用"领得"这一用语的理由中也提到,处罚的前提是不具备商业秘密的相关权限,却做出只有所有者才能实施的利用、处分行为,这与刑法中的领得概念是类似的,因此没有必要创造一个新的概念。① 这个定义与判例中的侵占罪的不法领得意思的定式(参见昭和 24·3·8 刑事判例集第 3 卷第 3 号第 276 页)类似。但是,从重要信息的性质来看,显然不是充分的限定,任何针对信息实施的行为,都可能被归入其中。②

在此,可以将其理解为根据经济效用而肆意使用。③ 获取财物是为了取得财产上的利益,④因此可以认为是在广义上获取(取得⑤)利益的行为。⑥ 若是该结论也适用于信息,则此种理解是站得住脚的。此外,这一解释与判例中对财产转移罪的不法领得意思中利用意思的理解是相似的。例如,在涉及将秘密资料带离公司而被控诉业务上侵占罪的案件中,有判例要求具有不法领得意思的内容是,"像排除所有者一样,按照经济用途使用或处分其所有物"。⑦ 诚然,如果不结合利用意思,就无法将毁弃信息

---

① 产业结构审议会知识产权政策部关于技术信息保护的小委员会(第 9 回)(2009 年 2 月)议事录【知识产权政策室中原裕彦知发言】。

② 帖佐隆「営業秘密刑事的保護法制改悪論の問題点」久留米法学 61 号(2009 年)2242-243 頁。

③ 土肥一史「営業秘密侵害罪に関する不正競争防止法の改正について」82 頁。"排除商业秘密所有者的管理支配,并随意地处分该信息或者遵循该信息的经济效用随意地利用的意思表示行为。"

④ 泉二新熊『日本刑法論下巻(各論)増訂 44 版』(1939 年)672 頁。

⑤ 采取关于第 2 项诈欺罪相关的取得财产利益的表述的判例,参见大判昭和年月 31 日刑录 16 辑 995 页。

⑥ 山口厚「不正競争防止法上の罰則」64 頁。在不具备所有者专属权限的情况下,享受商业秘密的价值或者确保此类机会的行为。

⑦ 東京地判昭和 60 年 2 月 13 日刑月 17 巻 1=2 号 22 頁。

的行为类型排除在外,要求与价值享受的关联性是合理的。然而,关于盗窃罪中不法领得意思的利用意思,是为了区分其他犯罪类型(毁弃罪)而存在的,因此在侵犯商业秘密罪中,不应该进行这样的限定。此外,这种解释还会引发与谋利目的的异同问题,既然存在作为独立要件的加害目的,显然没有必要再添加像不法领得意思这样的主观超过要素。① 由于已经修改目的要件,将加害也包括在内,因此可以认为,如果立法者认为基于通过向公众披露以消除商业秘密性的目的而将信息保存在媒介上的行为也属于领得,在领得的要件中加入利益取得的要素是困难的。不如说,我们并非简单遵循关于财产犯罪的判例学说的解释结果,而是要参考判例学说的解释方法。尽管各种学说眼花缭乱,但如果排除意思是从法益侵害程度的事前评价角度出发,利用意思是从与其他犯罪(其他行为类型)的区分必要性中推导出来的,则同样可以尝试利用这些思路。

  首先,从区分获取和披露的角度②来看,这些概念关注的是增加管理可能者的问题,而领得则并非如此。③ 据此,可以考虑能否将侵害管理权这一法益关联要素纳入其中。④ 在此,如果仅以对使用或披露的证明困难⑤为由,也不过是处罚领得行为的契机,而非领得行为当罚性的正当化依据。不过,可以认为,领得概念关注的是在所有者未设想之处存在商业秘密而导致的秘密管理显著困难,以及由此引起的商业秘密被不正当使用

---

  ① 既然目的是法律明文规定的,则不应当认为此处的领得意思是被解释出来的。
  ② 产业结构审议会知识产权政策部关于技术信息保护的小委员会「営業秘密に係る経時の措置の見直しの方向性について」10 頁。其注 1 将获取作为领得的一种形态。一方面,这似乎是忠于领得的原意的。另一方面,由于区分规定了行为类型,故独立地探究区别于获取和披露的第 2 项第 1 号规定中领得的意义也极为重要。
  ③ 刑法中讨论的第三人领得的行为是侵犯商业秘密罪中的第三人获取或披露。
  ④ 在侵占罪中,考虑与法益关联要素解释的研究[橘爪隆「横領概念について」研修 712 号(2007 年)7-8 頁]。
  ⑤ 中原裕彦「不正競争防止法の一部を改正する法律の概要」NBL906 号(2009 年)69 頁。

或披露的极大风险。①

因此,(与获取和披露区分开来的)《不竞法》第21条第2项第1号中的领得,可以被理解为在没有增加管理可能者的情况下,未经授权将商业秘密置于所有者管理支配之外的行为。② 这里所说的管理支配,是指所有者能够把握信息的存在位置和方式,并且能够控制其状态,而不是指信息位于公司建筑内就处于管理支配下等类似情况。在此,被披露者记住商业秘密并不构成领得。③ 这不仅是因为记住本身是有权限的,还因为知悉者记住被披露的商业秘密时,防止其实施禁止行为也是所有者保密措施的一部分(人的管理),仅仅记住并不能说就处于管理支配之外。

在上述关于领得的定义中,包括了非基于所有者的数据移动以及信息的毁弃或隐匿④行为。⑤ 由于侵犯商业秘密罪与刑法典中的财物罪不同,

---

① 《新·注解下》1351页【佐久间修】。在侵占罪的讨论中,侵害所有权"的危险是违反权利人的意思,并实质地升高风险",其是侵占行为可罚性的基础。这一结论参见橘爪隆「横領概念について」8页。上岛一高「横領罪(上)」法教295号(2005年)121页注32;佐伯仁志「横領罪(2)」法教376号(2012年)105页。在侵犯商业秘密罪的语境下,本文通过将该罪的法益具体化为使用权和管理权展开考察,进而避免在侵占罪的解释中考察侵害所有权的内容时遭遇困难。此外,第171回国会参议院经济产业委员会会议录5号(2009年4月)5页[田中善之政府参考人(经济产业省官方审议官)发言]指出,可能存在秘密性(财产价值的基础)丧失的风险。森川参考人认为领得本身就具有法益侵害性,本文为了明确其构造,将法益确定为商业秘密的管理权。

② 参见只木誠「営業秘密侵害の罪」法教397号(2013年)92页,97页(不过,仅限于第2项的解释论)。然而,此种解释被认为是从领得概念的本来含义中引申出来的[穴沢大輔「領得罪論の系譜」浅田和茂等编『刑事法学の系譜』(2022年)687页,699页]。

③ 帖佐隆「不正競争防止法21条1項3号と任務違背·図利加害目的」21页。该文作者对此持反对意见。

④ 土肥一史「営業秘密侵害罪に関する不正競争防止法の改正について」82-83页。该文指出,参考委托物侵占罪,即使将遵循经济效用的利用意思作为商业秘密领得的要件,也使之包含毁弃和隐匿。认为侵占罪的领得意思中包含毁损的。团藤重光『刑法綱要各論』(1990年)630页也指出,领得与利得不同,并非遵循经济用途,而是毁弃可能这一点。经济用途与毁弃之间难以形成对立关系[山中敬一『刑法各論』(2015年)435页]。即使如此,可以认为不正当领得罪中不要求遵循经济用途的利用意思。

⑤ 实际上只有符合第2项第1号(1)、(2)及(3)中任一项规定的行为才能因不正当领得罪论以处罚。

并没有明确规定毁弃罪,故此种解释的缺点较少。但是,因为问题在于所有者未把握商业秘密的存在状态,所以此处的毁弃也应具有这种性质。因此,例如,不删除数据(如果是纸质文件,则不进行碎纸处理)、将存储媒介扔进垃圾箱等行为,可被认为是具有这种性质的行为。然而,完全删除数据使其无法使用的行为则不包括在内(这属于无法再从中获取商业秘密,而非将商业秘密置于某种状态)。

在确定上述关于领得的概念的前提下,满足以下三种行为类型之一即可构成不正当领得:(1)有体物的侵占行为方式;(2)复制数据以增加应管理客体的行为方式;(3)不删除应删除的数据并假装已删除的行为方式。

有体物的侵占中的侵占是指未经授权将存储介质置于所有者管理支配之外的行为。① 带出资料②即属此类。侵占罪中的侵占还包括扣留,即在应返还时不返还,③如果能够评价为已经脱离了所有者的管理支配,则扣留也属于有体物的侵占方式。为了认定侵占故意,即认识到将客体置于管理支配之外,第3种类型的假装等对外行为可能成为重要的间接事实。然而,与第3种类型中明确要求的假装不同,即使没有对所有者作出外部表示,只要能够认定不返还的事实以及将来对商业合作者的内心表达等其他情况即可。④ 另

---

① 山口厚「不正競争防止法上の罰則」64頁。

② 高松地判令和3年2月8日前注;高松地判令和2年7月21日D1-Law 28282768(将印刷资料带出案)。虽然带出前的印刷时点可能符合第2种行为类型,但就与满足主观要件的关系而言,可以从第1种和第2种类型中任意选择。

③ 大塚仁等編『大コンメンタール刑法』(2018年)614頁以下【小倉哲浩】。大判明治44年5月22日刑録17輯897頁;大判昭和9年12月21日新聞3796号14頁;大判大正4年2月10日刑録21輯94頁。有判例将隐匿认定为实现占为己有意思的侵占(大判昭和21年10月18日刑集25卷42頁)。

④ 由于规定中仅载明"侵占",而无拒绝返还及伪装行为的要件,一般认为以排除所有人的意思开始占有的时点就成立侵占。关于侵占罪,有判例将为自己而开始占有视为成立侵占罪的时点(東京高判昭28年6月22日判特38号125頁)。最判昭和27年10月17日集刑68号361頁。不过,在仅仅短暂延迟返还时间的案例中,大概难以认定存在主观要件(大塚等編・前注616頁【小倉哲浩】)。帖佐隆「刑法における領得概念と無形な営業秘密の保護」50頁。

外,与侵占罪不同,尽管没有"他人的"之类表述,但在某些解释中,针对自己所有物的行为不属于有体物侵占意义上的侵占。① 如果采用这种解释,那么在没有谋利加害目的的情况下,将数据复制到自己的媒介上,之后出于谋利加害目的携带该媒介外出的行为,从信息保护的角度来看,可能会产生是否具有不正当领得的当罚性的疑问。

此外,关于第2项第1号(1)与不正当获取之间关系的讨论,根据山口说,使自己占有的物品脱离所有者的管理并确保占有属于有体物的侵占,如果为了确保占有而实施了欺诈行为或侵害管理的行为,则可能构成不正当获取罪。② 取得承载商业秘密的媒介的占有也是获取商业秘密的一种方式,③因此问题在于行为人已经占有信息媒介时,在何种情况下构成不正当获取罪。在此推测一下山口说的意思,有体物的侵占中的物的占有,与侵占罪中的物的占有是相同的,可能被广泛地解释为包括获得事实上的支配权限,而不正当获取罪中的占有,则与转移罪的占有相同,被狭义地解释为仅限于事实上的支配。④ 例如,在公司内部,自己对记录媒介负有管理责任,谎称上级许可而试图使用,从家里打电话给在公司的人,让其寄到家里,这种情况可能被设想为[针对第2项第1号(1)中作为客体的物]适用第1项第1号。在这种情况下,确实可以认定其构成不正当获取罪。此外,如果已经在物理上取得(确保)承载商业秘密的媒介的物的占有(前述的扣留案例可能也属于这种情况),那么必须认为通过占有该媒介取得了商业秘密,因此,即使使用了欺骗等手段,也只是对该媒介的侵占,这种情

---

① 土肥一史「営業秘密侵害罪に関する不正競争防止法の改正について」83頁。有观点将其视为采用符合刑法上侵占罪的手段的情形(《新·注解下》1350頁【佐久間修】)。
② 山口厚「不正競争防止法上の罰則」64頁。
③ 山口厚「不正競争防止法上の罰則」63頁。
④ 换言之,符合第1项第1号中获取信息规定的"取得记录媒介的占有"应当被解读为确保记录媒介的占有。

形应该只适用第 2 项第 1 号的规定。①

第 2 项第 1 号主要涉及增加包含商业秘密的媒介的行为。在所不问复制的媒介的所有权。使用自己的数码相机拍摄或将数据复制到 USB 存储器、硬盘等都符合这种情况。但是，由于"复制数据以增加应管理客体"中使用了"复制"这一中立的表述，因此在某些必要场合可能需要通过更上位的"领得"概念予以限定。例如，在将数据复制到自己的 USB 存储器之前，可能存在（基于谋利加害目的）从公司内部服务器下载商业秘密数据到公司电脑的行为。但是，如果所有者明确禁止将数据下载到公司电脑，则另当别论。若非如此，基于业务的实际情况，如果将数据下载到公司电脑并使用，假设所有者将下载的数据也作为秘密进行管理，即使公司的电脑被"被披露者"使用，②由于在下载数据的时点没有在未予授权的情况下将其置于管理支配之外，因而无法称之为"领得"，应当认为在将数据复制到自己媒介的阶段才构成"领得"。③ 进一步说，即使是在复制到自己媒介的情况下，如果在项目期间获得许可将数据复制到自己的媒介上，并且在项目结束后没有删除，那么由于在复制的阶段存在许可，所以不符合第 2 种类型的规定，而是涉及第 3 种类型的问题。④ 亦即，如果结合领得的定义并具体化，第 2 种类型的复制是指在没有复制权限时，将商业秘密复制到目标媒介或数据领域的行为。

第 2 项第 1 号 (3) 是所谓"数据滞留"的一种类型，明确将违反删除义

---

① 除了犯罪人领得占有成果的场合，与此伴随的盗窃、诈欺等也被纳入第 2 项第 1 号的规定，其解释（《新·注解下》1351 页【佐久間修】）虽然并不易懂，但从本文的意旨来看似乎是妥当的。

② 应当理解为仅在有必要使用情况下的复制权限。

③ 从不要求置于管理支配之外的立场来看，虽然将数据复制到公司电脑也属于领得［平野惠稔「営業秘密の刑事上の保護といくつかの問題について」日本工業所有権法学会年報 43 号（2019 年）209 – 210 頁］，但对于员工可能会产生较大的萎缩效应（考虑到对萎缩效应的担忧，应注意到不正当领得罪的未遂是不可罚的）。反过来看，这一论证似乎是以置于管理支配之外的必要性为基础的。

④ 土肥一史「営業秘密侵害罪に関する不正競争防止法の改正について」83 頁。

务和伪装两者作为要件。此处的伪装,是指虚构容易让人误解已经删除数据的外部情况。例如,违反项目结束后的数据删除义务而不删除数据,在所有者询问时作出已删除的虚假回答(参见《逐条》第264页)①。本罪是故意犯,至少需要对数据残留有未必认识,如果只是误以为已经删除,虽然具备伪装的客观方面,但由于欠缺故意,所以不可罚。②

与此相对,"虽然想着将来可能会用于竞业活动,但违反项目结束后的数据删除义务,而忘记删除商业秘密并继续保存在自己的电脑上,但在收到所有者的询问后删除数据"的情形不属于领得(参见《逐条》第264页)。在这一案例中,由于当事人想着"将来可能会用于竞业活动",所以对"忘记删除"这一部分可能解读为"(故意)不删除"。在此基础上稍作检讨,考虑到项目结束时应当减少商业秘密保存的空间,在认识到自己电脑中的数据处于管理支配之外的不删除的事实,虽然不满足要求伪装行为的第2种类型的规定,但在该时点可能符合领得的概念。

综上所述,第2项第1号可以评价为不同于物品侵占的信息侵占的情况③,其中第1种类型是对有体物的侵占,而第2种和第3种类型则规定了可以称为数据"侵占"的情形。对于有体物,可以借用侵占的概念,而对于数据而言则并非如此。从明确列举的规定来看,可以认为其旨在明确信息和数据侵占的概念。

五、结语

在多个行为类型之间的关系、规制密度的适当性、与跳槽自由等的关

---

① 虚假包含故意做出与事实不符的行为的含义。
② 帖佐隆「不正競争防止法平成21年改正法の危険性と問題点——営業秘密刑事法制の改悪について」知的財産法研究51巻1号(2010年)19頁。该文提出反对,处罚第2项第1号的过失犯留有悬念。
③ 加藤左千夫「刑事罰による営業秘密の保護と不正競争防止法の変遷」中京法学3=4号(2010年)281頁。该文将第2项第1号的规定整体称为信息侵占。

系,以及基于本罪性质对谋利加害目的的具体化、商业秘密的非公知性和有用性的解释等方面,仅对日本法的分析就仍存在许多课题,作为这些探讨的准备工作,本文尝试整理了日本法中关于侵犯商业秘密罪的现状,包括其保护法益、商业秘密的保密性,以及《不竞法》第21条第1项各号和第2项各号中使用的概念群中属于侵害管理权行为的部分。由于这也是一个重视跨境交易案件的领域,为了构建更精致的解释论,希望今后结合比较法的讨论,进一步推进相关研究。